F 48,–

Eileen Caddy/David E. Platts

Bring mehr Liebe in dein Leben – du hast die Wahl

Eileen Caddy David E. Platts

Bring mehr Liebe in dein Leben – du hast die Wahl

Der Findhorn-Kurs in zehn Lektionen

AURUM VERLAG

Die englische Originalausgabe erschien unter dem Titel „Bringing More Love Into Your Life: The Choice Is Yours“ bei Findhorn Press, Findhorn, Forres, Schottland.

Ins Deutsche übersetzt von Kristine Ackermann.

Umschlaggestaltung: Andrea Heissenberg

Die Deutsche Bibliothek – CIP-Einheitsaufnahme

Caddy, Eileen:
Bring mehr Liebe in dein Leben – du hast die Wahl: der Findhorn-Kurs in zehn Lektionen / Eileen Caddy/David E. Platts. [Ins Dt. übers. von Kristine Ackermann]. – Braunschweig: Aurum-Verl., 1996
ISBN 3-591-08379-8
NE: Platts, David E.; Bringing more love into your life <dt.>

1996
ISBN 3-591-08379-8

Gesamtherstellung: Westermann Druck Zwickau GmbH

Inhalt

Danksagung

Ein Buch ist immer das Resultat der vereinten Bemühungen vieler Menschen. Aus diesem Grund bedanken wir uns bei:

Sandra Kramer für ihre ursprüngliche Begeisterung und weil sie uns ermutigt hat, ein Buch zu schreiben, das auf unseren Workshops aufbaut. Was für eine wundervolle Lektorin sie ist. Kein anderer Lektor könnte freundlicher, geduldiger und hilfsbereiter sein, als sie es war.

Lorna Richardson danken wir für ihre treue und liebevolle Unterstützung während der achtzehn Monate, in denen dieses Buch geschrieben wurde, für die unschätzbare Hilfe, die sie uns von Anfang bis Ende gewährt hat, nicht nur, indem sie jeden neuen Entwurf gründlich gelesen und überprüft hat, sondern auch, indem sie einfach anwesend war und mehr Liebe in unser Leben gebracht hat.

Volker Buddrus, Judi Buttner, Judith Firman, Nina Menrath, Caroline Myss, Eva Marie Rüegg, Patricia Sankey, Floyd und Kay Tift und Diana Whitmore haben dieses Buch durch ihre Kommentare zu den ersten Entwürfen des Manuskripts unendlich bereichert.

Auch stehen wir in der Schuld von Teilnehmern an Workshops der Findhorn Foundation, die uns geholfen haben, das Thema „Liebenlernen" auszubauen und zu verfeinern. Wir schätzen alles, was sie uns im Laufe der Jahre gegeben haben.

Besonderer Dank gebührt den Lehrern der Findhorn Foundation und allen anderen Mitgliedern der Gemeinschaft, die uns in all den Jahren bei unseren Workshops am Cluny Hill College unterstützt haben.

Roberto Assagioli und den Lehrern des *Psychosynthesis and Education Trust* in London danken wir für die Gedanken und Methoden und für die Inspiration, die sie zu diesem Buch beigesteuert haben.

Viele der hier vorgestellten Übungen wurden von Lehrern und Trainern der Psychosynthese auf der ganzen Welt entwickelt. Soweit uns die ursprünglichen Quelle bekannt waren, haben wir sie angegeben. Sollten wir dennoch einige Personen unabsichtlich übersehen haben, wären wir dankbar, wenn diese sich bei uns melden würden, damit sie in kommenden Auflagen dieses Buches Anerkennung finden.

Schließlich danken wir auch Ihnen, unseren Leserinnen und Lesern, weil Sie sich entschlossen haben, mehr Liebe in Ihr Leben zu bringen und damit in die ganze Welt.

Was ist die Findhorn Foundation?

Die Findhorn Foundation ist eine internationale geistige Gemeinschaft, ein Lehr- und Lernzentrum und eine gemeinnützige Stiftung im Nordosten von Schottland. 1962 von Eileen und Peter Caddy und Dorothy Maclean gegründet, besteht sie aus einer Kerngruppe von Mitgliedern, die zusammen leben und arbeiten, sowie aus einer erweiterten Gemeinschaft von Menschen, die ihre Werte und Visionen teilen.

Die Findhorn Foundation hat zwar keine Doktrin und kein Glaubensbekenntnis, sie vertritt jedoch die Ansicht, daß zur Zeit eine evolutionäre Erweiterung des Bewußtseins auf der Erde stattfindet, deren heilige Quelle im Zentrum eines jeden Menschen liegt, und daß diese Quelle durch Gebet, Meditation und andere geistige Disziplinen direkt zugänglich ist.

Die Findhorn Foundation ermutigt zu eigener Initiative und Verantwortung bei gleichzeitiger Unterstützung durch das Leben in einer Gruppe. Sie geht davon aus, daß Arbeit Liebe in Aktion ist, und pflegt das Dienen und die Synthese sowohl auf persönlicher als auch auf planetarischer Ebene. Sie feiert die Intelligenz, Verbundenheit, Liebe, Heiligkeit, Einheit und Ganzheit allen Lebens. Die Mitglieder der Gemeinschaft versuchen diese Prinzipien in ihrem täglichen Leben zu verkörpern und auszudrücken. Sie bieten regelmäßig Kurse und Konferenzen für Tausende von Gästen an, die im Laufe des Jahres zu Besuch kommen, um am Gemeinschaftsleben teilzuhaben.

Weitere Informationen können Sie den Hinweisen und Literaturempfehlungen in den einzelnen Kapiteln sowie auf Seite 400 entnehmen. Das aktuelle Gastprogramm erhalten Sie vom *Accommodations Secretary, Findhorn Foundation, Cluny Hill College, Forres IV36 ORD, Schottland.*

Was ist Psychosynthese?

Psychosynthese ist eine ganzheitlicher pädagogischer und psycho-spiritueller Ansatz zur Förderung von Wachstum und Entwicklung des Menschen. Sie wurde Anfang des zwanzigsten Jahrhunderts von dem italienischen Psychoanalytiker Roberto Assagiolo (1888–1974) begründet. Er formulierte vier Schritte, die zu einer harmonischen inneren Integration, zu wahrer Selbst-Verwirklichung und zu guten zwischenmenschlichen Beziehungen führen:

— Verständnis unserer eigenen Persönlichkeit und ihrer Verhaltensmuster
— Kontrolle über ihre verschiedenen Elemente, wie Körper, Gefühle, Intellekt
— Verwirklichung unseres wahren Selbst: Entdeckung eines verbindenden Zentrums tief im Inneren
— Ziel der Psychosythese: Formung unserer Persönlichkeit um dieses Zentrum herum

Der zur Zeit ihrer Entstehung einmalige und völlig neue Beitrag der Psychosynthese bestand in der Einbeziehung der essenziellen transpersonalen oder geistigen Natur des Menschen, in dem großen Wert, den sie auf die Intuition legt, auf kreative Einsicht und Inspiration und die Entwicklung des Willens als psychologische Funktion – als Ergebnis persönlicher Kräftigung und einer erweiterten Fähigkeit, lebensfördernde Entscheidungen treffen und in die Tat unsetzen zu können. Die Psychosynthese schafft eine sanfte, sichere, positive Atmosphäre zur Selbst-Erforschung. Eines ihrer leitenden Prinzipien ist, Verhaltensmuster zu akzeptieren und einzubeziehen, anstatt sie zu beurteilen oder zu negieren.

Die Psychosynthese hilft, Probleme zu verstehen und zu lösen, Beziehungen zu verbessern, das uns innewohnende kreative Potential zu erkennen, innerhalb eines erweiterten sozialen und planetarischen Zusammenhangs etwas beizutragen und den Sinn und Zweck des Lebens zu erforschen. Sie geht davon aus, daß die Fähigkeit zu lieben alles auf den Plan ruft, was für jede Art von menschlicher Aktivität erforderlich ist, nämlich ein angemessenes Maß an Disziplin, Geduld und Ausdauer.

Die Psychosynthese integriert eigene Prinzipien und Selbsthilfetechniken mit Ansätzen, die sie aus der klassischen Psychologie heranzieht. Anpassungsfähig, vielseitig, erlesen und kreativ kann sie auf einen weiten Bereich persönlicher, zwischenmenschlicher Aktivitäten und Belange angewandt werden. Weitere Informationen entnehmen Sie bitte den Hinweisen und Literaturempfehlungen.

Vorwort

Sage mir, wie du liebst, und ich sage dir, wer du bist. Jeder von uns hat seine einmalige Art und Weise zu lieben, die uns manchmal erfüllt und oft verrät. Wir lieben frei oder besitzergreifend, passiv oder agressiv. Die Art und Weise, wie wir lieben, sagt viel darüber aus, wer wir sind und wie wir in dieser Welt wirken. Sie kann als Mikrokosmos unserer existenziellen Situation gesehen werden.

Östliche und westliche Weisheitslehrer sind sich darüber einig, daß der Sinn des Lebens darin besteht, lieben zu lernen. Von allen, dem Menschen zugänglichen Erfahrungen ist die Liebe die mächtigste. Sie ist ein Heilmittel gegen Depressionen, Einsamkeit und Ängste, gegen Wut und Isolation. Sie setzt unsere kreatives Potential frei und schenkt uns Freiheit und Frieden. Es ist erstaunlich, daß in den meisten psychologischen Büchern so wenig über die Liebe geschrieben steht, wo sie doch die zentralste und wichtigste Erfahrung überhaupt ist – die elementarste Gesundheit und Kraft gebende Macht.

Wann lernen wir am meisten über die Liebe? Es beginnt natürlich in den ersten Tagen und Monaten in der frühen Beziehung zur Mutter. Doch auch als Erwachsene können wir lernen, uns der Liebe zu öffnen. In Zeiten der Enttäuschung und des Schmerzes, wenn wir betrogen worden sind oder uns selbst betrogen haben oder wenn wir Verlust oder Ungerechtigkeit erfahren haben, sind wir verletzbarer. Unsere Psyche ist weniger fest organisiert, und das schafft vielleicht eine Öffnung, durch die Liebe hineinkommen kann. Andererseits können wir auch lieben lernen, wenn wir kreativ und gegenwärtig sind, offen für uns selbst. Immer wenn wir unser kreatives Potential gebrauchen und uns selbst in authentischer Weise zum Ausdruck bringen, sind wir offen für die Liebe.

Zugegeben, unsere moderne Gesellschaft ist diesem Lernprozeß nicht gerade förderlich. Es ist uns peinlich, uns voll und ganz für die Liebe zu öffnen. Das gehört sich nicht. Es ist irgendwie zu lasch, zu weich. Die anderen würden darüber lachen. Wir geben nicht gern zu, was für Amateure wir sind, wenn es um die Liebe geht. Und dennoch – wer von uns sehnt sich nicht danach, mehr Liebe in sein Leben zu bringen? Würden wir uns nicht alle für die Liebe entscheiden, wenn wir nur den Mut dazu hätten?

Ich erinnere mich an die unzähligen Male in meinem Leben, in denen ich diesen Entschluß gefaßt hatte, und an die ebenfalls unzähligen Male, die ich gescheitert bin. Immer wieder baue ich die Hoffnung auf, daß es diesmal anders sein wird. Diesmal *werde* ich es tun: werde freier lieben; werde meine begrenzenden Vorstellungen verwandeln; werde den Platz in mir finden, der ohne zu verurteilen und ohne Schuldzuweisung liebt; diesmal werde ich darauf verzichten, meine Geliebten zu kontrollieren – vertrauend, daß das Universum grundsätzlich wohlwollend ist. Leider schaffe ich es nie ganz. Dieses Buch gibt mir neuen Mut.

Als Lehrerin und Psychotherapeutin bin ich immer wieder tief berührt von dieser Sehnsucht der Menschen, mehr Liebe in ihr Leben zu bringen, und ebenso von ihrem Schmerz darüber, daß sie ihr Ziel nicht erreichen. Noch nie hatte ich einen Klienten, der nicht tief in seinem Inneren auf irgendeine Weise nach dem griff, was gut, wertvoll und authentisch war. Wieviele Schichten von Agression, Haß oder Schmerz wir auch aufdecken müssen, irgendwann werden wir zu der tiefen, schmerzlichen Erkenntnis gelangen, daß sich das Leben erst lohnt, wenn wir lieben und geliebt werden; daß wir anderen nichts geben können, bevor wir uns selbst lieben, und daß die Quelle der Liebe und Weisheit in uns selbst liegt.

Nur wenige Autoren haben den Mut, die mühsame Arbeit, die nötig ist, um unsere Art und Weise zu lieben von einer amateurhaften, wahllosen Erfahrung zu einer bewußt geschaffenen zu entwickeln, so systematisch und detailliert vorzustellen. Dieses Buch ist nichts für Kleinmütige. Es erfordert Beständigkeit und Hingabe, sich auf diesen Kurs einzulassen.

Bring mehr Liebe in dein Leben geht von der grundlegenden Voraussetzung aus, daß die wichtigste Lektion des Lebens darin besteht, vollkommen lieben zu lernen, und daß wir – als geistige Wesen – reine Liebe sind. Solche Ideen, so schön und edel sie auch sind, müssen von jedem einzelnen anhand seiner oder ihrer Erfahrung überprüft werden. Dieses Buch stellt einen klaren Rahmen zur Verfügung, innerhalb dessen wir alles erforschen können, was uns davon abhält, sie zu akzeptieren. Denn was uns daran hindert zu lieben, ist genau das, was uns zur Liebe führt. Nur indem wir unsere Schatten und unsere Lieblosigkeit umarmen, können wir die innere Stärke finden, die für die Entscheidung, mehr Liebe in unser Leben zu bringen, erforderlich ist.

Schritt für Schritt führen Eileen Caddy und David Earl Platts uns durch das Universum der Liebe und erwecken unseren Willen und unsere Motivation zu entscheiden, die Sache in die Hand und zu Herzen zu nehmen. Da ich beide seit vielen Jahren kenne, bin ich sicher, daß sie ihre Prinzipien und Techniken in ihrem eigenen Leben gründlich getestet haben, bevor sie sie Ihnen, ihren Lesern, vorstellten. Dieses Buch ist aus ihren Erfahungen mit vielen, vielen Menschen geboren, die sie in ihren Workshops ermutigt haben, das Risiko, lieben zu lernen, einzugehen.

Bei der Entscheidung, mehr Liebe in unser Leben zu bringen, geht es nicht darum, netter oder liebenswürdiger zu werden. Es geht um unsere Bereitschaft, Gefühle und Emotionen, Einstellungen, Überzeugungen und zurückliegende Lebenserfahrungen zu erforschen, die unser Bewußtsein formen und unsere Liebesfähigkeit hemmen. Indem wir uns selbst erforschen und unsere Hindernisse umarmen, werden wir fähig, uns für Vertrauen, Ehrlichkeit, Offenheit und Achtsamkeit zu entscheiden, wir werden fähig, zu akzeptieren, zu handeln, zu vergeben und frei zu sein.

Die letztliche Entscheidung liegt immer bei uns. Es ist kein leichter Weg. Und doch – die Techniken dieses Buches sind eine Grundausrüstung für die Reise. Wenn sie systematisch eingesetzt werden, werden unsere Bemühungen von Erfolg gekrönt sein und Ergebnisse hervorbringen, auf die wir stolz sein können.

Diana Whitmore
Psychosynthesis and Education Trust
London
31. Januar 1992

Einführung

Dieses Buch führt Sie auf eine sorgsam vorbereitete Reise. Wenn Sie die letzten Seiten erreicht haben, werden Sie sowohl Ihre innere als auch Ihre äußere Landschaft durchquert haben. Sie bekommen einen Kompaß und eine Landkarte mit auf den Weg, die Ihnen helfen werden, neue Richtungen einzuschlagen, sowie eine Skizze Ihrer Reise in das Universum der Liebe.

Dieser Kurs geht von folgenden Prinzipien aus:
1. Ungeachtet der Tatsache, daß es viele verschiedenen Formen der Liebe gibt, ist dies eine hilfreiche Arbeitsdefinition von Liebe: mitfühlende Akzeptanz und Respekt uns selbst und anderen gegenüber.
2. Als Menschen sind wir mit der Fähigkeit geboren zu lieben. Sie ist unser gott-gegebenes Erbe, ein heiliger Funke in jedem von uns, der sich – entdeckt und angefacht – zu einer strahlenden Flamme entwickeln kann.
3. Als geistige Wesen sind wir reine Liebe – mit dem Bedürfnis, unsere wahre Natur zum Ausdruck zu bringen, indem wir lieben, dienen und uns eins mit allen Lebewesen fühlen.
4. In Reaktion auf schmerzliche Erfahrungen in der Vergangenheit, haben wir schützende Schranken in uns selbst aufgebaut, die auch die Liebe daran hindern, frei ein und aus zu fließen. Wir haben Ängste, Widerstände, Überzeugungen und Verhaltensmuster entwickelt, die diese Schranken fest an Ort und Stelle halten.
5. Die wichtigste Lektion des Lebens besteht darin, lieben zu lernen. Ihr sollten wir die höchste Priorität geben, denn keine andere Lektion ist so wichtig wie diese.
6. Wir können andere nicht lieben, solange wir uns selbst nicht lieben. Viele von uns lieben sich selbst oder andere nicht sehr frei, vollkommen und ohne Angst.
7. Ein wichtiger Grund, warum viele von uns sich selbst nicht lieben, ist, daß sie an ihrem Selbst-Wert zweifeln, weil sie sehr früh im Leben negative Vorstellungen über sich selbst geformt haben, wie: „Ich bin nicht gut genug. Ich bin ein Versager. Ich mache nichts richtig." Oder: „Ich habe keine Liebe verdient."
8. Wir können uns *entscheiden*, uns selbst und andere anzunehmen und zu respektieren. Wir können uns *entscheiden*, unsere Vorstellungen und unser Verhalten zu ändern. Wir können uns *entscheiden*, unsere Schranken fallenzulassen und den natürlichen Fluß der Liebe in uns zu erfahren.

9. Wir bringen mehr Liebe in unser Leben, indem wir diese Entscheidungen treffen und sie in wirksames Handeln umsetzen. Eine Entscheidung erfordert die Absicht, sich zu ändern, und die Bereitschaft zu handeln. Persönliche Stärke und ein größeres Gefühl der Freiheit entstehen, indem wir Entscheidungen treffen.
10. Ein liebendes, reines, ewiges Zentrum tief in uns, das vom Geschwätz unseres Verstandes und und von unserer körperlichen Verfassung unbeeinflußt ist, das unser Leben beseelt, integriert und lenkt, hilft uns auch, diese Entscheidungen zu treffen.
11. Wir haben immer wieder die Wahl, mehr Liebe in unser Leben zu bringen. Es ist eine Entscheidung, die wir wieder und wieder zu treffen haben, Tag für Tag, von Moment zu Moment.
12. Wir können unsere Entscheidung, liebevoller zu sein, dadurch fördern, daß wir die Prinzipien und Techniken anwenden, die in diesem Buch vorgestellt werden. Viele davon haben ihren Ursprung in der Psychosynthese, einer überpersönlichen, humanistischen Psychologie, die davon ausgeht, daß Selbstmeisterung mit Selbsterkenntnis und Selbst-Verstehen beginnt.

Dieser Kurs lädt Sie ein, eine freie, auf Information basierende Entscheidung zu treffen, die Ihnen helfen wird, einen klaren und vertrauenswürdigen Weg zu gehen.

Bevor Sie beginnen

Wenn Sie sich diesem Kurs und seinem Thema verpflichten, setzen Sie einen Prozeß der Erforschung, Entdeckung und Entwicklung in Gang, der, auch nachdem Sie dieses Buch durchgearbeitet haben, weitergehen kann. Betrachten Sie die Zeit, die Sie damit verbringen, wie die Zeit nach dem Säen einer Pflanze, in der Ihnen bewußt ist, daß, was immer Sie später ernten, davon abhängt, wie gut Sie das Saatgut kultivieren und nähren.

Wir schlagen also vor, daß Sie sich mindestens eine ganze Woche Zeit nehmen, um jeden der zehn Übungsabschnitte zu machen, und daß Sie Ihre Übungszeit jeweils auf eine Stunde begrenzen, um eine Wandlung zuzulassen, bevor Sie fortfahren. Auf diese Art und Weise ist es wahrscheinlicher, daß Sie den Kurs als einen schrittweisen Prozeß erfahren, wie das auch bei den Teilnehmern an unseren Workshops der Fall ist.

Wir bieten Erziehung, keine Therapie

Wir sind Lehrer, keine Psychologen oder Psychotherapeuten, und das, was dieser Kurs bietet, ist *Erziehung*, keine *Therapie*. Er soll Ihnen helfen, Ihre Achtsamkeit auf Ihre Gedanken und Verhaltensweisen in bezug auf die Liebe zu erhöhen, insbesondere auf diejenigen Gedanken und Verhaltensweisen, die Sie einschränken. Und er kann Ihnen Alternativen anbieten, die Ihnen helfen, mehr Liebe in Ihr Leben zu bringen.

Die Übungen können sehr erhellend, kraftvoll und heilend sein, aber die Autoren übernehmen keine Verantwortung für individuelle Reaktionen auf den Kurs und sein Material. In unseren Workshops verzeichnen wir jedoch mit Befriedigung, daß unser erzieherischer Ansatz eine starke und lang andauernde therapeutische Wirkung auf viele Teilnehmer hat.

Forschen Sie selbst!

Wir haben keine absoluten Antworten, keine definitiven Lösungen, keine leichten Rezepte, keine Abkürzungen, keine schnelle Mischung und keinen magischen Zauberstab für Sie.

Wir haben unsere Erfahrung als Menschen und als Lehrer, die wir gern mit Ihnen teilen. Wir erwarten jedoch nicht, daß Sie alles, was wir schreiben oder Sie zu tun einladen, vorbehaltlos annehmen. Nähern Sie sich diesem Kurs vielmehr mit dem wachen Geist des Abenteuerers, der neugierig erforscht, was immer wertvoll für ihn ist. Finden Sie Möglichkeiten, das Gelernte kreativ in Ihrem Leben anzuwenden.

Drei Schritte

Dieser Kurs besteht aus drei Schritten. Den ersten haben Sie getan, als etwas in Ihnen sich entschloß, sich darauf einzulassen. Indem Sie nun beginnen, das Thema des Kurses aktiv zu erforschen, tun Sie den zweiten Schritt, die Aussaat und Kultivierung. Den dritten Schritt der Integration oder Ernte tun Sie, wenn Sie alles, was Sie gelernt haben, in Ihren Alltag tragen.

Die Übungsabschnitte

Jedes der zehn Kapitel sind in sechs Abschnitte unterteilt.

Teil eins – Verbindung aufnehmen: Während Sie die Übung machen, werden Sie feststellen, daß zwischen den Übungsabschnitten vielfältige Erinnerungen, Ideen, Gefühle, Einsichten, Träume, nicht-abgeschlossene Geschichten, Wechselwirkungen und relevante Ereignisse des inneren und äußeren Lebens auf den Plan treten. Wir betrachten all diese Ereignisse als wichtig für Ihre Forschung. Daher haben wir zu Beginn jeden Abschnitts einen Raum vorgesehen, den Sie wie ein persönliches Tagebuch nutzen können. Das Überarbeiten Ihres sich entfaltenden inneren Prozesses und das Aufnehmen einer Verbindung mit dem Thema, dem Ergebnis und den Übungen des Kurses hilft Ihnen, relevante Ereignisse besser zu erkennen, anzunehmen und zu nutzen, wenn sie in Ihrem Leben auftauchen. Außerdem wird dieses Buch zu einem vollständigen Protokoll für Sie. Achten Sie zwischen den Abschnitten auf solche inneren und äußeren Ereignisse, und schreiben Sie sie auf, sobald Sie ihrer gewahr werden.
Teil zwei – Bestandsaufnahme: Sie erforschen Ihre Erfahrung mit dem fraglichen Thema, wie es sich für Sie anfühlt, wie Sie darüber denken und Ihr typisches Verhaltensmuster dazu, bevor Sie es später im Abschnitt tiefer ergründen. Dabei folgen Sie der wissenschaftlichen Methode, sich vom Bekannten zum Unbekannten zu bewegen, und verzeichnen, was Ihnen schon geläufig ist, bevor Sie unmittelbare, neue Erfahrungen ins Spiel bringen.
Teil drei – Perspektiven erforschen: Hier teilen wir unsere persönliche Sichtweise mit Ihnen. Doch behalten Sie in Erinnerung, daß dies *unsere* Perspektiven sind. Ihre mag anders sein. Wenn Ihnen etwas von dem, was wir sagen, hilft, nehmen Sie es mit unserem Segen an. Wenn nicht, dann lassen Sie es.

Teil vier – Achtsamkeit erlangen: Es folgen Übungen, die Ihre Achtsamkeit erhöhen sollen. Denn *mit der Achtsamkeit kommt die Freiheit und Kraft der Entscheidung*. Wir alle haben blinde Flecken: Einstellungen, Gewohnheiten oder andere Verhaltensweisen, die uns nicht bewußt sind. Blind für unsere eigenen blinden Flecken haben wir keine Kontrolle, Macht oder Entscheidungsmöglichkeit über ihre Wirkung auf unser Leben. Wenn solche Verhaltensmuster uns jedoch bewußt sind, haben wir die Wahl – sie gewohnheitsmäßig beizubehalten (was uns dienlich sein mag oder nicht) oder sie gegen etwas anderes einzutauschen, was uns wesentlich mehr zu bieten vermag, wie zum Beispiel mehr Freiheit, mehr Macht oder mehr Erfüllung.
Teil fünf – Potential entwickeln: Bis zu diesem Punkt eines jeden Abschnitts sind Sie sich Ihrer eigenen Erfahrung bewußter geworden, dessen, wie Ihr Leben *war oder jetzt ist*. Dieser Teil lädt Sie nun ein, auf Ihrem gegenwärtigen Bewußtsein aufzubauen und darüber hinaus zu gehen, indem er Ihnen Gelegenheiten bietet, direkte, neue Erfahrungen zu kreieren, neue Perspektiven zu gewinnen und neue Schritte nach vorn zu unternehmen, auf das zu, was *sein kann*.
Teil sechs – die Anwendung: Einfach nur Ihre Achtsamkeit zu erhöhen, reicht nicht aus, um sicher zu sein, daß Sie mehr Liebe in Ihr Leben bringen. Der letztlich not-wendige Schritt besteht darin, das Erlernte *anzuwenden*, etwas damit *zu tun*, es zu integrieren, zu verköpern und es im täglichen Leben zu verankern, damit es zu einem natürlichen Teil Ihrer selbst wird. Im letzten Teil eines jeden Kapitels helfen wir Ihnen, mit diesem Prozeß zu beginnen. In den letzten Kapiteln stellen wir mehrere Übungen zur freien Auswahl vor, die Ihnen helfen, die Prinzipien des Kurses anzuwenden. Machen Sie diese Übungen nur, wenn Sie sich aus freien Stücken dazu entschließen können, anstatt sie als Pflicht mit dem damit verbundenen Druck auf sich zu nehmen. Übereilen Sie nichts. Nehmen Sie sich Zeit. Dieser Kurs soll einen Prozeß in Gang setzen und ist kein Wettrennen.

Gründung einer Gruppe zur Unterstützung

Dieser Kurs ist so konzipiert, daß Sie alle Übungen allein machen können. Wenn Sie jedoch einen größeren Nutzen daraus ziehen möchten, schlagen wir vor, daß Sie eine kleine Gruppe von drei bis sechs Teilnehmern gründen, die sich einmal wöchentlich trifft, um Erfahrungen auszutauschen. Das Treffen in einer Gruppe ermöglicht Ihnen, voneinander zu lernen und Ermutigung und Unterstützung zu gewähren und zu erhalten. Lesen Sie die abschließenden Ausführungen, *Vorschläge zur Anwendung des Kurses in kleinen Gruppen*, Seite 397.

Eine Vertrauensperson zur Unterstützung finden

Bitten Sie jemanden, Sie zu unterstützen, während Sie den Kurs machen. Es sollte ein guter Freund, Berater oder Vertrauter sein, jemand, mit dem Sie frei sprechen können, jemand der bereit und in der Lage ist, regelmäßig mit Ihnen zusammen zu sein (unter vier Augen oder am Telefon), jemand, der gut zuhören kann (ohne das Bedürfnis, Ihnen seinen Rat anzubieten, zu urteilen oder etwas zu tun) – kurz, jemand, der Sie und Ihre Entwicklung liebevoll und weise unterstützt.

Wir halten es für wichtig, daß Sie jemanden haben, mit dem Sie über Ihre Gefühle und Gedanken sprechen können, um Ihre Erfahrungen zu erden und das Erlernte zu integrieren. Am Ende eines jeden Kapitels bitten wir Sie, Ihre Erfahrung mit der Sie unterstützenden Person zu besprechen, bevor Sie das nächste Kapitel beginnen.

ÜBER DIE ÜBUNGEN

Es gibt keine richtige oder falsche Art, diese Übungen zu machen. Das einzig falsche ist, sie *gar nicht* zu machen, sie zu überspringen und sich selbst zu versprechen, später, nachdem man den ganzen Kurs durchgelesen hat, darauf zurückzukommen. Die Übungen *sind* der Kurs.

Sie belegen diesen Kurs ausschließlich zu Ihrem eigenen Wohlergehen. Versuchen Sie daher, so ehrlich und offen wie möglich zu sein, wenn Sie die gestellten Fragen beantworten, und machen Sie die Übungen möglichst aus ganzem Herzen. Versprechen Sie sich selbst, alles zur Sprache zu bringen und nichts zurückzuhalten. Je offener Sie sind, desto freier sind Sie.

Das Wiederholen unserer Anleitungen

Während Sie sich durch den Kurs arbeiten, werden Sie sehen, daß wir in vielen Übungen absolut identische Anleitungen geben. Wir setzen diese Wiederholungen bewußt ein, um Ihre Erfahrungen mit dem Kurs zu verstärken und zu vertiefen; übergehen Sie die Anleitungen also nicht, weil Sie Ihnen schon bekannt sind. Gehen Sie sie vielmehr methodisch durch, und lassen Sie die Wiederholung Ihren Entwicklungsprozeß verstärken.

Direktes Schreiben im Buch

In den meisten Übungen werden Sie gebeten, schriftlich Fragen zu beantworten, um die sich in Ihnen entwickelnden Vorgänge zu verankern und zu fördern. Das Aufschreiben dient auch als Katalysator und zur Klärung, und es stimuliert verschiedene kreative, nach innen gerichtete Ströme. Wir haben an den entsprechenden Stellen Platz gelassen, damit Sie direkt in dieses Buch schreiben können, anstatt ein separates Notizbuch zu führen. Als Kinder wurden viele von uns dazu angehalten, Bücher zu achten und niemals hineinzuschreiben. Doch dieses Buch ist es etwas völlig anderes. Schreiben und zeichnen Sie *alles* direkt in dieses Buch, sodaß es zu einem lebendigen Tagebuch wird, vollständig auf Sie bezogen. Wenn Sie mehr Platz brauchen, als zur Verfügung steht, heften, kleben oder legen Sie einfach eine zusätzliche Seite hinein.

Freies Zeichnen

In manchen Übungen werden Sie gebeten, direkt ins Buch zu zeichnen. Diese freien Zeichnungen sind dazu gedacht, Ihrem Unterbewußtsein – an Ihrem bewußten Verstand vorbei – auf direktere Weise wertvolle Informationen zu entlocken. Darum ermutigen wir Sie, beim Zeichnen so frei und spontan wie möglich zu sein. Erlauben Sie Ihrer Hand, einen Farbstift zu nehmen, und bewegen Sie ihn intuitiv und kreativ über die Seite, vielleicht um auf abstrakte Weise eine Qualität, ein Gefühl oder eine Note auszudrücken, anstatt ein Bild naturgetreu zu reproduzieren. Sollten Sie dem „Ich-konnte-noch-nie-zeichnen"-Syndrom unterliegen, dann nehmen Sie dieses Gefühl an. Doch dann *entscheiden* Sie *wohlüberlegt*, weiterzugehen und es dennoch zu tun. Sie machen diesen Kurs ausschließlich zu Ihrem eigenen Wohlergehen. Warum sollten Sie sich also selbst hintergehen, indem Sie nicht alle Übungen machen. Lesen Sie dazu auch den Abschnitt *Der Umgang mit Widerständen*, Seite 123.

Optimalen Nutzen aus der Visualisation ziehen

Jedes Kapitel enthält mindestens eine kreative Visualisationsübung, in der wir Sie bitten, etwas zu imaginieren, das heißt, sich vor Ihrem geistigen Auge ein Bild, ein Symbol oder eine ganze Szene vorzustellen. Viele Menschen haben herausgefunden, daß ihre Vorstellungskraft besser arbeitet, wenn sie ihre Augen schließen, weil dies die Aufmerksamkeit nach innen richtet. Darum beginnen wir diese Übungen mit der Bitte, die Augen zu schließen. Es gibt aber auch Menschen, deren Vorstellungskraft besser arbeitet, wenn sie die Augen offen halten. Folgen Sie der Methode, mit der es Ihnen am leichtesten fällt. Seien Sie nicht entmutigt, wenn Sie anfangs keine lebendigen Bilder bekommen. Imagination ist etwas, das man entwickeln kann. Während die meisten Menschen auf diese Art und Weise Bilder sehen können, mögen andere sie eher hören, fühlen, wissen oder erahnen, anstatt sie zu sehen.

Verstehen Sie, was immer in der Stille zu Ihnen kommen mag, symbolisch und nicht wörtlich, ähnlich wie bei der Verarbeitung von Träumen. Für kein Symbol gibt es eine uniforme oder immerwährende Interpretation oder gar eine allgemeingültige Bedeutung. Erforschen Sie deshalb *immer* das Bild, um die *Qualität* oder die Note zu entdecken, die es *Ihnen* übermitteln möchte, seine Essenz und nicht seine oberflächliche oder wörtliche Bedeutung. Nehmen wir beispielsweise an, daß in einer Übung das Bild eines Hundes auftaucht. Welche Qualität hat es *für Sie?* Ein bestimmtes Symbol mag eine Vielzahl verschiedener Qualitäten darstellen, zum Beispiel:

Qualität	**Bild**
Aggression	Hundekampf
tierische Leidenschaft, Instinkt	spielende, sich paarende Hunde
Abhängigkeit, Verläßlichkeit	Hundelist und -eigenarten
Verschlechterung	„vor die Hunde gehen“
Entschlossenheit	verbissen sein
Dominanz, Vorherrschaft	Leithund
Energie, Vitalität, Ausdauer	Schlittenhund
Treue	des Menschen bester Freund
Glück, Gutes oder Schlechtes	chinesisches Horoskop
Gehorsam	Jagd- und Schäferhunde
Schutz	Wachhunde
Dienst	Blindenhunde, Rettungshunde
Ergebenheit, Unterwürfigkeit	„underdog“
Gebietsbeanspruchung	Markierung durch den Hund
bedingunslose Liebe	rückhaltslose Hundefreude
Arbeit	Polizeihunde

Welche dieser universellen Qualitäten (oder noch andere) in diesem Fall zutreffen mag, hängt grundsätzlich *von Ihnen* ab. Dasselbe Symbol mag für eine andere Person, die dieselbe Übung macht, oder für Sie selbst in einer anderen Übung, oder wenn Sie die Übung zu einem späteren Zeitpunkt wiederholen, etwas völlig anderes bedeuten. Das heißt auch, daß es keine „guten“ und „schlechten“ Symbole gibt und keinen Grund, verlegen, beschämt oder ängstlich zu sein, wenn ein Symbol auftaucht, oder sich von einem Symbol einfach abgestoßen zu fühlen.

Erforschen Sie das Symbol. Lassen Sie die ursprüngliche Qualität, die es für Sie hat, ebenso spontan auftauchen wie das Symbol selbst, bevor Sie zur Betrachtung, Analyse oder Interpretation möglicher Bedeutungen oder Verbindungen Ihren Intellekt einsetzen.

In manchen geführten Imaginationsübungen werden Sie aufgefordert, sich selbst vorzustellen, während Sie etwas tun. Versetzen Sie sich in diesen Fällen als aktiver Teilnehmer *in* das Geschehen hinein. Erfahren Sie es mit all Ihren Sinnen, anstatt die Perspektive eines passiven, distanzierten Zuschauers einzunehmen. Es geht um den Unterschied, sich vorzustellen, „ein in der Sonne liegender Hund zu *sein*" oder „einen in der Sonne liegenden Hund zu *beobachten*".

Übungsanleitungen auf Band sprechen

Nehmen Sie die Anleitungen zu Übungen, bei denen Sie die Augen schließen sollen, auf Kassette auf. Das ermöglicht es Ihnen, die Übung zu machen, ohne sie zu unterbrechen, weil Sie vielleicht nicht mehr wissen, wie es weitergeht.

Lesen Sie den Text, während Sie ihn aufnehmen, möglichst langsam und nehmen Sie lange Pausen hinein, in denen Sie die vorgeschlagene Aktion ausführen können. Lassen Sie an den mit Punkten versehenen Stellen (...) Pausen von 10 bis 30 Sekunden auf der Kassette entstehen, oder welche Zeit auch immer ausreichend und angemessen erscheint, um jeden Übungsteil voll erleben zu können.

Bleiben Sie bei Ihren Gefühlen und Gedanken

Manche Übungen werden Erinnerungen an bestimmte Ereignisse, Menschen, Gefühle und Gedanken in Ihnen wachrufen. Sie können glücklicher, trauriger, wütender oder zärtlicher Natur sein. Diese Vorgänge sehen wir als ein gesundes Zeichen. Geben Sie sich selbst die rückhaltslose Erlaubnis, diese Gedanken zu denken, diese Gefühle zu fühlen und die Ereignisse noch einmal zu erfahren, und zwar als Möglichkeit, sie anzunehmen, zu verwandeln und vollständiger in Ihr Leben zu integrieren. Denken Sie auch daran, regelmäßig mit der Sie unterstützenden Person zu sprechen.

Bei einem Kurs dieser Art ist es völlig natürlich, daß sich Ungeduld, Frustration, Zweifel oder Entmutigung einstellen. Wenn Sie solche Gefühle erfahren, dann nehmen Sie sie wahr und erkennen Sie sie an. Aber geben Sie ihnen keinen Raum zum Wachsen. Ein englisches Sprichwort lautet: „Wenn die sogenannten negativen Gefühle an Ihre Tür klopfen, müssen Sie sie noch lange nicht zum Essen einladen.“ Schauen Sie in solchen Zeiten einfach ein Kapitel, einen Abschnitt, eine Übung, eine Seite, einen Absatz oder ein Wort nur für sich an, und dann gehen Sie zum nächsten über. Sonst erlauben Sie womöglich Ihrer eigenen Reaktion, Ihre inneren Vorgänge unnötig zu behindern oder aufzuhalten.

Verzichten Sie auf jegliche Beschuldigung, Kritik und Verurteilung Ihrer selbst. *Gehen Sie davon aus, daß mit Ihnen alles in Ordnung ist und immer in Ordnung war.* Wenn Sie aus dem, was geschehen ist, etwas lernen können, nehmen Sie diese Lektion an, und dann gehen Sie weiter. Erlauben Sie sich nicht, auf der Stelle zu treten, sich an einer Grenze aufzuhalten oder übermäßig lange zu warten. Entscheiden Sie sich vielmehr, zu handeln, zu wachsen und vollkommener zu werden.

Der Umgang mit Widerständen

Damit Sie unterschiedlichste Erfahrungen machen können, variieren wir die Übungen in jedem Kapitel. Es lohnt sich aufzuschreiben, welche Übungen Sie leicht und angenehm finden und welche eine größere Herausforderung zu sein scheinen, vielleicht sogar Ihren Widerstand auf den Plan rufen.

Sie könnten durch die Wiederholung einer Übungsform beispielsweise unruhig oder gelangweilt werden. Wenn das der Fall ist, richten Sie Ihre Aufmerksamkeit möglicherweise mehr auf *unsere Struktur* als auf *Ihren Vorgang der persönlichen Entwicklung.*

Wie können Sie wissen, wann Sie im Widerstand sind? Eine Möglichkeit ist, daß Sie einen Grund finden, eine Übung zu umgehen, oder der Sie daran hindert, mit einem Kapitel zu beginnen oder es fortzusetzen, oder aus dem Sie es vielleicht sogar vermeiden, den ganzen Kurs zu absolvieren. Solche Gründe mögen lauten: „Das ist zu leicht/schwer, lächerlich/intensiv, seicht/tief, intellektuell/gefühlsbetont, einfach/fortgeschritten oder zeitaufwendig/zeitverschwendend.“ Oder: „Jetzt muß ich eine Pause machen, telefonieren, zur Toilette gehen, eine Zigarette rauchen oder eine Tasse Kaffee oder Tee trinken.“ Selbstverständlich ist es natürlich und nötig, solche Pausen einzulegen. Achten Sie jedoch darauf, ob Sie sie benutzen, um eine Übung zu *vermeiden* oder den Kurs nicht fortzusetzen.

Wenn Sie irgendeinen Widerstand fühlen, erkennen Sie ihn zunächst an, ohne ihn oder sich selbst zu verurteilen. Dann *entscheiden* Sie sich, *besonnen* weiterzugehen und die Übung trotzdem zu machen, *ungeachtet* Ihres Widerstands. Oft schwinden solche Widerstände, wenn man ihnen etwas Aufmerksamkeit schenkt. Wenn er sich nicht auflöst, mag es sich als recht aufschlußreich für Sie erweisen, die Natur Ihres Widerstandes direkt zu untersuchen, wie er Sie begrenzt und wie er Ihnen dient.

Wir sind der Ansicht, daß dieser Kurs einen Weg zu Ihnen gefunden hat, weil er Ihnen etwas zu bieten hat.

Das Wiederholen einer Übung

Die Barrieren, die viele Menschen in sich selbst dagegen errichtet haben, Liebe anzunehmen und weiterzugeben, haben oft eine lange Geschichte und sind fest eingegraben, verstärkt durch jahrelanges Wiederholen von Verhaltensmustern. Darum empfehlen wir, daß Sie jede Übung wiederholen, so oft Sie es wünschen, um zusätzliche Erkenntnisse zu gewinnen oder den inneren Vorgang zu entwickeln und zu unterstützen.

Sie werden vielleicht überrascht sein von den Ergebnissen, die Sie erzielen, wenn Sie eine Woche oder sogar einen Monat lang täglich dieselbe Übung machen. Ein uns bekannter Psychosynthese-Trainer sagt, wenn Sie diese Übungen nur einmal durchgehen, um mehr über sich selbst zu lernen, dann ist das, als wenn Sie einen Tennisball nur einmal über das Netz schlagen, um mehr über Tennis zu lernen. Eine systematische, sich wiederholende Praxis ist der Schlüssel zum Erfolg mit den Übungen dieses Kurses.

Geben Sie uns Ihr Feedback

Und schließlich heißen wir alles willkommen, was Sie uns über Ihre Erfahrungen mit diesem Kurs zu berichten haben. Adressieren Sie Ihre Korrespondenz an den Aurum Verlag, Georg-Westermann-Allee 66, 38104 Braunschweig, zu Händen der Autoren.

Kapitel eins
Die Entscheidung zuzulassen

TEIL EINS – VERBINDUNG AUFNEHMEN

Herzlich willkommen in *Bring mehr Liebe in dein Leben – du hast die Wahl.*

Ursprünglich haben wir diesen Kurs als einen intensiven Workshop konzipiert, der jeden Sommer angeboten wurde, für 24 in der Findhorn Foundation lebende Teilnehmer, sieben sehr volle Tage lang.

Jetzt werden Sie allein sein, obwohl wir hoffen, daß Sie unsere liebende Unterstützung spüren. Und Sie können sich so viel Zeit nehmen, wie Sie möchten, um den Kurs zu durchlaufen. Geben Sie sich eine ganze Woche oder länger für jede Übungsfolge. Nehmen Sie sich nicht mehr als ein oder zwei Teile auf einmal vor, und arbeiten Sie nicht länger als eine Stunde, um das Verdauen zuzulassen und die gewonnenen Erkenntnisse anzuwenden.

Wenn Sie den Abschnitt „Bevor Sie beginnen" (Seite 16) übergangen haben, kehren Sie noch einmal zu ihm zurück und lesen Sie ihn achtsam durch. Tun Sie das jetzt. Anschließend notieren Sie unten den Namen des Freundes oder der Freundin, der/die sich einverstanden erklärt hat, Sie während des Kurses zu unterstützen.

Das Ziel

In dieser ersten Übungsfolge geht es darum herauszufinden, wie Sie Liebe empfinden und was sie für Sie bedeutet, sich eine Orientierung zu erarbeiten und Wege zu erforschen, wie Sie mehr Liebe in Ihr Leben bringen können.

In diesem Teil jeder Übungsfolge bitten wir Sie normalerweise, sich die vorangegangene Übungsfolge noch einmal anzuschauen und diese Seiten dann als persönliches Tagebuch zu nutzen, um die Gefühle, Gedanken, Träume, Begegnungen und andere innere und äußere Ereignisse, die durch die Übungsfolge auf den Plan gerufen wurden, zu notieren.

In dieser ersten Übungsfolge bitten wir Sie jedoch, sich anzuschauen, was Sie durch den Kurs erreichen möchten. Eine klare Aussage über den Zweck, den Sie verfolgen, geleitet Sie durch Ihre Studien und hält die Konzentration auf das gerichtet, was Sie möchten.

Vielleicht haben Sie bereits eine klare Vorstellung davon, was Sie mit diesem Kurs erreichen möchten. Wenn nicht, schreiben Sie folgenden Satz auf: *„Ich belege diesen Kurs, weil …"* Vervollständigen Sie diesen Satz mit jedem Gedanken, der Ihnen spontan kommt, um zu klären, was für Sie stimmt.

•

•

•

•

Jetzt haben Sie ein allgemeines Ziel formuliert. Doch wie steht es um Ihre spezifische Zielvorstellung? Da es in diesem Kurs darum geht, mehr Liebe in Ihr Leben zu bringen – *was genau wünschen Sie sich?* Ist es etwas, das Sie sein möchten, das Sie tun möchten oder das Sie haben möchten?

•

•

•

•

Würde eine oder würden beide Anworten irgendeine Art von Veränderung in Ihrem Leben herbeiführen? Wenn ja, *sind Sie bereit, Ihr Leben zu verändern?* Wir fragen danach, weil wir herausgefunden haben, daß viele Menschen *sagen*, daß sie sich verändern möchten, *und* sie möchten auch, daß alles genauso bleibt. Bestätigen Sie: *„Ich bin vollkommen bereit, mein Leben umzugestalten und sich verändern zu lassen."* Schreiben Sie dann sämtliche Gefühle und Gedanken nieder, die dem Aufschreiben der Affirmation folgen.

•

•

•

•

Der Kurs basiert auf dem Prinzip, daß Selbst-Meisterung mit Selbst-Erkenntnis beginnt. Er fordert Sie auf, Ihre eigene Erfahrung so objektiv wie möglich zu untersuchen. Je ehrlicher und offener Sie die Fragen und Übungen des Kurses auf sich selbst anwenden, desto mehr gewinnen Sie. Bestätigen Sie: *„Ich bin bereit, während des Kurses absolut offen und ehrlich mit mir selbst zu sein."* Schreiben Sie dann sämtliche Gefühle und Gedanken nieder, die dem Aufschreiben dieser Affirmation folgen mögen.

Manchmal sind wir selbst unser ärgster Feind. In vieler Hinsicht vereiteln wir unsere besten Bemühungen, zu bekommen, was immer wir möchten. Wir nehmen Verhaltensmuster an, die es uns ermöglichen, Widerstände aufrecht zu erhalten oder uns mit bestimmten Dingen nicht konfronieren zu müssen. Diese Verhaltensweisen von Anfang an zu beleuchten, hilft uns, während des Kurses auf sie zu achten. Betrachten Sie also einen Moment lang, wie Sie es womöglich selbst verhindern, die Ziele zu erreichen, die Sie oben aufgezählt haben.

Es ist wichtig, daß Sie von Anfang an *entschieden* sind, mehr Liebe in Ihr Leben zu bringen. Es ist wichtig, daß dies von jetzt an Ihre wohlüberlegte Absicht ist. Bestätigen Sie: *„Ich entscheide mich jetzt, mehr Liebe in mein Leben zu bringen, und ich bringe Tag für Tag mehr Liebe in mein Leben."* Schreiben Sie dann alle Gefühle oder Gedanken nieder, die dem Aufschreiben dieser Affirmation folgen mögen.

TEIL ZWEI – BESTANDSAUFNAHME

In diesem Teil jeder Übungsfolge betrachten Sie Ihre vergangenen und gegenwärtigen Gefühle, Gedanken, Vorstellungen und typischen Verhaltensmuster in bezug auf das Thema der Übungsfolge.

Ihre Definition von Liebe

Das Wort Liebe hat für unterschiedliche Menschen verschiedene Bedeutungen. Einigen ist es heilig, für andere ist es bedeutungslos. Doch alle Menschen reagieren auf die eine oder andere Weise auf die Liebe.

Manche Menschen gebrauchen das Wort Liebe in bezug auf sexuelle Wünsche. Andere gebrauchen es, um zarte und romantische Gefühle zu beschreiben. Manche Menschen gebrauchen es, um Wertschätzung und Fürsorge auszudrücken. Wieder andere sagen, es sei das universelle Prinzip der Anziehung und Vereinigung.

Wie sind Ihre Gefühle zur Liebe? Was bedeutet Liebe für Sie? Nehmen Sie sich einen Moment Zeit, um zu betrachten, wie Sie das Wort im allgemeinen gebrauchen.

Schreiben Sie dann Ihre Definition von Liebe auf, indem Sie entweder mit „Liebe ist ...“ oder „zu lieben bedeutet ...“ beginnen. Vervollständigen Sie den Satz mit jedem Gedanken, der Ihnen spontan kommt.

•

•

•

•

Eine Möglichkeit, Liebe zu beschreiben, besteht darin zu sagen, was sie ist und was sie nicht ist. Vielleicht haben Sie diese Methode eben selbst gebraucht.

Eine Beschreibung von Liebe finden wir im ersten Brief des Apostel Paulus an die Korinther (13/4–8); Übersetzung aus der *Good News Bible*:

> Liebe ist geduldig und freundlich; sie ist nicht eifersüchtig oder eitel, eingebildet oder stolz; Liebe ist nicht unmanierlich, eigensüchtig oder reizbar; Liebe führt nicht Buch über Missetaten; Liebe ist nicht mit dem Bösen, sondern mit der Wahrheit glücklich. Liebe gibt niemals auf, ihr Vertrauen, ihre Hoffnung und Geduld versagen nie. Liebe ist unendlich.

Zum Vergleich die Übersetzung Martin Luthers:

> Die Liebe ist langmütig und freundlich. Die Liebe eifert nicht. Die Liebe treibt nicht Mutwillen. Sie bläht sich nicht auf, sie stellet sich nicht ungebärdig, sie suchet nicht das ihre, sie läßt sich nicht erbittern, sie rechnet das Böse nicht zu, sie freuet sich nicht der Ungerechtigkeit, sie freuet sich aber der Wahrheit, sie verträgt alles, sie glaubet alles, sie hoffet alles, sie duldet alles. Die Liebe höret nimmer auf.

Wie stehen Sie zu dieser Beschreibung? Was fühlen und denken Sie darüber? Wie schneidet sie im Vergleich zu Ihrer eigenen *Erfahrung* der Liebe ab?

-
-
-
-

Für die meisten von uns ist Liebe ein schwer faßbares und emotionsgeladenes Wort, das viele Bedeutungen hat. Während Sie den Kurs durchlaufen, wird Ihre Definition von Liebe sich möglicherweise verändern.

Skala Ihrer Liebesrealität

Wählen Sie eine der folgenden Aussagen, und zwar die, die Ihren allgemeinen Glaubensvorstellungen über die Existenz und Realität der Liebe am nächsten kommt.

1. Liebe als solche existiert auf diesem Planeten nicht. „Liebe“ ist wie „Sicherheit“ ein Wort, das benutzt wird, um einen Idealzustand zu beschreiben, der offensichtlich nicht zum Leben gehört.
2. Liebe wurde in dieser Welt von wenigen besonderen Lehrern, wie Jesus Christus und Buddha, zum Ausdruck gebracht. Für uns Sterbliche ist sie jedoch ziemlich außer Reichweite.
3. Ich merke, wie andere Menschen Liebe ausdrücken. Aber ich bin nicht sicher, ob ich sie jemals in mir gefühlt habe. Darum habe ich persönliche Schwierigkeiten mit der Liebe.
4. Ich weiß, daß ich Liebe geben und nehmen kann, und ich fühle sie in mir und in vielen anderen Menschen.

5. Ich versuche mein bestes, so frei, vollkommen und ohne Angst wie möglich zu lieben.
6. Ich bin reine Liebe. Alles andere ist nur Angst, Illusion und Gerede.

Markieren Sie auf dem Barometer unten die Antwort, die Ihre gegenwärtige Glaubensvorstellung über die Liebe am besten kennzeichnet.

1	2	3	4	5	6

Was haben Sie während der Übung gefühlt? Was fühlen und denken Sie jetzt?

-
-
-
-

Ihre Erfahrungen mit der Liebe

Als nächstes bitten wir Sie, Ihre Aufmerksamkeit nach innen zu richten, damit Sie noch mehr von Ihren Gefühlen und Gedanken über die Liebe erfassen können. Wir bezeichnen diese Übung als Bestandsaufnahme von Erfahrungen, weil sie eine leichte und schnelle Möglichkeit bietet, Glaubensvorstellungen zusammenzufassen, die aus vergangenen Erfahrungen resultieren. Nehmen Sie sich an jeder Stelle der Übungsanleitung, die durch drei Punkte markiert ist, 10 bis 30 Sekunden Zeit, damit Sie jeden Schritt mit Ihrer ganzen Achtsamkeit erfahren können.

Schließen Sie die Augen ... Setzen Sie sich aufrecht hin ... Nehmen Sie ein paar tiefe Atemzüge ... Entspannen Sie sich ... Erlauben Sie Ihrem Körper, Ihren Gefühlen und Gedanken, ruhig zu sein ... Werden Sie wie ein ruhiger, stiller See ... Wenn Sie soweit sind, sagen Sie zu sich selbst: *„Liebe ist ...“* Vervollständigen Sie den Satz mit einem Wort oder einem kurzen Satz – was auch immer Ihnen spontan einfällt. *Denken* Sie nicht darüber nach. Schreiben Sie die erste Antwort, die Ihnen einfällt, nieder. Dann wiederholen Sie dies. Erlauben Sie einem neuen Wort oder Satz aufzutauchen. Schreiben Sie die neue Antwort nieder. Wenn Ihnen momentan nichts einfällt, fangen Sie einfach wieder von vorn an, wissend, daß bald etwas kommt. Wiederholen Sie diesen Vorgang mindestens zehn Minuten lang immer wieder oder so lange, bis Sie den freien Platz mit einer ganzen Liste von Worten gefüllt haben.

Liebe ist …

Erforschen Sie Ihre Antworten. Markieren Sie jede Antwort, die Sie als positiv betrachten, mit einem Pluszeichen (+) und jede negative mit einem Minuszeichen (-).

Können Sie irgendwelche Ähnlichkeiten oder Muster in Ihren Antworten erkennen? Was sagt Ihnen das? Vermeiden Sie es, Ihre Antworten oder sich selbst zu beurteilen. Aber bleiben Sie offen, um mehr über sich selbst zu lernen.

Ihr Verhältnis zur Liebe

Wie stehen Sie zur Liebe? Wie stark lieben Sie? Wie liebevoll sind Ihre Beziehungen? Zur Familie? Freunden? Mitarbeitern? Autoritäten? Menschen des gleichen und des anderen Geschlechts? Was ist Ihre größte Schwierigkeit, wenn es darum geht, mehr Liebe in Ihr Leben zu bringen? Das sind große Fragen. Nehmen Sie sich einen Moment Zeit, um sich anzuschauen, wie Ihre Erfahrung war. Schreiben Sie dann so prägnant wie möglich darüber. Heben Sie Einzelheiten und „Geschichten" für eine andere Gelegenheit auf. Wie wir in unseren Workshops sagen: *„Seien Sie knapp und tief!"* Aber füllen Sie den zur Verfügung gestellten Platz ganz aus.

Sie bemerken womöglich, daß das Schreiben über die Art und Weise, wie Sie zur Liebe stehen, in den nächsten Tagen andere Gefühle und Gedanken in Ihnen wachrufen wird. Zu Beginn des zweiten Kapitels (Seite 62) haben wir Platz gelassen, damit Sie diese aufzeichnen können.

TEIL DREI – PERSPEKTIVEN ERFORSCHEN

In diesem Teil jeder Übungsfolge beziehen wir uns auf unsere eigenen Erfahrungen zum Thema.

EILEEN

Die wichtigste Lektion, die es im Leben zu lernen gilt, ist zu lieben.
Herzenstüren öffnen

David und ich blicken auf ein Leben voller Lektionen über die Liebe zurück, von denen wir einige noch immer lernen. Verstehen Sie also, daß wir uns Ihnen nicht als Experten vorstellen, die behaupten, alle Anworten zu kennen. Weit gefehlt. Ein Sprichwort sagt, daß der Mensch lehrt, was er selbst am dringendsten lernen muß. Es ist sicher kein Zufall, daß wir in den letzten Jahren soviel über die Liebe gelernt und an andere weitergegeben haben.

Was ist Liebe? Ich höre davon. Ich spreche darüber. Aber was bedeutet sie mir? Ich habe das Gefühl, daß Liebe eines der am meisten mißverstandenen Worte des Lexikons ist. Ich habe sehr früh erkannt, daß Liebe nicht nur ein Wort ist. Sie ist eine Essenz. Sie ist eine Schwingung. Sie ist eine Kraft. Sie ist das Leben selbst. Liebe ist die kostbarste Energie im ganzen Universum. Warum? Liebe überwindet jegliche Angst. Liebe ist über alles erhaben, was sie in den Schmutz ziehen könnte. Sie sieht unter der Oberfläche die innerste Tiefe der Seele. Liebe ist der Balsam, der die Kraft hat, zu heilen und zu erneuern. Sie ist der Schlüssel zu jeder Tür.

Indem ich mein Herz öffne, fange ich an, die wahre Bedeutung der Liebe zu verstehen. Ein verschlossenes Herz weiß nichts von der Liebe. Liebe ist ein Geschenk des Himmels. Sie ist umsonst da für alle, die bereit sind, sie anzunehmen. Ich kann die Liebe kennen, ich kann sie fühlen, aber ich kann sie nicht festhalten. Denn je mehr ich versuche, sie zu besitzen, desto mehr entweicht sie mir. Die Liebe ist so frei wie der Wind und kennt keine Barrieren oder Grenzen.

Wahre Liebe ist niemals besitzergreifend. Sie hält eine andere Person niemals in Gefangenschaft, sondern sehnt sich danach, jede Seele frei und unbehindert zu sehen, ihren rechtmäßigen Ort in dem vollkommenen Plan der Welt zu finden. Mit der Liebe kommt die Freiheit. Es ist die Angst, die bindet und begrenzt. Es ist die Liebe, die sämtliche Fesseln zerschneidet und Befreiung bringt.

Liebe ist ein Zustand des Seins. Man muß nicht darüber sprechen, denn sie drückt sich in tausenderlei Weisen aus – in einem Blick, einer Berührung, einer Tat. Liebe ist die universelle Sprache. Sie kann von allen verstanden werden, denn sie ist die Sprache der Stille.

Ich habe herausgefunden, daß so vieles Liebe ist. Und doch weiß ich, daß sie nichts ist, was man kaufen, verkaufen, wiegen oder messen kann. Ich kann Liebe nur geben. Liebe ist in unterschiedlichem Maß in jedem und allem und wartet darauf, herausgelockt zu werden. Liebe ist nicht etwas von mir Getrenntes. Ich bin Liebe. Die Liebe vertraut, akzeptiert und glaubt ohne Beweis. Liebe ist spontan und sehnt sich danach, durch Freude, Schönheit, Wahrheit und sogar durch Tränen zum Ausdruck gebracht zu werden.

Liebe ist erhebend. Sie erhellt den Weg und beleuchtet jede Aufgabe. Sie gibt allem, was ich tue, Bedeutung und Freude. Sie singt ein frohes Lied in mir. Die Liebe erhebt meine Seele, erneuert meinen Glauben und segnet mich den ganzen Tag.

Dem Ruf der Liebe zu antworten, erfordert viel Mut und Entschlossenheit. Denn Verletzbarkeit beinhaltet das Risiko, zurückgewiesen zu werden. Doch ohne Verletzbarkeit ist Liebe nicht möglich. Und ohne Liebe ist das Leben unvollkommen.

Was bedeutet Liebe für mich? Sie ist diese unbeschreibliche, kraftvolle Energie, die durch mein ganzes Sein fließt, hinaus zu all den Mitmenschen. Sie macht es mir möglich, hinter der äußeren Form das Göttliche in jedem Menschen zu erkennen. Sie gibt mir das Gefühl des Einsseins und den „Frieden Gottes, der größer ist als alle Vernunft".

DAVID

Dies ist mein Gebot, daß ihr einander liebet, wie ich euch geliebt habe.

Neues Testament

Meine erste Assoziation der Liebe ging mit Gefühlen, Emotionen und Romanze einher. In den Filmen, die ich mir als Kind samstags vormittags ansehen durfte, gab es Liebesszenen, von denen ich fand, daß sie lediglich die Handlung der Geschichte hinauszögerten. Liebe war etwas, womit sich Erwachsene beschäftigten, für mich nicht interessant, relevant oder was auch immer.

Später, als Jugendlicher, entdeckte ich, daß die Liebe neue und interessante Dimensionen bekam, zu denen ich endlich eine Beziehung fand und die ich selbst erfahren konnte. Das Wort Liebe wandelte sich von einem Substantiv (Liebesszenen, Liebeslieder, Liebesgeschichten) in ein Verb (Liebe machen). Als Teenager bedeutete Liebe für mich Geschlechtsverkehr und umgekehrt. Ich war absolut fasziniert und versäumte keine Gelegenheit, die sexuelle Seite des Lebens zu erforschen. Dies war etwas, womit ich mich selbst nähren und nähren lassen konnte.

Schließlich tauchte die persönlichere, romantischere Färbung der Liebe wieder auf (sich verlieben), was mit der Qualität der Beziehung zu tun hatte und tiefere Gefühle für meine Sexualpartnerin einbezog. Sehr viel später bekam Liebe die Bedeutung von Verantwortung und Dienen, von selbstlosem Handeln in liebender Güte für Hilfsbedürftige. „Liebe deinen Nächsten" bedeutete, den Menschen freundliche und helfende Unterstützung zu gewähren.

Ich habe gelernt, daß die wichtigste Form der Liebe die Liebe zu mir selbst oder zu meinem Selbst ist – nicht Egoismus, sondern eher Selbstannahme, Selbstachtung, Selbstwertgefühl. Ohne sie können wir einen anderen Menschen nicht ganz und wahrhaftig lieben. Wir bleiben bedürftig und suchen außerhalb unseres Selbst nach Bestätigung, Wertschätzung und Liebe. Ich habe erkannt, daß Liebe ist, wer ich *bin*, nicht was ich habe oder tue. Mehr Liebe in mein Leben zu bringen, beginnt damit, zu sein, wer ich bin, ich selbst zu sein, ganz ich zu sein.

Wie Eileen schon angedeutet hat, ist Liebe komplex und schwer zu definieren. In unseren Workshops und in diesem Kurs sind wir um Einfachheit und Klarheit bemüht. Darum gebrauchen wir folgende Definition: *„Liebe ist mitfühlende Annahme und Achtung unserer selbst und anderer.“* Mehr Liebe in mein Leben zu bringen, heißt also, daß ich mich selbst und andere so annehmen lerne, wie wir sind. Das bedeutet, daß ich mich selbst und andere respektieren lerne. Das heißt, daß ich mit Mitgefühl, Fürsorge, Wärme und Verständnis handle.

Ich frage mich selbst nach Emotionen, Romanze, Gefühlen – wie passen sie in eine Definition von Liebe? Ich bin dahin gekommen, mit Martin Buber übereinzustimmen und zu sagen, daß Liebe „nicht eine Emotion oder ein Gefühl ist. Gefühle begleiten die Liebe. Aber sie machen sie nicht aus.“ Auch der Theologe Millar Burrows weist darauf hin, daß Liebe „keine Emotion ist, sondern eine willentliche Einstellung ... Den Nächsten zu lieben, heißt nicht, Zuneigung zu ihm zu empfinden, sondern sein Bestes zu wünschen und zu suchen.“ Liebe ist eindeutig mehr als nur ein Gefühl.

Für mich selbst definiere ich Liebe noch einfacher: *Lieben bedeutet zuzulassen.* In dem Maße, in dem ich mir selbst erlauben kann, so zu sein, wie ich bin, in dem Maße, in dem ich mich selbst ohne Beurteilung oder Kritik annehmen kann, in dem Maße kann ich mich selbst wahrhaft lieben. Das bedeutet zu akzeptieren, daß ich völlig in Ordnung bin, wie ich bin, und gleichzeitig anzuerkennen, daß ich immer Raum haben werde, um zu wachsen, immer über Möglichkeiten verfüge, die noch nicht ausgeschöpft sind, immer im Prozeß bin, mehr von dem zu werden, was ich sein kann. Und das bedeutet, daß ich anderen zugestehen muß, dasselbe zu tun und zu sein.

Ich weiß, *daß ich die Wahl habe,* mich selbst und andere *anzunehmen und zu achten.* Ich weiß, *daß ich die Wahl habe,* mir selbst und anderen *zu erlauben*, so zu sein, wie wir sind. Darum weiß ich, daß ich *die Wahl habe*, zu lieben und mehr Liebe in mein Leben zu bringen.

Was bedeutet Liebe für mich? Ich glaube, daß wir alle aus reiner Liebe geschaffen sind. Liebe ist, was wir sind. Wir alle sind mit der Fähigkeit geboren, zu lieben und geliebt zu werden. Wir alle sind hier, um die Liebe zu uns selbst und zu anderen zum Ausdruck zu bringen.

TEIL VIER – ACHTSAMKEIT ERLANGEN

In diesem Teil jeder Übungsfolge erforschen wir Ihre Erfahrungen, damit Sie eine gesteigerte Achtsamkeit für Ihre eigenen Verhaltensmuster gewinnen mögen. Erinnern Sie sich, mit der Achtsamkeit kommt die Freiheit und Kraft der Entscheidung. Je mehr Achtsamkeit Sie entwickeln, desto mehr Möglichkeiten haben Sie, Muster zu bilden, die Sie nähren, und Muster zu verändern, die Sie einengen.

Erwartungen: Hoffnungen und Ängste

Die Teilnehmer unserer Workshops bringen in der Regel beides mit, Hoffnungen und Ängste vor dem, was ihnen während oder nach dieser Woche passieren könnte. Manchmal haben sie recht romantische und idealisierte Hoffnungen und phantasieren das Beste, was eintreten könnte. Sie haben aber auch recht katastrophale Ängste und stellen sich das Schlimmste vor.

Wie ist das bei Ihnen? Setzen Sie große Hoffnungen in den Kurs? Wenn ja, ist es hilfreich zu wissen, welcher Art diese Hoffnungen sind. Eine Möglichkeit, Ihre Hoffnungen sichtbarer werden zu lassen, besteht darin, den folgenden Satz so oft Sie möchten zu vervollständigen: *„Ich werde sehr enttäuscht sein, wenn am Ende des Kurses …“*

•

•

•

•

Um herauszufinden, welche Ängste Sie in bezug auf den Kurs hegen, vervollständigen Sie diesen Satz so oft Sie möchten: *„Ich werde sehr erleichtert sein, wenn zum Ende des Kurses …“*

•

•

•

•

Wir haben gelernt, daß positive (Hoffnungen) oder negative (Ängste) Erwartungen, Ihre Möglichkeiten erheblich einschränken, das zu erhalten, was Sie sich von diesem Kurs erhoffen, und das zu vermeiden, was Sie auf keinen Fall möchten. Paradoxerweise müssen Sie alle Erwartungen aufgeben, *damit* Sie offen werden, um zu erhalten, was immer Sie möchten. Wenn Sie sehr an Ihren Erwartungen festhalten, sind Sie nicht frei, um die wahren Geschenke entgegenzunehmen, die der Kurs für Sie bereithält.

Der liebende und weise Führer – Visualisation

Die geführten Visualisationen in diesem Kurs werden Sie in die Lage versetzen, das zu tun, was wir „die innere Arbeit“ nennen, die Vorbereitung auf einen Schritt nach vorn in Ihrem Leben. Diese Methode basiert auf dem psychologischen Gesetz, welches besagt, daß Vorstellungen oder mentale Bilder dazu tendieren, körperliche Bedingungen und äußere Handlungen zu schaffen, die damit korrespondieren. (Vergleiche *The Act of Will* von Roberto Assagioli, Kapitel 5) Vereinfacht gesagt ist jede Idee eine potentielle Handlung im Anfangsstadium.

Diese geführte Visualisation versetzt Sie in die Lage, Ihre Erwartungen loszulassen und sich für Ihre eigene innere Weisheit zu öffnen, symbolisch dargestellt durch einen weisen und liebenden Führer. Nehmen Sie die Anleitung zu dieser Übung auf Band auf, damit Sie sie ohne Unterbrechung frei und vollständig erfahren können. Beachten Sie auch unsere Empfehlung auf Seite 22. Nehmen Sie sich Zeit für die Übung.

Setzten Sie sich gerade hin und finden Sie eine bequeme Haltung ... Schließen Sie die Augen ... Atmen Sie mehrmals lang, langsam und tief ein und aus ... Entspannen Sie Ihren Körper völlig ... Lassen Sie alle Verkrampfungen los ... Erlauben Sie jeder Emotion, die Sie fühlen mögen, zu schwinden ... Tun Sie dasselbe mit Ihren Gedanken ... Werden Sie wie ein stiller, ruhiger See, der den blauen Himmel perfekt spiegelt ... Oder wie der Sternenhimmel in der Stille der Nacht ... Seien Sie im Frieden, aber bleiben Sie wachsam ...

Wenn Sie soweit sind, lassen Sie das Bild oder Gefühl einer sehr großen Stadt, wie New York, London oder Berlin in sich aufsteigen ... Es ist ein schöner Tag ... Erfahren Sie sich selbst, wie Sie im Zentrum der Stadt die Straße entlanggehen ... Fühlen Sie den Asphalt unter Ihren Füßen ... Sehen und hören Sie die Autos und Busse ... Beobachten Sie, daß viele andere Menschen eilig vorbeigehen ... Bemerken Sie, wie geschäftig und unpersönlich alle sind ...

Sehen Sie sich dann in ein sehr hohes Gebäude gehen ... Drinnen bemerken Sie mehrere Fahrstühle. Sie gehen auf einen zu und drücken den Aufwärtsknopf ... Die Tür öffnet sich, und Sie gehen allein hinein ... Sie drücken den Knopf für das Dachgeschoß. Die Tür schließt sich, und als sich der Fahrstuhl in Bewegung setzt, fühlen Sie sich vollkommen ruhig, sicher und wohl ...

Der Etagenanzeiger läßt erkennen, daß Sie am ersten Stockwerk vorbeifahren, ... dann am zweiten Stockwerk, ... am dritten Stockwerk, ... am vierten Stockwerk, ... am fünften Stockwerk, ... am sechsten Stockwerk, ... am siebten Stockwerk ... und darüber hinaus ...

Der Fahrstuhl wird langsamer und hält dann auf der obersten Etage an ... Die Tür öffnet sich, und Sie treten in eine wunderbare Landschaft hinaus: ein Dachgarten mit Rasen, Büschen, Bäumen und vielen verschiedenen Blumen ... Überall strahlen Blüten in blendendem Weiß ... Die Sonne scheint hell auf Sie herab ...

Sie gehen einen gepflegten Weg entlang und empfinden absolute Ruhe und vollkommenen Frieden hier, weit weg von der geschäftigen Straße, die Sie erst vor ein paar Minuten verlassen haben ...

Nach einer Weile erreichen Sie eine Bank und setzen sich, um auszuruhen ... Jetzt erst bemerken Sie, daß Sie ein Paket unter dem Arm getragen haben ...

Bald haben Sie das Gefühl, daß Sie nicht allein sind ... Sie blicken auf, den Weg entlang, und da kommt ein liebender und weiser Führer auf Sie zu, jemand, der Sie wirklich sehr gut kennt und liebt, in dessen Gegenwart Sie sich ganz sicher und völlig unbefangen fühlen ...

Der Führer kommt näher, grüßt Sie herzlich und fragt Sie nach Ihrem Paket ... Sie antworten: „Hier drin sind alle meine Erwartungen an den Kurs, den ich gerade beginne." ... Dann sagt der Führer: „Bitte, gib sie mir. Sie werden dir nur im Weg sein." Bereitwillig überreichen Sie ihm das Paket ...

Dann sagt der weise und liebende Führer zu Ihnen: „Erlaube mir, dir etwas zu sagen. Erlaube mir, dir den *wahren* Grund zu sagen, warum du diesen Kurs machst." Erlauben Sie dem Führer nun, Ihnen diesen wahren, tieferen Grund zu offenbaren ...

Jetzt bemerken Sie, daß der Führer auch ein Paket hat, und Sie fragen danach ... Der Führer antwortet: „In diesem Paket ist das Geschenk dieses Kurses für dich." Er überreicht Ihnen das Paket und fügt hinzu: „Du darfst es jederzeit öffnen, um herauszufinden, was darin ist. Du sollst auch wissen, daß du, so oft du möchtest, in diesen weißen Garten zurückkommen und über alles mit mir sprechen darfst. Ich bin hier, um dir zu helfen. Wie du gemerkt hast, weiß ich alles über dich, und ich bin in der Lage und bereit, dir alle Fragen zu beantworten, die du mir über dich selbst stellen willst."

Der Führer läßt Sie jetzt allein und verschwindet im Gebüsch ... Im nächsten Moment gehen Sie mit dem neuen Paket unter dem Arm zum Fahrstuhl zurück ... Sie drücken den Abwärtsknopf, und die Tür öffnet sich ... Sie gehen in den Fahrstuhl hinein und drücken den Knopf für das Erdgeschoß ... Die Tür schließt sich, und der Fahrstuhl fährt abwärts ...

Nach kurzer Zeit hält der Fahrstuhl im Erdgeschoß, die Tür öffnet sich, und Sie treten in die Vorhalle hinaus ... Sie gehen auf die Straße, wo Sie wieder den Asphalt unter Ihren Füßen spüren ... Etwas scheint jetzt ganz anders zu sein als vorher ... Die Menschen auf der Straße nehmen einander wahr und lächeln sich zu ... Die Sonne scheint auf Sie alle herab, und Sie fühlen sich sicher, liebevoll und friedlich ... Selbst die Autos und Busse scheinen mehr Teil des Straßenbildes zu sein ... Sie gehen Ihren Weg, die Straße hinunter und halten das Paket unter dem Arm ...

Lassen Sie nun in der Ihnen angemessenen Zeit alles wieder verschwinden ... Bringen Sie Ihre Aufmerksamkeit wieder in den Raum zurück, in dem Sie sich jetzt befinden ... Öffnen Sie die Augen ... Atmen Sie tief durch ... Und strecken Sie sich sanft ...

Schreiben Sie jetzt alles auf, woran Sie sich aus dieser Übung erinnern möchten, insbesondere den Grund, aus dem Sie diesen Kurs machen, sein Geschenk für Sie, falls Sie das Paket schon geöffnet haben, und alles, was Sie bemerkt haben, während Ihre Gefühle berührt wurden.

Die Lebensleiter

Der Humorist Mark Twain sagte einmal: „Prinzipien bedeuten nicht viel, wenn man einen leeren Bauch hat." Seine Aussage, die später in den Schriften des Psychologen Abraham Maslow Widerhall fand, legt nahe, daß wir verschiedene Arten von Bedürfnisse haben und daß einige Bedürfnisse befriedigt sein müssen, bevor andere erfüllt werden können.

Daher wird uns das Prinzip der Liebe (und das sie begleitende Bedürfnis nach Akzeptanz und Zugehörigkeit) nicht viel bedeuten, bevor wir grundlegendere Bedürfnisse nicht befriedigt haben: Essen im Magen, Kleidung auf dem Leib und ein Dach über dem Kopf.

Wir haben eine sehr einfache Leiter von Qualitäten aufgestellt, die die Liebe in einen größeren Zusammenhang mit anderen persönlichen Bedürfnissen bringt.

Einheit
Frieden
Liebe
Freiheit
Wahlmöglichkeit
Achtsamkeit
Offenheit
Vertrauen
Sicherheit

Die Kapitel dieses Kurses sind jeweils einer der ersten sieben Qualitäten gewidmet. Das Thema des zweiten Kapitels, *Sicherheit,* steht an erster Stelle unserer Leiter. Wir müssen uns grundsätzlich zuversichtlich und sicher fühlen, bevor wir bereit sind, hinauszugehen und etwas zu wagen, zu riskieren.

Wenn wir uns grundsätzlich sicher fühlen, wird uns die Qualität des *Vertrauens* eher zugänglich. Es ist schwer für uns, zu vertrauen, wenn wir nicht zuversichtlich sind. Die Leiter gibt auch zu verstehen, daß wir vertrauen müssen, *bevor* wir lieben können.

Vertrauen führt uns auf die dritte Stufe der Leiter, *Offenheit.* Es ist schwer für uns, offen zu sein, wenn wir nicht vertrauen können – uns selbst, anderen, dem Leben, Gott. Vertrauen zu haben, gibt uns die Freiheit, ehrlich und offen zu sein.

Je offener wir sind, desto achtsamer können wir sein. Das Gegenteil stimmt auch: Je verschlossener wir sind, desto weniger nehmen wir wahr, was in unserem Leben vor sich geht. Darum heißt die nächste Sprosse auf der Leiter *Achtsamkeit.*

Mit der Achtsamkeit kommt die Macht der *Wahlmöglichkeit.* Wenn uns unsere Verhaltensmuster und Dunkelfelder bewußt sind, haben wir die Wahl, sie beizubehalten, wenn sie uns dienlich sind, oder sie zu verändern, wenn sie uns einschränken.

Wahlmöglichkeiten zu haben, macht uns stark und führt zu größerer *Freiheit.* Woher wissen wir das? Wir brauchen uns nur selbst anzuschauen, wenn wir uns nicht stark und frei fühlen. Das ist der Fall, wenn wir das Gefühl haben, keine Wahlmöglichkeit zu haben. Wahlmöglichkeiten befreien und bewahren uns davor, uns festgefahren, unterlegen oder machtlos zu fühlen.

Die *Liebe* hat den siebenten Rang auf der Leiter. Wir können nicht lieben, wenn wir uns nicht frei fühlen, das heißt, wenn wir durch Ängste, Furcht und unbewußte Verhaltensmuster, die Angst und Furcht schaffen, begrenzt sind.

Liebe nährt den *Frieden*. Es ist schwer, sich friedvoll zu fühlen, wenn die Liebe fehlt. Liebe zu uns selbst und anderen schafft Frieden.

Frieden gibt uns das Gefühl der *Einheit*, eine Verbundenheit mit der Menschheit, mit allem Leben, mit Gott im Innersten unseres Seins.

Berücksichtigen Sie, daß diese Reihe von Qualitäten keinen streng linearen, schrittweisen Vorgang spiegelt. Offenheit beispielsweise mag unmittelbar auf die Stufe der Freiheit führen. Je offener wir sind (je aufrichtiger, unbedachter und verletzbarer), desto freier sind wir. Berücksichtigen Sie, daß wir uns in einem Lebensbereich, etwa im Beruf, auf einer völlig anderen Sprosse der Leiter befinden können als in einem anderen, etwa in der Partnerschaft.

Liebe durch Erfahrung lernen

Diese Übung zeigt uns, wie wir unsere eigene Erfahrung nutzen können, um Achtsamkeit zu erlangen.

Schließen Sie die Augen, setzen Sie sich so hin, daß Ihre Wirbelsäule gerade ist, und atmen Sie ein paarmal tief durch ... Entspannen Sie sich ... Lassen Sie Ihren Körper, Ihre Gefühle und Ihre Gedanken ruhig werden – wie ein ruhiger, stiller See.

Lassen Sie nun die Erinnerung an eine Zeit wachwerden, in der Sie ganz von Liebe erfüllt waren ... Diese Liebe mag auf Sie selbst gerichtet gewesen sein, auf eine andere Person, ein Tier, ein Objekt, Gott oder etwas völlig anderes ... Die Erfahrung kann unmittelbar zuvor gemacht worden sein, aber auch in weiter Vergangenheit, vielleicht sogar in Ihrer Kindheit.

Nehmen Sie sich Zeit, warten Sie in der Stille – geduldig, wissend, daß bald etwas in Ihnen auftauchen wird ... Seien Sie bereit anzunehmen, was immer kommen mag, ohne es zu verurteilen, zu zensieren oder zurückzuweisen ... Seien Sie einfach bereit, es zu beobachten und zu erforschen, um mehr darüber zu lernen.

Wenn eine Erinnerung auftaucht, lassen Sie sie in allen Einzelheiten erscheinen, beobachten Sie sie mit allen Sinnen, durchleben Sie sie noch einmal, lassen Sie sie ganz real werden. Aber vermeiden Sie, sich darin zu verlieren ... Wenn Sie soweit sind, beantworten Sie folgende Fragen: Wie erleben Sie Liebe? Wie fühlt es sich für Sie an zu lieben?

-
-
-
-

Schließen Sie wieder Ihre Augen und nehmen Sie nochmals Verbindung zu der erinnerten Erfahrung auf ... Wie nehmen Sie die Liebe mit Ihrem Körper wahr? Welche körperlichen Empfindungen begleiten die Erfahrung der Liebe?

-
-
-
-

Schließen Sie erneut die Augen und stellen Sie die Verbindung wieder her ... Wie nehmen Sie die Liebe emotional wahr? Welche Gefühle begleiten Ihre Erfahrung der Liebe?

-
-
-
-

Stellen Sie die Verbindung zum letzten Mal her ... Wie nehmen Sie die Liebe mit dem Intellekt wahr? Welche Gedanken, Ideen oder Überzeugungen begleiten Ihre Erfahrung der Liebe?

-
-
-
-

Formulieren Sie nun Ihre eigene Definition von Liebe, *wobei Sie nur Ihre eigene, soeben aufgezeichnete, persönliche Erfahrung* zugrundelegen. Ihre vier Antworten sind jetzt der einzige Maßstab dafür, was Liebe für Sie bedeutet.

•

•

•

•

Lesen Sie nun Ihre ursprüngliche Definition von Liebe (Seite 28) noch einmal. Notieren Sie alle Ähnlichkeiten und Unterschiede. Wie fühlt es sich an, wenn Sie Ihre subjektiven Erfahrungen auf diese Weise nutzen, als Quelle der Weisheit?

•

•

•

•

Reine und entstellte Formen der Liebe

Liebe kann auf viele Weisen erfahren und ausgedrückt werden. Einige Formen können als rein betrachtet werden, während andere durch unsere Bedürfnisse, Wünsche und Erfahrungen entstellt sind. Unten sind Beispiele für beide Formen aufgeführt. Markieren Sie die Formen mit den Ziffern 1 bis 5, je nachdem, was für Sie am ehesten zutrifft.

1. Ich erfahre oder bringe diese Form der Liebe *nie* zum Ausdruck.
2. Ich erfahre oder bringe diese Form der Liebe *selten* zum Ausdruck.
3. Ich erfahre oder bringe diese Form der Liebe *manchmal* zum Ausdruck.
4. Ich erfahre oder bringe diese Form der Liebe *oft* zum Ausdruck.
5. Ich erfahre oder bringe diese Form der Liebe *immer* zum Ausdruck.

Reine Formen der Liebe

___ Akzeptanz
___ Mitgefühl
___ Kooperation
___ Einschließlichkeit
___ Offenheit
___ Empfänglichkeit
___ Achtung

Entstellte Formen der Liebe

___ Anhaftung
___ Anpassung
___ Abhängigkeit
___ Ausschließlichkeit
___ Angst vor Ablehnung
___ Eifersucht
___ Bedürftigkeit

___ Sensibilität
___ Vertrauen
___ Einheit
___ Besitzenwollen
___ Selbstbezogenheit
___ Sentimentalität

Wie haben Sie sich gefühlt, als Sie die Übung gemacht haben? Wie fühlen Sie sich jetzt?

-
-
-
-

Lebensreise – Zeichnung

Fertigen Sie auf der nächsten Seite mit Farbstiften eine Zeichnung der Höhepunkte Ihres Leben an, von Ihrer Geburt bis zum 15. Lebensjahr. Beziehen Sie so viele bedeutsame Beziehungen und Ereignisse (freudige und schmerzvolle) ein wie möglich. Achten Sie auf alle Gedanken und Gefühle, die in Ihnen aufsteigen, während Sie zeichnen.

Höhepunkte der ersten fünfzehn Jahre meines Lebens

Erforschen Sie Ihre Zeichnung. Wie könnten Sie sie als Reise beschreiben? Was ist ihre Gesamtqualität?

-
-
-
-

Was ist in Ihrer Zeichnung besonders hervorgehoben? Welches ist ihr bedeutsamster Teil?

•

•

•

•

Finden Sie irgendwelche Ähnlichkeiten, Muster oder sich wiederholende Situationen, Ereignisse und Beziehungsarten? Was können Sie sonst noch an Ihrer Zeichnung beobachten?

•

•

•

•

Gibt die Symbolik der Zeichnung irgendwelche Anhaltspunkte, wann, warum oder wie Sie sich der Liebe gegenüber selbst blockiert haben? Welche Farben haben Sie benutzt, welche Größen und Formen, welche Verbindungen, Trennungen oder Abstände zwischen den Bildern? Wie haben Sie den Raum ausgefüllt?

•

•

•

•

Welche Menschen und Ereignisse haben Ihre gegenwärtigen Überzeugungen, Einstellungen und Ihr Verhältnis zur Liebe am stärksten beeinflußt?

•

•

•

•

TEIL FÜNF – POTENTIAL ENTWICKELN

In diesem Teil jeder Übungsfolge versuchen wir, über Ihr gegenwärtiges Bewußtsein und Ihre Erfahrung hinauszugehen, und bieten Ihnen neue Möglichkeiten und Perspektiven an.

Symbole und Zeichnungen zur Orientierung

Für die folgende Übung brauchen Sie Ihre Malutensilien. Sie dient dazu, Ihre Position auf der Landkarte der Liebe zu orten. In dieser Übung werden Sie wiederholt gebeten, ein Bild oder ein Gefühl, das ein bestimmtes Thema wiedergibt, in sich aufsteigen zu lassen und dann nach der Bedeutung, die es für Sie hat, zu forschen. Manche Menschen haben das Gefühl, daß sie diese Bilder einfach erfinden, und tendieren dazu, sie deswegen nicht ernst zu nehmen. Wir hingegen glauben, daß solche Bilder Ihnen viele wertvolle Informationen geben können, wenn Sie bereit sind, sie zu nutzen.

Achten Sie aus diesem Grund besonders auf Ihre Träume, während Sie diesen Kurs machen. Vielleicht möchten Sie ein Traumtagebuch anlegen, in dem Sie alle Einzelheiten Ihrer Träume notieren. Notieren Sie am Anfang jeden Kapitels die Bilder und Symbole aus Ihren Träumen, die für das Thema dieses Kurses relevant sind, denn sie enthalten wichtige Hinweise für Ihren Entwicklungsprozeß.

Schauen Sie sich als nächstes den Abschnitt „Optimalen Nutzen aus der Visualisation ziehen“ (Seite 20) an. Tun Sie das jetzt, bevor Sie weitergehen.

Zur Erinnerung: Halten Sie bei jeder Punktierung (...) 10 bis 30 Sekunden inne, oder welche Zeit Ihnen auch immer angenehm und angemessen erscheint, damit Sie jeden Schritt ganz erfahren können. Nehmen Sie sich Zeit für die Übung.

Setzen Sie sich bequem hin ... Schließen Sie die Augen ... Atmen Sie mehrmals langsam, lang und tief durch ... Entspannen Sie Ihren Körper völlig ... Lassen Sie alle Spannungen los ... Lassen Sie all Ihre Emotionen dahinschwinden, alles, was Sie im Moment auch fühlen mögen ... Tun Sie dasselbe mit Ihren Gedanken ... Werden Sie wie ein stiller, ruhiger See, der den blauen Himmel vollkommen widerspiegelt, oder wie der Sternenhimmel in der Stille der Nacht ... Seien Sie im Frieden und dennoch achtsam ...

Wenn Sie soweit sind, stellen Sie sich selbst folgende Frage: *„Wo komme ich in bezug auf die Liebe her? Welche Erfahrungen habe ich in der Vergangenheit gemacht?“* ... Lassen Sie dann ein Bild oder ein Gefühl in sich aufsteigen, das eine Antwort auf diese Frage gibt ... Nehmen Sie sich Zeit ... Warten Sie geduldig in der Stille, wissend, daß bald etwas auftauchen wird ...

Seien Sie gewillt anzunehmen, was auch immer kommt, ohne es zu verurteilen, zu zensieren oder zurückzuweisen ... Seien Sie einfach bereit, es zu beobachen und zu erforschen, mit dem Ziel, mehr darüber zu erfahren ...

Wenn Sie etwas zu fühlen beginnen, lassen Sie es lebendiger werden ... Achten Sie auf seine Größe und Form ... Dichte und Muster ... Farbe und Struktur ... Erforschen Sie es mit all Ihren Sinnen so gut wie möglich ... Finden Sie die Gesamtqualität, auf die es Sie hinweist ...

Öffnen Sie dann die Augen und bringen Sie in der folgenden Zeichnung entweder das Bild selbst oder seine Qualität zum Ausdruck ... Wenn nichts in Ihnen aufgestiegen ist, öffnen Sie die Augen, behalten die Frage im Bewußtsein und beginnen, frei und spontan zu malen. Lassen Sie auf diese Weise etwas kommen ...

Wo ich herkomme

Beschreiben Sie die übergeordnete *Qualität* des Symbols und aller Worte, Gefühle oder Gedanken, die während der Übung in Ihnen aufgestiegen sind oder die Sie jetzt bemerken. Welche neue Erkenntnis vermittelt Ihnen dieses Symbol?

Schließen Sie wieder die Augen, nehmen Sie ein paar tiefe Atemzüge und entspannen Sie sich ... Lassen Sie Ihren Körper, Ihre Emotionen und Ihre Gedanken ruhig werden ... Werden Sie wie ein stiller, ruhiger See ...

Wenn Sie soweit sind, stellen Sie sich die Frage: *„Wo befinde ich mich jetzt? Was ist meine gegenwärtige Erfahrung?"* ... Lassen Sie dann ein Bild oder ein Gefühl in sich aufsteigen, das eine Antwort auf diese Frage gibt ... Nehmen Sie sich Zeit ... Warten Sie geduldig in der Stille, wissend, daß bald etwas kommt ... Seien Sie bereit anzunehmen, was auch immer kommt, ohne es zu verurteilen, zu zensieren oder zurückzuweisen ... Seien Sie einfach willig, es zu beobachten und zu untersuchen, mit dem Ziel, mehr darüber zu erfahren ...

Sobald Sie etwas wahrnehmen, lassen Sie es lebendiger werden ... Achten Sie auf seine Größe und Form ... seine Dichte und Muster ... seine Farbe und Struktur ... Untersuchen Sie es so gut wie möglich mit all Ihren Sinnen ... Finden Sie die Gesamtqualität, auf die es hinweist ...

Öffnen Sie dann die Augen und drücken Sie in der Zeichnung unten entweder das Bild selbst oder seine Qualität aus ... Wenn nichts in Ihnen aufgestiegen ist, öffnen Sie die Augen, behalten die Frage im Bewußtsein und beginnen, frei und spontan zu malen. Lassen Sie auf diese Weise etwas auftauchen ...

Wo ich mich jetzt befinde

Beschreiben Sie die übergeordnete *Qualität* des Symbols und aller Worte, Gefühle oder Gedanken, die während der Übung in Ihnen aufgestiegen sind oder die Sie jetzt bemerken. Welche neue Erkenntnis vermittelt Ihnen dieses Symbol?

-
-
-
-

Schließen Sie wieder die Augen, nehmen Sie ein paar tiefe Atemzüge und entspannen Sie sich ... Lassen Sie Ihren Körper, Ihre Emotionen und Gedanken ruhig werden ... Werden Sie wie ein stiller, ruhiger See ...

Wenn Sie soweit sind, stellen Sie sich die Frage: *„Wo gehe ich in bezug auf die Liebe hin? Was ist meine zukünftige Richtung?“* ... Lassen Sie dann ein Bild oder ein Gefühl in sich aufsteigen, das eine Antwort auf diese Frage gibt ... Nehmen Sie sich Zeit ... Warten Sie geduldig in der Stille, wissend, daß bald etwas kommt ... Seien Sie bereit anzunehmen, was auch immer kommt, ohne es zu verurteilen, zu zensieren oder zurückzuweisen ... Seien Sie einfach willig, es zu beobachten und zu untersuchen, mit dem Ziel, mehr darüber zu erfahren ...

Sobald Sie etwas wahrnehmen, lassen Sie es lebendiger werden ... Achten Sie auf seine Größe und Form ... seine Dichte und Muster ... seine Farbe und Struktur ... Untersuchen Sie es so gut wie möglich mit all Ihren Sinnen ... Finden Sie die Gesamtqualität, auf die es hinweist ...

Öffnen Sie dann die Augen und bringen Sie in der Zeichnung auf der nächsten Seite entweder das Bild selbst oder seine Qualität zum Ausdruck ... Wenn nichts in Ihnen aufgestiegen ist, öffnen Sie die Augen, behalten die Frage im Bewußtsein und beginnen, frei und spontan zu malen. Lassen Sie auf diese Weise etwas auftauchen ...

Wo ich hingehe

Beschreiben Sie die übergeordnete *Qualität* des Symbols und aller Worte, Gefühle oder Gedanken, die während der Übung in Ihnen aufgestiegen sind oder die Sie jetzt bemerken. Welche neue Erkenntnis vermittelt Ihnen dieses Symbol?

-
-
-
-

Schließen Sie wieder die Augen, nehmen Sie ein paar tiefe Atemzüge und entspannen Sie sich ... Lassen Sie Ihren Körper, Ihre Emotionen und Gedanken ruhig werden ... Werden Sie wie ein stiller, ruhiger See ...

Wenn Sie soweit sind, stellen Sie sich die Frage: „*Was brauche ich in bezug auf die Liebe? Was kann mir weiterhelfen?*" ... Lassen Sie dann ein Bild oder ein Gefühl in sich aufsteigen, das eine Antwort auf diese Frage gibt ... Nehmen Sie sich Zeit ... Warten Sie geduldig in der Stille, wissend, daß bald etwas kommt ... Seien Sie bereit anzunehmen, was auch immer kommt, ohne es zu verurteilen, zu zensieren oder zurückzuweisen ... Seien Sie einfach willig, es zu beobachten und zu untersuchen, mit dem Ziel, mehr darüber zu erfahren ...

Sobald Sie etwas wahrnehmen, lassen Sie es lebendiger werden ... Achten Sie auf seine Größe und Form ... seine Dichte und Muster ... seine Farbe und Struktur ... Untersuchen Sie es so gut wie möglich mit all Ihren Sinnen ... Finden Sie die Gesamtqualität, auf die es hinweist ...

Öffnen Sie dann die Augen und bringen Sie in der Zeichnung unten entweder das Bild selbst oder seine Qualität zum Ausdruck ... Wenn nichts in Ihnen aufgestiegen ist, öffnen Sie die Augen, behalten die Frage im Bewußtsein und beginnen, frei und spontan zu malen. Lassen Sie auf diese Weise etwas auftauchen ...

Welche Hilfe ich brauche

Beschreiben Sie die übergeordnete *Qualität* des Symbols und aller Worte, Gefühle oder Gedanken, die während der Übung in Ihnen aufgestiegen sind oder die Sie jetzt bemerken. Welche neue Erkenntnis vermittelt Ihnen dieses Symbol?

-
-
-
-

Welche Gefühle haben Sie zu den Bildern, die in Ihnen aufsteigen? Was denken Sie darüber?

-
-
-
-

Wie fühlt es sich für Sie an, Ihre Vorstellungskraft auf diese Weise zu gebrauchen, um mehr über sich selbst zu erfahren?

-
-
-
-

TEIL SECHS – DIE ANWENDUNG

In diesem Teil jeder Übungsfolge ermutigen wir Sie, das Erlernte anzuwenden und zu verdauen. Verkörpern Sie es und bringen Sie es in Ihr tägliches Leben.

Affirmation

Auf Seite 27 haben wir Sie gebeten, folgendes zu bestätigen: *„Ich entscheide mich jetzt, mehr Liebe in mein Leben zu bringen, und ich bringe Tag für Tag* *mehr Liebe in mein Leben.*" Setzen Sie diese Affirmation während des Kurses auf folgende Weise ein: (1) Sprechen Sie die komplette Affirmation zu unterschiedlichen Tageszeiten laut aus. (2) Schreiben Sie die komplette Affirmation auf ein großes Blatt Papier, das Sie dort aufhängen, wo Sie es täglich sehen können. (3) Schreiben Sie die Affirmation auf ein kleines Stück Papier, das Sie zur Erinnerung an die von Ihnen getroffene Entscheidung immer mit sich tragen.

Verhaltensmuster

Eine andere Möglichkeit, mehr Liebe in Ihr Leben zu bringen, besteht darin, Menschen zu beobachten, die Sie bewundern, weil sie in ihrer Art, Liebe zum Ausdruck zu bringen, erfolgreich waren. Achten Sie darauf, wer sie sind und wie sie es getan haben. Es geht nicht darum, sie zu imitieren, sondern eher darum, die wertvollen *Eigenschaften* in ihnen und die Qualitäten in ihrem Verhalten zu entdecken, die zu ihrem Erfolg als liebende Individuen beizutragen scheinen. Finden Sie dann Möglichkeiten, diese Qualitäten in Ihrem eigenen Leben häufiger zum Ausdruck zu bringen, bis sie zu einem natürlichen Teil Ihrer selbst geworden sind.

Um mit diesem Vorgang zu beginnen, schließen Sie die Augen, nehmen ein paar tiefe Atemzüge und entspannen sich ... Lassen Sie Ihren Körper, Ihre Gefühle und Gedanken ruhig werden ... Werden Sie wie ein stiller, ruhiger See ...

Wenn Sie soweit sind, lassen Sie die Namen von drei Ihnen bekannten (nicht erdachten) Menschen in sich aufsteigen, die Sie als besonders liebend empfinden, Menschen, die die Qualität der Liebe für Sie verkörpern ... Es können Menschen sein, die in der Vergangenheit gelebt haben, Menschen, die jetzt leben, und Menschen, die Sie persönlich kennen ... Schreiben Sie unten ihre Namen auf.

Nehmen Sie sich dann Zeit, um herauszufinden, welche Form der Liebe jeder der von Ihnen bewunderten Menschen zum Ausdruck brachte oder bringt (z. B. Akzeptanz, Mitgefühl, Offenheit, Achtung oder Vertrauen) ... Notieren Sie alles, was Sie an diesen Menschen beobachtet haben, und alles, was diese Menschen in Ihren Augen so besonders und bewundernswert macht.

-
-
-

•
•
•
•
•
•
•
•
•

Schauen Sie sich nun die Eigenschaften Ihrer Vorbilder noch einmal an ... Gibt es Eigenschaften, die Sie mit ihnen gemeinsam haben? ... Wählen Sie eine Eigenschaft, die Ihre Aufmerksamkeit auf sich zieht, eine, von der Sie das Gefühl haben, daß sie mehr Liebe in Ihr Leben bringen könnte ... Ziehen Sie dann ein Wörterbuch und ein Lexikon hinzu, um ein Gefühl für all ihre Bedeutungen zu bekommen ... Schreiben Sie auf, was immer Sie über diese Eigenschaft herausfinden können ...

•
•
•
•

Hätten Sie gern mehr von dieser Qualität in Ihrem Leben? ... Stellen Sie sich vor, wie Ihr Leben wäre ... Was wäre anders? ... Wie würden sich Ihre Beziehungen zu den Menschen in Ihrer Umgebung verändern?

•
•
•
•

Und schließlich, wie könnten Sie mehr von dieser Qualität in Ihr tägliches Leben bringen? ... Was genau könnten Sie tun? ... Sind Sie bereit, es zu tun?

Eigenschaftskarten

Eine andere Möglichkeit, eine erwünschte Eigenschaft oder Qualität in Ihr Leben zu bringen, besteht darin, ihren Namen auf Karten zu schreiben, die Sie an besonders ins Auge fallenden Stellen in Ihrer Wohnung aufhängen: in der Nähe des Bettes, auf dem Schreibtisch, an der Wohnungstür, auf dem Badezimmerspiegel oder auf der Kühlschranktür. Auf diese Weise entwickeln Sie die Eigenschaft durch subtiles Programmieren: Jedesmal, wenn Sie die Karte sehen, nimmt der Film Ihres Geistes sie auf und bewahrt ihr Bild. Durch hinreichende Wiederholung wird die Eigenschaft hervorgelockt, gestärkt und ausgedrückt. Probieren Sie es aus.

Sie können die Wirkung dieser Technik erhöhen, indem Sie über die Bedeutung der Eigenschaft nachsinnen, sie so sehr fühlen, daß Sie sich in Ihrer Vorstellung mit ihr identifizieren, sie wiederholt laut aussprechen und aufschreiben. All dies verstärkt Ihre Absicht, diese Qualität in Ihr Leben zu bringen. Tauschen Sie die Karten von Zeit zu Zeit gegen andere aus, auf denen Sie eine andere Bezeichnung der Eigenschaft notieren, um das Ganze nicht zu einer Selbstverständlichkeit werden zu lassen oder blind dafür zu werden. Beginnen Sie heute damit, diese Technik anzuwenden, und machen Sie das dreißig Tage lang. Später werden wir Sie bitten, über Ihre Erfahrungen mit dieser Technik zu berichten.

Brainstorming

Nehmen Sie sich als nächstes Zeit, um Möglichkeiten, wie Sie mehr Liebe in Ihr Leben bringen könnten, schnell hintereinander zu assoziieren. Beim Brainstorming kommt es darauf an, viele Ideen so schnell wie möglich aufsteigen zu lassen. Vermeiden Sie, irgendeine Idee zu bewerten, zu beurteilen oder zurückzuweisen. Schreiben Sie einfach alles auf, was spontan in Ihnen auftaucht.

Finden Sie heraus, wieviele unterschiedliche Ideen Sie haben können, ohne zu überlegen, wie durchführbar, teuer oder angenehm sie sein mögen. Lassen Sie auch absurde, phantastische, verrückte Ideen zu, denn sie enthalten oft die Samen schöpferischer Möglichkeiten. Skizzieren Sie Bilder, die Ihnen kommen, damit Sie sich daran erinnern können. Nutzen Sie den Platz unten für Ihre Ideen voll aus. Nehmen Sie sich Zeit. Genießen Sie Ihre Kreativität.

Möglichkeiten, wie ich mehr Liebe in mein Leben bringen könnte

Prüfen Sie Ihre Antworten. Markieren Sie alle Ideen, deren Ausführung es wert ist, in Betracht gezogen zu werden. Wählen Sie dann eine aus, für die Sie bereit sind zu handeln, und schreiben Sie sie auf.

-
-
-
-

Bestimmen Sie den ersten Schritt, den Sie zur Verwirklichung tun können. Überlegen Sie genau, wann, wo und wie Sie es tun werden. Führen Sie Ihren Plan aus, *bevor Sie mit dem nächsten Kapitel beginnen.* Fahren Sie Schritt für Schritt fort. Sie werden überrascht sein, wie leicht (oder wie schwer) das sein kann.

Literaturempfehlungen

Ein völlig anderer Ansatz, mehr Liebe in Ihr Leben zu bringen, besteht darin, etwas über die Liebe zu lesen (Dichtung und Wahrheit, Poesie und Prosa), das Sie inspiriert und liebende Gefühle in Ihnen weckt – irgend etwas, das die Liebe aktiv gegenwärtig sein läßt. Dadurch wird sie realer und leichter zugänglich.

In jedem Kapitel empfehlen wir Bücher und andere Medien, die für das spezielle Thema der Übungsfolge relevant sind. Hier ein paar unserer beliebtesten:

Unermesslicher Reichtum von Piero Ferrucci präsentiert eine faszinierende Studie von mehr als 500 außergewöhnlich kompetenten und kreativen Menschen der gesamten Geschichte und Lektionen, die wir ihrer Lebensführung entnehmen können.

Herzenstüren öffnen von Eileen Caddy präsentiert ein kurzes, inspirierendes Stück persönlicher innerer Weisung für jeden Tag des Jahres.

Daily Guideposts ist ein hervorragendes Buch (engl., wird jährlich neu aufgelegt), das 365 Kommentare für jeden Tag des Jahres enthält.

Daily Word, das monatliche Unity Magazin (engl.) bietet inspirierende Botschaften für jeden Tag.

Persönliches Ziel

Nun laden wir Sie ein, sich ein persönliches Ziel zu wählen, eine relevante Handlung, die ausgeführt werden sollte, bevor Sie mit der nächsten Übungsfolge beginnen. Sich die Möglichkeiten anzuschauen, dann eine Wahl zu treffen, sie auszuführen und Erfolg zu haben, gibt Ihnen positive Unterstützung und bestärkt Sie in Ihrem Vorhaben, mehr Liebe in Ihr Leben zu bringen.

Wirkungsvolle persönliche Ziele zeichnen sich durch folgende Eigenschaften aus:

1. Sie sind einfach. Sehr komplexe Aufgaben können in kleinere, leichter zu handhabende Teile gegliedert werden, wodurch ihr Erfolg wahrscheinlicher wird. Das Ziel „Ich werde lernen, meine Eltern zu lieben“ könnte mit diesem ersten, einfachen Schritt beginnen: „Ich werde meinen Eltern einen Brief schreiben.“

2. Sie sind genau. Ein Ziel muß präzise genug sein, damit wir definitiv wissen, wann es erreicht ist. Das allgemeine Ziel „Ich möchte liebender werden“ wird schwer einzuschätzen sein. Das konkretere Ziel „Ich werde wenigstens jeden zweiten Monat Freunde zu mir nach Hause einladen“ kann leichter nachgewiesen werden.
3. Sie beschreiben eine Handlung, die beobachtet werden kann. Also fordern sie uns auf, etwas zu tun. „Ich werde meinen Kindern täglich etwas vorlesen“ ist eine nachweisbare Handlung, wohingegen „Ich werde rücksichtsvoller mit meinen Kindern sein“ eine Einstellung beschreibt, deren Resultat nicht direkt beobachtet werden kann.
4. Sie spiegeln unsere Werte, Prioritäten und Wünsche wider. Daher haben sie als Aussagen über unsere Absichten unsere volle, uneingeschränkte Unterstützung.
5. Sie werden positiv mit „Ich werde ...“ formuliert. Betrachten Sie nun einfache, genau beobachtbare Handlungen, die Sie in den nächsten Tagen ausführen könnten und die Sie auf Ihrem Weg einen Schritt weiterbringen würden. Nehmen Sie sich Zeit. Wenn Sie soweit sind, wählen Sie eine, die Sie als Ihr persönliches Ziel annehmen können. Treffen Sie eine wohlbedachte Entscheidung und schreiben Sie sie auf. Zu Beginn des zweiten Kapitels werden wir Sie bitten, Ihre Ergebnisse mitzuteilen.

-
-
-
-

Was habe ich aus diesem Kapitel gelernt?

Blättern Sie zurück und schauen Sie sich noch einmal an, was Sie in diesem Kapitel getan haben. Schreiben Sie dann die drei wichtigsten Erkenntnisse oder Lernschritte auf, die Sie daraus gewonnen haben.

-
-
-
-

-
-
-
-

Sinn

Wie wir bereits gesagt haben, geht es in diesem ersten Kapitel darum herauszufinden, wie Sie zur Liebe stehen und was sie Ihnen bedeutet, eine Orientierung für die Liebe zu schaffen und Möglichkeiten, mehr Liebe in Ihr Leben zu bringen, zu erforschen. Wie weit hat dieses erste Kapitel seinen Sinn für Sie erfüllt?

-
-
-
-

Herzlichen Glückwunsch! Sie haben das Ende des ersten Kapitels erreicht.

Bitte besprechen Sie Ihre Erfahrungen aus diesem Kapitel mit Ihrer Vertrauensperson, *bevor Sie mit dem zweiten Kapitel beginnen.*

Im nächsten Kapitel laden wir Sie ein, über Ihr persönliches Ziel zu berichten. Nehmen Sie die Namen geliebter Menschen, die Ihnen als Vorbilder in den Sinn gekommen sind, mit hinein. Führen Sie bedeutungsvolle Gefühle, Gedanken, Träume, Bilder, persönliche Begegnungen und andere Ereignisse, die sich zugetragen haben, sowie inspirierende Literatur, die Sie inzwischen gelesen haben mögen, mit auf.

Achten Sie so gut wie möglich auf den inneren Prozeß, den Sie mit diesem Kurs begonnen haben, und auf seine Verbindung zu Ihrem täglichen Leben. Nehmen Sie sich jetzt Zeit für sich selbst, bevor Sie mit dem zweiten Kapitel beginnen.

Kapitel zwei
Die Entscheidung, sich sicher zu fühlen

TEIL EINS – VERBINDUNG AUFNEHMEN

In unseren Workshops haben die Teilnehmer zwischen den Übungsfolgen meist nur ein paar Stunden Zeit. Es ist für alle, einschließlich uns selbst, immer eine sehr erfüllte und intensive Zeit.

In diesem Kurs stehen Sie nicht unter Zeitdruck. Gönnen Sie sich also eine kurze Ruhepause zwischen den einzelnen Kapiteln – lang genug, um alles, was Sie gelernt haben, zu verdauen und in Ihrem täglichen Leben anzuwenden, und kurz genug, um die Motivation zum Weiterforschen nicht zu verlieren.

Wenn Sie bereit sind weiterzuarbeiten, schauen Sie sich das erste Kapitel noch einmal an, um die Verbindung mit Ihrem eigenen Entwicklungsprozeß wieder aufzunehmen. Haben Sie das Ziel, das Sie sich selbst gesetzt haben, erreicht? Wie war es, zu entscheiden, zu handeln und etwas Wertvolles zu vollenden?

Wir haben festgestellt, daß zwischen den Übungsfolgen Erinnerungen, Gefühle, Ideen, Einsichten, Träume, Begegnungen und andere relevante Ereignisse auf den Plan treten. Wir betrachten all das als wichtigen Bestandteil Ihrer Forschung. Daher räumen wir Ihnen zu Beginn jeder Übungsfolge Platz ein, den Sie als persönliches Tagebuch nutzen können.

TEIL ZWEI – BESTANDSAUFNAHME

Das Ziel

In der zweiten Übungsfolge geht es darum, herauszufinden, was Sie an der Entscheidung hindert, mehr Liebe in Ihr Leben zu bringen.

In diesem Kurs gehen wir davon aus, daß wir aus reiner Liebe geschaffen sind. Liebe ist, wer und was wir im wesentlichen sind. Mehr Liebe in unser Leben zu bringen, beginnt daher mit der Entscheidung, mehr unser ganzheitliches Selbst zu sein. Wir entscheiden uns also, uns selbst und andere zu akzeptieren und zu respektieren. Wir entscheiden, uns selbst und andere sein zu lassen, wer wir sind, ohne irgendwelche Urteile oder Forderungen zu haben.

Es geht nicht darum, auf äußere Bedingungen zu warten, auf den richtigen Augenblick, Menschen, ein Zusammenspiel von Ereignissen, bevor wir in der Lage sind, vollkommener zu lieben. Wir brauchen keinen Märchenprinzen und keine Prinzessin, um den Boden unter den Füßen zu verlieren. Wir brauchen nicht darauf zu warten, daß die Liebe *zu* uns kommt. Liebe auszudrükken ist eine Sache der Entscheidung, die *immer* bei uns liegt.

Wenn wir nach mehr Liebe in unserem Leben suchen, was hindert uns, diese Entscheidung zu treffen? In *Ein Kurs in Wundern* heißt es:

> Es ist nicht deine Aufgabe, nach Liebe zu suchen, sondern lediglich nach all den Barrieren, die wir in uns selbst gegen sie aufgebaut haben, und sie zu finden. Es ist nicht nötig, nach dem zu suchen, was wahr ist, aber es ist nötig, nach dem zu suchen, was falsch ist.

Untersuchen wir also, was Sie daran hindert, mehr Liebe zu geben und zu empfangen. Finden Sie zunächst heraus, warum Sie zuwenig Liebe in Ihrem Leben haben. Schreiben Sie Ihre Gefühle und Gedanken dazu auf.

•
•

Vervollständigen Sie diesen Satz spontan: *„Ich könnte mehr lieben, wenn ...“*

•
•
•
•

Was *in Ihnen* hindert Sie daran, liebevoller zu sein? Wo oder wie haben Sie Barrieren gegen die Liebe errichtet?

•
•
•
•

Warum ich nicht offener für die Liebe bin

Menschen geben verschiedene Gründe an, warum sie nicht offener für die Liebe sind. Nehmen Sie sich Zeit, um jede der folgenden Aussagen zu betrachten. Markieren Sie alle, die Sie selbst jemals angeführt haben.

___ Ich bin sehr offen für die Liebe, aber die richtige Person ist noch nicht gekommen.
___ Ich bin glücklich, so wie ich bin. Mein Leben ist sehr erfüllt und befriedigend, so wie es ist.
___ Ich bin im Moment sehr beschäftigt und habe für solche Dinge keine Zeit oder Energie.
___ Ich weiß nicht, was Liebe ist. Wie kann ich sie also geben?
___ Ich bin nicht liebenswert.
___ Ich bin nicht gut genug. Ich verdiene keine Liebe.
___ Etwas stimmt nicht mit mir.
___ Niemand könnte mich lieben, wenn er/sie wüßte, wie ich wirklich bin.
___ Ich weiß nicht, wie man liebt.
___ Ich bin unfähig zu lieben.

___ Ich möchte die ganze Mühe nicht, den Ärger und die Schwierigkeiten.
___ Männer/Frauen wollen doch nur das eine.
___ Ich habe Angst, manipuliert, ge- oder mißbraucht zu werden.
___ Ich habe es einmal versucht, und ich werde niemals wieder irgend jemanden so nah an mich heranlassen.
___ Liebe tut weh.
___ Dann müßte ich womöglich meine Freiheit aufgeben. Ich möchte nicht angebunden sein.
___ Ich gehe nicht gern Verpflichtungen ein.
___ Ich möchte die Verantwortung nicht übernehmen.
___ Ich habe Angst, überschwemmt zu werden und mein Gefühl für mich selbst zu verlieren.
___ Ich habe Angst davor, für den Rest meines Lebens gefangen zu sein.
___ Ich möchte lieber allein unglücklich sein, als gemeinsam mit jemand anderem unglücklich zu sein.
___ Ich vertraue anderen nicht.
___ Ich muß die Kontrolle behalten, um mich sicher zu fühlen.
___ Ich habe zuviel Angst vor Menschen.
___ Meine Liebe ist zu wertvoll, um an irgend jemanden verschwendet zu werden.
___ Es ist nicht meine Bestimmung oder mein Karma in diesem Leben.
___ Ich habe mich entschieden, ein selbstloses Leben zu führen und all meine Zeit und Energie zu nutzen, um Gott zu dienen.

Wenn Sie keinen der genannten Gründe markiert haben, schreiben Sie Ihre persönlichen Gründe auf, warum Sie nicht mehr Liebe in Ihr Leben bringen.

-
-
-
-
-
-
-
-

All diese Aussagen, so ehrlich und wertvoll sie auch erscheinen mögen, tragen dazu bei, die Entscheidung für die Liebe zu *vermeiden*.

Hindernisse und Blockaden

Nun wollen wir untersuchen, was hinter diesen Aussagen stehen mag, um mehr über unsere inneren Hindernisse und Blockaden herauszufinden.

Schließen Sie die Augen ... Setzen Sie sich gerade hin ... Nehmen Sie ein paar tiefe Atemzüge ... Entspannen Sie sich ... Lassen Sie Ihren Körper, Ihre Gefühle und Ihre Gedanken still werden ... Werden Sie wie ein ruhiger, stiller See ...

Wenn Sie soweit sind, sagen Sie zu sich selbst: *„Was mich daran hindert, mehr zu lieben, ist ...“* Vervollständigen Sie den Satz mit einem Wort oder einer kurzen Erklärung – was auch immer spontan in Ihnen aufsteigt. *Denken* Sie nicht darüber nach. Schreiben Sie die erste Antwort auf, die Ihnen kommt. Wiederholen Sie den Vorgang. Lassen Sie diesmal ein neues Wort oder einen neuen Satz auftauchen. Schreiben Sie die neue Antwort auf. Wenn Ihnen momentan nichts einfällt, fangen Sie mit der Gewißheit, daß bald etwas kommen wird, einfach wieder von vorn an. Wiederholen Sie diesen Vorgang wenigstens zehn Minuten lang immer wieder oder bis Sie den Platz unten ausgefüllt haben.

Was mich daran hindert, mehr zu lieben, ist ...

Betrachten Sie jetzt Ihre Antworten. Markieren Sie diejenigen, die besonders bedeutend oder wichtig sind oder die in anderer Weise Ihre Aufmerksamkeit erregen.
Was ist die allgemeine Qualität Ihrer Antworten?

-
-
-
-

Welche Ähnlichkeiten oder Muster können Sie darin entdecken? Welche anderen Beobachtungen können Sie über Ihre Antworten machen?

-
-
-
-

Was haben Sie gefühlt, während Sie die Übung machten? Was fühlen und denken Sie jetzt?

-
-
-
-

Ängste und Risiken

Oft lassen wir uns von unseren Ängsten davon abhalten, etwas zu tun. Welche Ängste halten Sie möglicherweise von der Entscheidung ab, mehr Liebe in Ihr Leben zu bringen?

-
-
-
-

Sich selbst für die Liebe zu öffnen, bedeutet manchmal, etwas zu riskieren. Ein Risiko bezieht sich auf eine Gelegenheit oder ein Spiel mit unbestimmtem und sogar unsicherem Ausgang. Wie stehen Sie zum Eingehen von Risiken?

-
-
-
-

Wie *Ein Kurs in Wundern* vermuten läßt, tragen wir Hindernisse und Blockaden der einen oder anderen Art mit uns herum. Oft ist es leichter, sie in anderen zu beobachten als in sich selbst. Doch während wir uns unserer eigenen Blockaden bewußt werden, können wir sie in unsere Verantwortung nehmen und damit ihre begrenzende Wirkung auf uns verringern.

TEIL DREI – PERSPEKTIVEN ERFORSCHEN

EILEEN

> Wenden Sie jeden negativen Gedanken und jedes negative Gefühl ins Positive. Weigern Sie sich einfach, irgendeine Negativität zu akzeptieren ... Sie können jegliche Negativität überwinden, indem Sie erkennen, daß die einzige Macht, die sie über Sie hat, Ihr Glaube an sie ist. Wenn Sie diese Wahrheit über sich selbst entdecken, sind Sie frei.
>
> *The Living Word*

Was sind die Blockaden, die die Liebe aufhalten, aus mir zu fließen? Ich fühle, daß es die negativen Emotionen sind, Gefühle und Gedanken, die ich erfahre, wie Angst, Eifersucht, Neid, Selbstmitleid, Zurückweisung und geringe Selbstachtung.

Wenn ich fühle, daß mich etwas davon abhält zu lieben, muß ich mich selbst genau anschauen und herausfinden, was es ist. Dann gehe ich in die Stille der Meditation, um zu fragen, was ich tun kann. Ich weiß, daß ich es sehr schwer finde zu lieben, solange eine Blockade in mir ist.

Ein gutes Beispiel für eine Blockade ist geringe Selbst-Wertschätzung. Oft in meinem Leben fand ich es sehr schwer, mich selbst zu lieben: Mein Selbstwertgefühl war gleich null. Als mir also jemand vorschlug zu affirmieren, daß ich mich selbst liebe, konnte ich es einfach nicht. Ich kannte meine Fehler, Mißerfolge und Schwächen. Ich konnte bestimmt nicht sagen, daß ich mich liebte. Ich dachte, es sei Unsinn, mich zu so etwas aufzufordern.

Ich hatte sehr viel zu verlernen in meinem Leben. Ich wurde als Kind dazu erzogen, niemals so etwas wie „ich liebe mich" zu sagen, da das als sehr egoistisch und selbstbezogen galt. Alte Gewohnheiten sterben schwer.

Nicht lange danach, habe ich plötzlich entdeckt, daß ich durch das Sprechen zu dem Göttlichen in mir, dem Kern meines Seins, sagen konnte: „Ich liebe mich selbst." Das Annehmen und Lieben meines göttlichen Selbst hat alles verändert. Ich mußte es selbst erfahren, bevor es Realität für mich wurde. Es war ein allmählicher Vorgang und kam nicht auf einmal.

Das Gefühl der Zurückweisung kann auch ein großes Hindernis für mich sein, in der Tat, eines der größten. Es verschließt mein Herz und hindert die Liebe am Fließen. Ich habe herausgefunden, daß ich dieses Hindernis überwinden kann, indem ich das Allerbeste in mir sehe, schätze und liebe. Auch höre ich auf, mich selbst zu bedauern, Zeit und Energie mit Selbstmitleid zu verschwenden.

Ich habe eine Lösung für das Problem der negativen Gefühle gefunden. Es ist manchmal schwer, sie anzuwenden, wenn ich mitten drin bin und mein Herz verschlossen ist. Aber ich erkenne, daß die Entscheidung immer bei mir liegt. Ich weiß, daß die Unterdrückung dieser Gefühle keine Lösung ist. Ich kann sie nicht unter den Teppich kehren und so tun, als seien sie nicht da. Sie sind ein Teil von mir.

Ich möchte in der Lage sein, alles an mir zu lieben, und auch meine negativen Emotionen sind Teile meiner Ganzheit. Es ist nicht leicht für mich, diese negativen Anteile zu lieben. Es wäre viel leichter, sie zu ignorieren. Doch ich habe herausgefunden, daß diese negativen Gefühle und Emotionen sich melden, und daß man sich ihnen früher oder später wieder zuwenden muß. Ich merke, daß es wirksam für mich ist, das Göttliche in mir, die höchste Ebene meines Seins zu bitten, mir zu helfen, diese negativen Anteile zu lieben, damit sie verändert und verwandelt werden können.

Es ist wie in der Bibel, wo es heißt: „Bittet, so wird Euch gegeben; suchet, so werdet Ihr finden; klopfet an, so wird Euch aufgetan." (Matthäus 7/7) Ich habe absolutes Vertrauen in diese Prinzipien. Sie wirken wie Magie. Denn, wenn ich ihnen folge, merke ich, daß mein Bewußtsein sich verändert, und zwar vom Gewahrsein des Negativen auf das Positive. Dann sehe ich das Gute in allem und jedem – einschließlich meiner selbst.

Je mehr ich diese Techniken auf meine Hindernisse anwende, desto offener bleibe ich für die Liebe und das Leben.

DAVID

Du hast aber zwei Emotionen – Liebe und Angst. *Ein Kurs in Wundern*

Welche Blockaden habe ich in mir gefunden, die mich daran hindern, Liebe frei zu geben und zu empfangen?

Mein Leben wurde weitgehend von Angst und Unsicherheit bestimmt. Ich muß wohl eine sehr beängstigende Kindheit gehabt haben, denn Sicherheitsdenken war lange Zeit vorherrschend in meinem Leben. Als Kind habe ich unseren Schoßhunden mehr vertraut als den meisten Menschen. Natürlich habe ich den Menschen auf einer oberflächlichen Ebene vertraut, aber nicht in meinen innersten Gefühlen und Gedanken. Die meiste Zeit meines Lebens habe ich wie unter einer Käseglocke verbracht und habe jeden Menschen eine Armlänge weit von mir entfernt gehalten. Ich habe niemanden an mein inneres Allerheiligstes herangelassen, außer meinen vierbeinigen Freunden.

Ich habe aus der Erfahrung gelernt, daß der erste Schritt, Hindernisse aufzulösen, darin besteht, genau herauszufinden, worin sie bestehen, so daß ich sie wahrnehmen kann, wenn sie wirken. Wenn ich blind bleibe für meine Blockaden, kann ich nichts gegen sie tun. Dann werden sie weiterhin eine begrenzende, manchmal sogar verkrüppelnde Wirkung auf mich haben.

Der zweite Schritt ist, sie als Teil meiner selbst zu akzeptieren und weder sie noch mich selbst zu verurteilen, weil ich sie habe. (Sonst fühle ich mich zusätzlich auch noch schuldig.) Ich habe gelernt, meine Barrieren, meine Abwehrmechanismen zu ehren. Sie haben mir geholfen zu existieren, zu überleben. Wenn ich soweit bin, kann ich mich *entscheiden,* eine nach der anderen loszulassen. Ich weiß, daß ich mich da annehmen muß, wo ich mich auf der Leiter des Lebens befinde. Dann kann ich mir die Zeit nehmen, die ich brauche, um mich sanft aufwärts zu bewegen.

Eine große Chance in meinem Leben ist mein Umgang mit meinen Ängsten. Ich erinnere mich sehr deutlich an eine Visualisationsübung während meines Psychosynthesetrainings, bei der ich aufgefordert wurde, ein Symbol für meine eigene spirituelle Erfüllung zu finden. Das Bild, das mir gekommen ist, war die eindrucksvolle Statue von Jesus Christus mit ausgebreiteten Armen über Corcovado, mit Blick über den Hafen von Rio de Janeiro. Dann sollte ich einen Pfad visualisieren, der mich direkt von meinem Standpunkt am Fuße des Hügels auf seine Spitze führte, wo die Statue steht. Meine Aufgabe war, das Symbol in dem Wissen zu erreichen, daß ich unterwegs Ablenkungen, Blockaden und anderen Hindernissen begegnen würde, die meine eigenen Barrieren zu spiritueller Erfüllung darstellten.

Während ich meinen Weg aufwärts mit dieser Vorstellung begann, entdeckte ich bald Blockaden, die Zögern und Genußsucht darzustellen schienen. Aber die furchtbarste Blockade, der ich begegnet bin, war ein schrecklicher Drache. Er war sehr beängstigend. Aus seinem Mund und seinen Nasenlöchern kamen Rauch und Feuer. Vor allem aber hat er den Weg total blockiert. Ich stand wie angewurzelt da. Als ich schließlich in der Lage war, ihn zu fragen, wer er sei, antwortete er: „Ich ... bin ... deine ... Angst."

Wir unterhielten uns weiter, und nach einer Weile fragte er mich, wohin ich ginge. Ich sagte ihm, daß ich die Spitze des Berges erreichen müsse. Seine Schrecklichkeit wurde milder, und während er seine Flügel ausbreitete, sagte er: „Steige auf meinen Rücken, und ich werde dich bringen, wohin du möchtest." Vorsichtig kletterte ich hinauf. („Ist das eine Falle?" fragte ich mich.) Aber bald merkte ich, daß er mir gehorchte. Und ich entspannte mich. Während wir langsam auf die Statue zu nach oben glitten, verwandelte sie sich in strahlendes, bernsteinfarbiges Licht. Wir flogen hinein und verschmolzen mit dem Christuskörper.

Diese eine Übung hat mir außerordentlich geholfen zu erkennen, daß ich meine Ängste in kreativer Weise als Werkzeuge *gebrauchen* kann, anstatt mich von ihnen aufhalten zu lassen. Ich habe gelernt, daß es einzig und allein meine Entscheidung ist, ob sie mich begrenzen oder mir dienen. Wer hätte gedacht, daß Ängste und andere Blockaden auch Glück im Unglück bedeuten!

Eines der besonderen Geschenke dieser Erfahrung an mich, ist das große Glück, das sie in mein Leben gebracht hat. Ich habe immer noch Ängste. Aber ich habe keine Furcht mehr davor. Daher haben sie weniger Macht zu verhindern, daß ich tue, was ich gern tun möchte. Folglich habe ich jetzt mehr Freiheiten und Entscheidungsmöglichkeiten in meinem Leben – und mehr Raum für Liebe.

TEIL VIER – ACHTSAMKEIT ERLANGEN

Familiengeschichte

Als Kinder formen wir uns im allgemeinen unbewußt selbst nach unseren Eltern. Wir imitieren die Art, wie sie sitzen, stehen, gehen und sprechen. Wir nehmen ihre Gewohnheiten, Vorlieben, Abneigungen, Einstellungen und Überzeugungen an. Daher können Hinweise auf die Art und Weise, wie wir uns als Erwachsene verhalten, oft in unserer frühen Kindheit und in den Menschen, die uns als Vorbilder dienten, gefunden werden.

Nehmen Sie sich etwas Zeit, um über Ihre Eltern nachzusinnen. (Falls ein Elternteil oder beide Eltern während Ihrer Kindheit nicht anwesend waren, schauen Sie sich an, wer auch immer damals die wichtige Bezugsperson in Ihrem Leben war.) Wie waren sie? Wie sind sie Ihnen erschienen, als Sie klein waren? Wie war ihre Beziehung zueinander? Wie war ihre Beziehung zu Ihnen? Kehren Sie jetzt in Ihre Kindheit zurück, und erleben Sie Ihre Eltern in jenem Alter noch einmal. Beantworten Sie dann folgende Fragen:

Wie weit konnten Ihre Mutter und Ihr Vater sich selbst lieben und annehmen?

-
-
-
-

Wie weit konnten sie sich gegenseitig lieben und annehmen?

-
-
-
-

Wie weit haben Ihre Mutter und Ihr Vater Sie geliebt und angenommen?

-
-
-
-

War einer von beiden offener, wärmer und liebevoller? Wer war es und auf welche Art und Weise?

-
-
-
-

Wie vertrauensvoll und sicher oder wie furchtsam und ängstlich war jeder Elternteil?

-
-
-
-

Skala der Liebesrealität

Welche der folgenden Aussagen könnte von Ihren Eltern sein?

1. Liebe als solche existiert auf unserem Planeten nicht. Sie ist wie „Sicherheit" ein Wort, das benutzt wird, um einen Idealzustand zu beschreiben, der offensichtlich nicht zum Leben gehört.
2. Liebe wurde in dieser Welt von wenigen besonderen Lehrern, wie Jesus Christus und Buddha, zum Ausdruck gebracht. Für uns nur Sterbliche liegt sie jedoch ziemlich außer Reichweite.
3. Ich merke, wie andere Menschen Liebe ausdrücken. Aber ich bin nicht sicher, ob ich sie jemals in mir gefühlt habe. Darum habe ich einige persönliche Schwierigkeiten mit der Liebe.
4. Ich weiß, daß ich Liebe geben und nehmen kann, und ich fühle sie in mir und in vielen anderen Menschen.
5. Ich versuche mein bestes, so frei, vollkommen und ohne Angst wie möglich zu lieben.
6. Ich bin reine Liebe. Alles andere ist nur Angst, Illusion und Gerede.

Markieren Sie mit M und V, wo Ihre Eltern sich eingeordnet hätten.

1	2	3	4	5

In welchem Verhältnis steht Ihre Einschätzung Ihrer Eltern zu Ihrer eigenen Antwort auf dieselben Aussagen? (Seite 30)

-
-
-
-

Ziehen Sie die Möglichkeit in Betracht, daß die Einstellungen und Verhaltensweisen Ihrer Eltern Ihre eigenen geprägt haben. Wir werden Sie von Zeit zu Zeit bitten, Ihre eigenen Erfahrungen mit denen Ihrer Eltern zu vergleichen, damit Sie einsehen können, wie diese Sie beeinflußt haben mögen.

Was mich an der Liebe hindert

Wann immer es in diesem Kurs darum geht, mehr über ein bestimmtes Thema zu erfahren, werden wir Sie bitten, die Augen zu schließen, Ihre Aufmerksamkeit nach innen zu richten und sich ein Bild oder ein Gefühl, das dieses Thema symbolisiert, ins Bewußtsein zu rufen. Dann bitten wir Sie, das Symbol auf seine Qualität, Bedeutung oder Botschaft hin zu erforschen. Das Symbol zu zeichnen, hilft Ihnen dann, die Erfahrung einzufangen, zu klären und einzuordnen. Dadurch umgehen Sie Ihr Verstandesbewußtsein und rufen andere kreative Funktionen und Quellen der Information und Inspiration auf den Plan.

Setzen Sie sich bequem hin ... Schließen Sie die Augen ... Nehmen Sie mehrere langsame, lange und tiefe Atemzüge ... Entspannen Sie Ihren Körper völlig ... Lassen Sie jegliche Anspannung los ... Lassen Sie auch Ihre Emotionen dahinschwinden ... Tun Sie dasselbe mit Ihren Gedanken ... Werden Sie wie ein stiller, ruhiger See, der den blauen Himmel vollkommen widerspiegelt, oder wie der Sternenhimmel in der Stille der Nacht ... Seien Sie im Frieden und dennoch achtsam ...

Wenn Sie soweit sind, stellen Sie sich selbst folgende Frage: „*Was hindert mich daran, vollkommener zu lieben?*" Lassen Sie dann ein Bild oder ein Gefühl in sich aufsteigen, das eine Antwort auf diese Frage gibt ... Nehmen Sie sich Zeit ... Warten Sie geduldig in der Stille, wissend, daß bald etwas kommen wird ... Seien Sie gewillt anzunehmen, was auch immer kommt, ohne es zu verurteilen, zu zensieren oder zurückzuweisen ... Seien Sie einfach bereit, es zu beobachen und zu erforschen, mit dem Ziel, mehr darüber zu erfahren ...

Wenn Sie etwas zu fühlen beginnen, lassen Sie es lebendiger werden ... Achten Sie auf seine Größe und Form ... Dichte und Muster ... Farbe und Struktur ... Erforschen Sie es mit all Ihren Sinnen so gut wie möglich ... Finden Sie die Gesamtqualität, auf die es hinweist ...

Öffnen Sie dann die Augen und bringen Sie in der Zeichnung unten entweder das Bild selbst oder seine Qualität zum Ausdruck ... Wenn nichts in Ihnen aufgestiegen ist, öffnen Sie die Augen, behalten die Frage im Bewußtsein und beginnen, frei und spontan zu malen. Lassen Sie auf diese Weise etwas auftauchen ...

Was mich daran hindert, vollkommener zu lieben

Beschreiben Sie die übergeordnete *Qualität* des Symbols und aller Worte, Gefühle oder Gedanken, die während der Übung in Ihnen aufgestiegen sind oder die Sie jetzt bemerken. Welche neue Erkenntnis vermittelt Ihnen dieses Symbol?

-
-
-
-

Botschaften und „Sollte"-Konditionierungen

Hindernisse, die sich der Liebe in den Weg stellen, nehmen oft die Form von Selbstzweifeln an, Überzeugungen und Ängste, die bis in die Kindheit zurückverfolgt werden können.

Viele unserer Einstellungen und Überzeugungen haben wir recht früh im Leben unbewußt von Menschen unserer Umgebung übernommen. Wir haben positive und negative Botschaften aufgenommen, entweder direkt in Form von Worten (von einem Elternteil, der gesagt haben mag: „Man kann den Menschen nicht trauen!“) oder indirekt durch das Beobachten von Verhaltensweisen (das Verhalten eines Elternteils, das uns übermittelt haben mag: „Das Leben ist hart.“)

Oft werden solche Botschaften von einer ausgedrückten oder implizierten Warnung begleitet, die wir als „Sollte“-Konditionierung bezeichnen, weil sie meistens mit: „Du solltest ...“ oder „Du solltest nicht ...“ beginnt.

Wenn wir solche Konditionierungen als Erwachsene nicht noch einmal neu bewerten, halten wir sie für selbstverständlich und lassen zu, daß sie unsere Einstellungen und Überzeugungen prägen und gewohnheitsmäßige Verhaltensweisen einfach fortbestehen lassen, ohne daß wir uns jemals freiwillig dafür entschieden hätten.

In der folgenden Übung bitten wir Sie, Ihre Kindheitserinnerungen nach „Sollte“-Konditionierungen zu durchforsten, um festzustellen, wie Sie heute dazu stehen.

Schließen Sie die Augen ... Setzen Sie sich gerade hin ... Nehmen Sie ein paar tiefe Atemzüge ... Entspannen Sie sich ... Lassen Sie Ihren Körper, Ihre Gefühle und Ihre Gedanken ruhig werden ... Werden Sie wie ein stiller, ruhiger See ...

Wenn Sie soweit sind, lassen Sie ein Bild Ihrer Mutter oder der Person, die die Rolle der Mutter in Ihrer Kindheit übernommen hat, in sich aufsteigen ... Fragen Sie sich selbst: „*Welche Botschaft und welches ‚Sollte‘ über die Liebe habe ich von ihr gelernt?*“ Entweder direkt durch Worte oder indirekt durch Beobachtung ... Und: „*Wie empfinde ich diese Botschaft und ihr ‚Sollte‘ jetzt?*“ ...

•

•

•

•

•

•

Schließen Sie wieder die Augen ... Nehmen Sie ein paar tiefe Atemzüge ... Entspannen Sie sich ...

Wenn Sie soweit sind, lassen Sie ein Bild Ihres Vaters oder der Person, die die Rolle des Vaters in Ihrer Kindheit übernommen hat, in sich aufsteigen ... Fragen Sie sich selbst: „*Welche Botschaft und welches ‚Sollte' über die Liebe habe ich von ihm gelernt?*" Entweder direkt durch Worte oder indirekt durch Beobachtung ... Und: „*Wie empfinde ich diese Botschaft und ihr ‚Sollte' jetzt?*" ...

-
-
-
-
-
-

Schließen Sie wieder die Augen ... Nehmen Sie ein paar tiefe Atemzüge ... Entspannen Sie sich ...

Wenn Sie soweit sind, lassen Sie das Bild eines nahen Verwandten, vielleicht eines Bruders, einer Schwester, eines Großelternteils, einer Tante, eines Onkels oder Vetters in sich aufsteigen ... Fragen Sie sich selbst: „*Welche Botschaft und welches ‚Sollte' über die Liebe habe ich von diesem Menschen gelernt?*" Entweder direkt durch Worte oder indirekt durch Beobachtung ... Und: „*Wie empfinde ich diese Botschaft und ihr ‚Sollte' jetzt?*"

-
-
-
-
-
-

Schließen Sie wieder die Augen ... Nehmen Sie ein paar tiefe Atemzüge ... Entspannen Sie sich ...

Wenn Sie soweit sind, lassen Sie das Bild eines religiösen Führers oder Lehrers aus Ihrer Kindheit in sich aufsteigen ... Fragen Sie sich selbst: „*Welche Botschaft und welches ‚Sollte' über die Liebe habe ich von diesem Menschen gelernt?*" Entweder direkt durch Worte oder indirekt durch Beobachtung ... Und: „*Wie empfinde ich diese Botschaft und ihr ‚Sollte' jetzt?*"

Schließen Sie die Augen zum letzten Mal ... Nehmen Sie ein paar tiefe Atemzüge ... Entspannen Sie sich ...

Wenn sie soweit sind, lassen Sie das Bild eines Menschen oder einer Situation in sich aufsteigen, mit denen Sie in Ihrer Kindheit über die Medien (Radio, Kino, Fernsehen, Bücher, Zeitschriften) in Kontakt gekommen sind. Fragen Sie sich selbst: *„Welche Botschaft und welches ‚Sollte' über die Liebe habe ich von diesem Menschen oder der Situation gelernt?"* Entweder direkt durch Worte oder indirekt durch Beobachtung ... Und: *„Wie empfinde ich diese Botschaft und ihr ‚Sollte' jetzt?"*

Durchforschen Sie alle Botschaften über die Liebe, die Sie als Kind von anderen aufgenommen haben. Markieren Sie die Botschaften, zu denen Sie heute, als Erwachsener immer noch stehen können und denen zu folgen Sie sich freiwillig *entschieden* haben, mit einem Pluszeichen (+). Markieren Sie jene mit einem Minuszeichen (-), mit denen Sie heute nicht mehr einverstanden sind und von denen zu verabschieden Sie sich frei *entschieden* haben.

Schließen Sie dann die Augen, nehmen Sie ein paar tiefe Atemzüge, und entspannen Sie sich ... Visualisieren Sie nacheinander alle Menschen, von denen Sie Botschaften übernommen haben, die Sie nun ablegen möchten. Sehen Sie sich in Ihrer Vorstellung selbst, wie Sie jenen Menschen ihre Botschaften zurückgeben. Sagen Sie zu jedem von ihnen: *„Hier, nimm sie zurück. Es sind deine. Sie gehören mir nicht. Ich möchte sie nicht. Ich möchte frei* *davon sein. Ich entscheide mich jetzt, sie dir zurückzugeben.*" Machen Sie dieses Ritual so lange, bis Sie alle unerwünschten Botschaften losgelassen haben.

„Sollte"-Raster

Wenn Sie soweit sind, sagen Sie sich selbst: *„Als liebender Mensch sollte ich ...*" Vervollständigen Sie den Satz mit einem Wort oder einer kurzen Erklärung – was auch immer spontan in Ihnen aufsteigt. *Denken* Sie nicht darüber nach. Schreiben Sie die erste Antwort auf, die Ihnen kommt. Wiederholen Sie den Vorgang. Lassen Sie diesmal ein neues Wort oder einen neuen Satz auftauchen. Schreiben Sie die neue Antwort auf. Wenn Ihnen momentan nichts einfällt, fangen Sie in der Gewißheit, daß bald etwas kommen wird, von vorn an. Wiederholen Sie diesen Vorgang wenigstens zehn Minuten lang immer wieder oder bis Sie den Platz unten ausgefüllt haben.

Als liebender Mensch sollte ich ...

Betrachten Sie nun Ihre Antworten. Markieren Sie die „Sollte"-Botschaften, für die Sie sich *absolut frei und von sich aus entschieden* haben, mit einem Pluszeichen und diejenigen, die die Überzeugungen und Maßstäbe eines anderen Menschen darstellen, mit einem Minuszeichen.
Welche wertvollen Botschaften über die Liebe haben Sie diesen Übungen entnommen?

-
-
-
-

Was haben Sie über die Macht sozialer Konditionierungen gelernt?

-
-
-
-

Was haben Sie über sich selbst gelernt?

-
-
-
-

Schreiben Sie alle Gefühle, Gedanken und Fragen auf, die Sie festhalten wollen.

-
-
-
-
-
-

Vielleicht haben Sie jetzt ein deutlicheres Bild davon, wie manche Ihrer Vorstellungen von Menschen, Beziehungen, von der Liebe und folglich von der Welt und vom Leben im allgemeinen, Sie geprägt haben. Es ist stärkend und befreiend zu erkennen, welche Überzeugungen und Verhaltensweisen das Ergebnis unbewußter Kindheitskonditionierung sind und welche aus der freien, wohlbedachten Entscheidung eines Erwachsenen resultieren.

TEIL FÜNF – POTENTIAL ENTWICKELN

Blockaden, Schatten und Ängste

Manche Menschen bezeichnen ihre inneren Blockaden als „Schatten" oder „dunkle" Seite. Das läßt sie mysteriös und verhängnisvoll erscheinen und legt nahe, daß sie schwierig, wenn nicht unmöglich zu meistern sind.

In diesem Kurs lassen wir uns von Roberto Assagioli, dem Gründer der Psychosynthese, leiten, der in *The Act of Will* sagt:

> Viele Menschen haben Angst vor der Liebe, Angst, sich einem anderen Menschen, einer Gruppe oder einem Ideal zu öffnen. Eine aufrichtige und ehrliche Selbstprüfung und Selbstanalyse oder eine mit Hilfe anderer durchgeführte Analyse sind Instrumente zur Entdeckung und Demaskierung, um Widerstände und Ängste aufzulösen.

Assagioli empfiehlt, einfach Seite an Seite mit den „Schatten" hinaus ins Licht zu gehen, ins Licht des Gewahrseins, denn darin liegt die Macht der Entscheidung. Indem wir uns unserer Blockaden bewußt werden, sie als Teil unserer selbst erkennen und anerkennen, können wir uns entscheiden, auf sie bezogen zu handeln, wenn wir das möchten.

Der Hauptgrund, aus dem die meisten von uns sich nicht entscheiden, vollkommener und freier zu lieben, ist, daß wir uns Menschen, Beziehungen, der Liebe und dem Leben selbst gegenüber unsicher fühlen. Wir haben Angst, vor dem, was geschehen könnte, wenn wir Liebe bereitwilliger geben und empfangen würden.

Was ist Angst? Sie beginnt als Gedanke an die Möglichkeit irgendeines unerwünschten Geschehens. Dem Gedanken folgt eine emotionale Reaktion

– Ängstlichkeit, Schrecken, Panik, Terror – begleitet von Gefühlen der Unbehaglichkeit, Verletzbarkeit und Besorgnis.

Die folgende Liste enthält Ängste, die viele von uns haben. Markieren Sie diejenigen, die Sie davon abhalten könnten, sich für mehr Liebe zu entscheiden.

___ Angst, mißbraucht oder gebraucht zu werden
___ Angst, verletzt zu werden
___ Angst vor Verpflichtung und Verantwortung
___ Angst vor Verstrickung
___ Angst zu versagen
___ Angst vor Intimität
___ Angst, die Kontrolle zu verlieren
___ Angst, sich selbst zu verlieren
___ Angst vor Manipulation
___ Angst vor Machtlosigkeit
___ Angst vor Ablehnung
___ Angst vor dem Ungewissen

Schreiben Sie andere Ängste auf, die Sie mit Menschen, in Beziehungen und in der Liebe erfahren haben.

-
-
-
-

Die meisten Menschen haben Ängste. Es geht also darum, unsere Ängste und ihre Wirkung zu erkennen, sie dann als Teil von uns zu akzeptieren und schließlich ihren begrenzenden Einfluß zu verringern oder zu eliminieren. Wie werden Sie von Ihren Ängsten beinflußt? Wie stark sind sie? Wie begrenzend sind sie?

-
-
-
-

Wann und wie entscheiden Ihre Ängste über Ihre Beziehungen? Wann und wie lassen Sie sich von ihnen aufhalten, etwas zu tun oder zu sein?

-
-
-
-

Was ist das Schlimmste an Ihren Ängsten? Was ist das Beste daran?

-
-
-
-

Wie gehen Sie im allgemeinen mit einem unangenehmen Gefühl wie der Angst um? Welche Methoden sind effektiv? Was tun Sie konkret?

-
-
-
-

Angst-Muster in der Familie

Gab es in Ihrer Familie ein typisches Angst-Muster? Welche Botschaften wurden Ihnen direkt oder indirekt von Ihrem Vater oder Ihrer Mutter übermittelt?

-
-
-
-

Welche spezifischen Ängste hatten Sie? Wie stark und begrenzend waren ihre Ängste?

-
-
-
-

Wie haben Ihre Mutter und Ihr Vater ihre Ängste ausgedrückt? Wie sind sie damit umgegangen? Was haben sie konkret getan?

-
-
-
-

Prüfen Sie Ihre bisherigen Antworten. Können Sie irgendwelche Ähnlichkeiten zwischen Ihren Angst-Mustern und denen Ihrer Eltern feststellen? Oft „fällt der Apfel nicht weit vom Stamm". Wenn das auch auf Sie zutrifft, fassen Sie sich ein Herz in dem Wissen, daß es sich hier um Verhaltensmuster handelt, die Sie von anderen übernommen haben und die Sie ändern können, wann immer Sie dazu bereit sind.

Angst – Symbol

Bis jetzt haben wir Ihre Angst ganz allgemein untersucht. Nun suchen wir die *spezifische* Angst, die Sie davon abhält, mehr Liebe in Ihr Leben zu bringen. Ihre Angst zu identifizieren, ist der erste Schritt zu ihrer Auflösung.

Setzen Sie sich so hin, daß Ihre Wirbelsäule gerade ist ... Schließen Sie die Augen ... Atmen Sie mehrmals langsam, lang und tief durch ... Entspannen Sie Ihren Körper völlig ... Lassen Sie jegliche Anspannung los ... Lassen Sie auch Ihre Emotionen dahinschwinden ... Tun Sie dasselbe mit Ihren Gedanken ... Werden Sie wie ein stiller, ruhiger See, der den blauen Himmel vollkommen widerspiegelt, oder wie der Sternenhimmel in der Stille der Nacht ... Seien Sie im Frieden und dennoch achtsam ...

Wenn Sie soweit sind, stellen Sie sich selbst die Frage: „*Welche spezifische Angst hindert mich daran, mehr Liebe in mein Leben zu bringen?*" ... Lassen Sie dann ein Bild oder ein Gefühl in sich aufsteigen, das eine Antwort auf diese Frage gibt ... Nehmen Sie sich Zeit ... Warten Sie geduldig in der Stille, gewiß, daß bald etwas aufsteigen wird ... Seien Sie gewillt anzunehmen, was auch immer kommt, ohne es zu verurteilen, zu zensieren oder zurückzuweisen ... Seien Sie einfach bereit, es zu beobachen und zu erforschen, mit dem Ziel, mehr darüber zu erfahren ...

Wenn Sie etwas zu fühlen beginnen, lassen Sie es lebendiger werden ... Achten Sie auf seine Größe und Form ... Dichte und Muster ... Farbe und Struktur ... Erforschen Sie es mit all Ihren Sinnen so gut wie möglich ... Finden Sie die Gesamtqualität, auf die es hinweist ...

Öffnen Sie dann die Augen und bringen Sie in der Zeichnung unten entweder das Bild selbst oder seine Qualität zum Ausdruck ... Wenn nichts in Ihnen aufgestiegen ist, öffnen Sie die Augen, behalten die Frage im Bewußtsein und beginnen, frei und spontan zu malen. Lassen Sie auf diese Weise etwas auftauchen ...

Die Angst, die mich davon abhält, mehr Liebe in mein Leben zu bringen

Welche spezifische Angst hält Sie davon ab, mehr Liebe in Ihr Leben zu bringen? Beschreiben Sie die übergeordnete *Qualität* des Symbols und aller Worte, Gefühle oder Gedanken, die während der Übung in Ihnen aufgestiegen sind oder die Sie jetzt bemerken. Welche neue Erkenntnis vermittelt Ihnen dieses Symbol?

•

•

•

•

Funktionen der Ängste

Alle unsere persönlichen Muster, einschließlich unserer Ängste und anderer Blockaden, haben zwei Hauptfunktionen. Erstens *begrenzen* Sie uns in gewisser Weise. Sie halten uns zurück, schränken unsere Freiheit ein und hindern uns, uns zu verändern und zu wachsen.
In welcher Weise begrenzt die von Ihnen identifizierte Angst Sie?

•

•

•

•

Zweitens *dienen* uns unsere Muster in gewisser Weise. Sie helfen uns, zu erreichen, was immer wir bewußt oder unbewußt wollen (wie ein Gefühl von Sicherheit, Freiheit oder Macht), und zu verhindern, was wir nicht wollen (z. B. Angst, Schmerz oder Verantwortung). Wenn wir herausfinden wollen, wie ein persönliches Muster uns dient, sollten wir uns selbst fragen, was wir vermissen würden, wenn das Muster *nicht* da wäre.
In welcher Weise dient Ihnen diese Angst?

•

•

•

•

Oft ist Angst gleichbedeutend mit Angst vor Verlust, etwa dem Verlust der Kontrolle. Die Angst, in eine Falle zu geraten, ist gleichbedeutend mit der Angst vor dem Verlust der Freiheit. Die Angst vor Zurückweisung berührt den Verlust der Selbstachtung. Die Angst überschwemmt zu werden, betrifft den Verlust des Gefühls für sich selbst.

Was riskieren Sie zu verlieren?

-
-
-
-

Ängste und Risiken

Wenn Sie mehr Liebe in Ihr Leben bringen wollen, müssen Sie sich Ihren Ängsten stellen und bereit sein, Risiken einzugehen. Das kann erwünschte oder unerwünschte, angenehme oder unangenehme Folgen haben. Sind wir ein Risiko eingegangen, ohne ein positives Ergebnis zu erzielen, dann besteht die Herausforderung darin, weiterzugehen und noch etwas zu riskieren. Scheinbare Mißerfolge geben uns genausoviel wie Erfolge, aber auf andere Weise.

Wann und wie gehen Sie Risiken ein? Wann und wie vermeiden Sie Risiken?

-
-
-
-
-
-
-
-

Welche Botschaften über das Eingehen von Risiken haben andere Ihnen übermittelt?

-
-
-
-

Ein unbekannter Autor schreibt über Risiken:

Wer lacht, riskiert, als Narr dazustehen.
Wer weint, riskiert, sentimental genannt zu werden.
Wer auf Menschen zugeht, riskiert, eine Bindung einzugehen.
Wer Gefühle zeigt, riskiert, sein wahres Selbst zu offenbaren.
Wer mit anderen über seine Träume spricht, riskiert, sie zu verlieren.
Wer liebt, riskiert, nicht wieder geliebt zu werden.
Wer lebt, riskiert zu sterben.
Wer hofft, riskiert zu verzweifeln.
Wer versucht, riskiert Mißerfolge.
Und dennoch müssen Risiken eingegangen werden.
Das größte Wagnis im Leben besteht darin, nichts zu wagen.
Menschen, die nichts riskieren, tun nichts, sind nichts.
Sie mögen zwar Leid und Kummer vermeiden.
Aber sie haben keine Möglichkeit zu lernen, zu fühlen, zu wachsen,
sich zu verändern, zu lieben, zu leben.
Sie sind Sklaven ihrer festgefahrenen Vorstellungen.
Sie haben ihre Freiheit verscherzt.
Nur wer riskiert, ist frei.

Der dänische Philosoph Sören Kierkegaard sagte einfach und klar: „Riskieren bedeutet, eine Weile den Boden unter den Füßen zu verlieren. Nicht zu riskieren bedeutet, das ganze Leben zu verlieren."
Was halten Sie von diesen beiden Äußerungen über die Notwendigkeit, Risiken einzugehen? Welche Gefühle und Gedanken haben Sie dazu?

-
-
-
-

Wie weit sind Sie bereit, einen anderen Menschen zu lieben und zu riskieren, daß jemand Sie liebt? Was glauben Sie ist das größte Risiko, das Sie die Liebe betreffend eingehen könnten? Wodurch wird es zu einem Risiko für Sie?

-
-

-
-

Was ist das zugrundeliegende Problem oder Thema – was hätten Sie zu verlieren? Was könnten Sie gewinnen? Wie wäre es, wenn Sie mehr Liebe in Ihrem Leben hätten?

-
-
-
-

TEIL SECHS – DIE ANWENDUNG

Viele Menschen haben den Wunsch, sich immer vollkommen sicher zu fühlen. Die Erfüllung eines solchen Wunsches bleibt jedoch Illusion, weil das Leben einfach nicht so ist. Auch die sichersten und ausgeglichensten Menschen erleben unsichere Momente. Daher besteht unsere wichtigste Aufgabe darin, uns selbst treu zu sein, so viel Sicherheit und Verläßlichkeit in unserem Leben zu schaffen wie möglich, aber gleichzeitig zu akzeptieren, daß wir sein können, wer wir sind, auch wenn wir uns nicht sicher fühlen. Letzlich ist alles eine Frage der Prioritäten, die wir setzen, die Frage, worauf wir unsere Aufmerksamkeit und Energie konzentrieren. Die folgende Übung dient dazu, diesen Punkt zu verdeutlichen.

Autogenes Training

Unsere Barrieren, die wir uns selbst errichtet haben, halten den natürlichen Fluß der Liebe auf, und unsere Ängste übernehmen die Kontrolle über uns. Aus diesem Grund leiden viele Menschen unter Spannungen und Streß, die oft das Resultat von Unsicherheit, Angst und Widerstand gegen anstehende Veränderungen sind.

Schlaganfälle und Herzkrankheiten sind Streßfolgen, die uns töten können. Doch bevor wir dieses Extrem erreichen, zehrt andauernder Streß an unserer Vitalität, trübt die Klarheit unserer Gedanken, macht uns müde und krank. Dann werden Überleben und Sicherheit zum Mittelpunkt unseres Lebens, und wir haben keine Zeit und Energie mehr für die Liebe.

Es ist also wichtig, daß wir den körperlichen und seelischen Streß in unserem täglichen Leben vermindern und auf diese Weise Zeit und Raum, Aufmerksamkeit und Bereitschaft haben, um uns bewußt dafür zu entscheiden, mehr Liebe in unser Leben zu bringen.

In seinem Buch *90 Days to Self-Health* stellt C. Norman Shealy Übungen vor, mit deren Hilfe wir unsere Körperfunktionen willentlich regulieren können. Auf diese Weise können wir Entspannung herbeiführen und viele Streßsymptome wie Muskelanspannungen, Kopfschmerzen und Schlafstörungen reduzieren. Wir haben die folgende Übung von Shealy übernommen, der wiederum auf den Erkenntnissen der Väter des Autogenen Trainings, J. H. Schultz und Wolfgang Luthe, aufbaut.

Finden Sie eine bequeme Haltung, entweder im Sitzen oder auf dem Rükken liegend ... Schließen Sie die Augen ... Nehmen Sie ein paar tiefe Atemzüge ... Entspannen Sie sich ... Lassen Sie Ihren Körper, Ihre Gefühle und Ihre Gedanken ruhig werden ... Werden Sie wie ein stiller, ruhiger See ...

Wenn Sie soweit sind, sagen (denken und fühlen) Sie bei jeder Einatmung zu sich selbst „*Meine Arme und Beine sind ...*" und bei jeder Ausatmung „*... schwer und warm.*" Fühlen Sie die Realität dieser Aussage ... Fühlen Sie die Schwere ... Fühlen Sie die Wärme ... Seien Sie gewiß, daß es so ist ... Wiederholen Sie diesen Satz zwei Minuten lang, während Sie langsam und tief atmen ... Erkennen Sie, daß dies erfahrene Wirklichkeit ist ...

Sagen Sie dann bei jeder Einatmung zu sich selbst „*Mein Herzschlag ist ...*" und bei jeder Ausatmung „*... ruhig und regelmäßig.*" Fühlen Sie die Realität dieser Aussage ... Fühlen Sie Ihren Herzschlag ... Fühlen Sie, wie ruhig er ist ... Fühlen Sie, wie regelmäßig er ist ... Seien Sie gewiß, daß es so ist ... Wiederholen Sie diesen Satz zwei Minuten lang, während Sie langsam und tief atmen ... Erkennen Sie, daß dies erfahrene Wirklichkeit ist ...

Sagen Sie dann bei jeder Einatmung zu sich selbst „*Meine Atmung ist ...*" und bei jeder Ausatmung „*... frei und leicht.*" Fühlen Sie die Realität dieser Aussage ... Fühlen Sie die Freiheit ... Fühlen Sie die Leichtigkeit ... Seien Sie gewiß, daß es so ist ... Wiederholen Sie diesen Satz zwei Minuten lang, während Sie langsam und tief atmen ... Erkennen Sie, daß dies erfahrene Wirklichkeit ist ...

Sagen Sie dann bei jeder Einatmung zu sich selbst „*Mein Bauch ...*" und bei jeder Ausatmung „*... ist warm.*" Fühlen Sie die Realität dieser Aussage ... Fühlen Sie die Wärme in Ihrem Bauch ... Seien Sie gewiß, daß sie da ist ... Wiederholen Sie diesen Satz zwei Minuten lang, während Sie langsam und tief atmen ... Erkennen Sie, daß dies erfahrene Wirklichkeit ist ...

Sagen Sie dann bei jeder Einatmung zu sich selbst „*Meine Stirn ...*" und bei jeder Ausatmung „*... ist kühl.*" Fühlen Sie die Realität dieser Aussage ...

Fühlen Sie, wie kühl Ihre Stirn ist ... Seien Sie gewiß, daß es so ist ... Wiederholen Sie diesen Satz zwei Minuten lang, während Sie langsam und tief atmen ... Erkennen Sie, daß dies erfahrene Wirklichkeit ist ...

Sagen Sie dann bei jeder Einatmung zu sich selbst *„Meine Gedanken sind ...“* und bei jeder Ausatmung *„... ruhig und still.“* Fühlen Sie die Realität dieser Aussage ... Fühlen Sie, wie still und ruhig Ihre Gedanken werden ... Seien Sie gewiß, daß sie es sind ... Wiederholen Sie diesen Satz zwei Minuten lang, während Sie langsam und tief atmen ... Erkennen Sie, daß dies erfahrene Wirklichkeit ist ...

Sagen Sie dann bei jeder Einatmung zu sich selbst *„Ich bin ruhig und entspannt ...“* und bei jeder Ausatmung *„... und frei von jeglichem Streß.“* Fühlen Sie die Realität dieser Aussage ... Fühlen Sie die Ruhe ... Fühlen Sie die Entspannung ... Fühlen Sie die Abwesenheit von Streß ... Seien Sie gewiß, daß es so ist ... Wiederholen Sie diesen Satz zwei Minuten lang, während Sie langsam und tief atmen ... Erkennen Sie, daß auch dies erfahrene Wirklichkeit ist ...

Wiederholen Sie nun alle sieben Aussagen nacheinander fünf Minuten lang.

Wiederholen Sie in späteren Phasen alle sieben Aussagen insgesamt zwanzig Minuten lang. Benutzen Sie eine Uhr, damit Sie wissen, wann die zwanzig Minuten um sind.

Machen Sie diese Übung mindestens sieben Tage lang zweimal am Tag, jeweils zwanzig Minuten lang, und achten Sie darauf, wie sich das auf Ihr Streßniveau, Ihre Schlafgewohnheiten, Ihren allgemeinen Gesundheitszustand und Ihr Wohlbefinden auswirkt. Vielleicht empfinden Sie diese Übung als so wohltuend, daß Sie sie regelmäßig machen wollen.

Hinweis: Machen Sie diese Übung nur, wenn Sie sie wirklich machen wollen, und betrachten Sie sie auf keinen Fall als zusätzliche „Pflichtübung“.

Risiken eingehen

Eine Möglichkeit, mit Ängsten umzugehen, ist, sich direkt mit ihnen zu konfrontieren, indem man überschaubare Risiken eingeht.

Schließen Sie die Augen ... Setzen Sie sich aufrecht hin ... Nehmen Sie ein paar tiefe Atemzüge ... Entspannen Sie sich ... Lassen Sie Ihren Körper, Ihre Gefühle und Ihre Gedanken ruhig werden ... Werden Sie wie ein stiller, ruhiger See ...

Wenn Sie soweit sind, sagen Sie zu sich selbst: *„Wenn ich den Mut dazu hätte, würde ich ...“* Vervollständigen Sie den Satz mit einem Wort oder einer kurzen Erklärung – was auch immer spontan in Ihnen aufsteigt. *Denken* Sie nicht darüber nach. Schreiben Sie die erste Antwort auf, die Ihnen in den Sinn kommt. Wiederholen Sie den Vorgang. Lassen Sie diesmal ein neues Wort oder einen neuen Satz auftauchen. Schreiben Sie die neue Antwort auf. Wenn Ihnen momentan nichts einfällt, fangen Sie in der Gewißheit, daß bald etwas kommen wird, von vorn an. Wiederholen Sie diesen Vorgang wenigstens zehn Minuten lang immer wieder oder bis Sie den Platz unten ausgefüllt haben.

Wenn ich den Mut dazu hätte, würde ich …

Was haben Sie empfunden, als Sie die Übung machten? Was fühlen und denken Sie jetzt?

-
-
-
-
-

Prüfen Sie Ihre Antworten. Streichen Sie die Ideen an, die Sie für betrachtenswert halten.
Wählen Sie jetzt eine davon aus, die Sie bereit sind, innerhalb der nächsten sieben Tage in die Tat umzusetzen. Schreiben Sie sie auf, wobei Sie mit „Ich werde ...“ beginnen.

-
-
-
-

Was macht diese Tat zu einem Risiko für Sie? Was ist die Angst? Was könnten Sie verlieren?

-
-
-
-

Was wäre das Beste, das passieren könnte, wenn Sie dieses Risiko eingehen?

-
-
-
-

Was wäre das Schlimmste, das passieren könnte, wenn Sie dieses Risiko eingehen?

-
-
-
-

Es ist wichtig, daß Sie hundertprozentig hinter jedem Risiko stehen, das einzugehen Sie sich entschieden haben. Bestätigen Sie unten: *„Ich bin absolut bereit, dieses Risiko einzugehen und seinen Ausgang zu akzeptieren.“* Notieren Sie dann alle Gefühle und Gedanken, die durch das Aufschreiben der Affirmation ausgelöst werden.

-
-
-
-

Finden Sie zunächst den ersten Schritt, den Sie tun können, um Ihr Vorhaben zu realisieren. Machen Sie sich klar, wann, wo und wie Sie ihn tun werden.

Führen Sie Ihren Plan aus, *bevor Sie mit dem nächsten Kapitel beginnen.* Seien Sie bereit, Ihre Risiko-Erfahrung zu Beginn des dritten Kapitels mitzuteilen.

Fragen Sie sich mehrmals täglich spontan: „Welches Risiko muß ich jetzt eingehen?“ Ob Sie ein Risiko eingehen oder nicht, ist immer Ihre Entscheidung. Sich diese Frage regelmäßig zu stellen, hilft Ihnen, auf kreative Alternativen in Ihrem Leben zu achten und bewahrt Sie davor, auf der Stelle zu treten.

Literaturempfehlungen

1. In *Selbstvertrauen gewinnen (engl.: Feel the Fear and Do It Anyway)* von Susan Jeffers heißt es, daß Handeln der Schlüssel zum erfolgreichen Umgang mit Ängsten ist. Die Gewißheit, mit allem umgehen zu können, was uns begegnet, erlaubt uns, Risiken einzugehen. Dieses Buch gibt zahlreiche Anregungen, wie Sie persönliche Erfüllung und Macht erlangen können.

2. *Lieben heißt, die Angst verlieren* von Gerald Jampolsky M. D. bemerkt: „Obwohl Liebe immer das ist, was wir wirklich möchten, haben wir oft Angst vor der Liebe, ohne daß es uns bewußt ist, darum sind wir möglicherweise blind und taub für die Gegenwart der Liebe. Doch indem wir uns selbst und gegenseitig helfen, die Angst loszulassen, beginnen wir, einen persönlichen Umwandlungsprozeß zu erfahren.

3. *Auf und ab (engl.: Risking)* von David Viscott sagt, daß Sie Risiken eingehen müssen, um Ihr Leben zu verbessern. „Es gibt einfach keine Möglichkeit zu wachsen, ohne Risiken einzugehen. Wenn Sie etwas haben, wofür es sich lohnt, ein Risiko einzugehen, werden Ihre Handlungen und Ihr Leben sinnvoll, und dann kann nichts Sie aufhalten."

Persönliches Ziel

Überlegen Sie sich neben dem gewählten Risiko ein paar einfache Handlungen, die Sie in den nächsten Tagen ausführen und die Sie Ihrem Ziel, mehr Liebe in Ihr Leben zu bringen, einen Schritt näherbringen könnten. Treffen Sie eine wohlbedachte Entscheidung und schreiben Sie sie auf. Erinnern Sie sich, daß es Ihnen Kraft gibt, Entscheidungen zu treffen und in die Tat umzusetzen.

-
-
-
-

Was habe ich aus diesem Kapitel gelernt?

Blättern Sie zurück und schauen Sie sich an, was Sie in diesem Kapitel gelernt haben. Schreiben Sie die drei wichtigsten Lernschritte oder die daraus gewonnenen Erkenntnisse auf.

-
-
-
-
-
-
-
-

Sinn

Im zweiten Kapitel ging es darum herauszufinden, was Sie daran hindert, sich für mehr Liebe in Ihrem Leben zu entscheiden. In welchem Maße haben Sie dieses Ziel für sich selbst erreicht?

-
-
-
-

Herzlichen Glückwunsch! Sie haben das Ende des zweiten Kapitels erreicht. Bitte besprechen Sie Ihre Erfahrungen mit der Sie betreuenden Person, *bevor Sie mit dem dritten Kapitel beginnen.*

Kapitel drei
Die Entscheidung, zu vertrauen

TEIL EINS – VERBINDUNG AUFNEHMEN

Schauen Sie sich das zweite Kapitel noch einmal an. Haben Sie das persönliche Ziel erreicht, das Sie sich gesetzt haben? Wie war es?

Schreiben Sie dann über die Erfahrung, die Sie mit dem Eingehen eines Risikos gemacht haben. Wie leicht ist es Ihnen gefallen, sich dafür zu entscheiden? Wie haben Sie sich gefühlt, als Sie das Risiko eingingen? Sind irgendwelche Widerstände aufgetreten? Wie fühlen Sie sich jetzt? Was haben Sie durch diese Erfahrung über sich selbst gelernt?

Hinweis: Wenn Sie das Risiko noch nicht eingegangen sind, dann tun Sie es jetzt, bevor Sie im dritten Kapitel weitergehen. Dieser Kurs ist so aufgebaut, daß in einer bestimmten Reihenfolge ein Schritt nach dem anderen gegangen wird, und alle Schritte zusammen führen zu dem gewünschten Ziel. Wenn Sie einige Übungen nicht machen (auch wenn Sie sich selbst sagen, daß Sie später darauf zurückkommen werden), bringen Sie sich selbst vom Weg zu Ihrem Ziel ab.

Schreiben Sie alle Erinnerungen, Gedanken, Gefühle, Einsichten, Träume, unerledigten Dinge, Begegnungen und Ereignisse auf, die in Ihrer inneren und äußeren Welt aufgetreten sind, seit Sie das zweite Kapitel abgeschlossen haben. Schließen Sie auch die Bücher mit ein, die Sie gelesen haben, sämtliche Beobachtungen und alles, was Sie mit dem Kurs in Verbindung bringen.

TEIL ZWEI – BESTANDSAUFNAHME

Das Ziel

Im dritten Kapitel geht es darum, das eigene Vertrauen in einem geistigen Zusammenhang zu erforschen und Sie mit Techniken bekannzumachen, die Ihnen helfen werden, Ihr Vertrauen in sich selbst und andere zu erhöhen.

Einschätzung des eigenen Vertrauens

Im letzten Kapitel haben Sie die Hindernisse aufgespürt, die Ihre Entscheidung für mehr Liebe aufhalten. Oft machen dieselben Hindernisse es uns auch unmöglich, uns selbst und anderen zu vertrauen.

Was ist Vertrauen? Vertrauen ist Gewißheit, Zuversicht oder Überzeugung in jemanden oder etwas. Vertrauen glaubt, ist treu und verläßt sich auf jemanden oder etwas. Vertrauen entwickelt sich im allgemeinen nur, wenn unser grundlegendes Bedürfnis nach Schutz und Sicherheit befriedigt ist.

Wie stark ist Ihr Vertrauen? Nehmen Sie sich einen Moment Zeit, um die unten aufgeführten Sätze so zu ergänzen, daß sie für Sie stimmen. Addieren Sie die Ziffern vor den Sätzen, und teilen Sie die Summe durch 16. Auf diese Weise erhalten Sie Ihre durchschnittliche Bewertung. Je höher die Zahl ist, desto stärker ist Ihr Vertrauen und desto bereiter sind Sie, zu lieben und geliebt zu werden.

1. Ich vertraue nie ...
2. Ich vertraue selten ...
3. Ich vertraue manchmal ...
4. Ich vertraue im allgemeinen ...
5. Ich vertraue immer ...

___ meiner Mutter.
___ meinem Vater.

___ meiner Familie/anderen Verwandten.
___ Menschen meines Geschlechts.
___ Menschen des anderen Geschlechts.
___ Geliebten, Gefährten, Partnern.
___ den meisten Freunden.
___ den meisten Fremden.
___ Menschen in der Schule/bei der Arbeit.
___ Aufsichtspersonen/anderen Autoritäten.
___ Ärzten, Zahnärzten/anderen Heilern.
___ Verkäufern, Kellnern.
___ Menschen auf der Straße/Menschen in der Menge.
___ Ausländern/Menschen in anderen Ländern.
___ in die Zukunft.
___ auf Gott.

Was fühlen Sie in bezug auf Vertrauen? Was ist Vertrauen für Sie?

-
-
-
-

Wie vertrauensvoll sind Sie? Wie wirkt Vertrauen in Ihrem Leben – oder wie nicht?

-
-
-
-

Vertrauen Sie anderen leicht und bereitwillig, oder müssen Sie darum ringen? Wo und wie schränken Sie Ihr Vertrauen ein?

-
-
-

Wären Sie gern vertrauensvoller, als Sie sind? Sind Sie bereit, mehr zu vertrauen?

Sind Sie bereit, Risiken einzugehen, wenn es um Vertrauen geht? Wenn nicht, warum nicht?

Warum sind Sie nicht vertrauensvoller, als Sie sind? Was ist die Quelle Ihres Mißtrauens?

Was wäre notwendig, damit Sie allgemein vertrauensvoller sein oder leichter vertrauen könnten.

Wieviel Vertrauen hatten Ihre Eltern: ineinander, in Sie, in Menschen im allgemeinen, in das Leben, in Gott? Welche Botschaften über das Vertrauen haben sie Ihnen vermittelt?

-
-
-
-

Haben Sie jemals jemandem vertraut, nur um später zu entdecken, daß Ihr Vertrauen nicht angebracht war oder mißbraucht wurde? Wie hat sich das angefühlt? Wie haben Sie reagiert?

-
-
-
-

Schreiben Sie den Namen einer Person auf, der Sie vollkommen vertraut haben und die Ihr Vertrauen in Ehren hielt und es nicht mißbraucht hat. Wie hat es sich angefühlt, so vertrauensvoll zu sein? Wenn Sie noch nie jemandem völlig vertraut haben, wie fühlt es sich für Sie an, so zu sein?

-
-
-
-

Vertrauen und Sicherheit

Persönliches Vertrauen wurzelt in einem Gefühl von Sicherheit. Wo finden Sie Sicherheit? Worauf verlassen Sie sich, um Ihr Gefühl der Sicherheit zu erhalten? Wodurch fühlen Sie sich sicher?

-
-
-
-

Wie wirkungsvoll ist das? Wie verläßlich ist es? In welchem Maße können Sie darauf vertrauen?

•

•

•

•

Vertrauen in und Glaube an das Leben

Persönliches Vertrauen ist eng mit den Vorstellungen verbunden, die man von der Natur des Lebens hat. Manche Menschen glauben, daß jeder und alles im Leben Teil eines organisierten, vertrauenswürdigen, göttlichen Plans ist, der eine Bedeutung und einen Sinn hat. Andere sind im Gegensatz dazu der Ansicht, daß alles im Leben ganz zufällig geschieht, völlig aufs Geratewohl, ohne jede Bedeutung oder jeden Sinn und daher ohne jegliche Basis für Vertrauen.

Was glauben Sie? Finden Sie Ordnung und Sinn im Leben? Oder erscheint Ihnen alles eher zufällig, wahllos und bedeutungslos?

•

•

•

•

Vertrauen und Glaube an Gott

Persönliches Vertrauen hat auch mit Glaube und Vertrauen in Gott zu tun. Lesen Sie sich die folgenden Aussagen durch und markieren Sie auf der Skala unten, was am ehesten für Sie zutrifft. Vielleicht liegt Ihre persönliche Aussage auch irgendwo zwischen zwei Ziffern.

1. Ich bin Atheist. Ich weiß, daß es keinen Gott gibt.
2. Ich bin Agnostiker. Ich weiß nicht, ob Gott existiert oder nicht.
3. Ich bin gläubig. Ich vertraue darauf, daß Gott existiert; es gibt einen Gott.

4. Ich bin eine menschliche Persönlichkeit, und ich habe den heiligen Geist Gottes in mir.
5. Ich bin ein reines, heiliges Wesen, gott-gleich, und ich habe eine menschliche Persönlichkeit, durch die ich mich ausdrücke und handle.

1	2	3	4	5

Markieren Sie, wo Ihre Mutter und Ihr Vater sich selbst eingeordnet hätten. Ziehen Sie die Möglichkeit in Betracht, daß die Glaubensvorstellungen Ihrer Eltern Ihre eigenen geprägt haben.

Ihr Vertrauen und Ihr Glaube an sich selbst

Ein Grundprinzip dieses Kurses lautet, daß wir andere nicht lieben können, solange wir uns nicht selbst lieben. Auf ähnliche Weise mögen wir Schwierigkeiten haben, anderen zu vertrauen, dem Leben zu vertrauen, ja sogar Gott zu vertrauen, weil wir Schwierigkeiten haben, uns selbst zu vertrauen. Vertrauen Sie sich selbst immer vollkommen? Oder gibt es vielleicht eine oder mehrere Seiten Ihrer selbst, die Sie in Frage stellen, verurteilen und denen Sie nicht trauen?

-
-
-
-

In unseren Workshops haben wir die Erfahrung gemacht, daß diese und die folgenden Fragen die Teilnehmer zum Nachdenken anregen. Wenn Sie sich fragen, warum wir sie in diesen Kurs aufgenommen haben, werden Sie möglicherweise feststellen, daß Sie Ihre Antworten darauf gefunden haben, sobald Sie dieses Kapitel abgeschlossen haben.

EILEEN

Vertrauen kommt mit der Übung. Leben Sie im Vertrauen, bis es felsenfest und unerschütterlich wird, und finden Sie die wahre Freiheit des Geistes.
Flug in die innere Freiheit

Einmal las ich in der Bibel und stieß auf eine Passage, die ich schon oft gelesen hatte. Doch diesmal schienen die Worte für mich bestimmt zu sein, und ich sann über ihre Bedeutung nach. Es waren die Worte Jesu': „Wenn ihr Glauben habt wie ein Senfkorn, so könnt ihr sagen zu dem Berge: ‚Hebe dich von hinnen dort hin', so wird er sich heben; und Euch wird nichts unmöglich sein." (Matthäus 17, 20)

Während ich über diese Worte meditierte, fragte ich mich, was der höchste und scheinbar unüberwindlichste Berg sein könnte, der jetzt vor der Menschheit steht, einer der durch „Glauben wie ein Senfkorn" aus dem Weg geräumt werden muß. Der Berg, der mir einfiel, war „Angst". Ich habe das Gefühl, daß es so viel Angst in der Welt gibt, daß sie wie ein Krebsgeschwür alles Gute, Positive und Schöne auffrißt und alles Negative und Verdorbene zurückläßt. Sie erwürgt die Menschheit.

Angst ist einer unserer ärgsten Feinde. Ich weiß, daß sie mich davon abhalten kann, das zu tun, was ich tun muß. Ich erkenne aber auch, daß ich meine Ängste nie loswerden kann, wenn ich nicht bereit bin, ihnen in die Augen zu schauen. Ich habe herausgefunden, daß Ängste zu Ungeheuern werden können, solange ich versuche, ihnen auszuweichen. Wenn ich jedoch den Mut habe, mich ihnen zu stellen, fangen sie an, umgänglicher zu werden, und lösen sich manchmal sogar in Nichts auf.

Meine Art, mit Ängsten umzugehen, ist Vertrauen und Gebet. Vertrauen ist größer und stärker als Angst. Ich stärke meinen Glauben und mein Vertrauen darauf, daß alles in dieser Welt in Ordnung ist, daß sich ein weitreichender Plan entfaltet, daß alles in den Händen des Schöpfers liegt und daß, was auch immer in meinem Leben geschieht, zu meinem besten ist.

Wie ich bete? Um gut in den Tag zu kommen, reserviere ich am frühen Morgen nach dem Aufwachen eine Zeit der Einstimmung, bevor meine Gedanken in all die Ereignisse und Aktivitäten des Tages verwickelt werden können. Dann erscheint mir mein Leben wie eine saubere Leinwand, ohne eine Spur darauf. Diese ersten Momente nach dem Erwachen müssen sehr klar und bestimmt sein, voller Liebe, Inspiration und Erwartung für den neuen, vor mir liegenden Tag.

Ich tauche in die höchste Ebene meines Wesens ein, in mein göttliches Selbst und kommuniziere mit ihm. Ich vertraue darauf, daß alle meine Bedürfnisse auf wundervolle Weise befriedigt werden, sogar bevor ich sie erwähne. Wenn ich den Tag so beginne, weiß ich, daß er voller Wunder sein wird, weil ich dann in Harmonie mit den göttlichen Gesetzen bin.

Mein Haus ist ein Beispiel für Vertrauen. Eine innere Stimme sagte mir, daß ich ein kleines Haus gebaut bekommen würde. Ich konnte mir nicht vorstellen, wie das möglich sein würde. Wo war das Geld, und wo waren die Hände, um es zu bauen? Ich mußte die Vision dieses Hauses einfach vertrauensvoll in meinem Bewußtsein bewahren und sie niemals loslassen. Als ich sie dann meinem Sohn gegenüber erwähnte, der als Bauingenieur in den USA lebt, sagte er, daß er bereit sei, mir zwei Monate seiner Zeit zu schenken, um nach Schottland zu kommen und mein Haus zu bauen. Was für ein wundervoller Anfang! Dann sagte ein Architekt, daß er mir den Bauplan zum Geschenk machen würde. Schritt für Schritt beobachtete ich, wie sich der ganze Plan entfaltete. Es ist so erhebend zu beobachten, wie eine Vision aus der inneren Ebene in die äußere Manifestation kommt. Auf diese Art und Weise ist über viele Jahre die ganze Findhorn Foundation entstanden.

Ich habe gelernt, daß sich die Führung Gottes jedem von uns offenbart, der in die Stille geht, um sie zu erkennen. Oft wurde mir von innen heraus gesagt, daß Wahrheit Einfachheit ist und daß darum auch das kleinste Kind Gottes Worte verstehen und befolgen kann. Gottes Wege mögen manchmal sehr befremdend sein, aber sie sind nicht kompliziert.

Für mich sind Vertrauen und Gebet etwas, das täglich gelebt und benutzt werden muß.

DAVID

Vertrauen ist, zu glauben, wovon du weißt, daß es nicht so ist.

Mark Twain

Als ich zum erstenmal nach Findhorn kam, war ich ein bekennender Agnostiker. Ich erinnere mich, daß ich einmal zu einem Freund sagte: „Ich weiß mehr, als ich verstehe; und ich verstehe mehr, als ich glaube." Ich sagte mir selbst, daß ich offen dafür sei, ein Glaubender zu werden, aber erst, wenn ich die Natur Gottes und das Wirken des Lebens und des Universums verstanden hatte. Ich hatte immer ein großes Bedürfnis, zu wissen, zu verstehen und verstanden zu werden. Inzwischen habe ich gelernt, daß solch ein Bedürfnis ein Kontrollmuster sein kann, ein Mittel, das wir einsetzen, um die Erfahrung unserer Gefühle zu verhindern, indem wir vorwiegend auf einer intellektuellen Ebene funktionieren.

Dann schenkte mir ein lieber Freund eine Tafel mit einem Zitat des heiligen Augustinus, das mir geholfen hat, mein Verhältnis zu Verstehen und Glauben zu klären: „Verstehen ist die Belohnung für Glauben. Darum versuche nicht zu verstehen, damit du glauben mögest, glaube aber, daß du verstehen kannst."

Allmählich erkannte ich drei Stufen in der Entwicklung von Glauben. Auf der ersten Stufe *wissen wir von Gott* als einem intellektuellen Konzept; auf der zweiten Stufe *glauben wir* mit absoluter Überzeugung *an Gott*; auf der dritten Stufe *kennen wir Gott*, weil wir ihn als Realität erfahren haben. Als ich Mitte Vierzig war, begann ich gerade die erste Stufe zu betreten. Doch es war kein Zufall, daß ich aus den USA in diese geistige Gemeinschaft im Norden Schottlands geführt wurde, und mein achtjähriger Aufenthalt dort wird immer ein Höhepunkt in meinem Leben bleiben.

Eine frühe Findhorn-Lektion hatte mit Vertrauen zu tun. Ich war erst seit sehr kurzer Zeit in der Gemeinschaft und noch dabei, die dreihundert Mitglieder kennenzulernen. Ich erinnere mich, daß ich einen der Köche des Cluny Hill College getroffen hatte und freundschaftlich mit ihm sprach. Innerhalb weniger Minuten sagte er zu mir: „Dein Händedruck sagt mir, daß Kontrolle ein Thema für dich ist; du hast das Gefühl, daß du die Umstände um dich herum unter Kontrolle haben mußt."

Ohne Pause fuhr er sachlich fort: „Unter diesem Muster liegt meistens ein Problem mit dem Vertrauen. Ich vermute, daß du anderen nicht traust. Wenn du das tätest, brauchtest du dir über Kontrolle keine Sorgen zu machen. Und du vertraust anderen nicht, weil es wahrscheinlich einen Teil in dir gibt, dem du nicht vertraust. Ich denke, es ist alles darauf zurückzuführen, daß du wenig Selbstwertgefühl hast und Zweifel über dich selbst hegst." Er hatte vollkommen recht! Ich war verblüfft. Er hatte sich auf mich eingestimmt und legte in kürzester Zeit alles offen dar, damit ich es erkennen konnte.

Später belegte ich einen Kurs in Psychosynthese. Er wurde von Diana Whitmore geleitet, die aus ihrem Londoner Zentrum nach Findhorn gekommen war. Von da an war mein Leben nicht mehr dasselbe, denn in diesem Kurs wurden Samen gesät, die ich für den Rest meines Lebens dankbar ernten werde. Ich war so beeindruckt, daß ich schließlich nach London zog, um eine dreijährige Ausbildung am *Psychosynthesis and Education Trust* zu absolvieren. Die Übungen, die ich während meiner Ausbildungszeit machte, bescherten mir zahlreiche sehr tiefgehende Erfahrungen.

Ich erkannte, daß diese Erfahrungen, so einfach sie zunächst auch erscheinen mögen, sehr kraftvolle, positive und bleibende Wirkungen haben können. Sie können verbinden, einigen und den Verstand, die Seele und das Herz inspirieren. Ich habe eine große Liebe und tiefen Respekt den Psychosynthese-Techniken gegenüber entwickelt, denn sie haben mich meinem Gefühl für mich selbst und meiner wahren, spirituellen Natur nähergebracht. Aus diesem Grund stelle ich sie in diesem Kurs mit großem Enthusiasmus vor.

Ich füge den drei bereits erwähnten Stufen der Entwicklung von Vertrauen hier noch eine vierte hinzu, auf der wir erfahren, daß „das Königreich Gottes inwendig" in uns ist (Lukas 17, 21) und nicht „hier oder da" und daß wir untrennbar eins mit dem Göttlichen und folglich Gott *sind*.

TEIL VIER – ACHTSAMKEIT ERLANGEN

Die geistige Entwicklung

Dieser Kurs stellt das Erlernen der Liebe in einen überpersönlichen Zusammenhang, in dem unsere kontinuierliche spirituelle Entwicklung eine wichtige Rolle spielt. Unsere Aufgabe besteht darin, eine stabile, integrierte Persönlichkeit zu entwickeln, indem wir Verhaltensmuster, die uns daran hindern, unser ganzes Potential auszudrücken, entdecken, akzeptieren und verwandeln. Wenn wir uns selbst so viel Aufmerksamkeit schenken, können wir mit einem Gärtner verglichen werden, der den Boden bereitet, umgräbt und anreichert, bevor das Pflanzen beginnt.

Wenn wir dann die Samen des Geistes pflanzen, haben sie ein fruchtbareres Umfeld, in dem sie wachsen und gedeihen können. Die überpersönliche Aufgabe, das Thema dieser Übungsfolge, kann mit der Taube des Geistes verglichen werden, die in die Materie oder die physische Form herabkommt. Ihre Aufgabe ist es, die Persönlichkeit zu nähren und zu unterstützen, indem sie eine Richtung aufzeigt und eine Fülle reiner, universeller Qualitäten wie Mut, Inspiration, Freude, Liebe und Weisheit zum Ausdruck bringt.

Quellen der Sicherheit, des Glaubens und des Vertrauens

Viele von uns verlassen sich auf Äußerlichkeiten, wenn es darum geht, ein Gefühl von Sicherheit zu bekommen: Geld auf dem Konto, ein Haus, Arbeit, Wertpapiere oder einen anderen Menschen, beispielsweise einen Elternteil oder Partner.

Oft schaffen wir uns bewußt oder unbewußt Lebensmuster, die uns helfen, uns sicher zu fühlen, indem wir uns beispielsweise mit Arbeit und

Verantwortung überlasten und von morgends bis abends zwanghaft beschäftigt sind. Oder wir sind unbarmherzig manipulativ und müssen jeden Aspekt unseres Lebens total unter Kontrolle haben. Oder wir lenken uns selbst regelmäßig mit Essen, Alkohol, Drogen, Sexualität und irgendwelchen Aktivitäten ab, um nicht fühlen zu müssen, wie unsicher und unglücklich wir sind.

Selbst wenn diese nach außen orientierten Manöver lange Zeit gut funktioniert haben (was sie in Wirklichkeit nicht tun), können sie uns kein sehr erfüllendes Leben bieten. Letztendlich dienen sie nur dazu, etwas zu vertuschen und zu kompensieren. Sie bewirken nichts für unsere Gefühle der Unsicherheit, Furcht und Angst, die bei all dem nicht nur unberührt bleiben, sondern oft noch weiter wachsen.

Daher erforschen wir in diesem Kapitel unser *inneres* Umfeld – insbesondere unser Verhältnis zu Vertrauen, Glaube, Gebet und dem Göttlichen in uns. Wir beginnen, indem wir Sie bitten, Ihre höchsten Ziele zu betrachten. Was wünschen Sie sich für dieses Leben? Was ist Ihr tiefstes Sehnen? Nehmen Sie sich einen Moment Zeit, um es anzuschauen, und schreiben Sie es dann auf. Es ist in Ordnung, wenn es im Moment nur vage oder abstrakt zu sein scheint. Es mag später klarer werden.

-
-
-
-

Früher oder später wirft die Beschäftigung mit dem Thema Vertrauen andere Fragen auf, wie z. B. nach dem Wesen des Glaubens, der Bedeutung und dem Sinn des Lebens und danach, wer oder was Gott ist. Das sind große Fragen, und sie sind nicht leicht zu beantworten. Daß wir uns selbst solche Fragen stellen, ist wichtiger, als die „richtige" Antwort darauf zu erhalten. Unsere Vorstellungen vom Leben und vom Universum haben Einfluß auf uns und darauf, wie wir uns anderen gegenüber verhalten.

Noch einmal, es ist völlig in Ordnung, wenn Sie keine fertigen und perfekten Antworten auf die folgenden Fragen haben. Doch halten Sie inne, schauen Sie und versuchen Sie dann, zu jeder Frage etwas aufzuschreiben.

Was ist Ihrem Gefühl nach der Ursprung, die Bedeutung und der Sinn des Lebens?

-
-
-
-

Was ist Ihrem Gefühl nach die Bedeutung und der Sinn *Ihres* Lebens?

-
-
-
-

Wer oder was ist Gott?

Ein Bild von Gott, das vielen Menschen aus ihrer Kindheit vertraut ist, ist das eines alten Mannes mit einem langen Bart, der auf einem Thron in den Wolken sitzt. Manche Menschen denken an Gott als einen wohlwollenden Vater, immer warmherzig und liebevoll, während er für andere furchteinflößend, wütend und rachsüchtig sein kann. Auf jeden Fall ist dies ein sehr menschlicher Gott, mit sehr menschlichen Zügen und absolut menschlichen Unvollkommenheiten.

Andere Menschen stellen sich Gott eher abstrakt vor, als Konzept, Symbol oder als Eigenschaft wie Liebe, Wahrheit und Weisheit. Manche achten Gott als organisierendes Prinzip, als Schöpfer oder Quelle. Wieder andere betrachten Gott einfach als die Verkörperung natürlicher Gesetze, deren Wirken ewig und unbeeinflußt ist.

Andere sagen, daß die Vorstellung von Gott nur ein bequemes Märchen ist, erdacht, um das Unerklärliche zu erklären und das Leben sinnvoller und lebenswerter erscheinen zu lassen. Für sie ist Gott keine lebendige Realität, die ihre Gefühle, Gedanken und Handlungen berührt.
Was ist Ihre Vorstellung von Gott? Was bedeutet Gott für Sie?

-
-
-
-

Manche Teilnehmer an unseren Workshops haben sowohl mit dem Wort „Gott“ als auch mit der Realität Gottes große Probleme und beklagen sich darüber, daß wir diesen Begriff so häufig benutzen. Uns ist bewußt, daß der Begriff „Gott“, ähnlich wie der Begriff „Liebe“, für viele Menschen stark emotional besetzt ist, während er für andere überhaupt keine Bedeutung hat, weil sie keine persönliche Erfahrung mit der dahinterliegenden Realität gemacht haben.

Wie geht es Ihnen damit? Bereitet Ihnen unser Gebrauch des Wortes „Gott“ irgendwelche Schwierigkeiten? Wenn ja, ist Ihnen bewußt, warum Sie so reagieren? Gibt es ein anderes Wort, das Sie hier einsetzen könnten und mit dem Sie sich wohler fühlen würden?

Das göttliche Selbst

Wir sagen, daß Gott ist, wer wir sind, unsere grundlegende Essenz, die höchste Ebene unseres Seins. Es ist unser heiliger, unwandelbarer Aspekt, den manche Menschen den „innewohnenden Gott“ nennen, den „immanenten Gott“ oder das „höhere Selbst“. Die Psychosynthese nennt es das „transpersonale Selbst“. In diesem Kurs nennen wir es das „göttliche Selbst“.

Wir benutzen den Begriff „göttliches Selbst“, um auf den immerwährenden Teil in uns hinzuweisen, der reine Essenz ist, reiner Geist, die vitale Quelle unseres Lebens, die von dem Geschwätz unseres Verstandes und von unserer körperlichen Verfassung unbeeinflußt ist. Unser göttliches Selbst ist die Liebe, die Wahrheit, die Weisheit und die Kraft im innersten Kern unseres Seins, die unsere Persönlichkeit und unser Leben beseelt und leitet.

In *Herzenstüren öffnen* lesen wir folgende Beschreibung des Verhältnisses zwischen unserem göttlichen Selbst und uns:

Du bist der Lichtpunkt in meinem Geist.
Du bist der Punkt der Liebe in meinem Herzen.
Wenn du es annehmen kannst, wenn du dich
Als den Mikrokosmos des Makrokosmos sehen kannst,
Wirst du dich nie mehr herabsetzen

Oder schlecht von dir denken.
Du wirst erkennen, daß du tatsächlich
Nach meinem Bilde und meiner Art geschaffen bist,
Daß wir eins sind,
Und daß nichts und niemand uns trennen kann.
Wenn du irgendein Getrenntsein von mir fühlst,
Hast du es selbst verursacht,
Denn ich trenne mich niemals von dir.
Du bist individuell,
Was ICH universell BIN.
Ist es ein Wunder, daß du noch einmal geboren werden mußt,
Um das Wunder dieser Wahrheit anzunehmen?
So viele Seelen sind so weit von mir abgekommen
Und haben sich in solchem Ausmaß von mir getrennt,
Daß sie mich in den Himmel gesetzt haben,
In solch große Höhe,
Daß ICH unerreichbar BIN.
ICH BIN in dir,
Verborgen in der äußersten Tiefe,
Wartend, erkannt und herausgezogen zu werden.

Wie reagieren Sie auf das, was Sie gerade gelesen haben? Was antwortet Ihr Herz? Was sagen Ihnen Ihre Gefühle?

Wir reagiert Ihr Verstand darauf? Was sagen Ihnen Ihre Gedanken?

Glaube und Vertrauen

Manche Menschen gebrauchen das Wort „Glaube", um die religiöse Doktrin zu bezeichnen, der sie folgen, oder die Kirche, der sie angehören. Andere benutzen das Wort, um „Vorstellung" oder „Vertrauen" auszudrücken. Einige Menschen gebrauchen es, um sich auf Überzeugungen zu beziehen, die sie nicht unbedingt unterstützen. Wie ist Ihr Gefühl zum Glauben? Was bedeutet Ihnen dieses Wort?

-
-
-
-

Wie macht sich Glaube in Ihrem Leben bemerkbar? Was ist Ihr persönlicher Glaube?

-
-
-
-

Haben Sie irgendwann etwas im Glauben ausgeführt, das sehr gelungen ist? Schreiben Sie ein Beispiel auf.

-
-
-
-

Wie weit sehen Sie (oder sind Sie bereit zu sehen) den Einfluß Ihres göttlichen Selbst in Ihrem Leben?

-
-
-

Wie weit können Sie annehmen (oder sind Sie bereit anzunehmen), daß aus allem, was Ihnen widerfährt, Gutes resultiert.

•
•
•
•

Wie weit können Sie annehmen (oder sind Sie bereit anzunehmen), daß *im Moment* alle Ihre Bedürfnisse befriedigt sind.

•
•
•
•

Wir sagen, daß der Glaube seiner Natur nach intuitiv ist, das heißt, er nimmt die Realität von etwas wahr, das nicht bewiesen ist, und akzeptiert es. Glaube führt zu einem Gefühl von Sicherheit, wenn er genährt wird.

Haben Sie jemals andere Menschen betrachtet und gewünscht, denselben starken, unerschütterlichen Glauben zu haben wie sie? Jetzt ist es Zeit wahrzunehmen, daß Sie dieselbe Fähigkeit zum Glauben haben.

Wir können beginnen, indem wir den Glauben, den wir haben, nutzen, egal wie klein oder unstet er sich anfühlen mag. Denn während wir ihn nutzen, wird er wachsen, wird stärker und stärker. Wenn wir schwimmen lernen, müssen wir unsere Füße früher oder später vom Boden nehmen und anfangen, uns durch das Wasser zu bewegen, oder wir werden niemals lernen zu schwimmen. Dasselbe gilt für den Glauben. Wir müssen damit experimentieren. Versuchen Sie es und finden Sie heraus, ob es funktioniert. Dieser Prozeß ist das Wesen des Glaubens, und es ist die Art und Weise wie er wächst. Ganz einfach: Wenn Sie glauben lernen wollen, versuchen Sie zu glauben. Testen Sie Ihren Glauben!

Indem Sie das tun, bewahren Sie sich eine positive Einstellung, denn zuweilen werden Sie stolpern und womöglich fallen und einen scheinbaren Mißerfolg erfahren. Wenn Ihnen das passiert, seien Sie nicht entmutigt und versucht aufzugeben. Seien Sie lieber wie ein Kind, das laufen lernt: Lernen Sie die Lektion, stehen Sie wieder auf und beginnen Sie von vorn.

Das Gebet

Einige Menschen gebrauchen das Gebet als dringende und verzweifelte Bitte um Hilfe fünf vor zwölf, wenn alles andere versagt hat. Für andere ist Gebet einfach eine ruhige Meditation.

Manche Menschen verstehen unter Gebet das automatische Gemurmel kleiner, auswendiggelernter (oder vorgelesener) Botschaften, die nur geringe oder gar keine Bedeutung für den Betenden haben. Wieder andere glauben, daß Gebet direkte Kommunikation mit Gott ist. Wie stehen Sie zu Gebeten? Was sind Gebete für Sie?

•

•

•

•

Nehmen Sie sich Zeit, um ein kraftvolles Gebet auszusenden, wenn Sie Hilfe brauchen? Oder bemühen Sie sich nicht, Gebete einzusetzen?

•

•

•

•

Vertrauen Sie darauf, daß Ihr Gebet gehört und beantwortet wird?

•

•

•

•

Wissen Sie, zu wem Sie beten, wenn Sie beten?

•

•

•

•

Wir sagen, daß wir im Gebet zu unserem göttlichen Selbst sprechen. Wir kommunizieren mit der höchsten Ebene unseres eigenen Wesens. Meditation ist das Hören auf unser göttliches Selbst, damit es zu uns spricht. In beiden Fällen handelt es nur um ein Ortsgespräch, kein Ferngespräch. Wir ermutigen Sie, beides regelmäßig zu tun!

Ein Brief an Gott

Wir beschließen diesen Übungsteil mit einem Schritt zur Stärkung der offenen und aktiven Kommunikation mit unserem göttlichen Selbst.

Schreiben Sie einen persönlichen Brief, in dem Sie alles zum Ausdruck bringen, was Sie Gott zu sagen haben. Schließen Sie alle Gefühle, Gedanken, Zweifel, Ängste, jede Bitterkeit, alle Urteile, Fragen, Bitten und Wertschätzungen ein, die in Ihnen sind, vielleicht schon seit sehr langer Zeit. Halten Sie nichts zurück. Schreiben Sie jetzt alles nieder.

Datum

Lieber Gott,

TEIL FÜNF – POTENTIAL ENTWICKELN

Gott ist Liebe

Manche Menschen verbringen ein Leben damit, Gott zu suchen.

Das göttliche Selbst in sich selbst zu suchen, ist wie die Suche nach Luft, die wir ständig einatmen. Es ist wie die Suche nach der Sonne, die wir jeden Tag sehen und in deren Licht wir immer leben.

Gott ist die Liebe in Ihrem Herzen, was auch immer davon Sie gegenwärtig auszudrücken vermögen. Wenn Sie Ihr göttliches Selbst finden wollen, brauchen Sie nicht weiter zu gehen als bis zu Ihrem eigenen freundlichen Handeln oder Ihren eigenen liebenden Gedanken. Indem Sie Ihre Liebe teilen, teilen Sie Gott mit allen, die Sie treffen.

Daher ist es wichtig, daß Sie lernen, mit Ihrem göttlichen Selbst Kontakt aufzunehmen, es zu erkennen und zum Ausdruck zu bringen. Der Brief, den Sie vorhin geschrieben haben, war ein Schritt in diese Richtung. In der folgenden Übung, die aus zwei Teilen besteht, bieten wir Ihnen eine andere Möglichkeit, mit dem Ihnen innewohnenden Göttlichen zu kommunizieren.

Das göttliche Selbst

Setzen Sie sich bequem und mit aufrechter Wirbelsäule hin ... Schließen Sie die Augen ... Atmen Sie mehrmals langsam, lang und tief durch ... Entspannen Sie Ihren Körper völlig ... Lassen Sie jegliche Anspannung los ... Lassen Sie auch alle Ihre Emotionen dahinschwinden ... Tun Sie dasselbe mit Ihren Gedanken ... Werden Sie wie ein stiller, ruhiger See, der den blauen Himmel vollkommen widerspiegelt, oder wie der Sternenhimmel in der Stille der Nacht ... Seien Sie im Frieden und dennoch wachsam ...

Wenn Sie soweit sind, lassen Sie ein Bild oder ein Gefühl in sich aufsteigen, das Ihr göttliches Selbst darstellt, die höchste Ebene Ihres Seins ... Nehmen Sie sich Zeit ... Warten Sie geduldig in der Stille, gewiß, daß bald etwas in Ihnen aufsteigen wird, das Ihr göttliches Selbst darstellt ... Seien Sie gewillt anzunehmen, was auch immer kommt, ohne es zu verurteilen, zu zensieren oder zurückzuweisen ... Seien Sie einfach bereit, es zu beobachen und zu erforschen, mit dem Ziel, mehr darüber zu erfahren ...

Wenn Sie etwas zu fühlen beginnen, lassen Sie es lebendiger werden ... Achten Sie auf seine Größe und Form ... Dichte und Muster ... Farbe und Struktur ... Erforschen Sie es mit all Ihren Sinnen so gut wie möglich ... Finden Sie die Gesamtqualität, auf die es hinweist ...

Öffnen Sie dann die Augen und bringen Sie in der Zeichnung auf der nächsten Seite entweder das Bild selbst oder seine Qualität zum Ausdruck ... Wenn nichts in Ihnen aufgestiegen ist, öffnen Sie die Augen, behalten die Frage im Bewußtsein und beginnen, frei und spontan zu malen. Lassen Sie auf diese Weise etwas auftauchen ...

Mein göttliches Selbst

Beschreiben Sie die übergeordnete *Qualität* des Symbols und aller Worte, Gefühle oder Gedanken, die während der Übung in Ihnen aufgestiegen sind oder die Sie jetzt bemerken. Welche neue Erkenntnis vermittelt Ihnen dieses Symbol?

-
-
-
-

Gespräch mit dem göttlichen Selbst

Diesen Teil der Übung sollten Sie machen, wenn Sie einen Raum für sich allein haben und sicher sind, wenigstens für eine halbe Stunde lang nicht gestört zu werden. Nehmen Sie diese Übung auf Band auf, damit Sie sie später noch einmal intensiv durchgehen können.

Stellen Sie zwei Stühle in einer angenehmen Entfernung voneinander auf. Setzen Sie sich auf einen von beiden. Stellen Sie sich vor, daß Ihr göttliches Selbst auf dem anderen Stuhl sitzt. Ihre Aufgabe ist nun, direkt zu Ihrem göttlichen Selbst zu sprechen.

Schließen Sie die Augen ... Sitzen Sie gerade ... Nehmen Sie ein paar tiefe Atemzüge ... Entspannen Sie sich ... Lassen Sie Ihren Körper, Ihre Gefühle und Ihre Gedanken ganz still werden ... Werden Sie wie ein ruhiger, stiller See ...

Wenn Sie soweit sind, nehmen Sie sich einen Moment Zeit, um zu überlegen, was Sie Ihrem göttlichen Selbst sagen möchten. Was brauchen Sie vom Leben und von Ihrem göttlichen Selbst? Welche Rückmeldung möchten Sie Ihrem göttlichen Selbst geben? Welche Fragen möchten Sie stellen?

Sprechen Sie nun zu Ihrem göttlichen Selbst. Bringen Sie nach außen, was immer in Ihnen ist. Zu Anfang kommen Sie sich vielleicht ein bißchen komisch vor, wenn Sie laut zu einem leeren Stuhl sprechen. Das ist eine völlig normale Reaktion. Erkennen Sie Ihre Gefühle einfach an und machen Sie weiter. Sie können beginnen, indem Sie etwas oder alles, was Sie in Ihrem Brief geschrieben haben, wiederholen. Fahren Sie dann mit neuen Gesprächsinhalten fort. Öffnen Sie die Augen, schauen Sie Ihr göttliches Selbst auf dem Ihnen zugewandten Stuhl an und sprechen Sie laut, bevor Sie den weiteren Anweisungen folgen.

Wenn es sich nach einer Weile richtig für Sie anfühlt, halten Sie einen Moment lang inne, nehmen ein paar tiefe Atemzüge und schreiben dann auf, was immer Sie fühlen und denken.

Setzen Sie sich dann auf den zweiten Stuhl ... Schließen Sie die Augen ... Nehmen Sie ein paar tiefe Atemzüge ... Entspannen Sie sich ... Lassen Sie Ihren Körper, Ihre Gefühle und Ihre Gedanken ganz still werden ... Werden Sie wie ein ruhiger, stiller See.

Wenn Sie soweit sind, lassen Sie das Symbol, das Ihr göttliches Selbst darstellt, wieder erscheinen ... Erinnern Sie sich an die Qualitäten, die es ihnen übermittelt hat ... Beginnen Sie, diese Qualitäten in sich zu erfahren ... Nehmen Sie dann in Ihrer Vorstellung die Rolle Ihres eigenen göttlichen Selbst an, verkörpern Sie es ... Ziehen Sie es über wie einen Mantel ...

Identifizieren Sie sich mit ihm ... Werden Sie es ... Seien Sie es ... Wie sitzen Sie? ... Wie halten Sie Ihren Kopf? ... Wie Ihre Arme? ... Wie Ihre Füße? ... Wie klingt die Stimme, mit der Sie die Persönlichkeit ansprechen, die Ihnen gegenübersitzt?

Als göttliches Selbst haben Sie der Persönlichkeit zugehört, durch die Sie sich ausdrücken und handeln müssen, ... Sie hat sich Ihnen sowohl durch Gefühle als auch durch Gedanken mitgeteilt ... Sie hat Ihnen gesagt, was sie braucht, und vielleicht viel mehr ... Wie ist Ihre Einstellung zu dieser Persönlichkeit? ... Was haben Sie ihr zu sagen? ...

Öffenen Sie die Augen und sprechen Sie jetzt laut, bevor Sie mit den folgenden Anweisungen fortfahren.

Wenn es Ihnen nach geraumer Zeit stimmig erscheint, halten Sie einen Moment lang inne, nehmen ein paar tiefe Atemzüge und schreiben dann auf, was immer Sie als göttliches Selbst über die Person, die vor Ihnen sitzt, fühlen und denken.

Setzen Sie sich dann wieder auf den ersten Stuhl ... Nehmen sie ein paar tiefe Atemzüge ... Entspannen Sie sich ... Ihr göttliches Selbst hat direkt zu Ihnen gesprochen ... Wie empfinden Sie, was gesagt wurde? ... Was sind Ihre Gedanken?

Setzen Sie den Dialog zwischen diesen beiden Aspekten Ihres Selbst zehn Minuten oder länger fort, was immer Ihnen angemessen erscheint. Bewegen Sie sich regelmäßig zwischen den beiden Stühlen hin und her, und nehmen Sie sich Zeit, um sich mit jedem Aspekt zu verbinden, bevor Sie sprechen. Lassen Sie es ein Gespräch sein, bei dem sich Geben und Nehmen abwechseln, einen lebendigen Dialog, statt langer Monologe auf der einen oder anderen Seite. Bleiben Sie in der Gegenwart, ohne zu denken oder für die Zukunft zu planen. Finden Sie heraus, wie spontan Sie sein können. Empfinden Sie Ihre Gefühle tief und erlauben Sie ihnen, genauso herauszukommen wie Ihre Gedanken.

Setzen Sie Ihren Dialog noch etwas weiter fort, bevor Sie die folgenden Anweisungen beachten.

Beenden Sie den Dialog in der Ihnen angemessenen Zeit, nehmen Sie ein paar tiefe Atemzüge und strecken Sie sich sanft.

Was haben Sie während der Übung gefühlt? Was fühlen und denken Sie jetzt?

•

•

•

•

Nehmen Sie sich einen Moment Zeit, um über die Natur des *Verhältnisses* zwischen Ihrer Persönlichkeit und Ihrem göttlichen Selbst nachzudenken. Wie würden Sie die Art und Weise beschreiben, in der Sie interagiert haben? Ihr Verhältnis mag zum Beispiel wie das zwischen Eltern und Kind, Lehrer und Schüler, Herr und Diener oder Orakel und Suchender gewesen sein. Sie mögen sich als Partner, Freunde oder in anderer Weise begegnet sein.

•

•

•

•

Welche anderen Beobachtungen können Sie darüber machen, wie sie sich zueinander verhalten?

•

•

•

•

•

Gibt es irgendeine Ähnlichkeit zwischen Ihrem Verhältnis zu Ihrem göttlichen Selbst und Ihrem Verhältnis zu einem oder beiden Elternteilen?

-
-
-
-

Einem altem Sprichwort zufolge müssen wir nur unser Verhältnis zu Gott in Ordnung bringen, damit alles andere in unserem Leben in Ordnung kommt. Während wir dem zustimmen, wissen wir auch, daß die allgemeine Praxis darin besteht, die ungelösten Probleme, die man womöglich mit seinen Eltern hat, unbewußt auf alle anderen Beziehungen, einschließlich der zu Gott, zu projizieren. Daher wiederholen wir unbewußt die Beziehung zu unseren Eltern in allen anderen Beziehungen.

Wenn wir also unser Verhältnis zu Gott in Ordnung bringen wollen, kommen wir nicht umhin, unser Verhältnis zu unseren Eltern in Ordnung zu bringen. Das heißt, wir müssen uns Zeit nehmen und bemühen, erkennen, annehmen, verwandeln und integrieren, welche Glaubensvorstellungen oder Verhaltensmuster auch immer uns daran hindern, heilsame und befriedigende Beziehungen zu haben. Dann werden wir offener und freier, um die Realität unserer eigenen Göttlichkeit, unser eigenes göttliches Selbst anzuerkennen. Zeit, die damit verbracht wird, solche „Elternarbeit" zu leisten, ist niemals vertan und kann durch einen ausgebildeten Berater individuell oder in Gruppensitzungen erleichtert werden.

Schreiben Sie jetzt alle Gefühle, Gedanken oder Fragen auf, die Sie festhalten möchten.

-
-
-
-
-
-
-
-

Innere Problemlösung

Nehmen Sie sich einen Moment Zeit, um ein gegenwärtiges Problem in Ihrem Leben zu betrachten, etwas, worüber Sie gern mehr wissen möchten. Fassen Sie es kurz zusammen.

-
-
-
-

Schreiben Sie auf, was Sie in dieser Sache schon getan haben, falls Sie etwas getan haben.

-
-
-
-

Schreiben Sie auf, was Sie in dieser Sache tun könnten, Ihre verschiedenen Möglichkeiten und Alternativen, und was Sie tatsächlich bereit und willens sind zu tun.

-
-
-
-

Wann immer in der Findhorn Foundation ein Problem gelöst werden muß oder eine Entscheidung ansteht, schließen die Mitglieder der Gemeinschaft nach Gedankenaustausch und Diskussion die Augen, nehmen ein paar tiefe Atemzüge und lassen die gewünschte Information aus ihrer inneren Quelle der Weisheit aufsteigen. Dies ist seit mehr als dreißg Jahren die wichtigste Methode, um innerhalb der Gemeinschaft Entscheidungen herbeizuführen.

Dieser Vorgang wird *Einstimmung* genannt, denn wir nutzen ihn, um uns zusätzlich zu unserem kognitiven Verstandesbewußtsein auf andere Aspekte von uns selbst einzustimmen oder mit ihnen in Verbindung zu kommen und dann jegliche Information oder Hilfe, die wir brauchen, durch diese Verbindung fließen zu lassen.

Eine Form der Einstimmung haben Sie bereits angewandt, als Sie Bilder oder andere sinnliche Eindrücke als Antwort auf eine bestimmte Frage in sich aufsteigen ließen. Sie können dieselbe Methode anwenden, wenn es darum geht, Informationen zu bekommen, Entscheidungen zu treffen und Probleme zu lösen. Auch hier variiert die Form der Antwort von Person zu Person. Sie mag in Bildern, Worten, Tönen, Gefühlen, Wissen, in einer Ahnung oder auf andere Weise erscheinen. Sie werden damit experimentieren müssen, um zu entdecken, in welcher Form sie sich Ihnen zeigt.

Das einzige, was Sie tun müssen, ist, völlig entspannt und in der eigenen Mitte zu sein, damit es zu einer tiefen Verbindung mit Ihrer eigenen inneren Quelle der Weisheit kommt. Wie viele Dinge braucht es womöglich einige Übung, um das Tempo, die Klarheit und die Genauigkeit der Antwort zu erhöhen. Aber wenn Sie dabei bleiben, werden Sie unzählige Anwendungsmöglichkeiten der Einstimmung entdecken.

Einstimmung

Finden Sie eine angenehme, gerade Sitzhaltung ... Schließen Sie die Augen ... Atmen Sie mehrere Male langsam, tief und lang durch ... Entspannen Sie Ihren Körper völlig ... Lassen Sie jegliche Anspannung los ... Lassen Sie alle Gefühle, die Sie haben mögen, dahinschwinden ... Tun Sie dasselbe mit Ihren Gedanken ... Werden Sie wie ein stiller, ruhiger See, der den blauen Himmel perfekt spiegelt, oder wie ein Sternenhimmel in der Stille der Nacht ... Seien Sie im Frieden und bleiben Sie dennoch aufmerksam ...

Erlauben Sie sich, noch tiefer zu entspannen ... Zählen Sie langsam von zehn bis eins, und fühlen Sie, wie Sie mit jeder Zahl tiefer und tiefer in das eigentliche Zentrum Ihres Seins gelangen ... Fühlen Sie, wie Sie eine Verbindung zu Ihrer eigenen inneren Quelle der Weisheit herstellen, zu dem reinen, ewigen Zentrum tief in Ihnen, das die Antwort auf alle Fragen hat, die Sie über sich selbst stellen könnten.

Wenn Sie soweit sind, bitten Sie Ihre innere Quelle der Weisheit um die Information oder Hilfe, die Sie brauchen ... Nehmen Sie sich Zeit ... Warten Sie geduldig in der Stille, wissend, daß Ihnen bald etwas einfällt und daß die Hilfe, die Sie suchen, schon auf dem Weg ist – vielleicht in Bildern, Worten, einem Gefühl oder auf andere Weise ... Geben Sie ihr ein paar Minuten Zeit, um zu erscheinen ...

Lassen Sie in Ihrem eigenen Tempo alles dahinschwinden ... Zählen Sie langsam von eins bis zehn, und kehren Sie mit jeder Zahl einen Schritt weiter in Ihr normales Wachbewußtsein zurück ... Bringen Sie Ihre Aufmerksamkeit in den Raum zurück, in dem Sie sind ... Öffnen Sie die Augen ... Atmen Sie tief durch ... und strecken Sie sich sanft ...

Schreiben Sie auf, was immer Sie von dieser Übung in Erinnerung behalten möchten. Notieren Sie vor allem Antworten aus Ihrem Inneren, die Sie zu Ihrem Problem, Anliegen oder Thema bekommen haben mögen.

•

•

•

•

•

•

•

•

Was fühlen und denken Sie über diese Möglichkeit der direkten Verbindung mit Ihrer eigenen inneren Quelle der Weisheit?

•

•

•

•

Die Bedeutung der Unterscheidungsfähigkeit

Vielleicht gehören Sie zu den Menschen, die den Wert der Einstimmung als Methode zur Entscheidungsfindung in Frage stellen. Sie fragen sich vielleicht, wo die Informationen herkommen. Ist die „Quelle meiner inneren Weisheit" dasselbe wie mein göttliches Selbst? Wie kann ich wissen, ob ich mir das alles nicht nur mit meinem Verstand ausdenke? Was ist mit meinen Instinkten, Wünschen, Ängsten und anderen Gefühlen – können sie die Eingebungen, die in der Stille in mir aufsteigen, nicht beeinflussen? Wie kann ich dem vertrauen?

Diese Fragen sind alle wertvoll und wichtig. Und sie zeigen die Notwendigkeit fortwährender Einsichtnahme und Unterscheidungsfähigkeit an.

Einerseits ist jede Erfahrung, die wir in der Stille machen, es wert, erforscht zu werden. Es ist wie mit einem Traum, er kann – egal aus welcher Quelle er kommt – hilfreiche Informationen über uns selbst liefern. Offensichtlich ist das Problem die Entschlüsselung, unsere rechte Interpretation dessen, was wir erfahren haben. Am besten halten wir alles fest, was wir für angemessen halten, und dann probieren wir es aus und notieren die Ergebnisse. Es ist wie mit Glaube und Vertrauen: Um unsere Einstimmung stark werden zu lassen, müssen wir sie trainieren.

Andererseits kann die Quelle, zu der wir irgendwann während der Einstimmung Verbindung aufnehmen, unterschiedliche Aspekte unseres eigenen *inneren* Lebens aufweisen, einschließlich sinnlicher Empfindungen, Wünsche, Gefühle, Gedanken, Vorstellungen, Intuitionen. Das alles sind wertvolle und notwendige psychologische Funktionen, aber sie sind nicht unser göttliches Selbst.

Die Quelle, zu der wir Verbindung aufnehmen, kann auch von *äußeren* Einflüssen gespeist sein. Es wird gesagt, daß wir alle in einem psychischen Ozean leben. Und viele Menschen nehmen bewußt oder unbewußt Eindrücke aus ihrer Umgebung auf. Darüber hinaus kann die Quelle sich von Moment zu Moment ändern, abhängig davon, wie ruhig und eingestimmt wir bleiben können.

Nehmen Sie sich daher Zeit, um zu bestimmen, wie wertvoll eine innere Eingebung sein mag, bevor Sie sich entscheiden, entsprechend zu handeln. Lassen Sie sich nicht zu einer Handlung hinreißen, bevor Sie gelernt haben, die Quellen Ihrer Eingebungen zu unterscheiden.

Wie jede andere Fähigkeit erfordert die Entwicklung der Einstimmung Zeit, Mühe, Geduld und regelmäßige Übung.

Schauen Sie sich die Übungen dieses Kapitels noch einmal an. Wie könnte ihre systematische Anwendung Ihnen helfen, Ihr *Vertrauen* in sich selbst und in andere zu stärken?

Sich selbst vervollkommnen

Viele Menschen versuchen, sich selbst zu vervollkommnen. Sie lesen dieses und jenes Buch, besuchen Vorträge und Workshops, studieren bei einem Meister oder Lehrer oder sind Mitglieder dieser Gruppe oder jener Gemeinschaft. Diese Aktivitäten sind ein Zeichen dafür, daß wir etwas suchen. Wir sind hungrig nach geistiger Nahrung.

Doch die köstlichste Speise, die uns serviert werden mag, müssen wir selbst verdauen und assimilieren, wenn sie uns nähren soll. Dasselbe gilt auch für geistige Nahrung. Es können uns die wundervollsten Ideen serviert werden, entscheidend ist, was wir daraus machen.

Finden Sie heraus, welche geistige Nahrung die richtige für Sie ist, und dann ernähren Sie sich entsprechend. Beobachten Sie, wie es in Ihnen wächst und erblüht. Es beginnt alles in Ihnen. Indem Sie selbst forschen, denken, meditieren und beten, werden Sie genährt. Ihr Glaube und Ihr Vertrauen werden wachsen.

Das Gebet

Das Gebet entläßt uns in Gottes Gegenwart. Doch wie sollen wir beten? Beginnen Sie, wo Sie sich befinden, und beten Sie so, wie es Ihnen möglich ist. Wenn Sie keine Gebetstechnik kennen, versuchen Sie es auf ganz einfache Weise.

Finden Sie eine stille Zeit an einem ruhigen Ort. Sehen Sie täglich eine bestimmte Zeit für Ihre Verabredung mit Ihrem göttlichen Selbst vor – einmal, zweimal, so oft Sie können, aber nicht so oft, daß Sie es nicht einhalten können. Nehmen Sie sich eine bestimmte Zeitdauer vor – zehn, zwanzig, dreißig Minuten; so lange Sie können, aber nicht so lange, daß Sie nicht dabei bleiben können.

Lassen Sie Ihren Körper zu Beginn Ihrer täglichen Gebetszeit so ruhig werden wie möglich. Üben Sie, sich zu entspannen, entweder gerade sitzend oder flach liegend. Bleiben Sie entspannt und doch ganz wach, damit Sie nicht einschlafen.

Werden Sie in Ihrem Geist so ruhig wie möglich. Üben Sie friedliches Denken. Werden Sie gewahr, daß jeder Gedanke, den Sie denken, ein Gebet ist, ob Sie nun formell beten oder nicht. Lassen Sie sich nicht von Ihren Gedanken leiten. Leiten Sie Ihre Gedanken. Lassen Sie keine Zweifel, Ängste oder andere lebensentstellenden Gedanken herein, und wenn sie sich doch einschleichen, richten Sie Ihren Geist vorsätzlich auf positive, liebevolle, konstruktive Gedanken aus. Formen Sie sie zu Affirmationen. Wiederholen Sie sie wieder und wieder, still, wenn Sie müssen, laut, wenn Sie können.

Gestalten Sie Ihre Gebete gott-zentriert. Fühlen Sie, wie Sie eins sind mit Gott, denken Sie, wie Sie eins sind mit Gott, bestätigen Sie Ihre Einheit mit Gott. Fühlen Sie Gottes Liebe, Gottes Kraft. Fühlen Sie Gott in sich, durch und für Sie arbeiten. Bringen Sie Gott, während Sie beten, in jeden Teil Ihres Lebens, indem Sie ihm alles mitteilen: Hoffnungen und Träume, Fehler und Versagen, Fähigkeiten und Erfolge.

Dialog mit Ihrem göttlichen Selbst: Stellen Sie Ihrem göttlichen Selbst genaue Fragen. Gehen Sie dann erst nach innen. Warten Sie geduldig darauf, daß die Antworten in der einen oder anderen Form kommen, entweder sofort oder später, am selben Tag oder vielleicht erst nach mehreren Tagen. Erinnern Sie sich, Gott hat es niemals eilig und ist doch immer pünktlich!

Beten Sie für und mit anderen. Führen Sie ein Gebetstagebuch und notieren Sie, für wen und was Sie beten; lassen Sie Platz, um Ergebnisse aufzuschreiben.

Üben Sie diese Gebetstechnik während der nächsten dreißig Tage. Probieren Sie sie für sich selbst aus. Was haben Sie zu verlieren? Was haben Sie zu gewinnen?

Dialog mit Ihrem göttlichen Selbst

Der Brief, den Sie geschrieben haben, und die Übung mit den beiden Stühlen sind äußere Techniken der Kommunikation. Jetzt wenden wir uns einer inneren Kommunikationstechnik zu.

Finden Sie eine angenehme, gerade Sitzhaltung ... Schließen Sie die Augen ... Atmen Sie mehrere Male langsam, tief und lang ein und aus ... Entspannen Sie Ihren Körper völlig ... Lassen Sie jegliche Anspannung los ... Lassen Sie alle Gefühle, die Sie haben mögen, dahinschwinden ... Tun Sie dasselbe mit Ihren Gedanken ... Werden Sie wie ein stiller, ruhiger See, der den blauen Himmel perfekt spiegelt, oder wie ein Sternenhimmel in der Stille der Nacht ... Seien Sie im Frieden und dennoch aufmerksam ...

Wenn Sie soweit sind, lassen Sie ein Bild oder Gefühl von sich selbst in dem Raum, in dem Sie sich jetzt befinden, in sich aufsteigen ... Sehen Sie sich in Ihrer Vorstellung genauso dasitzen, wie Sie es jetzt tun ... Lassen Sie einen sehr starken, sehr reinen Lichtpunkt aus sich selbst heraus strahlen ... Lassen Sie ihn ganz klar, deutlich und doch auch sehr weich werden ...

Dieses strahlende Licht ist ein Symbol für Ihr göttliches Selbst, die höchste Instanz Ihres Seins, die Sie wirklich sehr, sehr liebt ... Dieses strahlende Licht ist Ihr göttliches Selbst, das Ihr Leben gestaltet, indem es alle Ihre Lektionen,

Ihre Möglichkeiten und Ihre vielen Segnungen schafft ... Es liebt Sie ... Es schützt Sie ... Es unterstützt Sie ... Es führt Sie ... Es möchte in jeder Hinsicht nur das Beste für Sie ...

Jetzt haben Sie Gelegenheit, still mit Ihrem göttlichen Selbst zu kommunizieren ... Bringen Sie Ihre Gefühle und Gedanken zum Ausdruck, wie immer sie sein mögen ... Fragen Sie, was immer Sie wissen möchten ... Erlauben Sie Ihrem göttlichen Selbst, in der Stille zu reagieren ... Nutzen Sie die nächsten Momente, um mit Ihrem göttlichen Selbst, dem innersten Kern Ihres Wesens zusammen zu sein ...

Sie können mit Ihrem göttlichen Selbst kommunizieren, wann immer Sie es wünschen, einfach indem Sie sich entscheiden, in die Stille zu gehen ... Lassen Sie, wenn Ihnen die Zeit gekommen erscheint, alles dahinschwinden ... Bringen Sie Ihre Aufmerksamkeit in den Raum zurück, in dem Sie sich jetzt befinden ... Öffnen Sie die Augen ... Atmen Sie tief durch ... Strecken Sie sich sanft ... Schreiben Sie jetzt alle Gefühle, Gedanken und Fragen auf, die Sie festhalten möchten.

Sie haben bisher fünf Möglichkeiten kennengelernt, um mit Ihrem innersten Zentrum der Weisheit zu kommunizieren: die Visualisationsübung „Der liebende und weise Führer“ (Seite 38), „Ein Brief an Gott“ (Seite 117), die Übung mit den beiden Stühlen (Seite 122), die Einstimmung (Seite 127) und den Dialog mit Ihrem göttlichen Selbst (Seite 131). Welche dieser Techniken war die hilfreichste für Sie und warum?

Freiwilliges Projekt: Schreiben Sie Ihre Autobiographie

Wenn Sie Ihre Selbstwahrnehmung, Ihr Selbstverständnis und Ihre Selbstakzeptanz noch vertiefen möchten, empfehlen wir Ihnen, eine Autobiographie zu schreiben, die Geschichte Ihres Lebens. Indem Sie Ihre Geschichte aufschreiben, schärfen Sie Ihren Blick für sich selbst. Der Vorgang des Schreibens bringt Ereignisse ans Licht, die sowohl im Bewußtsein als auch im Unterbewußtsein gespeichert sind, hilft Themen nachzuspüren und Verbindung zu verschiedenen Teilen Ihres Lebens aufzunehmen. Darüber hinaus ist Schreiben eine hervorragende Möglichkeit des kreativen Selbstausdrucks. Hier sind ein paar Vorschläge zum Schreiben Ihrer Autobiographie.

1. Schreiben Sie sie mit der Hand. Die Aktion des Schreibens selbst hilft, Ideen auszulösen.
2. Benutzen Sie ein Ringbuch mit losen Blättern. Das erlaubt Ihnen, nachträglich noch etwas einzufügen.
3. Schreiben Sie die Ereignisse chronologisch auf. Das hilft Ihnen, Ursprung und Entwicklung verschiedener persönlicher Charakteristika, Muster und Probleme zu entdecken.
4. Nehmen Sie eine breite Skala von Themen und Ereignissen auf, zum Beispiel:

Kindheit: Ereignisse vor der Geburt, Geburt, Kleinkindalter, Eltern, erste Erinnerungen, Brüder und Schwestern, Familienleben, frühe Lektionen über das Leben.
Erziehung: Kindheit, Zeit des Heranwachsens, Besonderheiten, Therapien, wichtige Wachstumserfahrungen, Herausforderungen, Beziehung zum Intellekt und zur Ideenwelt.
Gesundheit: Leiden, ernsthafte Krankheiten, Unfälle, Krankenhausaufenthalte, Operationen, Ernährung, Süchte, sportliche Aktivitäten, Behinderungen, Verhältnis zum eigenen Körper.
Gefühle: Leichtigkeit und Häufigkeit des Ausdrucks von Traurigkeit, Ärger, Freude, Angst; Depressionen, Stimmungen, Streß, allgemeine geistige Gesundheit, Verhältnis zu den eigenen Gefühlen.
Beziehungen: Eltern, Geschwister, Mitschüler, Mitarbeiter, Autoritäten, Freunde gleichen Geschlechts, Freunde anderen Geschlechts, Partner, soziale Kontakte, Herausforderungen, Introvertiertheit/Extrovertiertheit.
Sexualität: Entwicklung, Akzeptanz, Aktivität, beste und schlechteste Erfahrung (und warum sie gut oder schlecht war) Ängste, Mißbrauch, Probleme.
Spiritualität: Religion, Glaube und Vertrauen, Verhältnis zu Gott, Meditation, Intuition, Zeiten der Inspiration und Erfüllung, Gefühl für Sinnhaftigkeit, Lebensziel.

Werte: Ethische und moralische Einstellung, Verantwortung, Pflichtgefühl, ästhetisches Empfinden, Freude, Bestrebungen, Prioritäten, Gleichgewicht von Geben und Nehmen, Lebensphilosophie.
Arbeit und Freizeit: Ausbildung und Erfahrung, berufliche Herausforderungen und Zufriedenheit, persönliche Interessen, Hobbies, Erholung, Reisen, Gleichgewicht von Arbeit und Spiel.
5. Nehmen Sie sich Zeit für das Schreiben. Lassen Sie Ihre Lebensgeschichte so lang werden wie Sie möchten. Lassen Sie das Schreiben Wochen und Monate dauern, wenn Sie möchten. Heißen Sie es als einen aufregenden Vorgang der Forschung und Entdeckung willkommen, anstatt es als Qual zu sehen, die so schnell wie möglich beendet sein sollte. Konzentrieren Sie sich auf den Weg, nicht auf das Ziel.

Lassen Sie sich von der Aussicht, über Ihre Lebenserfahrung zu schreiben, nicht überwältigen. Jede Reise, und sei sie noch so lang, beginnt mit dem ersten Schritt. Sie können mit einem einzigen Satz beginnen, mit einem Absatz, einer Seite. Warum nicht gleich anfangen?

Literaturempfehlung

The Story of your Life: Writing a Spiritual Autobiography von Dan Wakefield bietet eine systematische Anleitung zur Erforschung unserer Vergangenheit und unserer Gegenwart. Zahlreiche Übungen tragen zu einem Verständnis der eigenen spirituellen Reise bei. (Ähnliches leistet das in deutscher Sprache erschienene Buch *Schreiben wie der Schnabel wächst* von Bernard Selling, das sich ebenfalls mit dem Schreiben der eigenen Lebensgeschichte beschäftigt. Anm. des Lektorats)

Persönliches Ziel

Ziehen Sie verschiedene einfache Handlungen in Betracht, die Sie in den nächsten Tagen ausführen und die Sie Ihrem Ziel, mehr Liebe in Ihr Leben zu bringen, einen Schritt näherbringen könnten. Wählen Sie dann eine aus, die Sie als persönliches Ziel annehmen können. Treffen Sie eine wohlüberlegte Entscheidung und schreiben Sie sie auf. Erinnern Sie sich, daß es Ihnen Kraft gibt, Entscheidungen zu treffen und in die Tat umzusetzen.

-
-
-

Was habe ich aus diesem Kapitel gelernt?

Blättern Sie zurück und schauen Sie sich an, was Sie in diesem Kapitel gelernt haben. Schreiben Sie die drei wichtigsten Lernschritte oder die daraus gewonnenen Erkenntnisse auf.

-
-
-
-
-
-
-
-

Sinn

Im dritten Kapitel ging es darum, das persönliche Vertrauen in einem spirituellen Zusammenhang zu erforschen und das Vertrauen in sich selbst und andere zu stärken. In welchem Maße hat das dritte Kapitel seinen allgemeinen Sinn für Sie erfüllt?

-
-
-
-

Herzlichen Glückwunsch! Sie sind am Ende des dritten Kapitels angelangt. Bitte besprechen Sie Ihre Erfahrungen mit Ihrer Vertrauensperson, *bevor Sie mit dem vierten Kapitel beginnen.*

Kapitel vier
Die Entscheidung, offen und ehrlich zu sein

TEIL EINS – VERBINDUNG AUFNEHMEN

Schauen Sie sich das dritte Kapitel noch einmal an. Haben Sie das persönliche Ziel erreicht, das Sie sich gesetzt haben? Wie war das?

Sollten Sie sich seit Beginn des letzten Kapitels entschlossen haben, weitere Risiken einzugehen, um mehr Liebe in Ihr Leben zu bringen, dann schreiben Sie Ihre Erfahrungen nieder. Was haben Sie getan? Wie erfolgreich waren Sie damit? Was haben Sie gelernt?

Schreiben Sie alle Erinnerungen, Gedanken, Gefühle, Einsichten, Träume, unerledigten Dinge, Begegnungen und Ereignisse auf, die in Ihrer inneren und äußeren Welt aufgetreten sind, seit Sie das dritte Kapitel abgeschlossen haben. Schließen Sie auch die Bücher mit ein, die Sie gelesen haben, die Fragen, die noch nicht beantwortet sind, sämtliche Beobachtungen und alles, was Sie mit dem Kurs in Verbindung bringen.

TEIL ZWEI – BESTANDSAUFNAHME

Das Ziel

Im vierten Kapitel geht es darum, Ihr Verhältnis zu Ehrlichkeit und Offenheit sich selbst und anderen gegenüber zu erforschen und Sie mit Techniken bekanntzumachen, die Sie ermutigen, ehrlicher und offener durchs Leben zu gehen.

Ehrlichkeit und Offenheit sind zwei Themen, die den gesamten Kurs stillschweigend begleiten. Sie sind sowohl für die Frage relevant, wie Sie mit unseren Fragen und Übungen umgehen, als auch für Ihren Umgang mit sich selbst und anderen.

Je ehrlicher und offener Sie im Umgang mit den Fragen und Übungen sind, desto größeren Gewinn können Sie daraus ziehen. Leider ist das Gegenteil genauso wahr: Je weniger ehrlich und offen sie sind, desto weniger haben Sie davon. Seien sie also so ehrlich und offen wie möglich.

Im Rahmen dieses Kurses legen wir Wert auf diese Eigenschaften, weil sie für gesunde und ganzheitliche Beziehungen absolut unerläßlich sind. Sie werden für jede klare Kommunikation gebraucht. Sie führen zu Einsicht und Verständnis. Sie fördern uns auf allen Ebenen. Wenn sie nicht vorhanden sind, entweder aus Ignoranz oder aufgrund eines bestimmten Verhaltensmusters, ist der freie Fluß der Liebe blockiert.

Einschätzung der eigenen Ehrlichkeit

Ehrlich zu sein heißt, in Wort und Tat wahrhaftig und authentisch zu sein, nicht ausweichend, trügerisch oder vortäuschend. Ehrlichkeit spiegelt Echtheit und Integrität. Ehrlich zu sein bedeutet, aufrichtig, unverfälscht und zuverlässig zu sein.
Wie stehen Sie zur Ehrlichkeit? Was bedeutet sie Ihnen?

•

•

•

•

Lesen Sie sich die Aussagen unten durch und markieren Sie auf der Skala diejenige, die am ehesten für Sie zutrifft. Vielleicht liegt Ihre eigene Antwort auch irgendwo dazwischen.

1. Ich bin niemals ehrlich, wahrhaftig und authentisch mit mir selbst und anderen.
2. Ich bin selten ehrlich, wahrhaftig und authentisch mit mir selbst und anderen.
3. Ich bin manchmal ehrlich, wahrhaftig und authentisch mit mir selbst und anderen.
4. Ich bin meistens ehrlich, wahrhaftig und authentisch mit mir selbst und anderen.
5. Ich bin immer ehrlich, wahrhaftig und authentisch mit mir selbst und anderen.

1 2 3 4 5

Markieren Sie die Aussage, die Ihre Mutter und Ihr Vater für sich am zutreffendsten anerkennen würden oder anerkannt hätten. Ziehen Sie die Möglichkeit in Betracht, daß die Überzeugung Ihrer Eltern Ihre eigene geprägt hat.

Ergänzen Sie die obenstehenden Hauptsätze (Ich bin ... ehrlich) mit den folgenden Worten, und stellen Sie die jeweils für Sie zutreffende Ziffer voran (also: 1 für „Ich bin niemals ehrlich ...“ usw.).

___ mit meiner Mutter.
___ mit meinem Vater.
___ mit meiner Familie und anderen Verwandten.
___ mit meiner/m Geliebten oder Partner/in.
___ mit Menschen meines Geschlechts.
___ mit Menschen des anderen Geschlechts.
___ mit Menschen in der Schule oder am Arbeitsplatz.
___ mit den meisten Freunden.
___ mit den meisten Fremden.
___ mit mir selbst.

Was ist Ihre größte Schwierigkeit oder Herausforderung bezüglich der Ehrlichkeit?

-
-
-
-

Sind Sie mit sich selbst und anderen immer so ehrlich wie möglich? Wenn nicht, was wäre nötig für Sie, um im allgemeinen ehrlicher zu sein.

-
-
-
-

Einschätzung der eigenen Offenheit

Offenheit beruht auf Ehrlichkeit. Offen zu sein bedeutet, ungeschützt, verletzbar, zugänglich für neue Ideen zu sein und nicht zurückhaltend, blockiert

oder verschlossen. Offen zu sein bedeutet, unvoreingenommen, empfänglich und durchschaubar zu sein.
Wie stehen Sie zur Offenheit? Was bedeutet sie Ihnen?

-
-
-
-

Lesen Sie sich die Aussagen unten durch und markieren Sie auf der Skala diejenige, die am ehesten auf Sie zutrifft.

1. Ich bin nie offen und verletzbar; ich bin immer beherrscht und verschlossen.
2. Ich bin selten offen und verletzbar; ich bin meist beherrscht und verschlossen.
3. Ich bin manchmal offen und verletzbar; ich bin manchmal sehr auf der Hut und verschlossen.
4. Ich bin meist offen und verletzbar; ich bin selten auf der Hut und verschlossen.
5. Ich bin immer offen und verletzbar; ich bin niemals beherrscht und verschlossen.

---

1 2 3 4 5

Markieren Sie, wo Ihre Mutter und Ihr Vater sich selbst plaziert hätten. Es könnte sein, daß ihre Überzeugungen Ihre eigenen geprägt haben.
Ergänzen Sie die Aussagen mit den folgenden Worten und markieren Sie sie mit den entsprechenden Ziffern.
___ mit meiner Mutter.
___ mit meinem Vater.
___ mit meiner Familie und anderen Verwandten.
___ mit meiner/m Geliebten oder Partner/in.
___ mit Menschen meines Geschlechts.
___ mit Menschen des anderen Geschlechts.
___ mit Menschen in der Schule oder an der Arbeitsstelle.
___ mit den meisten Freunden.
___ mit den meisten Fremden.
___ mit mir selbst.

Was ist Ihre größte Schwierigkeit oder Herausforderung im Zusammenhang mit Offenheit?

-
-
-
-

Sind Sie sich selbst und anderen gegenüber immer so offen wie möglich? Wenn nicht, was fehlt Ihnen, um im allgemeinen offener sein zu können?

-
-
-
-

Welche Bedingungen oder Grenzen verknüpfen Sie mit Ihrer Ehrlichkeit und Offenheit?

-
-
-
-

Notieren Sie alles, was Sie in bezug auf Ehrlichkeit und Offenheit und auf die Rolle, die sie in Ihrem Leben spielen, beobachten können. Achten Sie dabei besonders auf die Verbindung mit der Liebe.

-
-
-
-
-
-
-
-

EILEEN

Je offener du bist, desto freier bist du.

Foundations of a Spiritual Community

Es ist leicht, über Ehrlichkeit und Offenheit zu sprechen. Aber was passiert, wenn wir mit einer schwierigen Situation konfrontiert sind, die wir am liebsten ignorieren oder verleugnen würden? Vor kurzem erst befand ich mich selbst in einer solchen Situation.

Ich war mit drei Menschen zusammen, die ich alle schon seit langer Zeit kenne. Zwei von ihnen hatte ich immer geliebt und respektiert. Doch mit der dritten Person hatte ich in all den Jahren meine Schwierigkeiten gehabt. Und genau diese Person wollte mit zwei von uns ein Interview auf Video aufnehmen. Und sie hatte sich sehr viel Mühe gegeben, bei mir zu Hause all die Geräte aufzubauen.

Ich setzte mich, um interviewt zu werden, und merkte erst in dem Moment, daß ich dieser Person gegenüber völlig blockiert war. Ich fühlte mich schrecklich, als ob mein Herz sich zu einem festen, kleinen Ball verschlossen hätte. Was sollte ich tun? Konnte ich offen und ehrlich mit dem umgehen, was ich fühlte?

Ich weiß, daß es verschiedene Möglichkeiten gibt, mit einer solchen Situation umzugehen. Es kann mit Liebe und Verständnis geschehen. Es kann mit Wut und Empörung geschehen. Ich bedaure sagen zu müssen, daß ich die zweite Möglichkeit wählte und die Situation völlig verpfuschte. Ich verlor in der Tat die Nerven und bat die Person, das Interview abzublasen und mein Haus zu verlassen. Ich stampfte wütend aus dem Raum und ging in mein Schlafzimmer.

Während ich das tat, geschah etwas mit mir. Die Worte „bittet, und so wird euch gegeben“ kamen mir in den Sinn. Ich betete und bat um Gottes Gnade, wieder und wieder. Bald fühlte ich Frieden und Ruhe durch mich hindurchfließen.

Ein paar Minuten später war ich in der Lage, in den Raum zurückzugehen und der Person zu sagen, daß wir das Interview durchführen könnten. Wir hatten ein aufrichtiges Gespräch, und ich merkte, daß meine emotionale Geladenheit plötzlich völlig verschwunden war. Ich war auf einmal in der Lage, ohne irgendein Gefühl von Verstimmung oder Ärger mit dem Interviewer zu sprechen. Da erkannte ich, daß Veränderung sich im Handumdrehen einstellen kann.

Ich hatte einige Lektionen aus dieser sehr unangenehmen und schwierigen Erfahrung zu lernen. Erstens, es gibt eine richtige und eine falsche Art, Uneinigkeit mit anderen auszutragen. Ich hatte die falsche Art gewählt, indem ich meinen Ärger auf unangemesse Weise zum Ausdruck brachte. Es ist zwar richtig, Gefühle nach außen zu bringen, weil nur dann etwas für sie getan werden kann. Aber es ist auch entscheidend, *wie* sie geäußert werden.

Es ist wichtig für mich, offen zu bleiben und das Beste zu sehen, das sich aus jeder Situation ergibt. Das Video wurde aufgenommen, und es ist trotz allem sehr gut geworden. Mein Verhältnis zu der betreffenden Person hat sich völlig verändert. Offenheit und Ehrlichkeit haben sich bezahlt gemacht, wenn auch in einer zunächst unangenehmen Weise.

Was habe ich noch gelernt? Als ich in der Klemme saß, habe ich gebetet, und ich habe das Gebet perfekt wirken sehen. Ich habe um Gottes Gnade gebeten, und ich habe sie empfangen. An diesem Beispiel habe ich erkannt, daß ich mich zuerst entscheiden muß, offen zu sein, bevor eine rasche Veränderung stattfinden kann.

Als Kind war ich oft mürrisch und zog mich wie eine Schnecke in mein Haus zurück. Ich weiß noch sehr gut, wie mein Vater sich einmal neben mich setzte und mir erzählte, daß auch er oft verdrießlich war. Während er heranwuchs fand er heraus, daß ihn dieses Verhalten von anderen Menschen trennte, und er wußte, daß er sich verändern mußte. Er lernte, daß Ehrlichkeit und Offenheit ihn dorthin führen würden. Dann gab er mir den Rat, mich selbst zu beobachten, wenn ich mich zurückziehe und in Selbstmitleid versinke. Und genau darum bemühe ich mich heute noch. Mir hilft es, wenn ich offen bleibe, egal wie ich mich fühle, denn es läßt Heilung zu und die Liebe fließen.

DAVID

Wenn im Zweifel, sag die Wahrheit. *Mark Twain*

Ich ziehe es vor, mich selbst für einen ehrlichen Menschen zu halten. Und dennoch weiß ich, daß meine Ehrlichkeit den Umständen entsprechend geschwankt hat, insbesondere wenn mein Selbstwertgefühl etwas Polsterung brauchte. Dann habe ich den Leuten erzählt, wovon immer ich intuitiv fühlte, daß sie es gern hören wollten, unabhängig davon, ob es mit meinen Gefühlen, Ansichten oder Glaubensvorstellungen übereinstimmte oder nicht. Ich versuchte ihre Anerkennung und ihren Beifall zu gewinnen und opferte dafür meine Integrität und sogar mein Gefühl für mich selbst.

Das Gefühl, diplomatisch sein zu müssen, die Überreste meiner Kindheitskonditionierung („Sei ein lieber Junge!“) und tiefe Unsicherheit spielten ebenfalls ihre Rolle, wenn es darum ging, Ehrlichkeit in meinem Leben zum Ausdruck zu bringen. Viele Jahre lang habe ich versucht, *alles* für alle Menschen zu sein. Das war mehr als ein Vollzeitjob, und es hat nie funktioniert, jedenfalls nicht lange. Ich habe gelernt, daß es meine Aufgabe ist, für alle Menschen der zu sein, *der ich bin*. Das ist das Wesen von Ehrlichkeit und Offenheit.

Für mich bedeutet Offenheit, mich selbst nach außen hin so darzustellen, wie ich innen bin, also mein Leben zu führen wie ein offenes Buch. Wie weit bin ich eine offenes Buch? Während ich in der Findhorn Foundation lebte, habe ich eine Menge über Offenheit gelernt. Es gab Zeiten, zu denen ich glaubte, recht offen und im Frieden mit mir selbst und der Welt zu sein, nur um schließlich festzustellen, daß ich lediglich meine Gefühle abgeschnitten und weggeschlossen hatte. Ich war nicht offen. Ich war verschlossen. Und was ich für Frieden gehalten hatte, waren in Wirklichkeit Erstarrung und Stumpfheit. Ich entdeckte, daß wahre Offenheit Lebendigkeit, Vitalität und echte Kontakte zur Welt um mich herum mit sich bringt.

In Findhorn wurde ich oft mit Fragen über mein Leben konfrontiert, die mir ziemlich peinlich waren. Aber ich habe gelernt, daß es keine peinlichen Fragen gibt, sondern nur peinliche Antworten! Sehr häufig wurden mir recht intime Fragen über meinen Glauben, meine finanzielle Situation, persönliche Gewohnheiten und Beziehungen gestellt. Alle Fragen waren in ehrlicher Absicht gestellt.

Anfangs ließ ich die prüfenden Fragen von anderen beantworten, oder ich wich ihnen durch eine Gegenfrage oder mit Humor aus. Mit der Zeit schluckte ich insgeheim so unauffällig wie möglich und setzte das Gespräch fort. Viel später, nachdem das Schlucken verschwunden war, entdeckte ich, daß ich ein neues Stadium von Offenheit erreicht hatte. Als ich begann, mich wohler zu fühlen, wenn ich von meiner Vergangenheit sprach, fand ich meine nächste Herausforderung darin, meine Gefühle im Moment offen auszudrücken. Sich auf verantwortungsvolle und sensible Weise zu öffnen, ist ein niemals endender Prozeß, der immer wieder neue Herausforderungen und Lektionen mit sich bringt.

Bald wurde mir klar, daß wir alle offene Bücher sind, egal wieviel von uns wir zu verstecken versuchen. Wir alle nehmen einander auf einer intuitiven Ebene wahr. Wir alle hören mehr als Worte, sehen (oder fühlen) mehr als Handlungen, sind in der Lage, hinter den Panzer zu schauen, mitten ins Herz, ins wahre Wesen des anderen. Und an einem Wochenende habe ich sogar erkannt, daß jeder Teil meiner Vergangenheit, meiner Gegenwart und sogar meiner Zukunft intuitiv für jeden erreichbar ist, der sich die Zeit nimmt, sich darauf einzustimmen. Es war eines der traumatischsten Wochenenden meines Lebens. Übrigens halten die meisten Menschen ihre Familiengeheimnisse versteckt, und ich habe einen großen Teil meines Lebens damit verbracht, mein eigenes hinter Schloß und Riegel zu halten. Stellen Sie sich meine Angst vor, als ich entdeckte, daß jeder Mensch (ob er es weiß oder nicht) einen Generalschlüssel hat, mit dem er jede dieser Türen aufschließen kann! Jeder hat ein intuitives Radargerät, das unsere trickreichste Verteidigung durchdringen kann.

Zum Glück hatte ich ein paar Tage später die Erkenntnis, daß alle Menschen im Grunde gut sind und daß sie mich annehmen und lieben, *obwohl* sie alles über mich wissen, manchmal vielleicht sogar *gerade deshalb*. Hinsichtlich der Offenheit geht es mir nicht mehr darum, mich anderen zu offenbaren, sondern ihnen einfach zu bestätigen, was sie schon längst sehen, fühlen oder wissen. Mit der Zeit habe ich gelernt, daß Ehrlichkeit und Offenheit sehr viel wertvoller sind als alle strategischen Verteidigungsmechanismen und daß sie unser Leben sehr viel einfacher, entspannter und erfüllter machen.

TEIL VIER – ACHTSAMKEIT ERLANGEN

Relative Ehrlichkeit und Offenheit

Nun wollen wir untersuchen, wie Ehrlichkeit und Offenheit in Ihrem Leben wirken, und erforschen, welche Vorstellungen, Gewohnheiten und Muster Sie bezüglich dieser Themen haben mögen.
Welche Botschaft und welche „Sollte“-Konditionierung in bezug auf Ehrlichkeit und Offenheit haben Sie direkt oder indirekt von Ihrer Mutter und Ihrem Vater übernommen?

-
-
-
-

Halten Sie sich aufgrund Ihrer Selbsteinschätzung (Seite 139 ff.) immer für ehrlich und offen, oder scheint Ihre Ehrlichkeit von äußeren Faktoren abhängig zu sein, etwa von einer Person, einer Situation, der Zeit, dem Ort oder dem Thema?

-
-
-
-

Halten Sie manchmal die ganze Wahrheit zurück, beschönigen etwas oder werden absichtlich allgemein, indirekt oder vage? Wann und warum?

-
-
-
-

Wie offensichtlich sind Betrug und Täuschung für Sie? Wissen Sie, wenn jemand nicht ehrlich und geradeheraus mit Ihnen ist? Wie merken oder fühlen Sie es?

-
-
-
-

Welche Folgen hat Ihre letzte Antwort für Sie und Ihren eigenen Umgang mit relativer Ehrlichkeit und Offenheit?

-
-
-
-

Wie hindern Sie sich selbst daran, ehrlicher und offener zu sein? Was sagen Sie sich selbst?

-
-

Was ist das Schlimmste, das passieren könnte, wenn Sie ehrlicher und offener wären?

Wahrheit

Die meisten Menschen würden sagen, daß sie im allgemeinen die Wahrheit sagen und versuchen, ehrlich zu leben. Aber was ist Wahrheit? Wie stehen Sie zur Wahrheit? Was bedeutet sie Ihnen?

Nun folgen zwei Aussagen über die Wahrheit. Die erste stammt von Xenophanes, und wir haben sie dem Buch *A Psychology With a Soul* von Jean Hardy entnommen. Die zweite stammt von Sir George Trevelyan.

Unzweifelbare Wahrheit – kein Mensch hat sie je gekannt,
Noch wird er sie erfahren; weder durch die Götter,
Noch durch all die Dinge, über die ich spreche.
Und selbst wenn er durch Zufall äußerte
Die letztliche Wahrheit, würde er es selbst nicht wissen;
Denn alles ist nur ein aus Vermutung gewebtes Netz.

Unsere größten Wahrheiten sind nur Halbwahrheiten.
Denke nicht daran, dich für immer an eine Wahrheit zu halten;
Gebrauche sie wie ein Zelt für eine Sommernacht,
Doch baue kein Haus daraus, oder es wird dein Grab.
Wenn du ihre Unzulänglichkeit erstmals wahrnimmst und
Eine Gegenwahrheit in der Ferne auftauchen siehst,

Dann weine nicht, sondern sei froh: Es ist die Stimme des Herrn,
Der sagt: „Nimm dein Bett und geh.“

Wie reagieren Sie auf diese beiden Aussagen? Was fühlen und denken Sie darüber?

-
-
-
-

Ehrlichkeit, Offenheit und persönliche Enthüllungen

Wie leicht oder schwer fällt es Ihnen, anderen etwas über sich selbst mitzuteilen? Wo und wie setzen Sie im offenen Gespräch über sich selbst Grenzen?

-
-
-
-

Unter welchen Bedingungen sind Sie bereit und in der Lage, Einzelheiten über folgendes zu offenbaren: 1. Ihre religiösen Glaubensvorstellungen, 2. Ihre politischen Ansichten, 3. die Geschichte Ihrer Beziehungen und Herausforderungen, 4. Ihren Geburtstag, 5. Ihre jährlichen Einnahmen und Ausgaben, 6. Ihr Sexualleben? Wem würden Sie das offenbaren? Oder sehen Sie diese Themen alle als tabu an und als zu persönlich, intim und privat, um sie mit anderen zu besprechen?

-
-
-
-
-
-
-
-

Ehrlichkeit, Offenheit und Freiheit

Je offener Sie sind, desto freier sind Sie. Wenn sie also etwas über die Grenzen Ihrer Offenheit herausfinden wollen, brauchen Sie nur darauf zu achten, wann Sie sich nicht frei fühlen. Gibt es bestimmte Worte oder Sätze, die Sie in Gegenwart gewisser Menschen nicht gebrauchen? Wenn ja, schreiben Sie hier ein paar davon auf, und achten Sie dabei auf Ihre Gefühle.

-
-
-
-

Schreiben Sie mindestens drei Bereiche auf, in denen Sie keinen Spaß verstehen, über die Sie weder Witze machen noch anhören können (sowohl allein als auch in Gesellschaft) – jene Lebensbereiche, die Sie als zu heikel, ernst, wichtig oder heilig ansehen, um sie leicht nehmen zu können.

-
-
-
-

Diese Bereiche sind es höchstwahrscheinlich wert, als Grenzen Ihrer Offenheit erforscht zu werden. Wenn Sie so vorsichtig damit umgehen, wo ist dann Gelegenheit zu Veränderung, Entwicklung, Flexibilität, Wachstum und Erneuerung?

In dem Buch *Caring Enough to Confront* von David Augsburger lesen wir die Bitte: „Liebe mich genug, um mir die Wahrheit zu sagen." Gibt es irgend etwas, das Sie Ihrer Mutter nicht sagen können oder konnten? Lieben Sie sie genug, um ihr hier und jetzt Ihre eigene Wahrheit zu sagen? Schreiben Sie sie auf. Seien Sie präzise, klar und direkt!

-
-
-

Lieben Sie Ihren Vater genug, um ihm hier und jetzt Ihre Wahrheit zu sagen, vielleicht über etwas, das Sie nie anzusprechen gewagt hätten?

-
-
-
-

Gibt es etwas, das Sie einem anderen Menschen im Moment nicht sagen können – vielleicht einem Verwandten, Freund, Mitarbeiter, Vorgesetzten oder Partner? Jemandem, der Ihre Wahrheit hören sollte? Lieben Sie diesen Menschen genug, um ihm oder ihr hier und jetzt Ihre Wahrheit zu sagen? Haben Sie den Mut, offen und ehrlich zu sein!

-
-
-
-

Gibt es etwas, das Sie *sich selbst* nicht sagen können? Lieben Sie sich selbst genug, um sich Ihre eigene Wahrheit einfach, klar und direkt zu sagen?

-
-
-
-

Haben Sie andere Gefühle und Gedanken, die Sie nicht offen auszudrücken wagen – vielleicht Selbstzweifel, eine heimliche Liebe, Zukunftsängste, Phantasien, Hoffnungen und Träume? Wählen Sie eine oder zwei aus, und schreiben Sie sie auf. Achten Sie auf Ihre Gefühle, während Sie das tun.

-
-
-
-

Emotionale Ehrlichkeit und Offenheit

Es ist wichtig, daß wir frei über unsere Gefühle sprechen und sie zum Ausdruck bringen, besonders gegenüber den uns am nächsten stehenden Menschen. Gefühle zurückzuhalten, kann so unehrlich sein, wie Gedanken zurückzuhalten, und es wiederholt zu tun, fördert oft ein Gefühl von Isolation und Trennung. Es hilft uns, sicherer, vertrauensvoller und verletzbarer miteinander zu sein, wenn jeder weiß, wie der andere fühlt und denkt. Wenn wir sowohl mit unseren Gefühlen als auch mit unseren Gedanken offen und ehrlich sind, ist das ein Geschenk für andere.
Wie offen und ehrlich sind Sie mit Ihren Gefühlen? Wie beherrscht sind Sie? Wie frei erlauben Sie sich selbst, über Ihre Gefühle zu sprechen und sie auszudrücken?

Haben Sie Gefühle, die Sie nicht offen auszudrücken wagen – von Freude, Mitleid, Freundlichkeit, Dankbarkeit, Glück und Frieden hin zu Traurigkeit, Verstimmung, Wut, Angst, Verletzung, Schmerz? Würde es Ihnen helfen, sie als reine Gefühle jetzt auszudrücken? Würde es Ihnen helfen, darüber zu sprechen? Würde es Ihnen helfen, sie Ihrer Vertrauensperson mitzuteilen? Was könnte Ihnen helfen? Schreiben Sie darüber.

Wie frei weinen Sie? Wie oft bringen Sie Wut und andere „negative“ Gefühle zum Ausdruck? (Sie sind nur „negativ“, weil sie uns das Gefühl geben, von anderen getrennt und nicht mit ihnen verbunden zu sein.)

-
-

Wie hindern Sie sich selbst daran, ehrlicher und offener mit Gefühlen zu sein? Welche Ängste und Bedenken halten Sie auf? Was tun Sie mit Ihren nicht ausgedrückten Gefühlen?

-
-
-
-

Schauen Sie sich alle Ihre Antworten aus Teil vier noch einmal an. Welche Richtung erkennen Sie? Wie könnten Sie diese Richtung ändern, um mehr Liebe in Ihr Leben zu bringen?

-
-
-
-
-
-
-
-

TEIL FÜNF – POTENTIAL ENTWICKELN

Meditation

Meditation hat viele verschiedene Bedeutungen und nimmt viele verschiedene Formen an. Wie stehen Sie zur Meditation? Was bedeutet Meditation für Sie?

-
-

Meditation ebnet einen Weg in die überpersonellen oder geistigen Bereiche. Sie kann die Form disziplinierter Gedanken oder einer Reflektion über eine Idee annehmen. Sie kann aber auch andere Arten von inneren Erfahrungen einschließen.

Zunächst stellen wir drei einfache Formen der Meditation vor, die Ihnen helfen werden, mehr über sich selbst und Ihre Einstellung zur Ehrlichkeit zu entdecken. Es folgen zwei weitere Übungen, die Ihnen helfen werden, mehr über sich selbst und Ihre Einstellung zur Offenheit zu entdecken.

Hinweis: Legen Sie gelegentlich Pausen ein und gehen Sie langsam vor. Nehmen Sie sich Zeit, um eine Übung zu verdauen, bevor Sie mit der nächsten fortfahren.

Reflektierende Meditation

Die reflektierende Meditation gebraucht den rationalen Verstand oder Intellekt, um eine Qualität, ein Symbol, eine Idee oder ein Thema mit all seinen Bedeutungen und Implikationen zu betrachten. Sie forscht und reflektiert tief und gründlich über ihren Gegenstand. Dafür ist sowohl gute Konzentration erforderlich als auch Ausdauer.

Bei der reflektierenden Meditation geht es um sehr viel mehr als eine Bestandsaufnahme oder eine passive Betrachtung. Sie hat zum Ziel, was immer wir in uns entdecken zu verstehen, zu interpretieren und abzuwägen. Auf diese Weise bekommen wir eine klare Vorstellung von dem gegebenen Thema und gewinnen umfassendes Wissen über uns selbst. Diese Art der Meditation hilft uns zum Beispiel, zwischen den vielen sich verändernden Teilen unserer Persönlichkeit und unserem reinen, ewigen, unveränderlichen Selbst zu unterscheiden.

Schließen Sie jetzt die Augen ... Setzen Sie sich gerade hin ... Nehmen Sie ein paar tiefe Atemzüge ... Entspannen Sie sich ... Lassen Sie Ihren Körper, Ihre Gefühle und Ihre Gedanken still werden ... Werden Sie wie ein stiller, ruhiger See ...

Wenn Sie soweit sind, beginnen Sie, über die Bedeutung der Ehrlichkeit zu reflektieren ... Erlauben Sie sich, sie tief und weit zu ergründen ... Betrachten Sie Ihre Erfahrung damit und alle Ihre Gefühle und Gedanken ... Gehen Sie sie von allen Seiten an ... Kontemplieren Sie sie ... Sinnen Sie darüber nach … Setzen Sie Ihren Geist ganz ein … Denken Sie darüber nach, was Ehrlichkeit Ihnen bedeutet … Machen Sie sich Notizen, während Sie das tun …

Lassen Sie sich mindestens zehn Minuten Zeit für diese Übung.

Meine Gefühle und Gedanken zur Ehrlichkeit

Was ist die allgemeine Qualität Ihrer Reflektion? Was sind Ihre Gedanken oder Gefühle?

-
-
-
-

Welche Ähnlichkeiten oder Muster finden Sie in Ihren Überlegungen? Welche anderen Beobachtungen können Sie machen?

Empfangende Meditation

Während wir in der vorangegangenen Meditation aktiv von unserem rationalen Verstand Gebrauch gemacht haben, richten wir in der nun folgenden rezeptiven oder empfangenden Meditation unsere Aufmerksamkeit über den gewöhnlichen Geisteszustand und seine Wahrnehmung hinaus. Das macht es erforderlich, daß wir unseren Geist ganz ruhig werden lassen und in der Stille auf eine Reaktion warten, die aus unserem Innern kommt, von einem anderen Teil unserer selbst. Beispiele für diese Form der Meditation haben wir in diesem Kurs bereits mehrere Male praktiziert, und zwar immer dann, wenn wir als Antwort auf eine Frage ein Bild oder ein Gefühl in uns aufsteigen ließen.

Eine innere Antwort oder Botschaft ist meist sehr kurz, unpersönlich und bedeutungsvoll. Sie mag auf verschiedene Weise kommen: durch eine Vision, durch Intuition, Erleuchtung, inneres Hören, Worte oder sogar durch einen inneren Drang, etwas zu tun. Sie mag auch als ein Gefühl des inneren Kontaktes mit dem göttlichen Selbst erfahren werden.

Damit Sie später besser darauf Bezug nehmen können, empfehlen wir Ihnen, immer sofort alles aufzuschreiben, was Ihnen während der Meditation einfällt. Da das auch Bilder oder Gefühle sein können, sollten Sie auch Ihr Zeichenmaterial griffbereit haben.

Eine Inspiration kann übrigens auch erst nach der Meditation auftauchen. Also halten Sie Ausschau danach. Um ein optimales Ergebniss zu erzielen, sollten Sie die Übung zu einem Thema mindestens sieben Tage lang einmal pro Tag machen. Das Meditieren in der Gruppe verbessert die Ergebnisse aller drei Meditationsformen.

Schließen Sie die Augen ... Setzen Sie sich gerade hin ... Atmen Sie ein paarmal tief durch ... Entspannen Sie sich ... Lassen Sie Ihren Körper, Ihre Gefühle und Ihre Gedanken still werden ... Werden Sie wie ein ruhiger, stiller See ...

Wenn Sie soweit sind, sehen (oder fühlen) Sie sich selbst, wie Sie alle Worte, Gedanken und Gefühle, die Sie im Zusammenhang mit Ehrlichkeit in der reflektiven Meditation betrachtet haben, in eine Schale legen ...

Visualisieren Sie, daß Sie die Schale über Ihren Kopf halten, und lassen Sie die Sonne hell darauf scheinen ... Beobachten Sie, ob sich als Ergebnis dieser Handlung irgendwelche Veränderungen einstellen ...

Öffnen Sie sich dann für alle Bilder, Worte und Gefühlseindrücke, die *eine tiefere Bedeutung* von Ehrlichkeit vermitteln ... Lassen Sie sie in sich aufsteigen ... *Denken* Sie nicht darüber nach, und versuchen Sie nicht mit Gewalt, irgend etwas geschehen zu lassen ... Seien Sie einfach empfänglich ... Nehmen Sie sich Zeit ... Warten Sie geduldig in der Stille darauf, daß ein tieferes Verständnis von Ehrlichkeit in Ihnen aufsteigt ... Lassen Sie es langsam auftauchen ...

Bringen Sie Ihre Aufmerksamkeit nach Ihrem eigenen Zeitempfinden wieder in den Raum zurück, in dem Sie sich gerade befinden ... Öffnen Sie die Augen ... Atmen Sie tief durch ... Und strecken Sie sich sanft.

Zeichnen Sie etwas, und schreiben Sie alle Gefühle, Gedanken und Fragen auf, die Sie festhalten möchten.

Was Ehrlichkeit mir bedeutet

Formulieren Sie jetzt Ihre eigene Definition von Ehrlichkeit, basierend auf Ihren Erfahrungen mit der reflektiven und der rezeptiven Meditation.

-
-
-
-

Schöpferische Meditation

Schöpferische Meditation kann zu verschiedenen Zwecken eingesetzt werden. In erster Linie jedoch dient sie der „Selbstschöpfung", denn sie versetzt uns in die Lage, Aspekte unserer Persönlichkeit zu verwandeln, indem sie die Kraft der Gedanken nutzt und bestimmte Gedanken regelmäßig wiederholt, bis die gewünschten Resultate erreicht sind.

Die schöpferische Meditation besteht aus drei Elementen: klare Vorstellung und Formulierung der Idee; Gebrauch der Imagination, um die Idee mit Bildern und Symbolen zu verstärken, und das Beleben der Idee mit Absicht, Gefühlen und Wünschen.

Schließen Sie die Augen ... Setzen Sie sich gerade hin ... Atmen Sie ein paarmal tief durch ... Entspannen Sie sich ... Lassen Sie Ihren Körper, Ihre Gefühle und Ihre Gedanken ruhig werden ... Werden Sie wie ein stiller, ruhiger See ...

Stellen Sie sich vor, wie ehrlich, wahrhaftig, aufrichtig und authentisch Sie mit sich selbst und anderen gern sein würden ... Lassen Sie, was immer Sie sich vorstellen, Ihre freie Entscheidung sein ... Gehen Sie sicher, daß Sie das Wort „sollte" nicht gebrauchen ... Es wird kein perfektes Modell erwartet ... Eher ein realistisches und erreichbares Ideal ... Etwas, das Sie in diesem Leben erreichen können ... Etwas, das Sie bereit sind zu sein ...

Visualisieren Sie sich dann selbst mit dieser Eigenschaft ... Sehen Sie sich als Ihr ideales Modell in bezug auf Ehrlichkeit ... Wie ist Ihre körperliche Erscheinung? ... Wie sieht Ihr Gesicht aus? ... Ihre Augen? ... Ihre Haltung? ... Der Rest von Ihnen? ...

Probieren Sie dieses Idealbild wie einen Mantel an ... Identifizieren Sie sich damit ... Verschmelzen Sie damit ... Werden Sie es ... Seien Sie es ... Erfahren Sie, wie es ist, ganz und gar Ihr eigenes Ideal zu sein ...

Nehmen Sie sich dann ein paar Minuten Zeit, um sich in verschiedenen alltäglichen Situationen zu visualisieren, während Sie die Eigenschaften und die Haltung Ihres idealen Modells besitzen und befriedigend danach handeln ... Bringen Sie auch Ihre Gefühle ein ...

Gehen Sie weiter durch einen typischen Tag – von morgens bis abends – und erfahren Sie dieses Ideal ... Stellen Sie sich Szenen vor, in denen Sie in verschiedenen persönlichen und beruflichen Rollen erfolgreich interagieren, vielleicht mit Ihren Eltern ... Partnern ... Familienangehörigen ... Freunden ... Mitschülern oder Kollegen ... und anderen Menschen aus Ihrem Leben ... Nehmen Sie sich Zeit ... Lassen Sie alles so real wie möglich sein ...

Lassen Sie, wenn es an der Zeit ist, alles verschwinden, und bringen Sie Ihre Aufmerksamkeit zurück in den Raum, in dem Sie jetzt sind ... Öffnen Sie die Augen ... Atmen Sie tief durch ... Und strecken Sie sich sanft.

Schreiben Sie jetzt alle Gefühle, Gedanken und Fragen auf, die Sie notieren möchten.

Was mich daran hindert, ehrlicher zu sein

Als nächstes versuchen wir herauszufinden, wie Sie sich selbst daran hindern, ehrlicher mit sich selbst und anderen zu sein. Legen Sie Ihr Zeichenmaterial neben sich.

Setzen Sie sich gerade hin, finden Sie eine bequeme Haltung ... Schließen Sie die Augen ... Atmen Sie mehrmals tief, lang und langsam ein und aus ... Entspannen Sie Ihren Körper völlig ... Lassen Sie jegliche Anspannung los ... Lassen Sie alle Gefühle, die Sie haben mögen, schwinden ... Tun Sie dasselbe mit Ihren Gedanken ... Werden Sie wie ein ruhiger, stiller See, der den blauen Himmel perfekt spiegelt, oder wie der sternklare Himmel in der Stille der Nacht ... Seien Sie im Frieden und dennoch wach ...

Wenn Sie soweit sind, stellen Sie sich selbst die Frage: *„Was hält mich davon ab, mit mir selbst und anderen absolut ehrlich zu sein?“* ... Lassen Sie dann ein Bild oder Gefühl in sich aufsteigen, das eine Antwort auf diese Frage gibt ... Nehmen Sie sich Zeit ... Warten Sie geduldig in der Stille, gewiß, daß Ihnen bald etwas einfallen wird ... Seien Sie bereit anzunehmen, was auch immer kommt, ohne es zu verurteilen, zu zensieren oder zurückzuweisen ... Seien Sie einfach bereit, es zu beobachten, und erforschen Sie es mit dem Ziel, mehr darüber zu erfahren ...

In dem Moment, in dem Sie etwas zu spüren beginnen, lassen Sie es lebendiger werden ... Achten Sie auf seine Form und seine Größe ... seine Dichte und sein Muster ... seine Farbe und seine Struktur ... Erforschen Sie es möglichst mit allen Sinnen ... Finden Sie die spezifische Qualität, die es Ihnen vermittelt ...

Öffnen Sie dann die Augen, und bringen Sie in der Zeichnung unten entweder das Bild selbst oder seine Qualität zum Ausdruck ... Wenn Ihnen nichts eingefallen ist, öffnen Sie die Augen, behalten die Frage im Sinn und beginnen, frei und spontan zu malen. Lassen Sie auf diese Weise etwas auftauchen ...

Was mich daran hindert, ehrlicher zu sein

Beschreiben Sie die übergeordnete Qualität, und notieren sie alle Worte, Gefühle oder Gedanken, die Ihnen während der Übung eingefallen sind oder Ihnen jetzt bewußt werden. Welche neue Einsicht schenkt Ihnen dieses Symbol und seine Qualität?

-
-
-
-

Wir schlagen vor, daß Sie die Übung für Ehrlichkeit aus Teil fünf jetzt noch einmal für Offenheit machen.

Hinweis: Alle Übungen dieses Kurses können Sie auf die Art und Weise anwenden, von der Sie das Gefühl haben, daß sie Ihnen am besten hilft. Wir möchten Sie hiermit ermutigen, auf sich selbst zu achten und sich für Ihre besonderen Bedürfnisse selbst etwas zu verschreiben.

Was mich daran hindert, offener zu sein

Jetzt verlagern wir unsere Aufmerksamkeit von der Ehrlichkeit auf die Offenheit.

Wie bei der Ehrlichkeit hilft es zu wissen, wie und warum wir den freien Ausdruck von Offenheit in unserem Leben verhindern, weil wir erst dann beginnen können, uns der Blockade zuzuwenden und ihre begrenzende Wirkung auf uns zu verändern. Die folgende Übung hilft Ihnen, Ihre Hauptblokkade zu identifizieren. Sie ermutigt Sie, Ihre Vorstellungskraft zu gebrauchen, um ein Bild oder Gefühl hervorzurufen, das Ihr inneres Hindernis darstellt.

Sie werden aufgefordert, mit dem Symbol zu sprechen, um mehr über seine Rolle in Ihrem Leben zu erfahren. Welches Bild auch immer kommt (eine Person, ein Tier oder ein Objekt), begegnen Sie ihm wie einer Figur aus einem Zeichentrickfilm, die die Fähigkeit hat, zu Ihnen zu sprechen. Wie ein Fremder, dem Sie im Zug oder Flugzeug begegnen, mag Ihr Symbol freundlich sein oder auch nicht, kooperativ oder kommunikativ. Bleiben Sie so unvoreingenommen und objektiv wie möglich, lassen Sie es sich selbst sein, und lernen Sie von ihm, was immer Sie können. Es ist in Ordnung, wenn es so scheint, als würden Sie es mit Ihrer Vorstellungskraft erfinden.

Hinweis: Nehmen Sie die Anleitung für die gleich folgende Übung auf Tonband auf, damit Sie sich ganz auf Ihren inneren Prozeß konzentrieren können, während Sie die Übung machen. Machen Sie bei jedem ... eine Pause von zehn bis dreißig Sekunden, damit Sie jeden Teil der Übung ganz erfahren können. Lassen Sie sich viel Zeit.

Schließen Sie die Augen ... Setzen Sie sich gerade hin ... Atmen Sie ein paarmal tief durch ... Entspannen Sie sich ... Lassen Sie Ihren Körper, Ihre Gefühle und Ihre Gedanken ruhig werden ... Werden Sie wie ein stiller, ruhiger See ...

Wenn Sie soweit sind, stellen Sie sich vor, daß Sie draußen auf dem Land mitten auf einer wunderschönen Wiese sind ... Es ist ein warmer, angenehmer Tag ... Fühlen Sie den Boden unter Ihren Füßen ... Fühlen Sie die Wärme der Sonne auf Ihrem Körper ... Schauen Sie den blauen Himmel, die Bäume, das Gras und die Blumen an ... Lauschen Sie den Geräuschen der Natur ... Riechen Sie den frischen Duft der Erde ... Fühlen Sie den Frieden und die Ruhe auf dieser Wiese ...

Sie sehen, daß die Wiese auf einer Seite von einem dunklen Wald begrenzt ist ... Sie merken, daß Sie auf einem Weg gehen, der direkt auf den Waldrand zuführt ...

Dann spüren Sie, daß in diesem Wald etwas ist, das Sie daran hindert, offener zu sein ... das Sie beherrscht und verschlossen hält ... das Sie daran hindert, mehr Offenheit in Ihr Leben zu bringen ...

Sie rufen in den Wald und fordern die symbolische Blockade auf herauszukommen ... Dann warten Sie darauf, daß etwas aus dem dunklen Wald kommt, entweder ein Bild oder irgendein Gefühl, das Ihre innere Blockade darstellt ...

Wenn es ans Licht kommt, nehmen Sie sich einen Moment Zeit, um es zu untersuchen ... Wie ist seine Erscheinung? ... Was tut es? ... Beginnen Sie dann, einen Dialog mit ihm zu führen ... Finden Sie so viel wie möglich über es heraus ... Wie und warum blockiert es Sie? ... Was braucht es? ... Wie dient es Ihnen? ... Wie begrenzt es Sie? ... Wie könnten Sie wohl mit ihm umgehen? ... Nehmen Sie sich Zeit ... Verbringen Sie einige Minuten im Dialog mit ihm ... Lernen Sie alles, was Sie können ... Wenn der Dialog beendet ist, lassen Sie einen Sonnenstrahl auf sich und das Symbol herabscheinen, der Sie beide mit seinem Licht und seiner Wärme erfüllt ... Stellen Sie fest, ob sich an Ihnen oder an Ihrem Symbol irgend etwas verändert ...

Lassen Sie das Symbol Ihrer Blockade in den tiefen, dunklen Wald zurückkehren ... Sie nehmen wahr, wie Sie zu dem Platz auf der Wiese zurückkehren, von dem Sie ausgegangen sind ... Fühlen Sie den Boden unter Ihren Füßen ... Fühlen Sie die Wärme der Sonne auf Ihrem Körper ... Betrachten Sie den blauen Himmel, die Bäume, das Gras und die Blumen ... Hören Sie auf die Geräusche der Natur ... Riechen Sie den frischen Duft der Erde ... Fühlen Sie den Frieden und die Ruhe auf dieser Wiese ...

Lassen Sie die Szene nach der Ihnen angemessen erscheinenden Zeit schwinden, und bringen Sie Ihre Aufmerksamkeit in den Raum zurück, in dem Sie sich gerade befinden ... Öffnen Sie die Augen ... Nehmen Sie ein paar tiefe Atemzüge ... Und strecken Sie sich sanft.

Bringen Sie in der Zeichnung unten entweder das Symbol oder seine Qualität zum Ausdruck. Erlauben Sie Ihren Händen, sich frei und intuitiv zu bewegen.

Was mich daran hindert, offener zu sein

Schreiben Sie jetzt alles auf, was Sie über das Hindernis festhalten möchten, was es braucht, wie man mit ihm umgeht, und was Sie darüber gelernt haben. Schließen Sie auch Veränderungen mit ein, die stattgefunden haben mögen. Notieren Sie alle Worte, Gefühle oder Gedanken, die Ihnen während der Visualisation oder später während des Zeichnens gekommen sind.

Herausforderung

In der folgenden Übung geht es darum, eine erwünschte Eigenschaft – in diesem Fall Offenheit – hervorzubringen. Nehmen Sie die Übungsanleitung auf Band auf, bevor Sie beginnen, damit Sie sich ganz auf Ihren inneren Prozeß konzentrieren können. Nehmen Sie sich Zeit für die Übung.

Hinweis: Sollten Sie körperlich nicht in der Lage sein, diese Übung ganz auszuführen, dann deuten Sie mit Ihrem Körper soviel an wie möglich. Wenn gar nichts anderes möglich ist, können Sie auch die Augen schließen und alles visualisieren.

Stellen oder setzen Sie sich vor einen großen Spiegel ... Atmen Sie tief und entspannen Sie sich ...

Lassen Sie Ihren Körper zuerst Verschlossenheit ausdrücken, das Gegenteil von Offenheit ... Bringen Sie Ihren Körper in eine höchst unbequeme Haltung, indem Sie sich ganz zusammenziehen ... Schützen Sie Ihren Körper, indem Sie ihn hinter verschränkten Armen und Beinen verstecken ... Übertreiben Sie diese Haltung, um ein Gefühl dafür zu bekommen ...

Wie in der Übung mit den beiden Stühlen (Seite 122) fühlen Sie sich anfangs vermutlich furchtbar, selbstbezogen oder beschämt. Wenn Sie Ihre Gefühle anerkennen, werden sie bald verschwinden.

Betrachten Sie sich selbst im Spiegel, und registrieren Sie genau, was Sie sehen ... Schließen Sie dann die Augen ... Fühlen Sie die reale körperliche Spannung und den Streß, den Sie Ihrem Körper zufügen, während Sie diese verschlossene Position eine weitere Minute lang halten ... Achten Sie darauf, wieviel Energie das kostet ... Wie fühlt es sich an, so verschlossen zu sein?

Jetzt entspannen Sie sich ... Fühlen Sie den Unterschied ... Fühlen Sie die Erleichterung ...

Öffnen Sie die Augen wieder, und lassen Sie Ihren Körper Offenheit ausdrücken, das Gegenteil von dem, was Sie gerade getan haben ... Vielleicht kennen Sie sich genug in Körpersprache aus, um zu wissen, daß Sie Ihre Arme und Beine nun nicht verschränken, sondern eine völlig freie, natürliche, ungeschützte Haltung beibehalten sollen ... Stellen Sie dar, was auch immer Ihnen als körperlicher Ausdruck von Offenheit angemessen scheint ...

Experimentieren Sie mit verschiedenen Körperhaltungen, Positionen, Bewegungen und Gesten ... Übertreiben Sie alles, was Sie tun ... Lassen Sie es real sein, lebendig und witzig ... Vielleicht möchten Sie Offenheit durch ein lächelndes Gesicht und irgendwelche Fratzen darstellen, die Ihnen etwas bedeuten ... Erlauben Sie sich selbst, so spontan, intuitiv und kreativ zu sein wie Sie können ...

Betrachten Sie sich selbst im Spiegel, und registrieren Sie genau, was immer Sie sehen ... Schließen Sie dann die Augen ... Fühlen Sie die Entspannung (Abwesenheit von Anspannung) in Ihrem Körper ... Fühlen Sie die Freiheit ... Achten Sie darauf, wie viel weniger Energie Sie brauchen, um offen zu sein ... Wie fühlt es sich an, offen zu sein? ... Beginnen Sie dann, Ihren ganzen Körper rhythmisch zu bewegen ... bis Sie schließlich frei tanzen ... Beobachten Sie sich ab und zu dabei im Spiegel ...

Wenn Sie mit der Art zufrieden sind, wie Ihr Körper Offenheit ausdrückt, wenden Sie Ihre Aufmerksamkeit Ihren Gedanken zu ... Beginnen Sie, während Sie sich weiter bewegen, über Offenheit nachzudenken und darüber, was sie Ihnen bedeutet ... Reflektieren Sie über ihren Segen ... Betrachten Sie ihren Wert und ihren Nutzen ... Schätzen und loben Sie sie ... Achten Sie darauf, wie positiv sie sich anfühlt ... Wünschen Sie sich Offenheit ... Sehnen Sie sie herbei ... Fühlen Sie, wie empfänglich Sie für sie sind ... Entscheiden Sie sich, sie mehr und mehr in Ihrem Leben willkommen zu heißen.

Beginnen Sie dann, während Sie sich weiter frei bewegen, die Offenheit direkter herauszufordern ... Bestätigen Sie sie laut ... Wiederholen Sie wieder und wieder: „Ich fühle mich immer sicher und leicht, wenn ich völlig offen bin." ... Fühlen Sie die Wahrheit dieser Aussage ... Fühlen Sie die Sicherheit ... Fühlen Sie die Leichtigkeit ... Fühlen sie die Offenheit ... Seien Sie gewiß, daß es so ist ...

Stellen Sie sich jetzt Situationen vor, in denen Sie sich normalerweise schützen würden, indem Sie sich zurückhalten, Abstand nehmen oder verschließen ... Stellen Sie sich z. B. vor, mit einem schwierigen Menschen konfrontiert zu sein ... einem schwierigen Problem ... andere beängstigende, unsichere Momente ... Sehen und fühlen Sie sich dann selbst völlig offen und sicher ... Erfahren Sie Ihre eigene wachsende Offenheit ... Erkennen Sie sie an ... Nehmen Sie sie an ... Schätzen Sie sie ... Danken Sie Ihrem göttlichen Selbst dafür ...

Verpflichten Sie sich schließlich, für den Rest des Tages so offen zu bleiben, egal was passiert ... Seien Sie ein lebendes Beispiel für Offenheit ... Strahlen Sie Offenheit aus für jeden Menschen, dem Sie begegnen ...
Schreiben Sie jetzt alle Gefühle, Gedanken und Fragen auf, die Sie festhalten möchten.

Sie können diese Übung abwandeln, um viele verschiedene Eigenschaften in sich zu entwickeln, wie Mut, Freude, Liebe, Geduld und Frieden. Wiederholen Sie die Übung regelmäßig, bis die gewünschte Eigenschaft feste Wurzeln geschlagen hat und in Ihrem Leben erblüht.

Manche mögen den Langzeiteffekt dieser Art von Übung in Frage stellen. Wir würden ihn auch in Frage stellen, wenn sein Sinn lediglich wäre, eine gewünschte Eigenschaft von *außen* auf sich selbst zu ziehen. Doch diese Übung, und viele andere in diesem Kurs, basieren darauf, daß unzählige Eigenschaften potentiell in uns existieren und nur darauf warten, entwickelt zu werden.

Vergleichen können wir das mit einer Eichel, die potentiell alle Teile einer gewaltigen Eiche in sich trägt: die Wurzeln, den Stamm, Äste, Blätter und sogar weitere Eicheln. Um die Eiche aus der schlafenden Eichel zu erwecken, geben wir ihr eine unterstützende Umgebung und sorgen für eine gute Ernährung.

Wir empfehlen Ihnen daher, diese Übung regelmäßig zu machen, bis die gewünschte Eigenschaft feste Wurzeln geschlagen hat und in Ihrem Leben erblüht.

Abendlicher Rückblick

Eine einfache und effektive Methode zur Erforschung Ihrer Einstellung und Ihrer Verhaltensmuster in bezug auf Ehrlichkeit und Offenheit (und auch aller anderen Themen) besteht darin, jeden Abend ein paar Minuten für eine Tagesrückschau zu reservieren, idealerweise zur Schlafenszeit.

Nehmen Sie sich die Zeit, die Sie dafür brauchen, entweder zwei intensive Minuten oder fünfzehn weniger intensive. Wie auch immer, vermeiden Sie jeglichen Druck oder Streß. Wie bei allen Übungen entscheiden Sie sich für die abendliche Rückschau, weil Sie sie gern machen möchten, und nicht weil Sie das Gefühl haben, daß Sie es tun „sollten".

Lassen Sie den ganzen Tag wie einen Film vor Ihrem inneren Auge noch einmal ablaufen, und zwar rückwärts. Beginnen Sie im gegenwärtigen Moment, und schauen Sie sich die Ereignisse des Abends noch einmal an, dann die des Nachmittags und schließlich den Morgen bis zum Augenblick Ihres Erwachens.

Rufen Sie sich Begegnungen unter vier Augen, Telefongespräche, schriftliche Botschaften und Briefe ins Bewußtsein zurück. Erinnern Sie sich daran, wie Sie mit anderen und mit sich selbst kommuniziert haben, und auch daran, was Sie bewußt oder unbewußt zurückgehalten haben mögen, bei wem und warum. Rufen Sie sich Ihre Taten (und Nicht-Taten) und was sie über Ihre relative Ehrlichkeit und Offenheit aussagen in Erinnerung.

Gab es Zeiten, in denen Sie weniger ehrlich waren, weniger aufrichtig, weniger echt und authentisch in Worten, Gedanken, Gefühlen und Taten? Gab es Zeiten, in denen Sie ausweichend, trügerisch oder falsch waren? Gab es Zeiten, in denen Sie weniger offen waren oder weniger kontrolliert? Gab es Zeiten, in denen Sie etwas zurückgehalten haben, in denen Sie emotional, mental oder spirituell blockiert oder verschlossen waren?

Entdecken Sie im Laufe des Tages irgendwelche immer wiederkehrenden Verhaltensmuster? Waren Sie mit manchen Menschen ehrlicher oder offener als mit anderen? Waren Sie offener in Gedanken als in Gefühlen oder in Taten? Waren Sie mehr ehrlich als offen?

Wenn Sie den Tag ganz allein verbringen würden, wie ehrlich und offen wären Sie mit sich selbst, wenn Sie Entscheidungen treffen müssen, oder in dem, was Sie sich selbst sagen oder was Sie denken? Wie ehrlich und offen wären Sie in Ihren Gefühlen?

Wie war der Tag im Vergleich zu dem Ideal, das Sie während der schöpferischen Meditation für sich visualisiert haben? Sind die Blockaden der Ehrlichkeit und Offenheit, die Sie in dieser Übungsfolge identifiziert haben, im Laufe des Tages irgendwann in Erscheinung getreten?

Gab es irgendwelche „verpaßten Gelegenheiten", mit sich selbst und anderen offener und ehrlicher zu sein? Wenn ja, schauen Sie sich an, wie Sie die Situation das nächstemal vielleicht verändern möchten. Wie auch immer, vermeiden Sie, sich selbst zu verurteilen. Nur wenige Menschen treffen immer ins Schwarze. Doch da wir ein Ziel haben, wissen wir wenigstens, in welche Richtung wir uns wenden und worum es uns geht. Wir wissen auch, wann wir unser Ziel verfehlt haben!

Es ist sehr wichtig, daß Sie die abendliche Rückschau als unparteiischer Beobachter objektiv durchführen und die täglichen Erfolge und Mißerfolge still bezeugen, ohne erneut in sie verstrickt zu werden. Erlangen Sie in einer gegebenen Situation einfach so viel Gewahrsein und Einsicht wie Sie können, und gehen Sie dann zur nächsten über.

Vielen Menschen hilft es, wenn sie ihre Beobachtungen während der abendlichen Rückschau aufschreiben, weil sie so mehr über ihre Einstellungen und Verhaltensmuster erfahren.

Nun möchten wir Sie ermutigen, die abendliche Rückschau mindestens sieben Tage lang zu machen, und zwar als Teil der folgenden Übung.

Die richtigen Techniken für Ihre Bedürfnisse

In der folgenden Liste haben wir die wichtigsten Techniken der ersten vier Kapitel noch einmal zusammengefaßt. Jede von ihnen kann angewandt werden, wenn es darum geht, mehr Ehrlichkeit und Offenheit in Ihr Leben zu bringen.

Lesen Sie die Liste zunächst ganz durch. Markieren Sie dann mindestens drei Techniken (einschließlich des abendlichen Rückblicks), die Sie besonders ansprechen und *die Sie nun anwenden, bevor Sie mit dem fünften Kapitel beginnen.* Wir überlassen es Ihrer Phantasie, Wege zu finden, diese Techniken auf Ehrlichkeit und Offenheit anzuwenden. Beginnen Sie jetzt. Die folgende freie Seite können Sie anschließend mit Notizen und Zeichnungen füllen, die von Ihren Erlebnissen mit den gemachten Übungen zeugen.

___ **Einschätzung** zur Bestandsaufnahme Ihrer Erfahrung mit einem gegebenen Thema.

___ **Einstimmung**, um mit der Quelle Ihrer inneren Weisheit Kontakt aufzunehmen.

___ **Autobiographie**, um verschiedene Abschnitte Ihrer Vergangenheit zu erforschen und zum Ausdruck zu bringen.

___ **Autogenes Training**, um zu entspannen und für andere Techniken empfänglicher zu werden.
___ **Brainstorming**, um alternative Problemlösungen zu finden.
___ **Übung mit zwei Stühlen**, um Ihren inneren Prozeß ans Tageslicht zu bringen.
___ **Kontrolliste und Skala** zur Einschätzung Ihrer Erfahrung mit einem Thema.
___ **Schöpferische Meditation**, um ein ideales Modell von Ihrem Leben zu manifestieren.
___ **Dialog mit dem göttlichen Selbst**, um direkt mit Ihrem inneren Zentrum zu komunizieren.
___ **Zeichnungen**, um ein Thema kreativ zu erforschen und auszudrücken.
___ **Abendlicher Rückblick**, um auf Einstellungen und Verhaltensmuster zu achten.
___ **Herausforderung**, um gewünschte Eigenschaften auf den Plan zu rufen und zu stärken.
___ **Erfahrungsraster**, um Einstellungen, Glaubensinhalte, Gefühle und Gedanken zu betrachten.
___ **„Wenn ich den Mut hätte“ – Raster**, um Ängste und einzugehende Risiken zu identifizieren.
___ **Briefe** (an Gott, einen Elternteil, Sie selbst), um das Unausgesprochene auszudrücken.
___ **Botschaften und „Sollte“-Raster**, um alte Konditionierungen zu identifizieren und loszulassen.
___ **Menschliche Vorbilder** zur Inspiration und zum Nacheifern.
___ **Persönliche Ziele**, um Handlungen auszuführen und gewünschte Resultate zu erzielen.
___ **Gebete**, um Ihr göttliches Selbst um Hilfe und Unterstützung zu bitten.
___ **Lesen**, um Inspiration und neue Perspektiven zu erhalten.
___ **Empfangende Meditation**, um Bilder und Symbole auf den Plan zu rufen und Achtsamkeit zu vertiefen.
___ **Reflektierende Meditation**, um ein Thema verstehen und wertschätzen zu lernen.
___ **Vertrauensperson oder Gruppe**, um Ermutigung und Hilfe zu geben und zu empfangen.
___ **Visualisieren**, um Zugang zum eigenen Innern zu bekommen, es zu erforschen, zu bereichern und zu erden.
___ **Wortkärtchen**, um erwünschte Eigenschaften auf den Plan zu rufen und zu entwickeln.

Meine Erlebnisse mit den Übungen

Literaturempfehlungen

1. *Actualizations: You Don't have to Rehearse To Be Yourself* von Stewart Emery und Neal Rogin hilft eine Atmosphäre zu schaffen, in der Beziehungen freudvoll, erbaulich und zufriedenstellend abenteuerlich werden, während beide Partner wachsen und sich entfalten können.

2. *Focusing* von Eugene T. Gendlin zeigt, wie persönliche Probleme durch Achtsamkeit auf Kontakte und Veränderungen auf einer tieferen Ebene unseres Körpers gelöst werden können.

Persönliches Ziel

Ziehen Sie verschiedene einfache Handlungen in Betracht, die Sie in den nächsten Tagen ausführen und die Sie Ihrem Ziel, mehr Liebe in Ihr Leben zu bringen, einen Schritt näherbringen können. Wählen Sie dann eine aus, die Sie als persönliches Ziel annehmen können. Entscheiden Sie sich freiwillig und wohlüberlegt, und schreiben Sie Ihre Entscheidung auf. Erinnern Sie sich, daß es Ihnen Kraft gibt, Entscheidungen zu treffen und in die Tat umzusetzen.

-
-
-
-

Was habe ich aus diesem Kapitel gelernt?

Blättern Sie zurück und schauen Sie sich noch einmal an, was Sie in diesem Kapitel gelernt haben. Schreiben Sie die drei wichtigsten Lernschritte oder die daraus gewonnenen Erkenntnisse auf.

-
-
-
-
-

Sinn

Im vierten Kapitel sollten Sie herauszufinden, welches Verhältnis Sie zu Ehrlichkeit und Offenheit sich selbst und anderen gegenüber haben. Sie haben Methoden kennengelernt, die es Ihnen ermöglichen sollen, ehrlicher und offener zu sein. In welchem Maße hat das vierte Kapitel seinen allgemeinen Sinn für Sie erfüllt?

-
-
-
-

Herzlichen Glückwunsch! Sie haben das Ende des vierten Kapitels erreicht. Bitte besprechen Sie Ihre Erfahrungen mit Ihrer Vertrauensperson, *bevor Sie mit dem fünften Kapitel beginnen.*

Kapitel fünf
Die Entscheidung, achtsam zu sein

TEIL EINS – VERBINDUNG AUFNEHMEN

Schauen Sie sich das vierte Kapitel noch einmal an. Haben Sie Ihr persönliches Ziel erreicht? Wie war es?

Hinweis: Wenn Sie die abendliche Rückschau und wenigstens zwei der auf Seite 168 f. aufgelisteten Übungen noch nicht gemacht haben, empfehlen wir Ihnen, das fünfte Kapitel nicht zu beginnen, bevor Sie diese Übungen gemacht und auf Seite 170 über Ihre Erfahrungen damit berichtet haben.

Sollten Sie sich seit Beginn des vierten Kapitels entschlossen haben, weitere Risiken einzugehen, um mehr Liebe in Ihr Leben zu bringen, dann schreiben Sie über Ihre Erfahrungen damit. Was haben Sie getan? Was haben Sie daraus gelernt?

Schreiben Sie alle Erinnerungen, Gedanken, Gefühle, Einsichten, Träumen, unerledigten Dinge, Begegnungen und Ereignisse auf, die in Ihrer inneren und äußeren Welt aufgetreten sind, seit Sie das vierte Kapitel abgeschlossen haben. Schließen Sie auch die Bücher mit ein, die Sie gelesen haben, die Fragen, die noch nicht beantwortet sind, sämtliche Beobachtungen und alles, was Sie mit dem Kurs in Verbindung bringen.

TEIL ZWEI – BESTANDSAUFNAHME

Das Ziel

In diesem Kapitel sind Sie aufgefordert, einige Ihrer Glaubensinhalte zu untersuchen, um festzustellen, wie Ihre Überzeugungen Ihnen auf der einen Seite dienen und Sie auf der anderen Seite einschränken. Sie werden Techniken und Übungen kennenlernen, mit deren Hilfe Sie die Glaubensinhalte verändern können, die Sie möglicherweise daran hindern, freier und vollkommener zu lieben.

Achtsamkeit und Offenheit

Im zweiten Kapitel haben Sie bereits die Glaubensvorstellungen (Botschaften, „Sollte"-Konditionierungen) untersucht, die Sie als Kind von Ihren Eltern oder anderen Erwachsenen übernommen haben. Die Übungen dieses Kapitels sprechen gezielt Ihre Achtsamkeit an, indem Sie erforschen, wie weit Sie sich Ihrer eigenen Erfahrung bewußt sind.

Daß Offenheit zur Achtsamkeit führt, konnten wir der Leiter der Qualitäten im ersten Kapitel (Seite 41) entnehmen. Viele Menschen stehen jeder Möglichkeit, mehr über sich selbst und das Leben zu lernen, offen gegenüber. Folglich entwickeln sie weitreichendes persönliches Wissen, Verständnis und Achtsamkeit. Andere sind nicht so offen. Sie sind entweder nicht bereit oder nicht in der Lage zu lernen – vielleicht weil sie mit grundlegenderen Anliegen wie Sicherheit und Vertrauen beschäftigt sind. Für solche Menschen ist es schwieriger, ihre innere und äußere Welt ganz neu wahrzunehmen.

Vielleicht haben Sie dieses Prinzip in der Herausforderungsübung des vierten Kapitels am eigenen Leib erfahren. Als Sie sich zugeknöpft, verschlossen und abgeschnitten fühlten, wo war da Ihre Aufmerksamkeit? Wie haben Sie Ihre Umgebung wahrgenommen? Wie intensiv waren Sie in Kontakt mit Ihrer Umgebung? Umgekehrt, als Sie sich selbst erlaubt haben, offen zu sein, wie viel mehr waren Sie in der Lage, Ihre Umgebung zu beobachten, von ihr zu empfangen und ihr zu geben? Nehmen Sie sich einen Moment Zeit, um sich Ihre Erfahrung anzuschauen, und schreiben Sie dann darüber.

Meine Vorstellungen vom Leben

Manche Menschen sind der Ansicht, daß das Leben genossen und gefeiert werden muß. Als Optimisten schauen sie immer auf die lichte Seite des Lebens und konzentrieren sich auf das, was gut und richtig ist. Sie sehen in allem und jedem stets das Beste.

Andere Menschen glauben, daß das Leben Leiden ist und ertragen werden muß. Als Pessimisten schauen sie immer auf die dunkle Seite des Lebens und konzentrieren sich auf das, was nicht stimmt oder falsch laufen könnte. Sie sehen in allem und jedem stets das Schlimmste.

Was glauben Sie? Nehmen Sie sich einen Moment Zeit, um sich Ihre Erfahrung anzuschauen. Ist das Leben für Sie eine Feier oder Anstrengung? Sehen Sie das Beste, oder machen Sie sich Sorgen darüber, was schief gehen könnte? Seien Sie ehrlich. Aber vermeiden Sie, sich zu verurteilen. Es ist in Ordnung, negative Gefühle zu haben. Ihre Erfahrung ist Ihre Erfahrung.

Markieren Sie die Skala auf der nächsten Seite mit einem X, um Ihre allgemeine Überzeugung vom Leben anzuzeigen.
1 = Ich glaube, daß das Leben Anstrengung ist, die erlitten und ertragen werden muß. Ich bin ein Pessimist und sorge mich viel, ich schaue immer auf die dunkle Seite des Lebens und sehe nur das Schlechteste. Ich konzentriere mich in erster Linie auf das, was nicht stimmt oder falsch laufen könnte.
5 = Ich glaube, daß das Leben genossen und gefeiert werden soll. Ich bin ein Optimist, schaue immer auf die lichte Seite des Lebens und sehe nur das Beste. Ich konzentriere mich auf das, was gut und richtig ist.

1 2 3 4 5

Markieren Sie, wo Ihr Vater und Ihre Mutter sich selbst plaziert hätten. Achten Sie auf die Möglichkeit, daß die Überzeugungen und das Verhalten Ihrer Eltern Ihre eigenen geprägt haben.

Meine Vorstellungen von Männern und Frauen

Menschen haben eine allgemeine Vorstellung von anderen Menschen. Sie benutzen Verallgemeinerungen, die meist das Resultat von Prägungen aus der Vergangenheit sind und persönlicher Erfahrung entstammen. Manche haben ein recht positives Menschenbild: Sie mögen andere, vertrauen ihnen, kommen ihnen entgegen, sind angenehm, sympathisch und freundlich. Sie haben befriedigende persönliche Beziehungen.

Andere haben recht negative Vorstellungen von anderen Menschen. Sie haben Angst vor Menschen, vertrauen ihnen nicht, sind verschlossen und sogar unangenehm, unsympathisch und unfreundlich. Sie haben keine befriedigenden persönlichen Beziehungen (auch wenn sie sagen, daß sie gern tiefe, bedeutungsvolle, persönliche Beziehungen hätten).

Was glauben Sie? Seien Sie ehrlich. Aber vermeiden Sie, sich selbst zu verurteilen. Nehmen Sie sich einen Moment Zeit, um Ihr allgemeines Bild von anderen Menschen zu prüfen, von Männern und von Frauen. Schreiben Sie alle Gedanken auf, die Ihnen spontan kommen.

Markieren Sie auf der Skala Ihr allgemeines Bild von Menschen, Männern und Frauen. Benutzen Sie ein L für Leute, ein M für Männer und ein F für Frauen.

1 = Ich glaube, daß sie im allgemeinen gefährlich sind, nicht vertrauenswürdig, und daß es schwierig für mich ist, mit ihnen zusammenzusein.
5 = Ich glaube, daß sie im allgemeinen ungefährlich sind, vertrauenswürdig, und daß es einfach für mich ist, mit ihnen zusammenzusein.

1	2	3	4	5

Markieren Sie, wo Ihre Mutter und Ihr Vater sich selbst plaziert hätten. Achten Sie auf die Möglichkeit, daß die Überzeugungen und das Verhalten Ihrer Eltern Ihre eigenen geprägt haben.

Meine Vorstellungen von mir selbst

Ein Prinzip, auf dem dieser Kurs basiert, lautet, daß wir andere Menschen nicht lieben können, wenn wir nicht in der Lage sind, uns selbst zu lieben und anzunehmen. Manche Menschen halten sich selbst für sehr wertvoll. Sie lieben sich selbst, akzeptieren sich so, wie sie sind, haben ein gutes Selbstwertgefühl und viel Selbstvertrauen. Sie sind rundum mit sich zufrieden und nehmen ihr Menschsein leichten Herzens an.

Andere Menschen halten nicht viel von sich selbst. Sie mögen sich selbst nicht, sind nicht bereit, sich so zu akzeptieren, wie sie sind, ihr Selbstwertgefühl ist ebenso gering wie ihr Selbstvertrauen. Sie leiden unter Ängsten und Selbstzweifel, die sie in Form von Arroganz, Hilflosigkeit, Selbstmitleid und anderen defensiven und kompensierenden Verhaltensweisen zum Ausdruck bringen.

Was halten Sie von sich selbst, und wie schätzen Sie Ihren Wert ein? Lieben Sie sich selbst? Nehmen Sie sich einen Moment Zeit, um sich Ihre Erfahrung anzuschauen, und schreiben Sie dann darüber.

-
-
-
-

Markieren Sie die Skala auf der nächsten Seite mit einem X, um Ihre allgemeine Überzeugung von sich selbst anzuzeigen.

1 = Ich glaube, daß ich kein sehr wertvoller Mensch bin. Ich liebe mich nicht und nehme mich selbst nicht an. Ich bin nicht gern so, wie ich bin. Ich bin … (unklar, verschlossen, ängstlich, hilflos, unsicher oder schwach)
5 = Ich glaube, daß ich sehr wertvoll bin. Ich liebe mich und nehme mich genauso an, wie ich bin. Ich habe ein gutes Gefühl von mir selbst, obwohl ich weiß, daß ich nicht perfekt bin und immer etwas dazuzulernen habe.

1	2	3	4	5

Markieren Sie, wo Ihre Mutter und Ihr Vater sich selbst plaziert hätten. Achten Sie auf die Möglichkeit, daß die Überzeugungen und das Verhalten Ihrer Eltern Ihre eigenen geprägt haben.

Meine Vorstellungen von Ursache oder Wirkung

Manche Menschen glauben, daß wir uns unsere Realität selbst erschaffen: Aufgrund unserer Einstellungen und Überzeugungen ziehen wir Menschen, Ereignisse, Gelegenheiten und Lektionen aktiv an und manifestieren sie in unserem Leben. Für Menschen, die das glauben, ist alles, was in ihrem Leben geschieht, Teil ihres inneren Prozesses, für den sie die volle Verantwortung übernehmen müssen. Sie sind die *Ursache* für alles, was in ihrem Leben passiert.

Andere Menschen glauben nicht, daß wir Menschen, Ereignisse, Gelegenheiten und Lektionen anziehen: Was in unserem Leben geschieht, ist mehr oder weniger Glück, Zufall oder Unfall und hat nichts mit uns zu tun. Menschen, die das glauben, lehnen die Verantwortung für den Verlauf ihres Lebens ab und halten sich für die *Wirkung* (oder das *Opfer)* dessen, was in ihrem Leben passiert.

Was glauben Sie? Erkennen Sie irgendeine Verbindung zwischen Ihren Vorstellungen und äußeren Bedingungen und Ereignissen oder nicht? Sind Sie eher die Ursache oder eher die Wirkung Ihres Lebens? Nehmen Sie sich einen Moment Zeit, um Ihre Erfahrung anzuschauen, und schreiben Sie dann darüber.

Markieren Sie die Skala unten mit einem X, um Ihre allgemeine Vorstellung vom Leben anzuzeigen.
1 = Ich glaube, daß wahllose Kräfte außerhalb meiner selbst (Konditionierung, Zufall, Glück, Pech) für das verantwortlich sind, was mit mir geschieht. Ich selbst kann nichts dagegen tun und übernehme daher auch keine Verantwortung dafür.
5 = Ich glaube, daß dynamische Kräfte in mir selbst aktiv sind (Vorstellungen, Überzeugungen, Ansichten), die alles verursachen, was in meinem Leben geschieht. Daher übernehme ich die volle Verantwortung, alles selbst zu erschaffen, was in mein Leben kommen soll.

---

1 2 3 4 5

Markieren Sie, wo Ihre Mutter und Ihr Vater sich selbst plaziert hätten. Achten Sie auf die Möglichkeit, daß die Überzeugungen und das Verhalten Ihrer Eltern Ihre eigenen geprägt haben.

Welche anderen persönlichen Vorstellungen haben Sie womöglich daran gehindert, mehr Liebe in Ihr Leben zu bringen?

-
-
-
-
-
-
-
-

EILEEN

Was du denkst, das bist du, und das erschaffst du.

Ich glaube absolut an dieses Prinzip. Ich weiß, daß ich durch mein Denken sowohl positive als auch negative Situationen angezogen habe. Damals hätte ich gern jemand anderem die Schuld gegeben, meiner Situation oder meiner Umgebung. Doch als ich den Mut hatte, ehrlich mit mir selbst zu sein, habe ich klar erkannt, daß ich nur mir selbst die Schuld geben konnte.

Wie ehrlich kann ich mit mir selbst sein? Es ist nicht immer leicht. Ich werde sehr ärgerlich, wenn mir jemand erzählt, daß ich eine Situation selbst geschaffen habe. Lange Zeit konnte ich es einfach nicht annehmen. Dann hatte ich ein Erlebnis, das mir deutlich gezeigt hat, daß ich immer wählen kann. Die Entscheidung, wie ich eine Situation gestalte, liegt immer bei mir.

Ich war recht viel durch die ganze Welt gereist, hatte Vorträge gehalten und Workshops geleitet, was mit einem gewissen Zauber verbunden war. Ich genoß es, Menschen zu treffen, mehr noch, ich fühlte mich, als ich draußen in der Welt war, viel mehr geliebt, geschätzt und geachtet als in der Findhorn Foundation, meiner eigenen Gemeinschaft, meiner erweiterten Familie.

Ich hatte einen Punkt erreicht, an dem ich mich fragte, warum ich überhaupt noch in der Gemeinschaft lebte, weil ich das Gefühl hatte, hier nicht mehr gebraucht zu werden. Doch jedesmal, wenn ich darüber meditierte, ob ich bleiben sollte oder nicht, sagte mir meine innere Führung sehr klar, daß meine „Energie" hier gebraucht würde.

Eines Tages saß ich allein in meinem Wohnwagen und fühlte mich unerwünscht. Ich war in der Tat sehr trübsinnig. Da kam mir aus heiterem Himmel der Gedanke, daß ich mich *entscheiden* könnte, hier in meiner eigenen Gemeinschaft geliebt, geschätzt und geachtet zu werden. Das war ein sehr interessanter Gedanke. Doch ich erkannte, daß der Gedanke allein nicht genug war. Ich wußte, daß ich etwas dazu *tun* mußte.

Ich ging zu einer Gemeinschaftsversammlung und teilte allen dort mit, wie schwer mir das Herz war und wie unerwünscht ich mich in der Gemeinschaft fühlte, aber auch, daß ich die Möglichkeit sah, mich zu *entscheiden*, hier geliebt, geschätzt und geachtet zu werden. Ich gab ehrlich zu, wie ich mich fühlte und wie ich meine Einstellungen und Vorstellungen ändern wollte. Meine Gefühle so offen auszudrücken, brachte eine große Veränderung!

Dann wurde ich wieder geprüft – wollte ich mich wirklich verändern? Ich wurde gefragt, ob ich an dem großen Spiel der Transformation in der Halle des Universums teilnehmen wollte, das die ganze Gemeinschaft einbeziehen würde. Ich wollte es nicht. Doch jedesmal, wenn ich darüber meditierte, bekam ich die Eingebung: „Spiel mit!“ Nach intensivem Ringen sagte ich zu. Dadurch verwandelte sich meine ganze Einstellung und Beziehung zur Gemeinschaft. Ich stellte fest, wie sehr ich hier geliebt, geschätzt und geachtet werde.

Ich betone, daß alles mit meiner *Entscheidung* begann, damit, daß ich mich *entschloß*, es werden zu lassen, wie ich es wünschte, und daß ich dann *etwas tun* mußte.

Jetzt weiß ich, daß ich das Allerbeste vom Leben erwarte. Ich ziehe es an. Ich erwarte das Beste von allem und jedem, und ich sehe das Beste dabei herauskommen. Ich erwarte die Erfüllung all meiner Bedürfnisse. Ich erwarte eine Lösung für jedes Problem. Ich erwarte Fülle in allen Bereichen. Ich erwarte geistiges Wachstum. Ich akzeptiere keine Grenzen in meinem Leben.

Jetzt stelle ich fest, daß ich zu jeder Zeit alles tun kann, weil ich ständig aus dem göttlichen Selbst in mir schöpfe, wo ich immer Inspiration finde und wo nichts unmöglich ist.

DAVID

Du bist in Ordnung, denn Gott erschafft keinen Unfug! *Anonym*

Als ich das erste Mal ein Plakat mit diesen Worten sah, war ich in den Vierzigern. Ich wünschte, ich hätte diese Wahrheit früher in meinem Leben gesehen und erfahren, viel früher.

Wenn Kinder sich nicht benehmen, sagen ihre Eltern meist: „Hör auf!“ oder „Laß das sein!“ Mein Vater pflegte seine disziplinierenden Worte und Taten einzuleiten, indem er wütend schrie: „Was ist los mit dir?“ Sollte ich zuvor irgendwelche Zweifel an meinem Wert gehabt haben, dann bestätigte er sie und mit ihnen mein schwaches Selbstwertgefühl, das sagte: „Etwas ist los (stimmt nicht) mit mir.“ Ich habe einen großen Teil meines Lebens damit verbracht, unbewußt nach Bestätigung oder Widerlegung dieser Zweifel an mir selbst zu suchen. Während ein Teil von mir sich flehend an andere wandte, „Bitte, sag mir, daß ich in Ordnung bin“, suchte ein anderer Teil von mir nach der Bestätigung, daß wirklich etwas nicht stimmte mit mir.

Der erste deutliche Beweis dafür, daß etwas mit mir nicht stimmte, war, daß ich bis zum Alter von fünf oder sechs Jahren kein richtiges Englisch sprach. Statt dessen erfand ich meine eigene Sprache, die meine Eltern, meine ältere Schwester und mein älterer Bruder lernen mußten, um mit mir kommunizieren zu können. Das einzige Wort, an das ich mich erinnern kann, ist das Wort für meinen Bruder. Sein Name ist Harry. Ich nannte ihn „Frafry". Ich bezweifle, daß ich meine einmalige Sprache benutzte, um Aufmerksamkeit zu bekommen. Eher habe ich das Gefühl, daß es ein Kontrollmechanismus war, den ich mir zulegte, um mich selbst zu schützen.

Einen weiteren Beweis dafür, daß etwas mit mir nicht stimmte, erlebte ich als Kind täglich, weil ich offen am Daumen lutschte, bis ich zwölf Jahre alt war. Es war weniger eine Trotzhandlung oder eine Gewohnheit, als vielmehr etwas, das ich einfach tun mußte, was zweifellos meine Angst verstärkt haben muß. Ich ertrug ein enormes Ausmaß von Kritik, Scham und Verachtung, ganz zu schweigen von scharfem Pfeffer, Senf, Pflaster auf meinem Daumen, sogar Klebstoff – alles mögliche, das meine Eltern ersannen. Nichts half. Ich mußte Daumenlutschen.

Auch als Erwachsener brauchte ich niemals weit nach Beweisen zu suchen, die meine Minderwertigkeitsgefühle stützten. Im Laufe der Jahre habe ich allmählich einige Erkenntnisse gewonnen. Zunächst bin ich davon überzeugt, daß ich alle meine Erfahrungen selbst schaffe. Ich ziehe sie als Projektionen meines eigenen Innenlebens, meines Glaubenssystems an. Daher weiß ich, daß ich für jeden Teil meines Lebens die Verantwortung übernehmen muß und anderen keine Schuld geben darf, was auch immer mir passiert. Ich habe gelernt, daß ich meine Erfahrung selbst schaffe. Daher kann ich sie auch verändern, wann immer ich das möchte.

Ich habe entdeckt, daß ich meine Vergangenheit und ihren Einfluß auf mich erkennen muß, *bevor* ich irgend etwas tun kann. In der Achtsamkeit liegt die Macht. Das zeigt sich, wenn ich tatsächlich etwas tue, um eine konstruktive Veränderung zu bewirken. Der Schlüssel ist, meine Vergangenheit zu erkennen und anzuerkennen, ohne an ihr als einem sicheren Führer für die Zukunft festzuhalten. Ich kann bestätigen: „Ich habe eine Vergangenheit, doch ich bin mehr als meine Vergangenheit."

Obwohl ich immer *weiß*, daß ich ein Kind Gottes bin, daß ich fürwahr ein göttliches Selbst bin, aus reiner Liebe geformt, *fühle* ich mich manchmal klein, endlich und unbedeutend. Meine Erfahrung ist, daß meine negativen Gefühle meinen Verstand in solchen Zeiten immer überwältigen – jedenfalls bis ich sie wahrnehme, annehme und klar mit ihnen umzugehen beginne. Ich darf meinen negativen Gefühlen also nicht erlauben, Entscheidungen für mich zu treffen.

Mich selbst lieben zu lernen, war sehr wichtig für mich. Sonst hätten meine Minderwertigkeitsgefühle mir jedes echte und dauerhafte Gefühl der Erfüllung, Befriedigung und des Glücks geraubt. Inzwischen kann ich jedoch akzeptieren, daß mein geringes Selbstwertgefühl eine Reihe von strategischen Zwecken erfüllt hat: In erster Linie hat es mich geschützt. Es half mir zu überleben. Später hat es mir gezeigt, daß es mir möglich ist, fundamentale, tiefsitzende Überzeugungen zu verändern. Das beste von allem, was es mich lehrte, ist, daß ich meinem eigenen, inneren Prozeß vertrauen kann – der Liebe, dem Licht und der Weisheit meines Seins, meinem göttlichen Selbst.

TEIL VIER – ACHTSAMKEIT ERLANGEN

Achtsamkeit und Überzeugungen

Je mehr wir uns unserer persönlichen Erfahrung in einem gegebenen Moment bewußt sind, desto besser können wir uns entscheiden, unser Herz ganz zu öffnen, um die Liebe frei zu geben und zu nehmen, und umso weniger verstricken wir uns in unseren Ängsten und Verhaltensmustern. Lieben lernen bedeutet also, achtsam zu bleiben und sich nicht zu erlauben, in alte, gewohnheitsmäßige, automatische, unbewußte Weisen des Fühlens, Denkens und Verhaltens hineinzurutschen. Eine Möglichkeit, diesen Prozeß in Gang zu bringen, besteht darin, einige unserer Glaubensinhalte zu erforschen.

Woran glauben wir? An etwas, das wir als wahr für uns akzeptieren, an etwas, dem wir vertrauen, meistens basierend auf unserer persönlichen Prägung und Erfahrung.

Sind Sie sich all dessen, was Sie glauben, bewußt? Oder arbeiten Ihre Überzeugungen automatisch, ohne viele besonnene Gedanken, Reflektionen oder gar Entscheidungen Ihrerseits?

Sind Sie sich bewußt, woher Ihre Gedanken kommen, also wie und wann sie geprägt wurden?

Sind Sie sich der großen Macht und des Einflusses Ihrer Überzeugungen bewußt, ihrer physischen, emotionalen, mentalen und spirituellen Wirkung auf Sie?

Sind Sie sich bewußt, daß Sie Ihre Überzeugungen verändern können – bevor sie Sie verändern?

Rückschau

Im zweiten Teil dieses Kapitels (Seite 176 ff.) haben Sie Ihre Glaubensinhalte auf vier Gebieten überprüft. Blättern Sie zurück und schauen Sie sich Ihre Markierungen auf der Skala für jeden Bereich noch einmal an. Finden Sie dann heraus, wie jede Vorstellung Ihnen in Ihrem Vorhaben, mehr Liebe in Ihr Leben zu bringen, dient oder wie sie dieses Vorhaben vereitelt. Schreiben Sie auf, was Sie herausgefunden haben.

1. Das Leben

•

•

•

•

2. Männer und Frauen

•

•

•

•

3. Ich selbst

•

•

•

•

4. Ursache oder Wirkung

•

•

•

•

Kernvorstellungen eines geringen Selbstwerts

Von Zeit zu Zeit haben die meisten von uns Zweifel an sich selbst und ihrem Wert. Diese Zweifel tauchen oft dann auf, wenn wir das Gefühl haben, einen Fehler gemacht und etwas getan zu haben, das wir falsch, dumm oder schlecht nennen, oder wenn wir scheinbar „gescheitert" sind. Zweifel können kommen, wenn wir uns verurteilt oder abgelehnt fühlen oder wenn wir uns selbst kritisieren, uns nicht mögen oder sogar hassen. Wenn solche Zweifel zur Gewohnheit geworden sind, formen sie eine Vorstellung wie „Ich bin unbedeutend“, „Ich bin nicht gut genug“, „Ich verdiene keine Liebe“, „Ich mache nichts richtig“ oder „Ich bin ein Versager.“ Das Festhalten an solchen Vorstellungen läßt auf ein armseliges Selbstbild, geringes Selbstwertgefühl und wenig oder kein Selbstvertrauen schließen.

Diese Art von dauerhaftem Selbstzweifel bezeichnen wir hier als Kernvorstellung, weil es sich um eine Vorstellung oder Überzeugung handelt, die im Kern oder Zentrum unseres Selbstwertgefühls liegt. Sie stellt eine grundlegende und höchst wirksame Blockade unseres Selbstausdrucks und unserer Selbstliebe dar.

Da wir andere nicht lieben können, wenn wir uns selbst nicht lieben, ist es wichtig, daß wir unsere Vorstellungen von uns selbst erforschen, insbesondere unser Selbstwertgefühl. Was sagen Sie sich in Zeiten, in denen Sie am wenigsten Liebe und Akzeptanz für sich selbst fühlen? Was ist Ihre Kernvorstellung von sich selbst?

Schließen Sie die Augen ... Setzen Sie sich gerade hin ... Atmen Sie ein paarmal tief durch ... Entspannen Sie sich ... Lassen Sie Ihren Körper, Ihre Gefühle und Ihre Gedanken still werden ... Werden Sie wie ein stiller, ruhiger See ...

Wenn Sie soweit sind, erlauben Sie sich selbst, den Teil in sich zu erfahren, der Sie nicht immer sehr liebt ... Es mag der Kritiker oder der Richter in Ihnen sein ... Nehmen Sie sich Zeit ... Warten Sie einfach in der Stille, gewiß, daß er bald auftauchen wird ...

Lassen Sie alle Gedanken und Gefühle zu, alle Zweifel und Ängste, die dieser Teil an Ihrem eigenen Wert hat ... Was sagt Ihnen dieser Teil? ... Welche Worte gebraucht er? ... Was ist der schlimmste Gedanke, der größte Zweifel oder die größte Angst, die Sie in bezug auf Ihren Selbstwert oder Ihr Selbstbild haben? ...

Wenn Sie einen oder mehrere dieser Gedanken oder Kernvorstellungen über sich selbst gefunden haben, schreiben Sie sie auf.

-
-
-
-
-
-

Typisches Funktionsmuster

In unseren Workshops haben wir herausgefunden, daß die meisten Menschen leicht erkennen und annehmen, daß sie eine oder mehrere dieser Kernvorstellungen haben. Wir haben ein typisches Funktionsmuster entdeckt: Zunächst löst jemand aus unserer Umgebung eine Kernvorstellung aus, indem er oder sie etwas sagt oder tut, wodurch wir uns plötzlich klein und unbedeutend fühlen. Darauf reagieren wir emotional, um danach irgendeine kompensierende Handlung auszuführen.

Kernvorstellungen und ihre Funktionsmuster sind mit Musikboxen vergleichbar. Durch einen Knopfdruck wird die entsprechende Schallplatte ausgewählt, abgespielt, und dann wartet sie in aller Ruhe, bis jemand kommt und den Knopf erneut drückt. Dann beginnt alles wieder von vorn. Ein ähnliches unsere Kernvorstellungen betreffendes Stimmulierung/Antwort-Muster wird ein Leben lang fortgesetzt, bis wir es wahrnehmen und uns entscheiden, es zu verändern.

Wie werden unsere Knöpfe gedrückt? Kernvorstellungen können als Reaktionen auf wichtige Ereignisse im Leben aktiviert werden, etwa wenn wir unsere Arbeitsstelle verlieren, wenn unser Partner die Beziehung beendet oder wir ein wichtiges Ziel, das wir uns selbst gesetzt haben, nicht erreichen.

Unsere Knöpfe werden auch bei alltäglichen Ereignissen gedrückt, wenn wir zum Beispiel das Gefühl haben, nicht gesehen, gehört oder verstanden zu werden oder wenn wir uns von anderen verurteilt, abgelehnt oder ignoriert fühlen.

Unsere anfänglichen emotionalen Reaktionen können von Wut zu Angst, von Verzweiflung zu Depression, von Hilflosigkeit zu Hoffnungslosigkeit variieren. Wie auch immer, die Reaktion ist eher das Resultat der Kernvorstellung selbst als der unmittelbaren Umstände und als solche Teil unseres Verhaltensmusters.

Teil unseres Musters sind auch die kompensierenden Handlungen, die wir dann ausführen. Wir wenden uns womöglich dem Essen, Alkohol, Drogen, Sexualität, Schlaf oder besonderen Leistungen zu. Wir ersetzen persönliche Anerkennung und Selbstakzeptanz womöglich durch Geld, Prestige oder berufliche Anerkennung.

Manche Menschen erfahren ihre Kernvorstellung als einen immer gegenwärtigen Einfluß, während andere ihre Kernvorstellung und diese begleitende Minderwertigkeitsgefühle seltener erleben. Menschen, die dieses fast universelle menschliche Muster vollkommen gemeistert haben, sind selten (egal, was sie sich selbst und anderen darüber erzählen).

Unsere primäre Aufgabe ist, zu lernen, würdevoll mit unserer Kernvorstellung eines niedrigen Selbstwerts zu leben und ihr nicht zu erlauben, unser Leben zu bestimmen.

Begrenzende Wirkungen

Aus der Einleitung und dem dritten Kapitel wissen Sie, daß wir alle reine Liebe sind. Die Kernvorstellung eines geringen Selbstwerts ist nur ein Schatten und daher nicht real. Dennoch nehmen wir sie sehr ernst, denn ihre begrenzenden Wirkungen auf uns sind absolut real. Wie sich diese Wirkungen in unserem Leben zeigen, wollen wir nun herausfinden.

Schließen Sie die Augen ... Setzen Sie sich gerade hin ... Atmen Sie ein paarmal tief durch ... Entspannen Sie sich ... Lassen Sie Ihren Körper, Ihre Gefühle und Ihre Gedanken still werden ... Werden Sie wie ein ruhiger, stiller See ...

Wenn Sie soweit sind, nehmen Sie sich einen Moment Zeit, um sich die Kernvorstellung(en) anzuschauen, die Sie aufgeschrieben haben. Sprechen Sie sie ein paarmal laut aus, um zu erkennen und anzunehmen, daß sie ein Teil von Ihnen ist (sind), und das vermutlich schon sehr lange.

Vergegenwärtigen Sie sich dann die letzte Begebenheit, bei der Sie Ihre Kernvorstellung erfahren haben. Das heißt, daß Sie Ihre Kernvorstellung tatsächlich als wahr akzeptiert und daran geglaubt haben (und nicht an den Zweifel oder die Angst, die sie eigentlich ist). Wer war noch beteiligt? Wie waren die Umstände? Wie haben Sie sich dabei gefühlt? Welche Handlung haben Sie als Ergebnis ausgeführt? Wenn Ihnen die Einzelheiten klar sind, schreiben Sie sie unten auf.

Ich glaubte an meine Kernvorstellung von mir selbst in Gegenwart von ___

____

(Person)

als ____

(Situation)

Ich fühlte mich _______________________________________

(Emotion)

und ich reagierte______________________________________

(Aktion)

Schauen Sie sich Ihre Kernvorstellung noch einmal an. Lassen Sie dann eine andere Situation, in der Sie sie erfahren haben, in sich aufsteigen, mit jemand anderem und unter anderen Umständen.

Ich glaubte an meine Kernvorstellung von mir selbst in Gegenwart von ___

____

(Person)

als ____

(Situation)

Ich fühlte mich _______________________________________

(Emotion)

und ich reagierte ______________________________________

(Aktion)

Schauen Sie sich Ihre Kernvorstellung noch einmal an. Lassen Sie dann eine frühere Begebenheit in sich aufsteigen, bei der Sie Ihre Kernvorstellung mit jemand anderem und unter anderen Bedingungen erfahren haben.

Ich glaubte an meine Kernvorstellung von mir selbst in Gegenwart von ___

____

(Person)

als ____

(Situation)

Ich fühlte mich _______________________________________

(Emotion)

und ich reagierte ______________________________________

(Aktion)

Schauen Sie sich Ihre Kernvorstellung noch einmal an. Lassen Sie dann eine frühere Begebenheit in sich aufsteigen, bei der Sie Ihre Kernvorstellung mit jemand anderem und unter anderen Bedingungen erfahren haben.

Ich glaubte an meine Kernvorstellung von mir selbst in Gegenwart von ___

____

(Person)

als ____

(Situation)

Ich fühlte mich ______________________________________

(Emotion)

und ich reagierte_____________________________________

(Aktion)

Schauen Sie sich Ihre Kernvorstellung ein letztes Mal an. Lassen Sie dann eine Begebenheit aus Ihrer Kindheit in sich aufsteigen, vielleicht sogar die, bei der Sie Ihre Kernvorstellung zum erstenmal erfahren haben.

Ich glaubte an meine Kernvorstellung von mir selbst in Gegenwart von ___

____

(Person)

als ____

(Situation)

Ich fühlte mich ______________________________________

(Emotion)

und ich reagierte_____________________________________

(Aktion)

Überprüfen Sie jetzt alle Ihre Antworten. Welche Ähnlichkeiten oder Muster finden Sie bei den beteiligten Menschen, in welche Rollen oder Kategorien paßten sie, was für Typen waren es, zum Beispiel Familienmitglieder, Freunde, Mitarbeiter, Autoritäten, Menschen desselben oder des anderen Geschlechts, Erwachsene, Kinder?

-
-
-
-

Welche Ähnlichkeiten oder Muster finden Sie in den Situationen?

-
-
-
-

Welche Ähnlichkeiten oder Muster finden Sie in den in Ihnen provozierten Gefühlen.

-
-
-
-

Welche Ähnlichkeiten oder Muster finden Sie in Ihren Reaktionen?

-
-
-
-

In welchem Maße können Sie erkennen oder akzeptieren, daß Ihre Kernvorstellung einem typischen Muster folgt? Schreiben Sie alle Gefühle, Gedanken und Fragen auf, die Sie festhalten möchten.

-
-
-
-

Selbstbild und Wertschätzung

Wie ist unser armseliges Selbstbild entstanden? Einer verbreiteten Ansicht zufolge ist unser Selbstbild das Ergebnis der Wertschätzung, die wir in den ersten zwei Lebensjahren von den wichtigsten Menschen unserer Umgebung erfahren haben. Für die meisten von uns ist das in erster Linie die Mutter. Wenn wir uns während dieser Zeit von unserer Mutter anerkannt, angenommen und genährt wußten, werden wir uns unzweifelhaft gut fühlen und ein gesundes Selbstbild entwickeln. Wenn wir uns jedoch nicht wertgeschätzt fühlten, mögen wir den Schluß gezogen haben, daß es unsere Schuld war (etwas stimmte nicht mit *uns*), denn sonst wären wir gehörig wertgeschätzt worden. Während wir diesen Zweifel an unserem Wert in unserem infantilen, zweijährigen Geist hegten, begannen wir nach Beweisen zu suchen, um ihn zu bestätigen oder zu widerlegen. Im Laufe der Jahre sammelten wir immer mehr Beweise, um zu belegen, daß unsere Kernvorstellung wahr ist. So entwickelte sie sich zu einer ununterbrochenen selbstbefriedigenden Überzeugung, die sich ein Leben lang endlos wiederholt, wenn wir sie nicht erkennen und uns entscheiden, etwas dagegen zu tun.

Bitte beachten Sie, daß diese Erklärung nicht nahelegt, daß unsere Eltern uns nicht liebten. Sie waren vielleicht einfach nur ignorant oder ungeschickt in ihrer Art, uns ihre Wertschätzung zu zeigen, und vielleicht hatten wir selbst Schwierigkeiten, ihre Art, Liebe zum Ausdruck zu bringen, als solche zu erkennen und anzunehmen.

Bücher wie *Das Drama des begabten Kindes* von Alice Miller machen aber auch deutlich, daß einige von uns wirklich nicht von ihren Eltern geliebt wurden. Wer so etwas erlebt hat, mußte als Folge davon seine eigenen Bedürfnisse unterdrücken und hat höchstwahrscheinlich die Kernvorstellung entwickelt, dem Schmerz dieser ungeheuerlichen Erkenntnis ausweichen zu müssen.

Wie auch immer, es ist sehr wahrscheinlich, daß Sie etwa seit Ihrem zweiten Lebensjahr ein grundlegendes Szenario regelmäßig wiederholen, ein Szenario mit einer kompletten Besetzung von Schauspielern, mit einer bestimmten Handlung auf einer bestimmten Bühne, mit einer Reihe von emotionalen Reaktionen und einer Skala kompensatorischer Handlungen – unbewußt in Szene gesetzt, um die offensichtliche „Wahrheit“ Ihrer Kernvorstellung zu „beweisen“.

Grenzen und Nutzen

Wie alle persönlichen Muster hat diese Kernvorstellung zwei Funktionen. Einerseits schränkt sie uns ein, indem sie uns daran hindert, unsere eigene

Ganzheit zu erfahren, uns selbst und andere zu lieben und so anzunehmen, wie wir nun mal sind. Schauen Sie sich einen Moment lang an, wie Ihre eigene Kernvorstellung Sie einschränkt, wo Sie Ihnen Grenzen setzt. Schreiben Sie dann Ihre Beobachtungen auf.

-
-
-
-

Andererseits *gibt* uns unsere Kernvorstellung auch etwas. Sie tut etwas für uns. Sonst würden wir ihr wohl kaum erlauben, uns weiterhin einzuschränken. Sie schützt uns möglicherweise, wiegt uns in Sicherheit, verhindert, daß wir Risiken eingehen müssen, Fehler machen oder versagen. Um herauszufinden, welchen Nutzen Ihre Kernvorstellung für Sie hat, schauen Sie sich an, was Sie *verlieren* würden und was Sie *tun* oder *sein* müßten, wenn die Kernvorstellung *nicht* da wäre. Schreiben Sie Ihre Beobachtungen auf.

-
-
-
-

Und nun zum Abschluß des vierten Teils eine gute und eine schlechte Nachricht. Die schlechte zuerst: Die meisten von uns haben eine Kernvorstellung von ihrem eigenen Selbstwert, die auf die eine oder andere Art wirksam ist und sie daran hindert, mehr Liebe in ihr Leben zu bringen.

Die gute Nachricht: Wir können etwas gegen unsere Kernvorstellung tun. Wir können ihren machtvollen Einfluß und ihre begrenzende Wirkung auf unser Leben mindern. Wir können verhindern, daß sie uns blockiert, indem wir lernen, uns selbst und andere zu lieben und mehr Liebe in unser Leben zu bringen.

Verantwortung für das eigene Leben übernehmen

Wir sind alle bis zu einem gewissen Grad von unseren Eltern, Familien, Freunden, Lehrern, den Medien, der Kirche, der Regierung, anderen sozialen und politischen Institutionen und der Gesellschaft insgesamt konditioniert. Diese Prägung kann erwünscht oder unerwünscht sein, hilfreich oder destruktiv.

In jedem Fall müssen wir die Verantwortung für unsere Einstellungen und Überzeugungen übernehmen, was immer ihr Ursprung sein mag und egal ob wir sie bewußt oder unbewußt geformt haben.

In seinem Buch *The Power of Unconditional Love* sagt Ken Keyes: „Sie sind nicht für die Programmierung verantwortlich, die Sie als Kind aufgenommen haben. Doch als Erwachsener sind Sie hundertprozentig dafür verantwortlich, sie zu fixieren."

Unsere Überzeugungen bestimmen unsere Erfahrungen

Auch wenn Sie Ihre Überzeugungen für sich als wahr akzeptieren, kann es sein, daß sie für niemand anderen wahr sind. Es gibt eine große Vielzahl von Überzeugungen in dieser Welt, die das Leben interessant und abwechslungsreich machen und dafür sorgen, daß es immer etwas Neues zu entdecken und zu lernen gibt.

Ken Keyes sagt: „Ein liebender Mensch lebt in einer liebenden Welt. Ein feindlich Gesinnter lebt in einer feindlichen Welt. Jeder, den Sie treffen, ist Ihr Spiegel." Wie ist das möglich, wenn wir alle in *derselben* Welt leben?

Es ist möglich, weil unsere Überzeugungen wie gefärbte Gläser sind, durch die wir die Welt sehen. Wie ein Spiegel reflektiert uns die Welt, welche Einstellung auch immer wir ihr darbieten.

Welche Art von Welt sehen Sie? Eine liebende Welt? Eine feindliche Welt? Oder etwas völlig anderes?

Welche Art von Welt wir sehen und erfahren, hängt davon ab, welche Brille wir tragen, das heißt, es hängt von unseren Glaubensinhalten ab – auch wenn wir uns sagen mögen, daß es umgekehrt ist. Rue Wallac Hass faßt es klar und knapp zusammen: „Was Sie sehen, ist was Sie sind."

Was sehen Sie? Und wer oder was sind Sie? Es hängt alles von der Brille ab, die Sie tragen. Es hängt alles von Ihren Überzeugungen ab.

Eine neue Brille?

Sind Sie bereit, eine neue Brille auszuprobieren? Sind Sie bereit, Ihre Einstellungen auf den neuesten Stand zu bringen, vielleicht sogar einige davon zu verändern? Das würde bedeuten, die Dinge auf neue Weise zu betrachten. Schauen Sie sich das Bild unten an. Was sehen Sie?

Was immer Sie sehen, erforschen Sie die Zeichnung weiter. Schauen Sie sie auf neue Weise an. Erlauben Sie ihr, sich zu verändern und etwas anderes zu sein. Was sehen Sie?

Sie sehen möglicherweise zuerst die Silhoutten zweier Menschen im Profil, die einander anschauen.

Oder Sie sehen einen Kelch.

Sehen Sie beide Bilder? Schauen Sie weiter auf das Bild, bis Sie sowohl die Gesichter als auch den Kelch sehen. Es ist wichtig, daß Sie beide Bilder sehen.

Wenn Sie sie beide sehen, lassen Sie Ihre Wahrnehmung zwischen den Gesichtern und dem Kelch mehrmals hin und her schalten. Fahren Sie fort, bis Ihnen bewußt wird, *wie* genau Ihnen dieser Wechsel gelingt. Welchen *inneren* Mechanismus nutzen Sie, um eine sofortige und totale Veränderung Ihrer Perspektive von einem Bild zum anderen herbeizuführen?

In dem Bewußtsein, daß beide Perspektiven des Bildes existieren, können wir uns daran erinnern, daß die untere Kurve des Kelches auch das Kinn der beiden Menschen ist oder daß die Nasen der beiden Gesichter auch die oberen Kurven des Kelches sind. Wir können unsere Aufmerksamkeit auch einfach beauftragen, zu dem anderen Bild überzuwechseln. Unsere Perspektive kann sich also durch Einsatz des Willens verändern, nämlich durch unseren Wunsch und unsere Entscheidung, sie zu verändern.

Dieser Prozeß wird auch als Erneuerung bezeichnet: Wir sehen etwas mit ganz neuen Augen, das uns vertraut ist, finden neue Perspektiven, entdecken neue Dimensionen und untersuchen neue Bedeutungen und Interpretationen.

Beachten Sie, daß sich die Zeichnung selbst nicht verändert. Sie bleibt konstant. Nur unsere Perspektive verändert sich durch die Art, wie wir uns auf die Zeichnung einstellen. Beachten Sie auch, daß es nicht möglich ist, *beide* Bilder gleichzeitig zu sehen.

Stellen Sie sich jetzt vor, wie es wäre, wenn wir durchs Leben gingen und immer *entweder* nur den Kelch *oder* nur die beiden Gesichter sehen würden. Stellen Sie sich vor, wie es wäre, wenn wir so stark besetzt oder verhaftet wären, daß wir nur eines der Bilder sehen könnten, uns völlig darauf fixieren würden, darüber nachdächten und es verstärkten, indem wir uns in unserem Bewußtsein daran festhielten. Stellen Sie sich vor, wie es wäre, wenn wir derart von der absoluten Existenz nur dieses einen Bildes überzeugt wären, daß wir unfähig wären, das andere zu sehen.

Das kann passieren, wenn wir rigide an einer Einstellung festhalten, wenn wir so lange durch dieselbe Brille geschaut haben, daß wir vergessen, daß wir eine tragen.

Wiederholte Überprüfung Ihrer Überzeugungen

Es mag sein, daß in Ihrem Leben die Zeit gekommen ist, einige Ihrer Überzeugungen zu überprüfen, insbesondere diejenigen, die Sie bisher für selbstverständlich gehalten haben. Es mag Zeit sein, die Art und Weise, gewisse Themen zu betrachten, zu erneuern.

Blättern Sie jetzt zurück auf Seite 177 ff. und stellen Sie noch einmal fest, wo Sie sich auf den vier Skalen selbst plaziert haben.

Was könnten Sie brauchen, um sich auf jeder Skala auf eine höhere Zahl zuzubewegen? Stellen Sie sich vor, wie anders Ihr Leben in jedem Fall wäre. Was müßte passieren, um das zu ermöglichen? Könnte der Vorgang der Erneuerung Ihnen helfen, sich auf jeder Skala zur 5 zu bewegen, wenn Sie das wünschen?

Indem wir Ihnen helfen, ein neues Verständnis über sich selbst und das Entstehen Ihrer Vorstellungen und Verhaltensmuster zu erlangen, hoffen wir, daß dieser Kurs Sie in die Lage versetzt, Ihre Kernvorstellung eines niedrigen Selbstwerts und andere begrenzende Einstellungen zu verändern.

Was ich an mir selbst liebe

Die meisten von uns haben als Kinder gelernt, nicht über sich und ihr Selbstwertgefühl zu sprechen. Eltern, Lehrer und andere Erwachsene sagten uns, daß es unhöflich, unmanierlich, unbescheiden, eitel, egoistisch, ja sogar arrogant und narzistisch sei, über die eigenen „guten Seiten" zu sprechen. Die eigenen Stärken zu erwähnen, anderen zu sagen, was man an sich selbst mag, oder sich selbst ein Kompliment zu machen, wird in den meisten westlichen Gesellschaften mit Stirnrunzeln erwidert, wenn es nicht absolut tabu ist.

Doch ehrliche Selbsteinschätzung und wahre Wertschätzung für die eigene Person haben nichts mit Prahlerei und Wichtigtuerei zu tun. Das Gebot „Erkenne dich selbst" meint sicher, daß wir zwei Seiten unserer selbst erkennen und annehmen sollen, unsere Stärken und unsere Schwächen, unsere „positiven" und unsere „negativen" Eigenschaften, unsere Vorzüge und unsere Schwierigkeiten, und daß wir in der Lage sein sollen, einfach, klar und objektiv darüber zu sprechen.

Nutzen Sie also die nächsten Momente, um sich die Teile Ihrer selbst anzuschauen, die Sie wertschätzen und lieben: Gewohnheiten, Fähigkeiten, Eigenschaften, Charakterzüge, Muster, Perspektiven, Gefühle, Ideen, die Art, Dinge zu tun.

Hinweis: Dies soll keine Liste der Dinge werden, die Sie *am Leben* schätzen, wie Schokolade, Hunde, Rosen, Mozart oder die Farbe Blau, sondern eher eine Liste dessen, was Sie *an sich selbst* lieben. Achten Sie darauf, wie Sie sich fühlen, während Sie sich selbst wertschätzen. Fühlen Sie sich warm und entspannt, unbeholfen und schwer, schüchtern und beschämt? Setzen Sie Ihre Liste fort, bis Sie den Raum unten und auf Seite 198 ausgefüllt haben.

Was ich an mir selbst liebe

Prüfen Sie Ihre Antworten. Markieren Sie diejenigen, die Ihnen besonders bedeutungsvoll oder wichtig erscheinen.
Was haben Sie gefühlt, als Sie die Übung machten? Was fühlen und denken Sie jetzt?

-
-
-
-

Wenn Selbst-Wertschätzung ein Fremdwort für Sie ist, erfinden Sie Möglichkeiten, um sie in Ihr tägliches Leben zu bringen. Sie schulden es sich selbst, sich auf ehrliche und positive Weise zu erkennen und anzuerkennen. Indem Sie das tun, widersprechen Sie auch Ihrer Kernvorstellung eines geringen Selbstwerts.

Anfangs möchten Sie Ihre Selbst-Wertschätzung vielleicht für sich behalten, doch letztendlich werden Sie nicht umhin kommen, sie vor anderen laut auszusprechen („Ich schätze die Art und Weise, wie ich ...". „Ich bin sehr gut darin ..." „Ich liebe meine eigene ..."). Sonst beteiligen Sie sich an einer Verschwörung des Stillschweigens, einer gesellschaftlichen Konvention, die Sie weitaus mehr begrenzt, als sie Ihnen dienlich ist.

Rufen Sie jetzt, bevor Sie weitermachen, als einfachen Schritt in diese Richtung, Ihre Vertrauensperson an. Lesen Sie ihr oder ihm die Liste all der Eigenschaften vor, die Sie an sich selbst lieben. Schreiben Sie die Reaktion der Vertrauensperson und all Ihre eigenen Gefühle und Gedanken, die dadurch ausgelöst wurden, auf.

-
-
-
-

Selbst-Akzeptanz und Selbst-Wertschätzung sind Schritte auf dem Weg zur Selbst-Liebe, die wesentlich sind, um mehr wahre Liebe in Ihr Leben zu bringen.

Die Fenster der Seele

Nun geht es darum, daß Sie sich selbst lieben – diesmal *nicht* um all der positiven Eigenschaften willen, die Sie aufgelistet haben, sondern einfach um Ihrer selbst willen.

„Die Augen sind die Fenster der Seele." Haben Sie jemals die Erfahrung gemacht, daß Sie, während Sie jemandem tief in die Augen schauten, dessen Äußeres zu durchdringen begannen und in Kontakt mit seinem inneren Wesen kamen, seiner Essenz, seinem göttlichen Selbst? In einem solchen Moment werden alle äußeren Züge unwichtig und schwinden dahin, und Sie fühlen sich in Kontakt mit dem wahren Menschen. Das kann eine sehr tiefe und bewegende Erfahrung sein, egal, wer der andere Mensch ist und welche Art von Beziehung Sie zu ihm haben.

Diese Erfahrung bieten wir Ihnen jetzt an. Alles, was Sie brauchen, ist ein Spiegel an einem Ort, wo Sie absolut ungestört sind. Vielleicht möchten Sie die folgende Übungsanleitung auf Band aufnehmen, damit Sie, ohne unterbrochen zu werden, bei Ihrem inneren Prozeß bleiben können. Nehmen Sie sich Zeit für die Übung.

Finden Sie unmittelbar vor dem Spiegel eine angenehme Sitzhaltung, oder halten Sie einen Handspiegel, der groß genug ist, daß Sie Ihre Augen klar sehen können.

Schließen Sie die Augen ... Sitzen Sie gerade ... Atmen Sie ein paarmal tief durch und entspannen Sie sich ... Lassen Sie Ihren Körper, Ihre Gefühle und Ihre Gedanken ruhig werden ... Werden Sie ruhig und still wie ein See ...

Wenn Sie soweit sind, öffnen Sie langsam die Augen und schauen sich selbst im Spiegel an ... Schauen Sie sich in die Augen ... Was sehen Sie? ... Nehmen Sie sich ein paar Minuten Zeit, um einen direkten, echten Kontakt herzustellen ... Richten Sie Ihre Aufmerksamkeit eine Zeitlang auf ein Auge, und wechseln Sie dann zum anderen über, anstatt zu versuchen, beide Augen gleichzeitig im Blick zu haben ...

Beobachten Sie dabei Ihre Reaktionen ... Wie reagieren Sie körperlich? ... entspannt? ... angespannt? ... voller Energie? ... Wie reagiert Ihr Gefühl? ... freudig? ... beschämt? ... schwermütig? ... Wie reagiert Ihr Geist? ... neugierig? ... kritisch? ... mit zunehmendem inneren Geschwätz? ...

Fällt es Ihnen leicht, einen wohltuenden Blick in Ihre eigenen Augen beizubehalten? ... Oder widerstrebt es Ihnen und finden Sie Möglichkeiten, Ihre Aufmerksamkeit abzuwenden? ... Treffen Sie eine freiwillige Entscheidung, bei der Übung zu bleiben, und halten Sie einen stetigen, angenehmen Blick in Ihre eigenen Augen aufrecht, ohne auf einen Punkt zu starren oder wegzuschauen ... Lassen Sie jegliche Verlegenheit oder andere unangenehme Gefühle sanft schwinden ...

Dringen Sie jetzt noch tiefer in die Augen ein, die Sie im Spiegel sehen ... Schauen Sie durch sie hindurch und dahinter ... Erlauben Sie sich selbst, zu *fühlen*, was immer dahinter liegt ... Bleiben Sie so lange Sie können in dieser Erfahrung ...

Wenn Sie soweit sind, sagen Sie laut: *„Ich liebe und akzeptiere mich genau so, wie ich bin."* Halten Sie den tiefen Augenkontakt mit sich selbst im Spiegel ...

Nehmen Sie Ihre Reaktionen wahr ... Wie reagieren Sie körperlich? ... gefühlsmäßig? ... geistig? ...

Wenn Sie soweit sind, wiederholen Sie die Aussage laut: *„Ich liebe und akzeptiere mich genau so, wie ich bin."*

Nehmen Sie sich Zeit, um wirklich mit dieser Aussage zu sein – mit den Worten, der Idee, mit ihrem gefühlsmäßigen Klang ... Lassen Sie das alles tief in sich hineinsinken ...

Fahren Sie einige Zeit fort, die Aussage laut zu wiederholen: *„Ich liebe und akzeptiere mich genau so, wie ich bin."* Erhalten Sie sie frisch ... Vermeiden Sie, daß sie automatisch oder rituell kommt ... Halten Sie den tiefen Augenkontakt mit sich selbst ... Erlauben Sie sich, jedesmal weiter in sich selbst hineinzugehen ... weiter und weiter ... weiter als Sie je zuvor gegangen sind ... Nehmen Sie mit dem innersten Teil Ihrer selbst Kontakt auf ... Nehmen Sie sich alle Zeit, die Sie dafür brauchen ...

Lassen Sie Ihre Aufmerksamkeit in Ihrem eigenen Tempo in den Raum zurückkommen, in dem Sie sich jetzt befinden ... Nehmen Sie einen tiefen Atemzug ... Und strecken Sie sich sanft ...

Schreiben Sie jetzt alle Gefühle, Gedanken und Fragen auf, die Sie festhalten möchten.

Wiederholen Sie diese einfache und kraftvolle Übung zur Erneuerung Ihres Selbstbildes regelmäßig.

Der treue Soldat

In ihrem Buch *The Unfolding Self: Psychosynthesis and Counselling* stellt Molly Young Brown eine hilfreiche Analogie vor, die auf die Kernvorstellung eines geringen Selbstwerts anwendbar ist.

Jahre nach dem Ende des Zweiten Weltkrieges wurde im Dschungel einer südpazifischen Insel ein Japaner entdeckt, der sich dort versteckt hielt. Nicht wissend, daß der Krieg zu Ende war, hatte er sich am Leben erhalten und wartete darauf, gerettet zu werden. Als er gefunden wurde, sagte man ihm, daß der Krieg vorüber sei und er sich nicht mehr zu verstecken brauchte. Der Soldat jedoch reagierte skeptisch: „Sie versuchen mich reinzulegen." Schließlich gab er nach und wurde zurück nach Japan geschickt. Weil er seinem Land treu gedient hatte, wurde er mit allen militärischen Ehren als Held aus dem aktiven Kriegsdienst entlassen und wieder in das zivile Leben integriert.

Ihre Kernvorstellung ist ein treuer Soldat. Sie hat Ihnen all die Jahre hindurch gut gedient. Sie hat Sie verteidigt. Sie hat Ihnen geholfen zu überleben. Sie hat Sie, vielleicht durch viele Kämpfe und viel Schmerz hindurch, am Leben erhalten. *Doch der Krieg ist zu Ende!*

Sie haben jetzt mehr Möglichkeiten, sich zu schützen, als damals, als Sie zwei Jahre alt waren und Ihre Kernvorstellung erstmals unter Vertrag genommen haben. Endlich aus dem Versteck geholt, muß Ihre Kernvorstellung nicht dem Erschießungskommando ausgeliefert werden, weil sie Sie eingeschränkt hat, sondern eher in allen Ehren entlassen werden, weil sie Ihnen gut gedient hat. Es ist an der Zeit, sie zu verwandeln und in die Ganzheit zu integrieren.

Wundern Sie sich nicht, wenn Sie zunächst auf ein „Sie versuchen, mich reinzulegen" stoßen, auf ungläubigen Widerstand des Teils in Ihnen, der fest daran glaubt, daß Ihre Kernvorstellung wahr ist. Schließlich hat sie Ihnen viele Jahre lang gedient. Doch mit der Zeit werden Sie diesen Teil in sich selbst mit liebender Geduld davon überzeugen können, daß der Krieg tatsächlich vorüber ist. Wenn es soweit ist, werden Sie mit wirklich von Herzen kommender Wertschätzung sagen können: „Ich liebe und akzeptiere mich genau so, wie ich bin!"

Was ich brauche

Wie wir gesehen haben, entwickeln sich Kernvorstellungen eines geringen Selbstwerts sowie andere Vorstellungen und Ängste, die Sie darin begrenzen, mehr Liebe in Ihr Leben zu bringen, nicht über Nacht. Sie sind meist seit sehr langer Zeit nachweisbar und seitdem verstärkt worden. Daher sind Ihr Wunsch, Ihre Absicht und Ihre Entscheidung notwendig, um sie zu verändern. Hier ist eine Übung, um herauszufinden, welche Hilfe Sie brauchen, um Ihre Selbst-Akzeptanz und Ihre Selbst-Liebe zu erhöhen.

Finden Sie eine bequeme, gerade Sitzhaltung ... Schließen Sie die Augen ... Atmen Sie mehrmals langsam, lang und tief durch ... Entspannen Sie Ihren Körper völlig ... Lassen Sie alle Spannungen los ... Erlauben Sie allen Gefühlen, die Sie haben mögen, zu schwinden ... Tun Sie dasselbe mit Ihren Gedanken ... Werden Sie wie ein stiller, ruhiger See, der den blauen Himmel oder den sternklaren Nachthimmel perfekt spiegelt ... Seien Sie im Frieden und dennoch wach ...

Wenn Sie soweit sind, lassen Sie ein Bild oder ein Gefühl in sich aufsteigen, das darstellt, was Sie brauchen, um Ihre Selbst-Akzeptanz und Ihre Selbst-Liebe zu erhöhen ... Nehmen Sie sich Zeit ... Warten Sie geduldig in der Stille, gewiß, daß Ihnen bald etwas einfallen wird ... Seien Sie bereit anzunehmen, was immer kommt, ohne es zu verurteilen, zu zensieren oder zurückzuweisen ... Beobachten und prüfen Sie es einfach, um mehr darüber zu erfahren ... Wenn Sie beginnen, etwas wahrzunehmen, lassen Sie es lebhafter werden ... Achten Sie auf seine Größe und Form ... die Dichte und das Muster ... die Farbe und die Struktur ... Erforschen Sie es mit möglichst vielen Sinnen ... Finden Sie eine übergeordnete Qualität, die es Ihnen nahelegt ...

Öffnen Sie dann die Augen und bringen Sie in der Zeichnung unten entweder das Bild selbst oder seine Qualität zum Ausdruck ... Wenn nichts in Ihnen aufgestiegen ist, öffnen Sie die Augen, behalten die Frage im Gedächtnis und beginnen, frei und spontan zu malen. Lassen Sie sich auf diese Weise etwas einfallen.

Was ich brauche, um meine Selbst-Akzeptanz und Selbst-Liebe zu erhöhen

Beschreiben Sie die übergeordnete *Qualität* des Symbols, und notieren Sie alle Worte, Gefühle oder Gedanken, die Ihnen während der Übung eingefallen sind oder die Ihnen jetzt bewußt werden. Welche neue Erkenntnis vermittelt Ihnen dieses Symbol und seine Qualität?

-
-
-
-

Wie werden Sie das, was dieses Symbol für Sie darstellt, nutzen, um Ihre eigene Selbst-Akzeptanz und Selbst-Liebe zu erhöhen? Welche Ideen für einen „nächsten Schritt" hat es Ihnen gegeben?

-
-
-
-

TEIL SECHS – DIE ANWENDUNG

Affirmationen

Unser Gehirn ist ein Computer. Unser Geist ist der Programmierer. Unser Leben ist der Ausdruck.

Die meisten von uns haben sich selbst seit ihrem zweiten Lebensjahr mit der Kernvorstellung eines geringen Selbstwerts programmiert. Der daraus resultierende Ausdruck war voll von Zweifeln, Zögern, einem armseligen Selbstbild und einem Mangel an Sicherheit, Vertrauen, Akzeptanz und Liebe.

Wenn wir den Ausdruck nun verändern möchten, was müssen wir tun? Ja, natürlich, das Programm verändern!

Ein wirksames Mittel, um das Programm zu verändern, sind Affirmationen. *Eine Affirmation ist eine positive, wie Samen gepflanzte Aussage oder ein Bild, wodurch wir ein gewünschtes Ergebnis klar und exakt aussprechen oder visualisieren, als wäre es bereits da.* Es sind Befehle, die unserem Computer eingegeben werden.

Beispiele für verbale Affirmationen sind: *„Ich bringe Tag für Tag mehr Liebe in mein Leben“* und *„Ich liebe und akzeptiere mich selbst so, wie ich bin.“* Ein Beispiel für eine visuelle Affirmation ist das Ideal der Ehrlichkeit aus der schöpferischen Meditation in Kapitel vier (Seite 158).

Sie fragen sich vielleicht, wie ein wiederholt ausgesprochener Satz oder das Visualisieren eines Bildes ein lebenslanges Verhaltensmuster verändern kann. Affirmationen schalten den Fokus unserer Achtsamkeit um, und zwar auf ähnliche Weise, wie wir unsere Einstellung bei der Kelch/Gesichter-Zeichnung (Seite 195) von einem Bild zum andern umgeschaltet haben. Affirmationen sind eine Technik zur Erneuerung einer bestimmten Gegebenheit, in diesem Fall unserer Selbst-Wertschätzung.

Verbale Affirmationen

Wirksame verbale Affirmationen haben folgende Charakteristika:

1. Sie werden positiv und eindringlich formuliert. („Ich bin jetzt immer sehr zuversichtlich“ anstatt „Ich habe keine Angst mehr.“) Sie sind auf die neue Einstellung gerichtet, die wir schaffen möchten, nicht auf die alte, die wir loslassen wollen.

2. Sie sind kurz und bestehen gewöhnlich aus einem Dutzend Worten oder weniger. Die meisten Kernvorstellungen sind übrigens ebenso kurz („Ich bin unerwünscht“, „Ich bin nicht gut genug“, „Ich mache alles falsch“, „Ich bin ein Versager“), und wie wirksam sie sind!

3. Sie werden im Präsenz formuliert, als ob das gewünschte Ergebnis bereits erreicht wäre. („Ich fühle mich jetzt immer sehr sicher, um für die Liebe offen zu sein“ anstatt „Ich werde mich zunehmend sicherer fühlen, um in der Zukunft offener für die Liebe zu sein.“)

4. Sie beginnen mit unserem Namen, um sie mit uns persönlich und mit unserem eigenen Entwicklungsprozeß zu verbinden. („Ich, (Name), verdiene Liebe in meinem Leben.“)

5. Sie sind absolut. Sie gebrauchen Worte wie *immer, sehr* und *jetzt* und vermeiden Formulierungen wie *ich kann, ich versuche* oder *ich bin in der Lage,* um die Schlupflöcher zu schließen, durch die der Teil von uns, der glaubt, daß unsere Kernvorstellung wahr ist, ausweichen kann.

6. Sie beschränken sich auf uns selbst und unser Leben, denn andere Menschen betreffend können wir keine Affirmationen aussprechen. („Ich bin immer sehr liebevoll und liebenswürdig“ anstatt „Die Leute finden mich immer sehr liebenswürdig und liebevoll.“)

7. Sie werden verstärkt, wenn wir das gewünschte Ergebnis visualisieren, während wir die Affirmationen aufschreiben und laut aussprechen.

Der Unterschied zwischen einer Affirmation und einer Kernvorstellung ist, daß die Kernvorstellung eine Lüge ist, die die Wahrheit zu sein scheint. Eine Affirmation ist die Wahrheit, die eine Lüge zu sein scheint!

Jetzt laden wir Sie ein, eine verbale Affirmation zu formulieren, welche die Kernvorstellung eines geringen Selbstwerts, die Sie im vierten Teil (Seite 185 ff.) identifiziert haben, umkehrt oder ihr widerspricht. Das mag bedeuten, einfach das Gegenteil zu behaupten. Wenn Ihre Kernvorstellung beispielsweise lautet: „Ich bin nicht gut genug“, dann könnte Ihre Affirmation sein: „Ich bin immer gut genug“ oder „Ich bin absolut vollkommen, wie ich jetzt bin.“ Lassen Sie sie wie die größte Lüge erscheinen, die Ihnen einfallen könnte. Das macht die Affirmation stärker und wirksamer!

Schreiben Sie sie mehrmals auf. Beginnen Sie mit: „Ich, (Name), ...“ Sprechen Sie die Affirmation, während Sie schreiben, laut aus und visualisieren Sie das gewünschte Ergebnis jedesmal, um die Neuprogrammierung Ihres Computers, die Erneuerung Ihres Selbstwertgefühls zu verstärken. Nehmen Sie sich Zeit. Halten Sie die Affirmation frisch und lebendig.

-
-
-
-

Fast jede Form von Werbung beeinflußt uns durch die häufige Wiederholung von Affirmationen über einen längeren Zeitraum hinweg. Wir bedienen uns derselben Strategie. Vermeiden Sie Ungeduld und Eile. Geben Sie Ihrer Affirmation Zeit, um Wurzeln zu schlagen. Der Schlüssel ist die Wiederholung. Die ursprüngliche Programmierung, die Sie verändern möchten, hat sich nicht über Nacht entwickelt, und es ist nicht wahrscheinlich, daß sie über Nacht verschwindet. Wie in der Werbung kommt der Erfolg erst durch ausdauernde Wiederholung.

Nutzen Sie Ihre Affirmation während der nächsten sieben Tage täglich. Sprechen Sie sie mehrmals am Tag laut aus. Stellen Sie einen Wecker, um sich daran zu erinnern, sie wenigstens einmal in der Stunde auszusprechen. Visualisieren Sie dabei jedesmal das gewünschte Ergebnis. Hier ein paar Empfehlungen zur Verstärkung Ihrer Affirmation:

- Sprechen Sie sie gelegentlich, während Sie Augenkontakt mit sich selbst im Spiegel haben.
- Schreiben Sie sie wieder und wieder auf, während Sie das gewünschte Ergebnis visualisieren.
- Schreiben Sie sie auf Kärtchen und stellen Sie sie zu Hause oder am Arbeitsplatz auf.
- Tragen Sie als ständige Erinnerung ein Kärtchen in der Brieftasche oder im Portemonnaie bei sich.
- Rufen Sie Ihre Vertrauensperson und andere Menschen an und sprechen Sie Ihre Affirmation zuversichtlich laut aus.
- Finden Sie ein Bild oder malen Sie eines, das symbolisiert, was immer Sie erreichen möchten. Hängen Sie es dort auf, wo Sie es oft sehen, und behalten Sie es klar in Ihrem Bewußtsein.

Halten Sie Ausschau nach neuen Wegen, sich an Ihre Affirmation zu erinnern. Lassen Sie sie lebendige Gegenwart werden. Erinnern Sie sich: Sie programmieren Ihren Computer neu. Sie sind der- oder diejenige, der oder die das gewünschte Ergebnis hervorbringt.

Visuelle Affirmationen

Eine bildliche Form der Affirmation ist die Visualisation eines Idealmodells, in der wir in Details genau sehen, wie wir uns unser Leben wünschen.

Blättern Sie jetzt zurück auf Seite 159 und schauen Sie sich Ihre Erfahrung mit der schöpferischen Meditation noch einmal an. Machen Sie dann die ganze Übung noch einmal, wobei Sie für Ehrlichkeit Liebe einsetzen, und visualisieren Sie, wie liebevoll Sie idealerweise sein möchten. Nachdem Sie diese Visualisation sieben Tage lang täglich gemacht haben, schreiben Sie Ihre Gefühle, Gedanken und Beobachtungen auf.

-
-
-
-
-

Affirmationen der Tat

Die dritte Affirmationsform ist die Umkehrung der ersten beiden. Sie bedient sich *äußeren* Verhaltens, um eine Veränderung des *inneren* Zustands zu erreichen. Durch hinreichende Wiederholung über längere Zeit können wir unseren inneren Zustand in der Tat so verändern, daß er dem äußeren Verhalten entspricht. Wir tun das, indem wir so „handeln, als ob“ wir den gewünschten inneren Zustand schon erreicht hätten.

Man wendet diese Übung im täglichen Leben an. Wir wissen, daß wir uns durch einfache Handlungen verändern können, durch Singen oder Pfeifen, die Art, uns zu kleiden oder zu sprechen, zu stehen und zu bewegen. Die äußere Handlung ist der Katalysator für die innere Veränderung. Indem wir uns verhalten, als fühlten wir uns fröhlich, zuversichtlich, mutig oder liebevoll, werden wir schließlich, wie wir handeln. Sie haben dieses Phänomen möglicherweise im vierten Kapitel erfahren, als Sie Offenheit mit Ihrem Körper dargestellt haben, um diese Eigenschaft in sich herauszufordern.

Nehmen Sie sich jetzt einen Moment Zeit, um äußeres, beobachtbares Verhalten anzuschauen, das für Sie die Qualitäten der Liebe reflektiert. Beginnen Sie auf der körperlichen Ebene mit Haltungen, Gesten und Bewegungen, die Sie vor einem großen Spiegel ungestört darstellen können. Wenden Sie sie auf sich selbst an. „Handeln Sie, als ob“ Sie sich selbst wahrhaftig und vollkommen liebten und als hätten Sie viel Selbstvertrauen und große Wertschätzung für sich selbst. Später, wenn Sie sich mit dieser Technik angefreundet haben, machen Sie bestimmte beobachtbare Handlungen ausfindig, die Sie anderen Menschen gegenüber anwenden können. „Handeln Sie, als ob“ Sie sie vollkommen und frei liebten, auch (und insbesondere) wenn Sie zur Zeit genau das Gegenteil empfinden.

Hinweis: Indem wir „handeln, als ob“, empfinden wir Liebe für uns selbst oder andere, während wir womöglich recht negative Gefühle haben. Wir täuschen nichts vor und heucheln nicht , wenn es unsere Absicht ist, uns mit der höchsten Ebene unseres Wesens zu identifizieren und sie *trotz* unserer negativen oder blockierten Gefühle auf den Plan zu rufen. Es ist zwar wichtig, daß wir alle Teile unserer selbst akzeptieren, aber wir haben dennoch die Möglichkeit zu *entscheiden,* welchen im Widerspruch befindlichen Teil wir energetisieren und ausdrücken – den positiven oder den negativen, den höchsten oder den niedrigsten, den liebenden oder den nicht liebenden. Diese wichtige Entscheidung müssen wir *immer* selbst fällen.

Üben Sie die Technik des äußeren Verhaltens in den nächsten sieben Tagen wenigstens fünf Minuten lang täglich. Berichten Sie dann über Ihre Erfahrungen.

-
-
-
-

Literaturempfehlungen

1. In *Vivation* von Jim Leonard und Phil Laut lesen wir: „Wenn Sie die Idee, daß Ihre Realität eine Projektion Ihres Geistes ist, erst einmal akzeptiert haben, hören Sie auf, sich als Opfer zu fühlen, und lassen den Wunsch los, sich Ihre negativen Überzeugungen ständig selbst zu beweisen. Indem Sie akzeptieren, daß Ihre Realität die Projektion Ihres Geistes ist, geben Sie sich die Gelegenheit, das zu erschaffen, was Sie sich für Ihr Leben wünschen."

2. *I Deserve Love* von Sondra Ray zeigt, wie man Affirmationen benutzt und stellt im Anhang Hunderte von Beispielaffirmationen vor, die in Situationen eingesetzt werden können, die mit Liebe und Sexualität zu tun haben.

Persönliches Ziel

Ziehen Sie unterschiedliche einfache Handlungen in Betracht, die Sie in den nächsten Tagen ausführen und die Sie Ihrem Ziel, mehr Liebe in Ihr Leben zu bringen, einen Schritt näherbringen könnten. Wählen Sie dann eine aus, die Sie als persönliches Ziel annehmen können. Treffen Sie eine wohlüberlegte Entscheidung, und schreiben Sie sie auf. Erinnern Sie sich, daß es Ihnen Kraft gibt, Entscheidungen zu treffen und sie in die Tat umzusetzen.

-
-
-
-

Was habe ich aus diesem Kapitel gelernt?

Blättern Sie zurück und schauen Sie sich noch einmal an, was Sie in diesem Kapitel gelernt haben. Schreiben Sie die drei wichtigsten Lernschritte oder die daraus gewonnenen Erkenntnisse auf.

-
-
-
-
-
-
-

Sinn

Im fünften Kapitel sollten Sie herausfinden, wie Ihre Einstellungen der Liebe gegenüber Ihnen dienen und Sie gleichzeitig einschränken. Sie haben Techniken kennengelernt, die Ihnen helfen sollten, beschränkende Einstellungen zu verändern. In welchem Maße hat das fünfte Kapitel seinen allgemeinen Sinn für Sie erfüllt?

-
-
-
-

Herzlichen Glückwunsch! Sie haben das Ende des fünften Kapitels erreicht und die erste Hälfte des Kurses abgeschlossen. Besprechen Sie Ihre Erfahrungen aus diesem Kapitel mit Ihrer Vertrauensperson, *bevor Sie mit dem nächsten beginnen.*

Kapitel sechs
Die Entscheidung, zu akzeptieren

TEIL EINS – VERBINDUNG AUFNEHMEN

Sie beginnen jetzt mit der zweiten Hälfte des Kurses. Schauen Sie sich daher die ersten fünf Kapitel noch einmal an, um sich mit Ihrem Entwicklungsprozeß zu verbinden. Blättern Sie zum ersten Teil des ersten Kapitels zurück, und schauen Sie sich Ihr ursprüngliches Ziel für diesen Kurs noch einmal an. Wie schätzen Sie Ihren bisherigen Fortschritt ein? Haben Sie das persönliche Ziel erreicht, das Sie sich im fünften Kapitel gesetzt haben? Wie war es?

Wenn Sie Wortkarten benutzt haben, schreiben Sie auf, welche Erfahrung Sie damit gemacht haben.

Wenn Sie sich seit Beginn des letzten Kapitels entschlossen haben, zusätzliche Risiken einzugehen, um mehr Liebe in Ihr Leben zu bringen, schreiben Sie über Ihre Erfahrung. Was haben Sie getan? Wie erfolgreich waren Sie und was haben Sie gelernt?

Schreiben Sie alle Erinnerungen, Gedanken, Gefühle, Einsichten, Träume, unerledigten Dinge, Begegnungen und Ereignisse auf, die in Ihrer inneren und äußeren Welt aufgetreten sind, seit Sie das fünfte Kapitel abgeschlossen haben. Schließen Sie auch die Bücher mit ein, die Sie gelesen haben, die Fragen, die noch nicht beantwortet sind, sämtliche Beobachtungen und alles, was Sie mit dem Kurs in Verbindung bringen.

TEIL ZWEI – BESTANDSAUFNAHME

Das Ziel

Im sechsten Kapitel sollen Sie erfahren, daß Ihre persönliche Identität sozusagen eine Collage der vielen Bilder ist, die Sie von sich selbst haben. All diese Bilder sind nur Teile des ganzen Bildes, und sie sind veränderbar. Ein wichtiger Schritt zu Ihrem Ziel, mehr Liebe in Ihr Leben zu bringen, besteht darin, sie alle als Teile Ihrer selbst zu akzeptieren.

Wir alle haben viele verschiedene Bilder oder Identifikationen von uns selbst. Jede ist nur ein Bruchstück, ein Teil des Bildes, weil wir uns ständig verändern und zu unterschiedlichen Zeiten anders ausdrücken. Jedes Bild, das wir von uns selbst haben, ist nur ein kleiner Teil unserer gesamten Identität.

Es gibt zahllose andere Teile, andere Bilder – so viele, daß es unmöglich wäre, sie alle aufzulisten. Doch um Ihnen ein Beispiel zu geben, führen wir anschließend ein paar der offensichtlicheren auf.

Identifikation nach Geschlecht

Wir identifizieren uns mit unserm Geschlecht. Wir haben ein Gespür dafür, wie es sich anfühlt und was es bedeutet. Markieren Sie unten alle Bilder, die Sie zur einen oder anderen Zeit von sich selbst haben.

___ weiblich	___ männlich
___ Mädchen	___ Junge
___ Frau	___ Mann
___ Dame	___ Herr

Identifikation in der Familie

Wir identifizieren uns mit unseren Rollen in der Familie. Markieren Sie unten alle Bilder, ob real oder angenommen, die Sie von sich haben.

___ Tochter	___ Sohn	___ Cousin/e
___ Enkelin	___ Enkel	___ Waise
___ Schwiegertochter	___ Schwiegersohn	
___ Nichte	___ Neffe	
___ Schwester	___ Bruder	
___ Tante	___ Onkel	
___ Ehefrau/Partnerin	___ Ehemann/Partner	
___ Mutter	___ Vater	
___ Schwiegermutter	___ Schwiegervater	
___ Großmutter	___ Großvater	

Schreiben Sie weitere Bilder auf, die Sie von sich innerhalb der Familie haben.

-
-

Nationale Identifikation

Wir identifizieren uns mit unserer Nationalität. Schreiben Sie Ihre ursprüngliche und gegebenenfalls angenommene Nationalität auf. Nehmen Sie auch andere, ähnliche Bilder dazu, die Sie von sich selbst haben, zum Beispiel Weltbürger, den Namen Ihrer Gemeinde, des Bundeslandes oder der Region.

-
-

Politische Identifikation

Wir identifizieren uns mit unseren politischen Überzeugungen und haben Vorstellungen von uns selbst, etwa konservativ, demokratisch, liberal, gemäßigt, republikanisch, revolutionär, sozialistisch und so weiter zu sein. Nennen Sie alle politischen Überzeugungen, die Sie haben, auch wenn sie sich von Zeit zu Zeit verändern oder unterschiedliche Schwerpunkte haben.

-
-

Religiös-spirituelle Identifikation

Wir identifizieren uns mit unseren religiös-spirituellen Überzeugungen und bezeichnen uns selbst als Agnostiker, Atheist, Gläubiger, Buddhist, Kind Gottes, Christ, Jünger, Ketzer, Hindu, Humanist, Jude, Meditierender, Moslem, Protestant, Katholik, Wahrheitssucher, Diener Gottes, Visionär und so weiter. Nennen Sie alle religiös-spirituellen Bilder, die Sie von sich selbst haben.

-
-

Identifikation mit der Arbeit

Wir identifizieren uns mit unserer Arbeit und sehen uns selbst als Angestellte, Selbständige, Arbeitgeber, Arbeitslose oder Rentner, Vorgesetzte, Kollegen und so weiter. Schreiben Sie alle Bezeichnungen auf, die Sie in diesem Bereich für sich selbst haben. Zählen Sie auch alle Berufe auf, die Sie je hatten, zum Beispiel: Verwalter, Ingenieur, Arzt, Lehrer oder Schriftsteller.

-
-
-
-

Identifikation mit besonderen Interessen

Wir identifizieren uns mit unseren Hobbies und Freizeitbeschäftigungen und haben Bilder von uns selbst als Künstler, Vogelliebhaber, Camper, Sammler, Radfahrer, Tänzer, Wanderer, Leseratte, Sportsfreund, Schwimmer, Theaterfan und so weiter. Schreiben Sie alle Bilder auf, die Sie in diesem Zusammenhang von sich selbst haben.

-
-
-
-

Identifikation mit Merkmalen von Tieren

Oft vergleichen wir uns mit den besten und schlechtesten Merkmalen von Tieren. Wir sehen uns selbst als „frei wie ein Vogel, schlau wie ein Fuchs, weise wie eine Eule oder stark wie ein Stier“. Markieren Sie unten alle Tiere, mit denen Sie sich gelegentlich vergleichen.

___ Aal	___ Fledermaus	___ Karpfen	___ Schakal
___ Adler	___ Fliege	___ Katze	___ Schildkröte
___ Affe	___ Floh	___ Krähe	___ Schlange
___ Ameise	___ Frettchen	___ Krebs	___ Schmetterling
___ Bär	___ Frosch	___ Krokodil	___ Schwan
___ Bieber	___ Fuchs	___ Kuh	___ Schwein
___ Biene	___ Gans	___ Lamm	___ Skorpion
___ Blutegel	___ Gazelle	___ Lärche	___ Spatz
___ Bussard	___ Geier	___ Löwe	___ Spinne
___ Chamäleon	___ Giraffe	___ Maulwurf	___ Stier
___ Delphin	___ Habicht	___ Maultier	___ Strauß
___ Dinosaurier	___ Hahn	___ Maus	___ Tiger
___ Eichhörnchen	___ Hai	___ Muschel	___ Truthahn
___ Eidechse	___ Hase	___ Nachtigall	___ Vogel
___ Elch	___ Huhn	___ Ochse	___ Wal
___ Elefant	___ Hund	___ Papagei	___ Wellensittich
___ Elster	___ Igel	___ Pferd	___ Wolf
___ Ente	___ Iltis	___ Ratte	___ Wurm
___ Eule	___ Kamel	___ Reh	___ Zebra
___ Fisch	___ Känguruh	___ Schaf	___ Ziege

Schreiben Sie weitere Tierbilder auf, die Sie von sich selbst haben.

-
-
-
-

Identifikation mit häuslichen Pflichten

Wir identifizieren uns mit unseren häuslichen Pflichten und haben Bilder von uns selbst als Babysitter, Buchhalter, Putzfrau, Köchin, Chauffeur, Tellerwäscher, Heimwerker, Gärtner und so weiter. Schreiben Sie alle häuslichen Bilder auf, die Sie von sich selbst haben.

-
-
-
-

Körperliche Identifikation

Wir identifizieren uns mit unserem Körper, mit unserem Aussehen und mit unseren Körpergefühlen und bezeichnen uns selbst als schön/unscheinbar, schwarz/weiß, geschickt/ungeschickt, schnell/langsam, gesund/krank, stark/schwach, groß/klein, dünn/dick, jung/alt und so weiter.

-
-
-
-

Emotionale Identifikation

Wir identifizieren uns mit unseren Gefühlen und sehen uns selbst als einen Menschen, der wütend, ängstlich, mitfühlend, depressiv, in gehobener Stimmung, voller Schuldgefühle, freudig, einsam, traurig, ernst und so weiter ist. Schreiben Sie alle emotionalen Bilder auf, die Sie von sich haben.

-
-
-
-

Mentale Identifikation

Wir identifizieren uns mit unserem Geist und haben darauf bezogene Vorstellungen von uns selbst als einem Menschen, der (nicht) analytisch denkt, sich (nicht) gut ausdrücken kann, der (un)klar ist, (un)gebildet, (nicht) intelligent, wissend/ignorant, (un)logisch, (ir)rational und so weiter. Schreiben Sie alle mentalen Vorstellungen auf, die Sie von sich selbst haben.

-
-
-
-

Sexuelle Identifikation

Wir identifizieren uns mit unserer sexuellen Orientierung und Praxis und haben Bilder von uns selbst als (nicht) sexuell, bisexuell, heterosexuell, homosexuell, lesbisch, nymphomanisch, verführerisch, enthaltsam, neckisch, transsexuell, jungfräulich, Prostituierte, Vamp und so weiter. Schreiben Sie alle sexuellen Vorstellungen auf, die Sie von sich selbst haben.

-
-
-
-

Verhaltensidentifikation

Wir identifizieren uns mit unserem Verhalten, und wir haben verschiedene Bilder von unserem Verhalten. Markieren Sie unten alle Bilder, die Sie gelegentlich von sich selbst haben. Fragliche Bilder können Sie überprüfen, indem Sie zu sich selbst sagen: „Manchmal bin ich ein/e ________________.“

___ Aktivist
___ Athlet
___ Außenseiter
___ Aussteiger
___ Baby
___ Beobachter
___ Betrüger
___ Bettler
___ Bewunderer
___ Clown
___ Dieb
___ Egoist
___ Eiferer
___ Engel
___ Erfinder
___ Erfolgsmensch
___ Erwachsener
___ Extrovertierter
___ Fanatiker
___ Feind
___ Fixer
___ Förderer
___ Freund
___ Frömmler
___ Gebender
___ Gegner
___ Geliebte
___ Gott
___ Halbstarker
___ Hehler
___ Heiliger
___ Helfender
___ Hexe
___ Idealist
___ Insider
___ Introvertierter
___ Jünger
___ Kämpfer
___ Katalysator
___ Klagender
___ Klatschbase
___ Konsument
___ Kontrolleur
___ Kritiker
___ Langweiler
___ Lehrer
___ Leiter
___ Magier
___ Manipulator
___ Mauerblümchen
___ Mystiker
___ Opfer
___ Optimist
___ Organisator
___ Parasit
___ Pazifist
___ Perfektionist
___ Pessimist
___ Pragmatiker
___ Ratgeber
___ Realist
___ Rebell
___ Richter
___ Romantiker
___ Schöpfer
___ Schuft
___ Schwindler
___ Sieger
___ Skeptiker
___ Sorgenvoller
___ Spaßvogel
___ Spion
___ Student
___ Süchtiger
___ Sünder
___ Taugenichts
___ Teufel
___ Tor
___ Tourist
___ Träumer
___ Tröster
___ Tyrann
___ Übertreiber
___ Ungeheuer
___ Unterhalter
___ Verbündeter
___ Verlierer
___ Verräter
___ Versager
___ Verteidiger
___ Weiser
___ Wetteiferer
___ Zerstörer
___ Zögerer
___ Zuhörer
___ Zyniker

Schreiben Sie andere Bilder auf, die Sie von sich selbst haben.

-
-
-
-
-

Zählen Sie jetzt alle Bilder, die Sie markiert oder aufgelistet haben, und notieren Sie hier die Summe ______.

Das ist nur ein sehr kleines Stück aus dem reichen und ständig wechselnden Mosaik Ihrer persönlichen Identität. Es deutet auf eine farbenprächtige Auswahl von Charakteristika hin, die nur darauf warten, von Ihnen akzeptiert und integriert werden.

TEIL DREI – PERSPEKTIVEN ERFORSCHEN

EILEEN

Das Alte muß sterben, damit das Neue hervorkommen kann.

Ich habe mich oft gefragt, was diese Worte bedeuten. Wohl konnte ich beim Kartoffelsetzen verstehen, daß die alte Kartoffel sterben muß, bevor neue Kartoffeln aus ihr wachsen können. Doch lange Zeit konnte ich nicht verstehen, wie dieses Prinzip für mein eigenes Leben gilt.

Wenn ich jetzt – nach Jahren – zurückblicke, kann ich klar sehen, was es bedeutet hat. Wann immer ich mich mit einer Identität oder in einer Rolle sicher und wohl fühlte, wurde ich von äußeren Umständen gezwungen, sie loszulassen, um für etwas Neues in meinem Leben Platz zu machen. Manchmal war das außerordentlich unangenehm, ja sogar drastisch und erschütternd. Doch ich habe entdeckt, daß jede Veränderung meiner Identität in Wirklichkeit eine sehr positive Möglichkeit des Wachstums und der Erweiterung für mich war.

Als ich das erste Mal heiratete, wurde ich Hausfrau und später Mutter von fünf Kindern, und viele Jahre lang waren diese häuslichen Rollen alles, was ich glaubte zu sein und sein zu können. Ich war damals recht zufrieden mit meinem Los.

Dann Peng! Etwas passierte, das mein Leben veränderte. Alle diese Rollen zerbrachen ganz abrupt, und ich begab mich mit meinem zweiten Ehemann in eine neue, unsichere Rolle. Mein sprirituelles Training begann. Und ich hatte so viele Lektionen zu lernen. Es war eine sehr schmerzvolle Zeit, weil so viel Widerstand in mir war. Eine Zeitlang verlor ich meine Identität und wurde zum Einsiedler. Später hörte ich die „noch leise Stimme“ in mir, und von da an lernte ich, nach den Weisungen meiner inneren Stimme zu leben. Meine ganze Identität veränderte sich, und ich kann jetzt sehen, daß meine alte Identität sterben mußte, damit die neue hervorkommen konnte.

Ich begann, mich in meiner neuen Rolle als Orakel oder Kanal, sicher zu fühlen, als ich jede Nacht von meiner inneren Stimme sehr einfache Lehren empfing, die ich am nächsten Morgen einer kleinen Gruppe von Menschen, die sich geformt hatte, vorlesen konnte. Das machte ich jahrelang, während wir zu einer Gemeinschaft heranwuchsen. Dann, eines Nachts, wurde mir von innen – völlig unerwartet – gesagt, ich solle aufhören, anderen meine Weisungen vorzulesen, denn es sei Zeit für sie, ihre eigene spirituelle Arbeit zu tun und ihre eigene innere Quelle der Weisheit zu finden, ihr eigenes göttliches Zentrum.

Peng! Wieder verlor ich meine Identität. Das war eine sehr verwirrende Zeit für mich, in der ich nach einer neuen Rolle innerhalb der Gemeinschaft suchte. Schließlich wurde ich Mitglied der Kerngruppe, die die Findhorn Foundation leitet. Doch später, als ich mich in dieser Rolle wohler fühlte, wurde mir in der Meditation gesagt, daß es Zeit für mich sei, mich aus der Kerngruppe zurückzuziehen.

Peng! Wieder war eine Identität zerstört. Dann verließen unsere drei Kinder, die „plötzlich" erwachsen waren, eines nach dem anderen unser Zuhause. Zum zweitenmal in meinem Leben war ich auf der tagtäglichen Basis keine Mutter mehr.

Peng, mehr Seelenforschung! Nach 27 Jahren verließ mein Mann, auf der Suche nach einer neuen Rolle für sich selbst, die Gemeinschaft und mich. Zum zweitenmal in meinem Leben war ich keine Ehefrau und keine Partnerin mehr.

Peng, eine neue Phase der Verwirrung! Ich brauchte einige Zeit, um mich selbst, meine eigene Identität zu finden. Das Ergebnis all dieser „Identitätskrisen" ist, daß ich lernen mußte, auf meinen eigenen Füßen und in meinem eigenen Licht zu stehen. Ich mußte lernen, was es bedeutet, ich zu sein. Ich mußte lernen, die spirituellen Lehren zu praktizieren, die ich seit mehr als dreißig Jahren von innen empfangen hatte.

Zurückschauend kann ich sehen, wie jede Veränderung mir geholfen hat, mehr ich selbst zu sein, mehr die, die wirklich bin, mehr von allem, was ich sein kann. Ich danke jetzt für alle die Zeiten, in denen ich „sterben" mußte, um etwas Neues und noch Wunderbareres hervorkommen zu lassen. Und ich erkenne, daß es im Leben in Wirklichkeit nur darum geht, daß ich meine Ganzheit finde und zum Ausdruck bringe.

DAVID

Arbeiten Sie mit dem Unabänderlichen. *Roberto Assagioli*

Während ich mir mancher meiner persönlichen Probleme durchaus bewußt war, wußte ich viele Jahre lang nicht, wie ich beginnen könnte, damit umzugehen. Der Wendepunkt kam mit der Entdeckung einer Psychosynthese-Technik, die „Identifikation" genannt wird. Es ist eine Möglichkeit des Umgangs mit Bildern, die wir von uns selbst haben, auch mit den negativen, die wir nicht mögen.

Mit einem dieser Bilder von mir hatte ich große Schwierigkeiten. Ich wollte es nicht als Teil von mir akzeptieren. Manchmal habe ich das Bedürfnis, meine Umgebung zu manipulieren, und zwar sowohl in der besten als auch in der schlechtesten Bedeutung des Wortes, nicht um mich mächtiger, dominanter oder wichtiger zu fühlen, sondern, um mich mehr in Kontrolle und sicherer zu fühlen.

Die Technik der Identifikation führt dazu, daß wir unser Teil-Bild werden, indem wir es annehmen und ausdrücken, um mehr darüber zu erfahren und es zu akzeptieren. Die Technik schlägt vor, daß wir uns das Bild als von uns getrennte Person vorstellen, mit eigenem Namen, eigener Persönlichkeit, eigenen Gefühlen, eigenen Gedanken und eigenem Verhalten. Das Bild wird eine sogenannte Unterpersönlichkeit.

Als ich die Augen schloß, mich mit meinem Bedürfnis nach Manipulation identifizierte und um ein Symbol bat, das es darstellt, kam „Herr Manipulator“ hervor, der wie ein schattenhafter Mantel- und Degen-Spion aussah. Im imaginären Dialog mit ihm habe ich erfahren, daß er andere Menschen sehr gut kontrollieren kann. Er ist recht schlau, macht Überstunden und hat ein enormes Aufgebot an ausgeklügelten Strategien und Tricks, um zu bekommen, was er will. Er ist kein sehr angenehmer Mensch. Aber er kennt seine Arbeit und macht sie sehr gut.

Ich kann auch urteilend sein. Eine meiner Unter-Persönlichkeiten ist „der Richter“, der in meiner Imagination wie ein englischer Hofrichter aussieht, mit einer verstaubten weißen Perücke und in einer schwarzen Robe. Für ihn sind immer alle schuldig. Er ist sehr schnell, wenn es darum geht, Versehen, Unzulänglichkeiten und Fehler jeder Art hervorzuheben. Stets brandmarkt er den Frevler als falsch oder gar schlecht. Er ergeht sich darin, über Menschen, Ereignisse und ganz besonders über meine anderen Unter-Persönlichkeiten zu urteilen.

Beide Männer geben vor, für eine dritte Unter-Persönlichkeit zu arbeiten, ein „ängstliches Kind“, das sehr unsicher ist und sich vor allem und jedem fürchtet. „Herr Manipulator“ sorgt dafür, daß die Umgebung familiär, berechenbar und unter Kontrolle bleibt. „Der Richter“ hält die meisten Menschen mit seinen Urteilen auf Distanz, um einen sicheren Abstand zwischen meinem „ängstlichen Kind“ und anderen Menschen zu schaffen. Ich habe gelernt, daß Unterpersönlichkeiten oft auf diese Weise miteinander kooperieren.

Anfangs war es mir unangenehm, diese Teile von mir offen darzulegen. Ich wollte nicht erkennen oder annehmen, daß sie ein Teil von mir sind. Ich wollte nur sehen, wovon ich dachte, daß es meine guten Teile seien, während ich den Rest entweder verleugnete oder in den Keller verbannte. Ich wollte ihnen aus Angst, daß sie wachsen und mich überwältigen könnten, keine Aufmerksamkeit schenken. „Sieh nur das Beste" und „Wecke keine schlafenden Hunde" waren damals meine Leitsätze. Doch ich habe sehr schnell herausgefunden, wie befreiend es ist, wenn ich mit allen „Menschen" in mir Freundschaft schließe. Auf diese Weise konnte ich auf die Dauer nicht nur Teile von mir erkennen und akzeptieren, die ich nie zuvor annehmen konnte, sondern sie auch mehr in die Wahrnehmung meiner selbst integrieren. Ich habe auch gelernt, daß nicht alle Unter-Persönlichkeiten unangenehm, anstößig oder schwierig sind. Sie können auch positiv und stärkend sein. Zum Beispiel habe ich „den Diplomaten" in mir entdeckt, der Verbindungen zu anderen herstellt; „den Lehrer", der Menschen freudig in neue Erfahrungen einführt, und „die Glucke", die sich für andere verantwortlich fühlt.

Die Identifikationstechnik hat mir gezeigt, daß ich immer bereit sein muß, mich neu zu definieren, neue Teile, Erkenntnisse und Dimensionen meiner persönlichen Identität zu finden und auszudrücken, anstatt mich selbst als fertiges Produkt mit festen Proportionen zu betrachten. Diese Methode ist mit Sicherheit eine der hilfreichsten und wirksamsten Techniken zur Förderung persönlichen Wachstums, die ich je kennengelernt habe.

TEIL VIER – ACHTSAMKEIT ERLANGEN

Wir haben dieses Kapitel mit *Die Entscheidung, zu akzeptieren* überschrieben. Das bedeutet, daß wir uns entscheiden, uns selbst so zu akzeptieren, wie wir sind, ohne Urteil, Kritik oder Verdammung, und es heißt, auch andere so zu akzeptieren, wie sie sind, ohne sie anders haben zu wollen. Akzeptanz hat nichts mit Verleugnung, Ertragen oder Resignation zu tun. Selbstverständlich können wir Teile von uns selbst, die wir verbessern möchten, ändern, aber erst, nachdem wir sie angenommen haben.

Sehr häufig tendieren wir dazu, die Teile von uns selbst, die wir nicht erkennen und akzeptieren (positive wie negative), auf andere zu projizieren. Das macht es uns unmöglich, andere zu sehen, wie sie wirklich sind. Wir sehen nur unsere eigenen Projektionen. Folglich sind wir eher in der Lage, andere Menschen klar und unverfälscht zu sehen und anzunehmen, wenn wir uns selbst besser akzeptieren können.

Identifikation

Eine wirkungsvolle Technik zur Förderung der Selbst-Akzeptanz ist als *Identifikation* bekannt. Es geht dabei darum, daß wir verschiedene Teile unserer selbst direkt und gründlich erforschen. Das bedeutet, sich ihnen zu stellen, sie von allen Seiten her zu untersuchen und sie zu guter Letzt als Teil der eigenen Person zu akzeptieren. Identifikation ist der wichtige erste Teil eines zweiteiligen Prozeßes. Den zweiten Teil dieses Prozesses werden wir in Kapitel sieben vorstellen.

Eine verbreitete Form der Identifikation besteht aus fünf Schritten, die Ihnen aus einigen Übungen dieses Kurses bereits vertraut sind. Im ersten Schritt geht es darum, ein relevantes Bedürfnis, einen Wunsch, ein Merkmal oder eine Einstellung in symbolischer Form zu visualisieren, zum Beispiel als Person, Tier oder Objekt. Im zweiten Schritt erforschen wir die Qualitäten, die das Symbol für uns ausdrückt. Als dritten Schritt fertigen wir eine Zeichnung des Symbols an, um es in unserem Bewußtsein zu verankern.

Im vierten Schritt sind wir gefordert, mit dem Symbol zu interagieren und einen Dialog mit ihm aufzunehmen, um mehr über den Teil von uns zu erfahren, den es darstellt. Im fünften Schritt sollen wir das Symbol werden, das heißt, wir sollen uns vorstellen, das Symbol zu sein, sollen uns völlig mit ihm identifizieren, um erkennen zu können, wie dieser Teil von uns fühlt, denkt und sich verhält.

Persönliche Identität

Wählen Sie aus dem zweiten Teil eine Identität, über die Sie gern mehr erfahren möchten, und schreiben Sie sie auf.

Finden Sie im Sitzen mit aufrechter Wirbelsäule eine bequeme Haltung ... Schließen Sie die Augen ... Nehmen Sie mehrere langsame, lange, tiefe Atemzüge ... Entspannen Sie Ihren Körper völlig ... Lassen Sie alle Spannungen los ... Erlauben Sie allen Gefühlen, die Sie haben mögen, zu schwinden ... Tun Sie dasselbe mit Ihren Gedanken ... Werden Sie wie ein stiller, ruhiger See, der den blauen Himmel oder den sternklaren Himmel der Nacht perfekt spiegelt ... Seien Sie im Frieden und dennoch wach ...

Wenn Sie soweit sind, lassen Sie ein Bild oder ein Gefühl in sich aufsteigen, das die persönliche Identität Ihrer Wahl darstellt ... Nehmen Sie sich Zeit ... Warten Sie geduldig in der Stille, gewiß, daß bald etwas in Ihnen aufsteigen wird, das Ihre persönliche Identität symbolisiert ... Seien Sie gewillt zu akzeptieren, was immer kommt, ohne zu urteilen, zu zensieren oder es zurückzuweisen ... Seien Sie einfach bereit, es zu beobachten und zu erkunden, mit dem Ziel, mehr darüber zu erfahren ...

Sobald Sie etwas wahrnehmen, lassen Sie es lebhafter werden ... Achten Sie auf seine Größe und Form ... die Dichte und das Muster ... die Farbe und Struktur ... Erforschen Sie es mit möglichst vielen Sinnen ... Finden Sie eine übergeordnete Qualität, die es Ihnen nahelegt ...

Öffnen Sie dann die Augen und bringen Sie in einer Zeichnung entweder das Bild selbst oder seine Qualität zum Ausdruck ... Wenn nichts in Ihnen aufgestiegen ist, öffnen Sie die Augen, behalten die Frage im Bewußtsein und beginnen, frei und spontan zu malen. Lassen Sie auf diese Weise etwas auftauchen ...

Meine Identität als ______________________

Beschreiben Sie die übergeordnete Qualität des Symbols, und schreiben Sie alle Worte, Gefühle oder Gedanken nieder, die Ihnen während der Übung gekommen sind oder die Ihnen jetzt bewußt werden. Welche neue Einsicht vermittelt Ihnen dieses Symbol oder seine Qualität?

Wir fahren mit dem vierten und fünften Übungsschritt fort. Schließen Sie die Augen ... Setzen Sie sich gerade hin ... Nehmen Sie ein paar tiefe Atemzüge ... Entspannen Sie sich ... Lassen Sie Ihren Körper, Ihre Gefühle und Ihre Gedanken ruhig werden ... Werden Sie wie ein stiller, ruhiger See ...

Wenn Sie soweit sind, lassen Sie das Bild Ihrer persönlichen Identität wieder auftauchen ... Beginnen Sie einen Dialog mit ihm ... Finden Sie so viel wie möglich über es heraus ... seine Geschichte ... wie lang es ein Teil von Ihnen war ... was es braucht ... wie es Ihnen dient ... wie es Sie einschränkt ... wie Sie mit ihm umgehen könnten ... Nehmen Sie sich Zeit ... Interagieren Sie mehrere Minuten lang mit diesem Bild ... Lernen Sie soviel wie möglich ...

Probieren Sie das Symbol in Ihrer Vorstellung an wie einen Mantel ... Verschmelzen Sie mit ihm ... Werden Sie es ... Fühlen Sie, wie es ist, ganz das Symbol zu sein ... Was fühlen Sie als das Symbol? ... Was denken Sie? ... Was sind Ihre Bedürfnisse? ... Was sind Ihre Motivationen? ... Nehmen Sie sich Zeit, diesen Teil Ihrer selbst *aus seinem eigenen Blickwinkel heraus* zu erforschen ...

Erlauben Sie sich schließlich, sich von diesem Symbol zu trennen, und lassen Sie Ihr Bewußtsein wieder zu Ihrem gesamten Selbst zurückkehren ...

Lassen Sie in Ihrem eigenen Tempo alles wieder schwinden ... Bringen Sie Ihre Aufmerksamkeit in den Raum zurück, in dem Sie sich jetzt befinden ... Öffnen Sie die Augen ... Atmen Sie ein paarmal tief durch ... Und strecken Sie sich sanft ...

Schreiben Sie jetzt alle Gefühle, Gedanken und Fragen auf, die Sie aus dem Dialog und aus der Identifikation mit Ihrer persönlichen Identität festhalten möchten. Notieren Sie insbesondere, wie sie Ihnen dient, wie sie Sie begrenzt und was sie braucht.

Unterpersönlichkeiten

Die unterschiedlichen Bilder von uns selbst, die wir mit uns herumtragen, können *Unterpersönlichkeiten* genannt werden, weil sie Teile unserer Persönlichkeit sind, aber offensichtlich nicht das Ganze.

Jede Unterpersönlichkeit hat ihre eigene Art, sich zu verhalten. Wenn wir uns zum Beispiel hilflos und als Opfer fühlen (und darum unsere „Opfer“-Unterpersönlichkeit zum Ausdruck bringen), stehen, sitzen, fühlen, denken, bewegen, sprechen und handeln wir anders, als wenn wir uns sicher, stark und kraftvoll fühlen (vielleicht eine „Führer“-Unterpersönlichkeit ausdrükken).

Unterpersönlichkeiten können mit den Musikern eines Orchesters verglichen werden. Jeder von ihnen hat seinen Part zu spielen und damit zum Ganzen beizutragen. Leider handelt es sich in den meisten Fällen um ein Orchester ohne Dirigent, in dem sich die Musiker wie Star-Solisten aufführen. Sie tragen ihre eigene Musik vor und drängen die anderen so oft sie können aus dem Rampenlicht. Anstatt daß alle dieselbe Musik spielen und harmonisch miteinander verschmelzen, hören sie sich zusammen eher an wie das Stimmen vor der Generalprobe. Sie sind undiszpliniert und unkoordiniert. Sie brauchen einen Dirigenten, jemanden, der die Leitung übernimmt, um ihre Talente und alles, was sie dem Ganzen bieten können, zu dirigieren und zu harmonisieren.

Auch wetteifern Teile von uns selbst um Aufmerksamkeit und Ausdruck. Der Teil von uns, der Blumen für den Tisch kaufen möchte, sieht sich mit dem praktischeren Teil konfrontiert, der sagt: „Die Blumen werden in ein paar Tagen verwelken! Warum so dumm sein?“ Oder ein Teil von uns möchte eine verbindliche Liebesbeziehung, während ein anderer Teil vor allem Freiheit und Unabhängigkeit wünscht.

Viele Menschen erleben einen Konflikt zwischen dem „Mystiker“ und dem „Pragmatiker“ in sich. Der Mystiker sagt: „Alles was du im Leben tun mußt, ist, dein Vertrauen und deine Zuversicht auf Gott zu gründen. Verbanne alle Sorgen und geh’ mit dem Fluß. Du kannst dich, um alle deine Bedürfnisse zu erfüllen und gut für dich zu sorgen, immer auf Gott verlassen.“

Der Pragmatiker entgegnet: „Unsinn! Du kannst deine Sorgen und deine Verantwortung nicht wegbeten und alles Gott überlassen. Außerdem muß Gott keine Miete bezahlen und kein Essen auf den Tisch stellen. *Ich* bin derjenige, der es tun muß!"

Der „Skeptiker" in uns erscheint vielleicht aus dem Nichts und fragt: „Was läßt euch beide so sicher sein, daß es überhaupt einen Gott gibt?" Im Handumdrehen treten womöglich andere Unterpersönlichkeiten auf den Plan, die sich ins Kräftespiel einmischen, in der Debatte Partei ergreifen und uns in einen Zustand äußerster Verwirrung bringen. Ohne Dirigent fällt das Orchester auseinander.

Wir brauchen eindeutig einen Führer, um solche Konflikte zu lösen und um all die vielen Teile unserer selbst zu harmonisieren. Die Entdeckung unseres Führers ist Thema des siebenten Kapitels, die Einstellung unseres Führers wird im achten Kapitel skizziert.

Überpersönliche Qualitäten

Unserem göttlichen Selbst stehen viele überpersönliche Qualitäten oder universelle Prinzipien zur Verfügung, die es versucht, zum Ausdurck zu bringen. Die unten aufgeführten archetypischen Qualitäten entstammen den in Findhorn entwickelten Engelkarten. Es gibt selbstverständlich noch viele andere. Sie alle warten darauf, erfahren und zum Ausdruck gebracht zu werden.

Abenteuer	Freude	Inspiration	Schönheit
Anmut	Frieden	Klarheit	Sinn
Befreiung	Fröhlichkeit	Kommunikation	Spiel
Begeisterung	Fülle	Kraft	Spontanität
Bereitschaft	Geburt	Kreativität	Synthese
Beweglichkeit	Geduld	Lauterkeit	Verantwortung
Brüderlichkeit	Gehorsam	Licht	Vergebung
Dankbarkeit	Glaube	Liebe	Verständnis
Einfachheit	Gleichgewicht	Macht	Vertrauen
Ehrlichkeit	Harmonie	Mitgefühl	Verwandlung
Erwartung	Heilung	Mut	Wahrheit
Erziehung	Hingabe	Offenheit	Wirksamkeit
Freiheit	Humor	Reinheit	Zärtlichkeit

Eine solche archetypische Qualität liegt im Kern jeder Unterpersönlichkeit, wie immer ihr äußeres Verhalten auch sein mag. Im Kern einer aggressiven, tyrannischen Unterpersönlichkeit wohnt höchstwahrscheinlich die Qualität Macht. Eine Richter-Unterpersönlichkeit mag die Qualität der Unterscheidung in sich tragen. Eine sentimentale Unterpersönlichkeit mag die Qualität der Liebe in ihrem Kern haben. Alle Unterpersönlichkeiten können demnach als Entstellungen dieser reinen Qualitäten betrachtet werden. Es sind versteckte Geschenke, die darauf warten, entdeckt und genutzt zu werden.

Wenn wir also versuchen, einen „unerwünschten" Aspekt oder eine Unterpersönlichkeit aus unserem Verhalten zu verbannen (zum Beispiel den Teil von uns, der urteilt), berauben wir uns eines echten Geschenks, das sie anzubieten hat. Die Herausforderung besteht darin, das Geschenk zu entdecken, indem wir die Unterpersönlichkeit wohlwollend nutzen und ihr ermöglichen, sich selbst besser koordiniert, positiver und hilfreicher auszudrücken. Wenn wir eine Unterpersönlichkeit bewußt erkennen, akzeptieren und zum Ausdruck bringen und das Geschenk in ihrem Kern ans Licht holen, wird es in unsere Ganzheit integriert, anstatt ein vereiteltes und unverbundenes Fragment zu bleiben.

Indem wir unsere Triebe, Bedürfnisse und andere ausgeprägte Verhaltensweisen als Unterpersönlichkeiten ansehen, geben wir ihnen Form und Struktur, bringen sie klarer in unser Bewußtsein, lernen, konstruktiv und systematisch mit ihnen umzugehen, und wir fördern positive Teile unserer selbst zu Tage, um sie zum Ausdruck zu bringen.

Unsere Aufgabe besteht nicht darin, negativ über Teile von uns zu urteilen, sie als „falsch" oder „schlecht" zu bezeichnen und folglich loswerden zu wollen. Vielmehr geht es darum, sie zu reformieren und mit anderen Teilen von uns zu harmonisieren, um so die positiven Qualitäten, die sie in unser Leben bringen, zu aktivieren. Das beginnt damit, daß wir die entsprechenden Unterpersönlichkeiten ganz erkennen und akzeptieren, sie annehmen, wie sie sind, ohne Urteil, Kritik oder Scham. Wenn wir lernen, alle Teile von uns zu akzeptieren, sind wir eher in der Lage, auch alle Teile von anderen zu akzeptieren. Das ist ein bedeutender Schritt, um bedingungslose Liebe geben und empfangen zu können.

Das Haus auf der Wiese

Diese Übung hilft uns, mehr über unsere Unterpersönlichkeiten zu erfahren. Blättern Sie zurück und schauen Sie sich den Abschnitt „Optimalen Nutzen aus der Visualisation ziehen" (Seite 20) noch einmal an, bevor Sie fortfahren. Wählen Sie einen Teil von sich, über den Sie gern mehr herausfinden würden, vielleicht einen Wunsch, ein Bedürfnis, einen Aspekt Ihres Verhaltens oder eine persönliche Identität, und schreiben Sie hier darüber.

Schließen Sie jetzt die Augen ... Atmen Sie ein paarmal tief durch ... Entspannen Sie sich ... Lassen Sie Ihren Körper, Ihre Gefühle und Ihre Gedanken still werden ... Werden Sie ruhig und still wie ein See ...

Wenn Sie soweit sind, stellen Sie sich vor, draußen auf dem Land zu sein, mitten auf einer Wiese ... Es ist ein warmer, schöner Tag ... Fühlen Sie den Boden unter Ihren Füßen ... Fühlen Sie die Wärme der Sonne auf Ihrem Körper ... Schauen Sie den blauen Himmel, die Bäume, das Gras und die Blumen ... Hören Sie auf die Geräusche der Natur um sich herum ... Riechen Sie den frischen Duft der Erde ... Erfahren Sie Frieden und Zufriedenheit ...

Nach einer Weile bemerken Sie, daß am Rande der Wiese ein Haus steht und daß der Weg, auf dem Sie stehen, direkt zu dem Haus führt ... Sie beschließen, sich das Haus näher anzuschauen, und beginnen, darauf zuzugehen ...

Während Sie sich dem Haus nähern, sehen Sie ein Schild mit der Inschrift „Haus meiner Unterpersönlichkeiten" ... Sie hören Töne aus dem Haus kommen, während Sie darum herumgehen, erst an einer Seite entlang, dann an der Rückseite und schließlich an der anderen Seite entlang, bis Sie wieder vor dem Haus stehen ...

Sie gehen auf die Haustür zu, klopfen an und rufen dann durch die Tür in das Haus hinein. Sie bitten die Unterpersönlichkeit, die Sie kennenlernen möchten, herauszukommen und mit Ihnen zu sprechen ... Dann treten Sie ein paar Schritte zurück und warten ...

Einen Moment später öffnet sich die Tür, und die Unterpersönlichkeit, die Sie kennenlernen möchten, kommt heraus ...

Wie sieht sie aus – was ist ihre Erscheinung? ... Versuchen Sie nicht, sie zu beurteilen, zu zensieren oder zurückzuweisen ... Beobachten und erforschen Sie sie einfach, um mehr über sie herauszufinden ...

Behandeln Sie Ihre Unterpersönlichkeit wie eine Figur aus einem Zeichentrickfilm, die die Fähigkeit hat, mit Ihnen zu sprechen, und beginnen Sie einen Dialog mit ihr ... Finden Sie so viel wie möglich über sie heraus ... Ihre Geschichte ... Wie lange schon ist sie ein Teil von Ihnen? ... Was sind ihre Bedürfnisse? ... Wie dient sie Ihnen? ... Wie schränkt sie Sie ein? ... Welche Qualität oder welches Geschenk hält sie für Sie bereit? ... Wie mögen Sie damit umgehen? … Nehmen Sie sich Zeit … Verbringen Sie mehrere Minuten im Dialog mit Ihrer Unterpersönlichkeit … Lernen Sie so viel wie möglich … Beginnen Sie den Dialog jetzt …

Wenn der Dialog beendet ist, fühlen Sie einen Sonnenstrahl auf sich und ihre Unterpersönlichkeit scheinen, der Sie beide mit seinem Licht und seiner Wärme erfüllt … Achten Sie auf Veränderungen in Ihrer Unterpersönlichkeit und in Ihnen …

Verabschieden Sie sich von Ihrer Unterpersönlichkeit, und lassen Sie sie ins Haus zurückgehen … Seien Sie sich bewußt, daß Sie jederzeit zu diesem Haus zurückkehren und mit dieser oder jeder anderen Unterpersönlichkeit sprechen können …

Sie gehen nun auf demselben Weg zu Ihrem Ausgangspunkt zurück … Fühlen Sie den Boden unter Ihren Füßen … Fühlen Sie die Wärme der Sonne auf Ihrem Körper … Schauen Sie den blauen Himmel, die Bäume, das Gras und die Blumen … Hören Sie auf die Stimmen der Natur um sich herum … Riechen Sie den frischen Duft der Erde … Erfahren Sie Frieden und Zufriedenheit …

Lassen Sie die Szene in Ihrem eigenen Tempo wieder schwinden … Bringen Sie Ihre Aufmerksamkeit in den Raum zurück, in dem Sie sich jetzt befinden … Öffnen Sie die Augen … Atmen Sie tief durch … Und strecken Sie sich sanft …

Schreiben Sie jetzt alle Gefühle, Gedanken und Fragen auf, die Sie aus Ihrem Dialog mit der Unterpersönlichkeit festhalten möchten. Notieren Sie vor allem, wie sie Ihnen dient, wie sie Sie einschränkt, was sie braucht und welches Geschenk sie Ihnen anbietet.

•

•

Um die Übung zu vervollständigen, schließen Sie erneut die Augen ... Setzen Sie sich gerade hin ... Nehmen Sie ein paar tiefe Atemzüge ... Entspannen Sie sich ... Lassen sie Ihren Körper, Ihre Gefühle und Ihre Gedanken still werden ... Werden Sie ruhig und still wie ein See ...

Wenn Sie soweit sind, lassen Sie das Geschenk hervortreten, das Ihnen diese Unterpersönlichkeit anbietet. Wie oft erfahren Sie diese Qualität in Ihrem Leben?

•

•

•

•

Welcher Teil in Ihnen hält Sie davon ab, mehr von dieser Qualität zu erfahren? Wie? Warum?

•

•

•

•

Wie würde sich Ihr Leben verändern, wenn Sie mehr von dieser Qualität hätten? Wie würde sich das auf Ihre Beziehungen auswirken?

•

•

•

•

Hätten Sie gern mehr von dieser Qualität in Ihrem Leben? Wenn ja, wie könnten Sie beginnen, sie zu verstärken? Welchen „nächsten Schritt" sind Sie bereit und willens zu tun?

-
-
-
-

Nehmen Sie sich ein paar Minuten Zeit, um sich selbst zu visualisieren, wie Sie diesen Schritt erfolgreich tun und mehr von dieser Qualität in Ihr Leben bringen …

Lassen Sie dann – in Ihrem eigenen Tempo – alles wieder schwinden … Bringen Sie Ihre Aufmerksamkeit in den Raum zurück, in dem Sie sich jetzt befinden … Öffnen Sie die Augen … Nehmen Sie ein paar tiefe Atemzüge … Und dehnen Sie sich sanft …

Schreiben Sie jetzt alle Gefühle, Gedanken oder Fragen auf, die Sie festhalten möchten.

-
-
-
-

TEIL FÜNF – POTENTIAL ENTWICKELN

Schauen Sie sich den zweiten Teil (Seite 213 ff.) noch einmal an und suchen Sie nach Bildern, die Sie entweder übergangen haben, obwohl Sie wissen, daß sie ein Teil von Ihnen sind, oder die Sie aufgenommen haben, ohne wirklich zu akzeptieren, daß sie ein Teil von Ihnen sind. Listen Sie sie auf.

-
-
-
-

Diese Unterpersönlichkeiten scheinen nach Ihrer Aufmerksamkeit zu rufen – und nach Ihrer Akzeptanz. Nutzen Sie die folgende Übung und die Vorschläge im sechsten Teil, um diese Teile besser kennenzulernen.

Nochmaliger Besuch im Haus auf der Wiese

Im zweiten Kapitel (Seite 67) haben Sie eine Blockade identifiziert, die Sie daran hindert, mehr Liebe in Ihr Leben zu bringen. Im fünften Kapitel (Seite 186) haben Sie Ihre Kernvorstellung eines niedrigen Selbstwerts identifiziert, die ein volles Geben und Nehmen von Liebe ernstlich einschränken mag. Inzwischen haben Sie vielleicht weitere Gefühle, Gedanken und Hinweise darauf gesammelt, wie Sie sich selbst daran hindern, mehr Liebe in Ihr Leben zu bringen.

Wir laden Sie ein, in das Haus auf der Wiese zurückzukehren, um die Unterpersönlichkeit zu treffen, die Sie daran hindert, mehr Liebe in Ihr Leben zu bringen. Diesmal bieten wir mehrere Fragen, die Sie der Unterpersönlichkeit stellen können. Stellen Sie die erste Frage, nachdem Sie die Unterpersönlichkeit visualisiert haben. Unmittelbar nachdem Sie eine innere Reaktion empfangen haben, öffnen Sie die Augen, schreiben eine Zusammenfassung der Reaktion auf und lesen die nächste Frage. Schließen Sie dann die Augen, visualisieren Sie wieder Ihre Unterpersönlichkeit und stellen Sie die nächste Frage. Die meisten Menschen entwickeln einen Rhythmus und wechseln leicht zwischen der inneren und äußeren Perspektive hin und her.

Vielleicht möchten Sie die Übungsanleitung auf Band aufnehmen, damit Sie die Übung ohne Unterbrechung machen können. Machen Sie bei jedem ... eine Pause von 10 bis 30 Sekunden, damit Sie jeden Schritt erfahren können. Nehmen Sie sich Zeit für die Übung, und zwar mindestens dreißig Minuten.

Finden Sie eine bequeme Haltung im Sitzen mit gerader Wirbelsäule ... Schließen Sie die Augen ... Nehmen Sie mehrere langsame, lange, tiefe Atemzüge ... Entspannen Sie Ihren Körper völlig ... Lassen Sie alle Spannungen los ... Erlauben Sie allen Gefühlen, die Sie haben mögen, zu schwinden ... Tun Sie dasselbe mit Ihren Gedanken ... Werden Sie wie ein stiller, ruhiger See, der den blauen Himmel oder den sternklaren Himmel der Nacht perfekt spiegelt ... Seien Sie im Frieden und dennoch wach ...

Wenn Sie soweit sind, stellen Sie sich vor, draußen auf dem Land zu sein, mitten auf einer Wiese zu stehen ... Es ist ein warmer, angenehmer Tag ... Fühlen Sie den Boden unter Ihren Füßen ... Fühlen Sie die Wärme der Sonne auf Ihrem Körper ... Schauen Sie den blauen Himmel, die Bäume, das Gras und die Blumen ... Lauschen Sie den Stimmen der Natur ... Riechen Sie den frischen Duft der Erde ... Erfahren Sie Frieden und Zufriedenheit ...

Nach einer Weile bemerken Sie, daß am Rande der Wiese ein Haus steht und daß der Weg, auf dem Sie stehen, direkt darauf zu führt ... Sie beschließen, sich das Haus näher anzuschauen, und beginnen, darauf zuzugehen ...

Während Sie sich dem Haus nähern, sehen Sie ein Schild mit der Inschrift: „Haus meiner Unterpersönlichkeiten“ ... Sie hören Töne aus dem Haus kommen, während Sie darum herumgehen, erst an einer Seite entlang, dann an der Rückseite und schließlich an der anderen Seite entlang, bis Sie wieder vor dem Haus stehen ...

Sie gehen auf die Haustür zu, klopfen an und rufen dann durch die Tür in das Haus hinein. Sie bitten die Unterpersönlichkeit, die Sie daran hindert, mehr Liebe in Ihr Leben zu bringen, herauszukommen und mit Ihnen zu sprechen ... Dann treten Sie ein paar Schritte zurück und warten ...

Einen Moment später öffnet sich die Tür, und die Unterpersönlichkeit, die Sie daran hindert, mehr Liebe in Ihr Leben zu bringen, kommt heraus ... Versuchen Sie nicht, sie zu beurteilen, zu zensieren oder zurückzuweisen ... Beobachten und prüfen Sie sie einfach, um mehr über sie herauszufinden ...

Wie sieht sie aus – was ist ihre Erscheinung?

Beginnen Sie einen Dialog mit ihr. Fragen Sie sie, wer sie ist. Hat sie einen Namen? Wenn nicht, geben Sie ihr gegen Ende der Übung einen beschreibenden Namen.

Erkunden Sie ihre Geschichte. Fragen Sie diese Unterpersönlichkeit, wie alt sie ist – wie lange ist sie schon ein Teil von Ihnen? Wo kommt sie her? Wann? Wie? Wer war noch beteiligt?

-
-

Was sind ihre Bedürfnisse?

-
-
-
-

Was ist ihre grundlegende Motivation – warum handelt sie, wie sie handelt?

-
-
-
-

Wie hält diese Unterpersönlichkeit Sie davon ab, mehr Liebe in Ihr Leben zu bringen?

-
-
-
-

Fragen Sie sie, welche Qualität oder welches Geschenk sie Ihnen anzubieten hat.

-
-
-
-

Wie dient Ihnen diese Unterpersönlichkeit – was würden Sie verlieren oder vermissen, wenn sie kein Teil von Ihnen wäre?

-
-
-
-

Wie schränkt sie Sie ein? Fragen Sie sie.

-
-
-
-

Wovor hat sie Angst – was fürchtet sie? Hat sie irgendwelche Feinde?

-
-
-
-

Welches Risiko muß diese Unterpersönlichkeit eingehen? Fragen Sie sie, was idealerweise geschehen könnte, wenn sie dieses Risiko einginge und erfolgreich wäre.

-
-
-
-
-
-
-
-

Setzen Sie den Dialog mit Ihrer Unterpersönlichkeit ein paar Minuten lang fort. Erlauben Sie sich und ihr, Fragen zu stellen, zu beantworten und gemeinsame Anliegen zu besprechen. Notieren Sie die wichtigsten Punkte, während sie auftauchen.

-
-
-
-
-
-
-
-
-
-
-
-

Wenn der Dialog beendet ist, fühlen Sie einen Sonnenstrahl auf sich und ihre Unterpersönlichkeit herabscheinen, der Sie beide mit seinem Licht und seiner Wärme erfüllt ... Achten Sie darauf, ob in Ihnen oder in Ihrer Unterpersönlichkeit Veränderungen vor sich gehen ...

Sie stellen fest, daß der Lichtstrahl in Wirklichkeit ein leuchtender Fahrstuhl ist, in dem Sie und Ihre Unterpersönlichkeit stehen und sich langsam nach oben bewegen ... Sie fühlen sich absolut wohl, ruhig und sicher, als ob dies ganz normal und alltäglich sei ... Sie steigen höher und höher ...

Bald können Sie nicht nur das ganze Haus sehen, sondern auch die Wiese ... Höher und höher steigen Sie beide in der Lichtsäule auf, bis die ganze Landschaft zu einem unermeßlich schönen Panorama wird, das sich, so weit Sie sehen können, in allen Richtungen vor Ihnen ausbreitet ...

Jetzt kommen Sie zu einer flockigen Wolkenbank ... Bald schwindet die ganze Erde aus Ihrem Blickfeld, während Sie ganz von Wolken eingehüllt sind ...

Als Sie gerade über den Wolken sind, bietet sich Ihnen ein erstaunlicher Anblick: ein wunderschöner, makelloser Garten in voller Blüte ... Es ist ein Ort, an dem Sie Sicherheit, Liebe und Unterstützung erfahren ... Während Sie aus der Lichtsäule heraus in den fein gepflegten Garten treten, fühlen Sie tiefen Frieden und absolute Zufriedenheit ...

Nach einer Weile kommt ein weiser und liebender Führer auf Sie zu, jemand, der Sie wirklich gut kennt und sehr liebt, in dessen Gegenwart Sie sich sicher und völlig unbefangen fühlen ... Der Führer sagt zu Ihnen: „Ich bin hier, um dir zu helfen. Sprich mit mir über dein Anliegen. Ich weiß alles über dich, und ich kann und möchte dir alle Fragen beantworten, die du über dich selbst und deine Unterpersönlichkeit hast.“

Sprechen Sie mit diesem weisen und liebenden Führer ein paar Minuten lang über Ihre Unterpersönlichkeit ... Erlauben Sie sich und den beiden anderen, Fragen zu stellen und zu beantworten und gemeinsame Belange zu besprechen ... Besprechen Sie, was Ihre Unterpersönlichkeit braucht und wie man am besten mit ihr umgeht ... Schreiben Sie die wichtigsten Punkte auf, während sie sich zeigen ...

•
•
•
•
•
•
•
•
•
•
•
•

Wenn der Dialog beendet ist, gibt Ihnen der Führer ein Geschenk, das Ihnen helfen soll, mit dieser Unterpersönlichkeit umzugehen – vielleicht irgendeine symbolische Erinnerung ...

Sie bedanken sich bei dem Führer für das Geschenk und verabschieden sich ... Sie gehen mit Ihrer Unterpersönlichkeit zu der Lichtsäule zurück ... Sie steigen beide ein und fahren langsam und sicher wieder nach unten ... Bald erreichen Sie die Wolkenbank, und der wunderschöne Garten entschwindet Ihrem Blick ...

Nach einer Weile kommen Sie wieder aus den Wolken heraus und sehen die vertraute Landschaft unter sich ... Während Sie weiter herabsteigen, kommt Ihnen der Boden entgegen, um Sie zu grüßen ... Wenig später stehen

Sie und Ihre Unterpersönlichkeit wieder fest auf dem Boden, in der Nähe des Hauses auf der Wiese ... Achten Sie darauf, ob sich einer von Ihnen beiden verändert hat ...

Sie fragen Ihre Unterpersönlichkeit, ob Sie Ihnen noch irgend etwas sagen möchte, eine abschließende Frage oder Bemerkung ... Sie sagen ihr auch, was Sie ihr noch sagen möchten ...

Dann verabschieden Sie sich von Ihrer Unterpersönlichkeit und lassen sie ins Haus zurückkehren ... Seien Sie sich bewußt, daß Sie jederzeit zu diesem Haus zurückkehren können, um mit dieser oder anderen Unterpersönlichkeiten zu sprechen ...

Sie gehen auf demselben Weg zu Ihrem Ausgangspunkt zurück ... Fühlen Sie den Boden unter Ihren Füßen ... Fühlen Sie die Wärme der Sonne auf Ihrem Körper ... Schauen Sie den blauen Himmel, die Bäume, das Gras und die Blumen ... Hören Sie auf die Stimmen der Natur ... Riechen Sie den frischen Duft der Erde ... Erfahren Sie völligen Frieden und absolute Zufriedenheit ...

Lassen Sie die Szene in Ihrem eigenen Tempo wieder schwinden ... Bringen Sie Ihre Aufmerksamkeit in den Raum zurück, in dem Sie sich jetzt befinden ... Öffnen Sie die Augen ... Atmen Sie tief durch ... Und strecken Sie sich sanft ...

Schreiben Sie jetzt alle Gefühle, Gedanken und Fragen auf, die Sie aus dieser Visualisation festhalten möchten. Schließen Sie das Geschenk mit ein, das Ihnen der Führer gegeben hat.

Um die Übung zu vollenden, schließen Sie wieder die Augen ... Setzen Sie sich gerade hin ... Atmen Sie ein paarmal tief durch ... Entspannen Sie sich ... Lassen Sie Ihren Körper, Ihre Gefühle und Ihre Gedanken ruhig werden ... Werden Sie wie ein stiller, ruhiger See ...

Wenn sie soweit sind, lassen Sie die Qualität zu sich kommen, die diese Unterpersönlichkeit Ihnen bietet. Wie oft erfahren Sie diese Qualität in Ihrem Leben?

-
-
-
-

Welcher Teil in Ihnen hält Sie davon ab, mehr von dieser Qualität zu erfahren? Wie? Warum?

-
-
-
-

Wie stellen Sie sich Ihr Leben vor, wenn Sie mehr von dieser Qualität zur Verfügung hätten? Was würde sich verändern, besonders in Ihren Beziehungen?

-
-
-
-

Hätten Sie gern mehr von dieser Qualität in Ihrem Leben? Wenn ja, wie könnten Sie das bewirken? Welchen „nächsten Schritt“ sind Sie bereit zu gehen?

-
-
-
-

Nehmen Sie sich jetzt einen Moment Zeit, um sich selbst zu visualisieren, wie Sie diesen Schritt erfolgreich tun und mehr von dieser Qualität in Ihr Leben bringen.

Lassen Sie dann in Ihrem eigenen Tempo alles wieder schwinden ... Bringen Sie Ihre Aufmerksamkeit in den Raum zurück, in dem Sie jetzt sind ... Öffnen Sie die Augen ... Atmen Sie tief durch ... Und strecken Sie sich sanft ...

Schreiben Sie alle Gefühle, Gedanken oder Fragen auf, die Sie gern aufzeichnen möchten.

•

•

•

•

Arbeiten Sie regelmäßig mit dieser Identifikationsübung, wenn Sie einen Teil Ihrer selbst erforschen möchten, um bewußter und kreativer mit ihm umzugehen.

In welchem Maße akzeptieren Sie, daß Teile *Ihrer selbst* Sie daran hindern, mehr Liebe in Ihr Leben zu bringen? Was fühlen und denken Sie darüber?

•

•

•

•

In welchem Maße akzeptieren Sie, daß sie nur *Teile* von Ihnen sind und nicht *alles* von Ihnen?

•

•

•

•

In welchem Maße akzeptieren Sie, daß Sie Kontrolle über diese Teile ausüben und sie beliebig verändern können?

•

•

•

•

In welchem Maße sind Sie bereit und willens, jetzt anzufangen, sie zu verändern?

-
-
-
-

TEIL SECHS – DIE ANWENDUNG

Wie viele Unterpersönlichkeiten kann man haben?

Der amerikanische Psychologe Gordon Allport sagt, daß die englische Sprache etwa 18.000 Bezeichnungen für Formen persönlichen Verhaltens hat, und daß diese Zahl weitaus größer ist, wenn kombinierte Formen berücksichtigt werden. Demnach haben wir eine fast unbegrenzte Anzahl von Unterpersönlichkeiten, auf die wir uns beziehen können, um unsere Einzigartigkeit zum Ausdruck zu bringen.

Arbeit mit den Unterpersönlichkeiten

Machen Sie die folgenden vier Übungen mindestens sieben Tage lang jeden Tag. Berichten Sie auf der übernächsten Seite von den Ergebnissen, *bevor Sie mit Kapitel sieben beginnen.* Notieren Sie auch, wann und wie Sie Widerstand verspürt haben mögen, eine oder alle Übungen zu machen, und was Sie daraufhin getan haben.

1. Morgendliche Vorausschau – Überlegen Sie sich jeden Morgen, mit welchen Ihrer Unterpersönlichkeiten Sie sich heute identifizieren und wann, wo und wie Sie sie im Laufe des Tages zum Ausdruck bringen könnten. Vergessen Sie dann nicht, es auch zu tun.
2. Nicht-Identifikation – Sagen Sie regelmäßig zu sich selbst: „Ich bin zu jeder Zeit mehr, als was immer „ich“ denke, daß „ich“ bin, denn ich weiß, daß „ich“ von einer Unterpersönlichkeit zur anderen wechsle.“
3. Identifikation – Sagen Sie regelmäßig zu sich selbst: „Wer (welcher Teil von mir, welche Unterpersönlichkeit?) erfährt und reagiert jetzt auf diese Person oder Situation?“ Achten Sie darauf, welche Ihrer Unterpersönlichkeiten spricht, wann immer Sie das Wort „ich“ benutzen.

4. Abendliche Rückschau – Blicken Sie jeden Abend auf Ihren Tag zurück, um herauszufinden, welche Unterpersönlichkeiten am aktivsten waren und unter welchen besonderen Umständen. Schauen Sie sich auch an, wann und unter welchen Umständen die genannte Unterpersönlichkeit in der Vergangenheit aktiv war. Halten Sie nach sich wiederholenden Mustern Ausschau.

Zusätzliche Techniken

Hier sind noch ein paar Techniken, die Sie ausprobieren können, wenn Sie möchten.

1. Schöpferische Meditation – Nutzen Sie die Technik der schöpferischen Meditation (Seite 158), um zu visualisieren, wie Sie eine bestimmte Unterpersönlichkeit gern hätten.
2. Das Haus auf der Wiese – Lassen Sie einzelne Unterpersönlichkeiten mit anderen kommunizieren. Gehen Sie zum Haus auf der Wiese, und bitten Sie um ein Gespräch mit der Unterpersönlichkeit, die Ihnen im Umgang mit einer anderen, problematischen Unterpersönlichkeit am besten helfen kann.
3. Übung mit den beiden Stühlen – Unterpersönlichkeiten treten oft paarweise auf und drücken sich in Polaritäten aus (extrovertiert/introvertiert, Anführer/Mitläufer, Erfolgsmensch/Niete, Täter/Opfer, Optimist/Pessimist). Machen Sie eine Stuhlübung, um mehr über Ihre Unterpersönlichkeiten zu erfahren. (Siehe Seite 122) Identifizieren Sie sich dann mit der polaren (vielleicht zurückhaltenderen) Unterpersönlichkeit, finden Sie heraus, wie sie fühlt, denkt und handelt, um sie zu stärken, ins Gleichgewicht zu bringen und mit der anderen (vielleicht dominanteren) Unter-Persönlichkeit zu verbinden. *Vorschlag:* Beginnen Sie ein Gespräch zwischen der Unterpersönlichkeit, die mehr Liebe in Ihr Leben bringen möchte, und derjenigen, die genau davor Angst hat.

Ergebnisse der Übungen

Literaturempfehlung

Neue Entwicklungen in der Psychotherapie (Subpersonalities: The People Inside Us) von John Rowan ist ein umfassendes Buch für Menschen, die an ihren Unterpersönlichkeiten interessiert sind und daran, wie diese ihr tägliches Leben unterstützen oder behindern.

Persönliches Ziel

Ziehen Sie unterschiedliche einfache Handlungen in Betracht, die Sie innerhalb der nächsten Tagen ausführen und die Sie Ihrem Ziel, mehr Liebe in Ihr Leben zu bringen, einen Schritt näherbringen könnten. Wählen Sie dann eine aus, die Ihnen wichtig erscheint und die Sie als persönliches Ziel annehmen können. Treffen Sie eine wohlüberlegte Entscheidung, und schreiben Sie sie auf. Erinnern Sie sich, daß es Ihnen Kraft gibt, Entscheidungen zu treffen und in die Tat umzusetzen.

-
-
-
-

Was habe ich aus diesem Kapitel gelernt?

Blättern Sie zurück und schauen Sie sich noch einmal an, was Sie in diesem Kapitel gelernt haben. Schreiben Sie die drei wichtigsten Lernschritte oder die daraus gewonnenen Erkenntnisse auf.

-
-
-
-
-
-
-

Sinn

Im sechsten Kapitel ging es darum zu erfahren, daß Ihre persönliche Identität eine Collage der vielen verschiedenen Bilder ist, die Sie von sich selbst haben. Es ging darum zu erkennen, daß diese Bilder Teile des Ganzen sind, die sich verwandeln können, und sie als Teile Ihrer selbst zu akzeptieren. In welchem Maße hat das sechste Kapitel seinen allgemeinen Sinn für Sie erfüllt?

-
-
-
-

Herzlichen Glückwunsch! Sie haben das Ende des sechsten Kapitels erreicht. Bitte besprechen Sie Ihre Erfahrungen aus diesem Kapitel mit Ihrer Vertrauensperson, *bevor Sie mit dem nächsten beginnen.*

Kapitel sieben
Die Entscheidung, frei zu sein

TEIL EINS – VERBINDUNG AUFNEHMEN

Schauen Sie sich Kapitel sechs noch einmal an, um sich mit Ihrem Entwicklungsprozeß zu verbinden. Haben Sie das persönliche Ziel erreicht, das Sie sich gesetzt haben? Wie war es?

Wenn Sie sich seit Beginn des letzten Kapitels entschlossen haben, zusätzliche Risiken einzugehen, um mehr Liebe in Ihr Leben zu bringen, schreiben Sie über Ihre Erfahrung. Was haben Sie getan? Wie erfolgreich waren Sie, und was haben Sie gelernt?

Schreiben Sie alle Erinnerungen, Gedanken, Gefühle, Einsichten, Träumen, unerledigten Dinge, Begegnungen und Ereignisse auf, die in Ihrer inneren und äußeren Welt aufgetreten sind, seit Sie das sechste Kapitel abgeschlossen haben. Schließen Sie auch die Bücher mit ein, die Sie gelesen haben, die Fragen, die noch nicht beantwortet sind, sämtliche Beobachtungen und alles, was Sie mit dem Kurs in Verbindung bringen.

Das Ziel

Im siebten Kapitel sind Sie aufgefordert, das grundlegende Bewußtsein Ihres eigentlichen Selbst (und die Freiheit, die es mit sich bringt) zu erkennen und zu erfahren. Sie werden Techniken zur Lösung innerer Konflikte kennenlernen, innerer Konflikte, die verhindern, daß mehr Liebe in Ihr Leben kommt.

Wer bin ich?

Wer sind Sie? Was ist Ihr wahres Selbst? Wer steckt hinter all den Bildern, Identifikationen und Rollen? Wo ist der „Dirigent“ Ihres Orchesters von Unterpersönlichkeiten? Welche inneren Konflikte hindern Sie daran, mehr Liebe in Ihr Leben zu bringen? Und was können Sie tun, um sie zu lösen?

Zu unterschiedlichen Zeiten erfahren wir uns selbst unterschiedlich. Doch wir tendieren dazu, uns *in erster Linie* auf eine der unten beschriebenen Arten zu identifizieren. Numerieren Sie die folgenden Aussagen mit den Ziffern 1 bis 5, wobei die 1 bezeichnet, wie Sie sich *am seltensten* erfahren, und die 5, wie Sie sich *am häufigsten* erfahren.

___ **Ich bin mein Körper.** Ich bin sehr eng mit meinem Körper und seinen Empfindungen in Kontakt. Das gibt mir das Gefühl, lebendig zu sein. Mein Körper und ich sind eins. Ich lebe in einer physischen Welt, und ich umarme das Leben häuptsächlich mit meinem Körper. Mein wahres Ich würde ohne meinen Körper nicht existieren. Mein Körper ist im Grunde, was ich bin.

___ **Ich bin meine Gefühle.** Ich bin meinen Gefühlen gegenüber sehr sensibel, und ich fühle sehr intensiv. Sie geben mir das Gefühl, lebendig zu sein. Meine Gefühle und ich sind eins. Ich lebe in einer leidenschaftlichen, innigen Welt, und ich erfahre das Leben in erster Linie durch meine Gefühle. Mein wahres Ich würde ohne sie nicht existieren. Meine Gefühle sind im Grunde, was ich bin.

___ **Ich bin meine Wünsche.** Ich werde sehr stark durch meine Wünsche motiviert. Sie geben mir Kraft und das befriedigende Gefühl, lebendig zu sein. Meine Wünsche und ich sind eins. Ich lebe in einer spontanen, sich ständig verändernden Welt der Triebe und Impulse, und ich erfahre das Leben meistens dadurch, daß ich versuche, meine Wünsche zu befriedigen. Mein wahres Ich würde ohne sie nicht existieren. Meine Wünsche sind im Grunde, was ich bin.

___ **Ich bin mein Verstand.** Ich weiß, daß ich sehr auf meinen Verstand, seine Gedanken und Ideen eingestimmt bin. Ich glaube, daß Intellekt, Wissen und Verstehen sehr wichtig sind. Sie lassen mich wissen, daß ich lebendig bin. Mein Verstand und ich sind eins. Ich lebe in einer rationalen, erkennenden Welt, und ich bin mir des Lebens hauptsächlich durch meinen Verstand bewußt. Ohne ihn würde mein wahres Ich nicht existieren. Mein Verstand ist im Grunde, was ich bin.

___ **Ich bin meine Rollen.** Ich bin in vielen Aktivitäten sehr engagiert und spiele viele verschiedene Rollen. Sie bestätigen mir, daß ich lebendig bin. Meine Rollen und ich sind eins. Ich erfahre das Leben in erster Linie durch meine Rollen. Mein wahres Ich würde ohne sie nicht existieren. Meine Rollen sind im Grunde, was ich bin.

Unterstreichen Sie jetzt alle Einzelaussagen in jeder Beschreibung, die auf Sie und Ihre Erfahrung von sich selbst zutreffen.

Schließen Sie die Augen ... Setzen Sie sich gerade hin ... Atmen Sie ein paarmal tief durch ... Entspannen Sie sich ... Lassen Sie Ihren Körper, Ihre Gefühle und Ihre Gedanken ruhig werden ... Werden Sie wie ein ruhiger, stiller See ...

Wenn sie soweit sind, sagen Sie zu sich selbst: „*Wer bin ich? Ich bin ...*" Vervollständigen Sie den Satz mit einem Wort oder einer kurzen Erklärung – was auch immer spontan in Ihnen aufsteigt. *Denken* Sie nicht darüber nach. Schreiben Sie die erste Antwort, die Ihnen kommt, auf. Wiederholen Sie den Vorgang. Lassen Sie diesmal ein neues Wort oder einen neuen Satz auftauchen. Schreiben Sie die neue Antwort auf. Wenn Ihnen momentan nichts einfällt, fangen Sie in der Gewißheit, daß Ihnen bald etwas einfallen wird, von vorn an. Wiederholen Sie diesen Vorgang wenigstens zehn Minuten lang immer wieder oder bis Sie den Platz unten ausgefüllt haben.

Wer bin ich? Ich bin ...

Überprüfen Sie jetzt Ihre Antworten. Markieren Sie mit einer 5, womit Sie sich am stärksten identifizieren, die Antworten also, die am treffendsten sind, die am genauesten und besten beschreiben, wer Sie im Grunde sind, die Ihnen am wichtigsten und bedeutungsvollsten erscheinen.

Selbstbeobachtung

Die meisten Menschen sind in der Lage, sich selbst und andere genau, erkennend und objektiv zu beobachten, frei von Beurteilung, Kritik und Einschätzung. Notieren Sie ein paar beschreibende Beobachtungen über Ihr physisches Selbst, Ihren Körper und wie Sie ihn nutzen, seine Gefühle und wie Sie sie erfahren und ausdrücken. Vermeiden Sie zu urteilen, zu kritisieren oder sich selbst einzuschätzen. Seien Sie absolut sachlich und objektiv.

-
-
-
-

Notieren Sie ein paar beschreibende Beobachtungen über Ihre Emotionen und Gefühle und wie Sie sie erfahren und ausdrücken. Vermeiden Sie zu urteilen. Seien Sie unparteiisch.

-
-
-
-

Notieren Sie ein paar beschreibende Beobachtungen über Ihre Wünsche und wie Sie sie erfahren, ausdrücken und befriedigen. Vermeiden Sie Kritik. Bleiben Sie sachlich.

-
-
-
-

Notieren Sie ein paar beschreibende Beobachtungen über Ihren Intellekt, seine Gedanken und Ideen, und wie Sie sie erfahren und ausdrücken. Seien Sie erkenntnisfähig.

-
-
-
-

Notieren Sie schließlich ein paar beschreibende Beobachtungen über die verschiedenen Rollen, die Sie im Leben spielen, und wie Sie sie erfahren und ausdrücken. Seien Sie objektiv.

-
-
-
-

Fragen Sie sich jetzt, *wer,* welcher Teil von Ihnen, hat Sie beobachtet? *Wer* hat berichtet? *Wer* ist all dieser Tatsachen gewahr, die Sie über sich selbst notiert haben? *Wer* ist Zeuge? *Wer* ist unabhängig und objektiv?

-
-
-
-

Nehmen Sie jetzt mit Ihrer Vertrauensperson Kontakt auf und bitten Sie sie um ein Feedback darüber, wie unabhängig, erkenntnisfähig, objektiv und frei von Beurteilung, Kritik und Einschätzung Ihre Beobachtungen waren. Notieren Sie die Bemerkungen Ihrer Vertrauensperson und Ihre Reaktion darauf oder auf die Übung.

-
-
-
-

Innerer Konflikt

Ein innerer Konflikt zwischen zwei oder mehreren entgegengesetzten Ansichten verzögert oder verhindert oft, daß wir bekommen, was wir uns wünschen. Er kann Verwirrung, Ambivalenz und Unentschiedenheit mit sich bringen.

Wie ist das bei Ihnen? Wie wirkt ein innerer Konflikt auf Sie? Wie gehen Sie gewöhnlich damit um? Wie versuchen Sie, ihn zu lösen? (Oder tun Sie nichts, in der Hoffnung, daß er sich von selbst auflöst?)

-
-
-
-
-
-
-
-

Was glauben Sie, ist der grundlegende Konflikt in Ihnen, der Sie daran hindert, mehr Liebe in Ihr Leben zu bringen?

-
-
-
-

Bestätigen Sie unten: *„Ich bin bereit, diesen oder jeden anderen Konflikt in mir zu lösen, der mich daran hindert, frei und ganz zu lieben."* Notieren Sie dann Ihre Gefühle und Gedanken, die durch das Aufschreiben der Affirmation ausgelöst wurden.

-
-
-
-

EILEEN

Es ist das (Christus) Bewußtsein, das mehr und mehr Seelen berührt, sodaß ihr euch alle des Christus in euch bewußt werdet.

Herzenstüren öffnen

Wer bin ich? Was tue ich? Wohin gehe ich? Viele Menschen stellen sich diese Fragen von Zeit zu Zeit selbst (oft ausgelöst durch Zweifel, Ängste und innere Konflikte). Ich weiß, daß ich das getan habe.

Als ich in der Meditation einmal die Frage gestellt habe: „Wer bin ich?“, wurde mir nahegelegt, eine Affirmation zu gebrauchen. Damals mochte ich Affirmationen nicht, weil ich das Gefühl hatte, sie seien Gehirnwäsche. Also beachtete ich die Weisung nicht. Doch jedesmal, wenn ich mit dieser Frage meditierte, erhielt ich dieselbe Antwort.

Schließlich fragte ich, welche Affirmation ich benutzen sollte, und mir wurde diese gegeben: „Ich bin ein schönes christus-erfülltes Wesen.“ Ich war schockiert! Wie konnte ich so etwas sagen? Ich würde es nicht wagen! Die Leute würden denken, daß ich übergeschnappt bin.

Doch der innere Drang war so beständig, daß ich schließlich beschloß, es auszuprobieren, wenn ich allein war und mich niemand hören konnte. Also begann ich zuerst halbherzig zu flüstern: „Ich bin ein schönes christus-erfülltes Wesen.“ Doch als ich diese Affirmation eine Zeitlang beibehielt, begann ich zu erkennen, was passierte und was es bedeutet, eine Affirmation zu gebrauchen.

Am Anfang kamen nur Worte aus meinem Mund, leere Worte, die mir nichts bedeuteten. Doch als ich diese Affirmation weiterhin anwandte, schienen die Worte allmählich lebendig zu werden. Später stellte ich dann fest, daß ich die Worte wurde. Schließlich erkannte und akzeptierte ich, daß ich tatsächlich ein schönes christus-erfülltes Wesen bin.

In Wirklichkeit sind wir alle schöne christus-erfüllte Wesen, doch ein jeder muß es erkennen und akzeptieren. Jetzt kann ich diese Aussage ohne Zögern machen, weil ich weiß, daß es die Wahrheit ist. Ich weiß aufgrund dieser Erfahrung auch, daß richtig angewandte Affirmationen sehr kraftvolle Werkzeuge sind.

Dann stellte ich mir in der Meditation die Frage: „Was tue ich zu dieser Zeit auf diesem Planeten?“ Die Antwort, die ich von innen erhielt, war: „Gott und der Menschheit dienen.“ Als ich über diese Antwort meditierte, erkannte ich, daß Gott zu dienen bedeutet, Gottes Hand in allem zu sehen und Gott zu jeder Zeit die Ehre und den Ruhm zu geben.

Ich hatte das Gefühl, den ersten Teil zu verstehen, doch ich zweifelte an „der Menschheit dienen". Die innere Antwort, die ich erhielt, lautete: „Das größte Geschenk, das du den Menschen geben kannst, ist, sie nach innen zu wenden, um Gott in sich selbst zu finden, so daß sie aus ihrem eigenen, heiligen Zentrum leben, sich daraus bewegen und ihr Sein daraus beziehen können."

Das ist es, was ich durch meine Vorträge, Workshops, Bücher und Kassetten zu tun bemüht bin: Menschen zu veranlassen, tiefer in ihrem Inneren zu forschen, bis sie zum Kern Ihres Seins vordringen, ihrem göttlichen Selbst.

Ich habe das Gefühl, daß es für jeden von uns wichtig ist, sich Zeit zu nehmen, um in die Stille zu gehen und Antworten zu finden auf die Fragen und Zweifel, Ängste und inneren Konflikte, die wir womöglich haben. Ich bin sicher, daß die Antworten, die jeder erhält, sehr verschieden sind. Das macht nichts. Wichtig ist, daß wir in die Praxis umsetzen, was auch immer wir in der Stille erfahren.

DAVID

Wenn Schwierigkeiten auftauchen, deck sie zu! *Prof. Edward Stasheff*

In der Anfangszeit des Fernsehens wurden die meisten Sendungen life übertragen. Trotz Proben wurden viele Fehler gemacht, manche recht erheiternd. Menschliche Darsteller oder Tiere verließen unerwartet das Kamera-Blickfeld und verschwanden aus der Sicht. Die Zuschauer waren bestürzt, bis die Kamera die Handlung wieder einholte.

Als Fernseh- und Rundfunkstudent an der Universität Michigan lernte ich damals eine wichtige Lektion für Regisseure: „Wenn Probleme auftauchen, deck sie zu." Das hieß, wenn während einer Life-Sendung unerwartete Schwierigkeiten auftraten, mußte der Kameramann so schnell wie möglich eine Weitwinkelaufnahme der ganzen Szene auf Sendung bringen. Auf dem größeren Bild war dann die ganze Handlung zu sehen, und dem Zuschauer zu Hause blieb nichts verborgen.

Heute, dreißig Jahre später, hat dieses Axiom eine neue Bedeutung für mich bekommen. Wenn ich mit persönlichen oder beruflichen Schwierigkeiten konfrontiert bin, versuche ich, einen Schritt zurückzugehen und die Dinge in einem größeren Zusammenhang, aus einer weiteren Perspektive zu sehen. Wenn ich alles im Blick habe, wenn mir alles bewußt ist, übersehe ich nicht, was *wirklich* geschieht.

Ich trete zurück, indem ich mich selbst in diesem Moment direkt und objektiv beobachte und mir Fragen stelle. Was erfahre ich jetzt? Was nehme ich wahr? Was fühle und denke ich? Wer, welcher Teil von mir erfährt es? Warum passiert das jetzt? Was kann ich daraus lernen? Welche Botschaft gibt mir mein göttliches Selbst durch diese Erfahrung? Was ist das Geschenk oder der Gewinn, der sich dahinter verbirgt?

Wenn ich mich in Ruhe auf diese Fragen und Antworten konzentriere, die oft in der Stille kommen, habe ich keine Gelegenheit, mich durch Sorgen und Verwirrung selbst zu blockieren. Das Problem wird nicht automatisch gelöst. Meine Gefühle und Gedanken dazu verändern sich sicherlich nicht sofort. Doch zurückzutreten, zu beobachten, Fragen zu stellen und es in einem größeren Zusammenhang zu sehen, gibt mir genügend Abstand, um mich nicht so bedroht, als Opfer oder überwältigt zu fühlen, wie ich es früher getan haben mag.

In Anbetracht einer äußeren Schwierigkeit oder eines inneren Konfliktes diese Fragen zu stellen, gibt mir einen soliden Boden, auf dem ich stehen kann. Es hilft mir, Möglichkeiten zu überprüfen und mich zu einer Handlung zu entschließen. Letztendlich hilft es mir, wenn möglich, einen Gewinn aus dem Problem zu ziehen, anstatt mich von ihm verzehren oder niederdrücken zu lassen. Auf diese Weise kann ich die Situation leichter bewältigen. Durch eine Veränderung meiner eigenen Perspektive kann die Schwierigkeit in eine Chance verwandelt werden.

Dieses Zurücktreten, um die Dinge in einem größeren Zusammenhang zu sehen, wird „Disidentifikation“ genannt: Ich weigere mich, zu meinen Problemen, Konflikten, Gefühlen oder Gedanken zu *werden* und sie mit meinem wahren Ich, meiner wahren, geistigen Natur zu verwechseln. Das führt mich zu dem Gefühl, daß ich das Problem *habe,* anstatt, daß ich das Problem *bin.*

Ich habe die Weisheit von Roberto Assagiolis Behauptung erfahren: „Wir werden von allem dominiert, womit wir uns identifizieren. Wir können alles, wovon wir uns disidentifizieren, dominieren, dirigieren und nutzbar machen.“ Also brauchen meine körperlichen Empfindungen, Gefühle, Wünsche, Gedanken, Rollen und andere Identifikationen mich nicht mehr zu kontrollieren, wie sie es einst taten. Ich habe jetzt eine Möglichkeit gefunden, sie wirkungsvoller zu regulieren und zu nutzen. Ich habe gelernt, daß der einfache Akt, zurückzutreten und mich selbst objektiv zu beobachten, die Tür zu mehr Freiheit und Freude öffnet.

Daher bin ich nicht mehr mit nur einem Teil des Bildes zufrieden, dem Teil, den ich schon kenne. Ich tue jetzt, was ich kann, um *alles* in den Blick zu bekommen. Ich suche den größeren Zusammenhang und finde die Perspektive, das Verständnis und die Unterstützung, die mir helfen können, mich schneller und leichter durch Schwierigkeiten hindurchzubewegen.

Wenn alles andere scheitert, erinnere ich mich an Professor Stasheffs guten Rat: „Wenn Schwierigkeiten auftauchen, deck sie zu!“

TEIL VIER – ACHTSAMKEIT ERLANGEN

Identifikation und Disidentifikation

Blättern Sie zunächst auf Seite 214 bis Seite 219 zurück und schauen Sie sich all die verschiedenen Bilder und Identifikationen, die Sie von sich selbst haben, noch einmal an. Tun Sie das jetzt, bevor Sie weitergehen.

Wir nehmen an, daß eine Ihrer Identifikationen ist: „Ich bin Schweizer“, „Deutsche“ oder „Österreicher“. Wenn ja, eine auf der Nation basierende Identifikation gibt nur an, wo Sie geboren sind, das Land, dem Sie sich verbunden fühlen oder vielleicht eine kulturelle Neigung. Aber das ist nicht, *wer* Sie im Grunde sind. Sie sind *mehr als* dieser Teil von Ihnen.

Eine andere Ihrer Identifikationen könnte sein: „Ich bin Sekretärin“ oder „Ich bin Geschäftsführer“ oder „Ich bin Lehrer“. Wenn ja, eine auf der Arbeit basierende Identifikation zeigt nur Ihre Ausbildung an, Ihren Arbeitsbereich, Ihre Kompetenzen oder womit Sie Ihren Lebensunterhalt verdienen. Aber das ist nicht, *wer* Sie im Grunde sind. Sie sind *mehr als* dieser Teil von Ihnen.

Sie mögen auch angegeben haben: „Ich bin ein Träumer“ oder „introvertiert“ oder „ein Perfektionist“. Wenn ja, eine auf dem Verhalten basierende Identifikation gibt nur persönliche Einstellungen, Gewohnheiten und Charakterzüge an. Aber das ist nicht, *wer* Sie im Grunde sind. Sie sind *mehr als* dieser Teil von Ihnen.

Wie wir bereits erfahren haben, können wir *mit Hilfe der Identifikationstechnik in ein Teilbild hineingehen,* es annehmen, es werden, um mehr darüber zu erfahren, es zu erkennen, zu akzeptieren und die Geschenke, die es bereithält, besser zu nutzen. Das ist eine Etappe in einem zweistufigen Prozeß.

Bei all diesen Bildern handelt es sich lediglich um veränderbare Bruchstücke. Sie haben nichts mit dem zu tun, was wir im Grunde sind. Unser eigentliches Selbst, unsere Essenz ist immer gleich – rein, ewig und unabänderlich. Von der Kindheit bis ins hohe Alter bleibt dieses Zentrum in uns konstant, immer dasselbe.

Es ist der unparteiische Beobachter in uns, der all dessen gewahr ist, was wir im Laufe unseres Lebens je erlebt haben. Es ist dieses *„Mehr als“* in uns, das wir unser persönliches Selbst oder „Ich“ nennen.

Nun erforschen wir die zweite Stufe dieses Prozeßes. Wenn wir einen Teil von uns erst einmal ganz anerkannt und uns mit ihm identifiziert haben, setzen wir die Technik der *Disidentifikation* ein, um einen Schritt zurückzutreten und uns wieder von dem Teilbild zu lösen, eine gewisse Distanz dazu zu gewinnen – nicht um es zu verleugnen, zu vermeiden, zu unterdrücken oder zu stoppen, sondern um es zu beobachten, eine erweiterte Perspektive darüber zu gewinnen. Und, wenn wir das nicht schon getan haben, es zu erkennen, zu akzeptieren und mit den anderen Teilen unseres Selbst zu harmonisieren.

Wenn wir dieses ewige Zentrum in uns erleben wollen, müssen wir also einen Schritt zurücktreten von allem, womit wir uns identifizieren, damit wir erfahren können, wer wir sind, wenn wir all die anderen Dinge nicht sind. Die Aufgabe ist, *alle* diese Teilbilder, die wir von uns selbst haben, wie die vielen Schalen einer Zwiebel abzupellen, um unser Zentrum, unseren Kern freizulegen, das Ewige in uns, das sich nie verändert. Um herauszufinden, wer wir sind, nehmen wir zeitweise einfach alles weg, was wir *nicht* sind, alle unsere Teilbilder und Identifikationen, alle unsere Unterpersonalitäten und Rollen.

Selbst-Gewahrsein

Die folgende Übung, ursprünglich von Roberto Assagioli entwickelt, hilft uns, Aspekte unserer Persönlichkeit zu erfoschen, während wir den Blickwinkel des Beobachters beibehalten und erkennen, daß der Beobachter nicht ist, was er oder sie beobachtet. Das führt dazu, daß wir uns unseres persönlichen Selbst oder „Ich" gewahr werden.

Nehmen Sie die Übungsanleitung auf Band auf, damit Sie die Übung absolut ungestört machen können. Nehmen Sie sich Zeit.

Finden Sie eine angenehme Haltung im Sitzen mit aufrechter Wirbelsäule ... Schließen Sie die Augen ... Nehmen Sie mehrere langsame, lange, tiefe Atemzüge ... Entspannen Sie Ihren Körper völlig ... Lassen Sie alle Spannungen los ... Erlauben Sie allen Gefühlen, die Sie haben mögen, zu schwinden ... Tun Sie dasselbe mit Ihren Gedanken ... Werden Sie wie ein stiller, ruhiger See, der den blauen Himmel oder den sternklaren Himmel der Nacht perfekt spiegelt ... Seien Sie im Frieden und dennoch wach ...

Wenn Sie soweit sind, bekräftigen Sie langsam und bedächtig die folgenden Aussagen.

Ich habe einen Körper, aber ich bin mehr als mein Körper. Mein Körper mag sich in gesundem oder krankem Zustand befinden, er mag ausgeruht oder müde sein. Doch das hat nichts mit meinem Selbst, meinem wahren „Ich" zu tun. Ich schätze meinen Körper als kostbares Instrument der Erfahrung und Handlung in der äußeren Welt. Doch er ist nur ein Instrument. Ich behandle ihn gut. Ich bin bemüht, ihn bei guter Gesundheit zu erhalten. Doch er ist nicht mein Selbst. Ich habe einen Körper, aber ich bin mehr als mein Körper.

Ich habe Gefühle, aber ich bin mehr als meine Gefühle. Meine Gefühle sind mannigfaltig, wechselnd, manchmal widersprüchlich. Sie mögen von Liebe in Haß umschlagen, von Gelassenheit in Wut, von Freude in Leid. Und doch verändert sich mein Wesen – meine wahre Natur – nicht. „Ich" bleibe. Auch wenn eine Welle von Ärger mich vorübergehend überfluten mag, weiß ich, daß sie mit der Zeit wieder schwindet; ich bin nicht dieser Ärger. Da ich meine Gefühle beobachten und verstehen kann und allmählich lerne, sie zu lenken, zu nutzen und harmonisch zu integrieren, ist klar, daß sie nicht mein Selbst sind. Ich habe Gefühle, aber ich bin mehr als meine Gefühle.

Ich habe Wünsche, aber ich bin mehr als meine Wünsche. Wünsche werden durch physische und emotionale Triebe und andere Einflüsse hervorgerufen. Sie sind oft wechselhaft und widersprüchlich, daher sind sie nicht mein Selbst. Ich habe Wünsche, aber ich bin mehr als meine Wünsche.

Ich habe einen Verstand, aber ich bin mehr als mein Verstand. Mein Verstand ist ein wertvolles Werkzeug der Entdeckung und des Ausdrucks. Aber er ist nicht das Wesen meines Seins. Seine Inhalte verändern sich ständig, da er neue Ideen, Wissen und Erfahrung umfaßt. Oft weigert er sich, mir zu gehorchen! Daher kann er nicht ich sein, mein Selbst. Er ist ein Organ des Wissens in bezug auf beide, die innere und die äußere Welt. Doch er ist nicht mein Selbst. Ich habe einen Verstand, aber ich bin mehr als mein Verstand.

Ich engagiere mich in verschiedenen Aktivitäten und spiele viele Rollen in meinem Leben. Ich muß diese Rollen spielen, und ich spiele sie bereitwillig, so gut wie möglich, mag es die Rolle des Sohnes oder des Vaters, der Ehefrau oder des Ehemannes, des Lehrers oder des Schülers, des Künstlers oder des Beamten sein. Und doch bin ich mehr als der Sohn, die Ehefrau, der Künstler. Dies sind bestimmte Rollen, aber nur Bruckstücke, die ich einverstanden bin zu spielen, während ich mich selbst sehen und beobachten kann. Daher bin ich nicht irgendeine von ihnen. Ich bin mit meinem Selbst identifiziert, und ich bin nicht nur der Schauspieler, sondern auch der Regisseur des Stücks.

Nachdem ich mein Selbst, das „Ich", von den Inhalten meines Bewußtseins, von Empfindungen, Gefühlen, Wünschen, Gedanken und Rollen disidentifiziert habe, erkenne und bestätige ich, daß ich ein Zentrum reinen Selbst-Gewahrseins und Willens bin, in der Lage, alle meine psychologischen Vorgänge und meinen physischen Körper zu beobachten, zu leiten und zu nutzen.

Ich habe einen Körper, aber ich bin mehr als mein Körper.
Ich habe Gefühle, aber ich bin mehr als meine Gefühle.
Ich habe Wünsche, aber ich bin mehr als meine Wünsche.
Ich habe einen Verstand, aber ich bin mehr als mein Verstand.
Ich spiele Rollen, aber ich bin mehr als meine Rollen.
Ich bin ich, ein ewiges Zentrum reinen Selbst-Gewahrseins und Willens.

Die meisten Menschen brauchen sehr lange, um diese Art von Selbst-Gewahrsein zu entwickeln. Darum ist es völlig in Ordnung und ganz natürlich, wenn Sie sich Ihres persönlichen Selbst nicht sofort (zu Ihrer Zufriedenheit) gewahr werden. Wie aus allen Übungen dieses Kurses, werden Sie auch aus dieser größeren Gewinn ziehen, wenn Sie sie regelmäßig wiederholen, bis ihr Inhalt Wirklichkeit für Sie wird.

Hinweis: Unser Ziel ist übrigens nicht, ständig völlig disidentifiziert zu sein. Es geht vielmehr darum, die Geschenke *all* unserer Teile so anzunehmen und zu nutzen, daß sie zu Selbstmeisterung und Ganzheit beitragen.

Mein persönliches Selbst

Wenn wir uns völlig von all unseren Identifikationen distanzieren, bleibt unser Zentrum übrig – nicht einfach ein anderes Bild, eine andere Unterpersönlichkeit oder Rolle, sondern unser zugrundeliegendes Selbst, das reine Wesen, das wir in Wahrheit sind. Wie erfahren Sie Ihr persönliches Selbst?

Schließen Sie die Augen ... Setzen Sie sich gerade hin ... Atmen Sie ein paarmal tief durch ... Entspannen Sie sich ... Lassen Sie Ihren Körper, Ihre Gefühle und Ihre Gedanken ruhig werden ... Werden Sie wie ein stiller, ruhiger See ...

Wenn sie soweit sind, lassen Sie ein Bild oder ein Gefühl in sich aufsteigen, das Ihr persönliches Selbst darstellt, das reine, ewige, unveränderliche, achtsame Zentrum in Ihrem Innern ... Nehmen Sie sich Zeit ... Warten Sie geduldig in der Stille, gewiß, daß Ihnen bald etwas einfallen wird ... Seien Sie bereit anzunehmen, was auch immer es ist, ohne zu urteilen, zu zensieren oder es zurückzuweisen ... Seien Sie einfach bereit, es zu beobachten und zu prüfen, mit dem Ziel, mehr darüber zu erfahren ...

Sobald Sie etwas wahrnehmen, lassen Sie es lebendiger werden ... Achten Sie auf Größe und Form ... Dichte und Muster ... Farbe und Stuktur ... Erforschen Sie es mit möglichst vielen Sinnen ... Finden Sie die übergeordnete Qualität, die es Ihnen nahelegt ...

Öffnen Sie dann die Augen, und bringen Sie in einer Zeichnung entweder das Symbol selbst oder seine Qualität zum Ausdruck ... Wenn nichts in Ihnen aufgestiegen ist, öffnen Sie die Augen, behalten die Frage im Sinn und beginnen, frei und spontan zu zeichnen. Lassen Sie auf diese Weise etwas auftauchen …

Mein persönliches Selbst

Beschreiben Sie die übergeordnete *Qualität* des Symbols, und notieren Sie alle Worte, Gefühle oder Gedanken, die Ihnen während der Übung eingefallen sind oder jetzt bewußt werden. Welche neue Einsicht vermittelt Ihnen dieses Symbol oder seine Qualität?

•
•
•
•

Die Erkenntnis, daß unser fundamentales Selbst, unsere Essenz ein Leben lang gleich bleibt, unabhängig davon, was um uns herum geschieht, kann sehr beruhigend sein. Die beiden folgenden Übungen, ursprünglich von

Diana Whitmore entwickelt, sollen Ihnen helfen, die Erfahrung Ihres persönlichen Selbst zu vertiefen.

Schauen Sie sich zunächst noch einmal die Ergebnisse Ihrer Selbstbeobachtung (Seite 252 ff.) an, alle Beschreibungen Ihres Körpers, Ihrer Gefühle, Ihrer Wünsche, Ihres Verstandes und Ihrer Rollen. Tun Sie das, bevor Sie die nächste Übung machen.

Schließen Sie die Augen ... Setzen Sie sich mit aufrechter Wirbelsäule hin ... Atmen Sie ein paarmal tief durch ... Entspannen Sie sich ... Lassen Sie Ihren Körper, Ihre Gefühle und Ihre Gedanken ruhig werden ... Werden Sie wie ein stiller, ruhiger See ...

Wenn sie soweit sind, fragen Sie sich selbst, *wer,* welcher Teil von mir, hat diese Beschreibungen ursprünglich geschrieben? ... *Wer* war gewahr? ... *Wer* erlebt sie jetzt noch einmal? ... *Wer* ist jetzt gewahr? ... *Wer* bin ich? ...

Lassen Sie dann irgendeine Erinnerung aus Ihrer frühen Kindheit in sich aufsteigen ... Es kann eine angenehme oder eine unangenehme sein ... Nehmen Sie sich Zeit ... Warten Sie geduldig in der Stille, gewiß, daß Ihnen bald etwas einfallen wird ... Seien Sie bereit, was immer kommt, zu akzeptieren, ohne zu urteilen, zu zensieren oder es zurückzuweisen ... Seien Sie einfach bereit, es zu beobachten und zu erforschen ...

Wenn Sie beginnen, etwas zu spüren, rufen Sie sich besondere Einzelheiten ins Gedächtnis zurück ... Wie alt sind Sie? ... Welche Kleidung tragen Sie? ... Wo sind Sie? ... Welche Tageszeit ist es? ... Welche Jahreszeit? ... Ist jemand bei Ihnen? ... Was passiert? ... Was sehen Sie? ... Was können Sie hören? ... Wie fühlen Sie sich? ... Beobachten Sie die ursprüngliche Erfahrung mit so vielen Sinnen wie möglich ... Lassen Sie die Erfahrung sehr real werden, aber vermeiden Sie, sich darin zu verlieren ... Schreiben Sie eine Zusammenfassung darüber ...

•

•

•

•

Fragen Sie sich: *Wer,* welcher Teil von mir, hatte diese Erfahrung ursprünglich? ... *Wer* war damals ein Kind? ... *Wer* erlebt es jetzt noch einmal? ... *Wer* ist jetzt gewahr? ... *Wer* bin ich?

Lassen Sie dann irgendeine Erinnerung aus Ihren Teenager-Jahren in sich aufsteigen ... Nehmen Sie sich Zeit ... Warten Sie geduldig in der Stille, gewiß, daß Ihnen bald etwas einfallen wird ... Seien Sie bereit anzunehmen, was auch immer kommt, ohne zu urteilen, zu zensieren oder es zurückzuweisen ... Seien Sie einfach bereit, es zu beobachten und zu erforschen, um mehr darüber zu erfahren ...

Wenn Sie beginnen, etwas zu spüren, rufen Sie sich besondere Einzelheiten ins Gedächtnis zurück ... Beobachten Sie die ursprüngliche Erfahrung mit so vielen Sinnen wie möglich ... Lassen Sie die Erfahrung sehr real werden, aber vermeiden Sie, sich darin zu verlieren ... Schreiben Sie eine Zusammenfassung darüber ...

Fragen Sie sich: *Wer,* welcher Teil von mir, hatte diese Erfahrung ursprünglich? ... *Wer* war damals ein Teenager? ... *Wer* erlebt es jetzt noch einmal? ... *Wer* ist jetzt achtsam? ... *Wer* bin ich?

Lassen Sie dann irgendeine Erinnerung aus der letzten Woche in sich aufsteigen ... Nehmen Sie sich Zeit ... Warten Sie geduldig in der Stille, gewiß, daß Ihnen bald etwas einfallen wird ... Seien Sie bereit anzunehmen, was auch immer kommt, ohne zu urteilen, zu zensieren oder es zurückzuweisen ... Seien Sie einfach bereit, es zu beobachten und zu erforschen ...

Wenn Sie beginnen, etwas zu spüren, rufen Sie sich besondere Einzelheiten ins Gedächtnis zurück ... Beobachten Sie die ursprüngliche Erfahrung mit so vielen Sinnen wie möglich ... Lassen Sie die Erfahrung sehr real werden, aber vermeiden Sie, sich darin zu verlieren ... Schreiben Sie eine Zusammenfassung darüber ...

Fragen Sie sich: *Wer,* welcher Teil von mir, hatte diese Erfahrung ursprünglich? ... *Wer* erlebt es jetzt noch einmal? ... *Wer* ist jetzt achtsam? ... *Wer* bin ich? ...

Lassen Sie dann irgendeine Erinnerung aus der Zeit einer großen Krise oder persönlichen Schmerzes in sich aufsteigen, vielleicht eine Erfahrung, die Sie jetzt daran hindert, mehr Liebe in Ihr Leben zu bringen ... Nehmen Sie sich Zeit ... Warten Sie geduldig in der Stille, gewiß, daß Ihnen bald etwas einfallen wird ... Seien Sie bereit anzunehmen, was auch immer kommt, ohne zu urteilen, zu zensieren oder es zurückzuweisen ... Seien Sie einfach bereit, es zu beobachten und zu erforschen ...

Wenn Sie beginnen, etwas zu spüren, rufen Sie sich besondere Einzelheiten ins Gedächtnis zurück ... Beobachten Sie die ursprüngliche Erfahrung mit so vielen Sinnen wie möglich ... Lassen Sie die Erfahrung sehr real werden, aber vermeiden Sie, sich darin zu verlieren ... Schreiben Sie eine Zusammenfassung darüber ...

•

•

•

•

Fragen Sie sich: *Wer,* welcher Teil von mir, hatte diese Erfahrung ursprünglich? ... *Wer* hat das durchlebt? ... *Wer* erlebt es jetzt noch einmal? ... *Wer* ist jetzt achtsam? ... *Wer* bin ich?

Lassen Sie dann irgendeine Erinnerung an einen Höhepunkt oder eine Erfahrung aus einer Zeit, zu der Sie höchst inspiriert, tief berührt oder sehr glücklich waren, in sich aufsteigen ... Nehmen Sie sich Zeit ... Warten Sie geduldig in der Stille, gewiß, daß Ihnen bald etwas einfallen wird ... Seien Sie bereit anzunehmen, was auch immer kommt, ohne zu urteilen, zu zensieren oder es zurückzuweisen ... Seien Sie einfach bereit, es zu beobachten und zu erforschen ...

Wenn Sie beginnen, etwas zu spüren, rufen Sie sich besondere Einzelheiten ins Gedächtnis zurück ... Beobachten Sie die ursprüngliche Erfahrung mit so vielen Sinnen wie möglich ... Lassen Sie die Erfahrung sehr real werden, aber vermeiden Sie, sich darin zu verlieren ... Schreiben Sie eine Zusammenfassung darüber ...

•

•

•

•

Fragen Sie sich: *Wer,* welcher Teil von mir, hatte diese Erfahrung ursprünglich? ... *Wer* fühlte das Besondere damals? ... *Wer* erlebt es jetzt noch einmal? ... *Wer* ist jetzt achtsam? ... *Wer* bin ich?

Lassen Sie dann eine Erfahrung, die Sie irgendwann in der Zukunft haben werden, in sich aufsteigen ... Nehmen Sie sich Zeit ... Warten Sie geduldig in der Stille, gewiß, daß Ihnen bald etwas einfallen wird ... Seien Sie bereit anzunehmen, was auch immer kommt, ohne zu urteilen, zu zensieren oder es zurückzuweisen ... Seien Sie einfach bereit, es zu beobachten und zu erforschen ...

Wenn Sie beginnen, etwas zu spüren, rufen Sie sich besondere Einzelheiten ins Gedächtnis zurück ... Beobachten Sie die ursprüngliche Erfahrung mit so vielen Sinnen wie möglich ... Lassen Sie die Erfahrung sehr real werden, aber vermeiden Sie, sich darin zu verlieren ... Schreiben Sie eine Zusammenfassung darüber ...

-
-
-
-

Fragen Sie sich: *Wer,* welcher Teil von mir, stellt sich dieses zukünftige Ereignis jetzt vor? ... Wer ist jetzt achtsam? ... Wer wird dies in der Zukunft erfahren? ... Wer hat eine Zukunft? ... Wer wird ihrer dann gewahr sein? ... Wer bin ich? ...

Erkennen Sie, daß es ein Teil von Ihnen war, dasselbe „Ich“, das alle diese Erfahrungen hatte ... Es ist dieses „Ich“, das für Kontinuität und Stabilität in Ihrem Leben sorgt ... Dieses „Ich“ bleibt im Zentrum Ihres Seins, nachdem alles andere abgeschält ist ... Dieses „Ich“ ist rein, ewig und unwandelbar ... Es ist direkt mit Ihrem göttlichen Selbst verbunden ... Dieses „Ich“ ist Ihr persönliches Selbst ...

Notieren Sie jetzt alle Gefühle, Gedanken oder Fragen, die Sie aufzeichnen möchten.

-
-
-
-

Wir haben bereits herausgefunden, daß unsere Identifikationen uns auf der einen Seite dienen und uns auf der anderen Seite einschränken. Sie helfen uns, unsere Welt zu definieren und uns in ihr auszudrücken. Sie halten uns aber auch davon ab, andere Formen des Seins zu erfahren, besonders, wenn wir auf rigide Weise daran festhalten. Die folgende Übung läßt uns erfahren, daß wir von allem dominiert werden, womit unser Selbst sich identifiziert, und daß wir alles, wovon wir uns disidentifizieren, lenken und nutzen können.

Blättern Sie zunächst zum zweiten Teil dieses Kapitels (Seite 250) zurück und schauen Sie sich alle Ihre Antworten auf die Frage „Wer bin ich?“ noch einmal an.

Wählen Sie dann die fünf Einzelaussagen aus, mit denen Sie sich am stärksten identifiziert haben, weil sie Ihnen am nächsten sind oder am genauesten beschreiben, wer Sie im Grunde sind.

Numerieren Sie sie von 1 bis 5, wobei die 1 die für Sie unwichtigste Antwort bezeichnet und die 5 die wichtigste. Schreiben Sie jede Aussage an die unten entsprechend numerierte Stelle.

Wenden Sie sich jetzt Ihren Identifikationen zu, während Sie sich die folgenden Fragen stellen.

- Was habe ich von dieser Identifikation? Wie dient sie mir?
- Was kostet mich diese Identifikation? Wie begrenzt sie mich?
- Wie wäre es, wenn ich sie für immer loslassen würde?

Bestätigen Sie sich selbst: *„Ich habe diese Identifikation, aber ich bin mehr als sie. Daher bin ich bereit, sie für jetzt loszulassen.“* Wenn Sie dazu bereit sind, legen Sie diese Identifikation für die Dauer dieser Übung beiseite. Schreiben Sie Ihre Gefühle und Gedanken darüber auf.

1

2

3

4

5

•
•
•
•

Wenn Sie irgendeine Ihrer Identifikationen losgelassen haben, *wer,* welche Instanz in Ihnen hat losgelassen? Wenn Sie nicht loslassen konnten, *wer,* welche Instanz in Ihnen hat Sie daran gehindert?

Bestätigen Sie unten: „*Ich bin ich, ein ewiges Zentrum reinen Selbst-Gewahrseins und Willens.*" Notieren Sie dann alle Gefühle oder Gedanken, die durch das Aufschreiben der Affirmation ausgelöst werden.

•
•
•
•

TEIL FÜNF – POTENTIAL ENTWICKELN

Funktionen des persönlichen Selbst

Unser persönliches Selbst hat zwei wichtige Funktionen. Als objektiver Beobachter bringt es reines *Gewahrsein* zum Ausdruck. Doch es ist mehr als nur ein unbeteiligter Zuschauer. Es verfügt auch über die kreative Kraft des *Willens*. Im Idealfall nutzt es diese beiden Funktionen, um alle unsere Teilidentifikationen zu einem einzigen harmonischen Ganzen zu vereinen. Es ist der Dirigent des Orchesters unserer Unterpersönlichkeiten, und es dirigiert die Partitur, die von unserem göttlichen Selbst komponiert ist.

Wir können unser persönliches Selbst als Beobachter/Helfer auf den Plan rufen, wenn es darum geht, die inneren Konflikte zu lösen, die uns daran hindern, mehr Liebe in unser Leben zu bringen.

Innere Konflikte

Wenn wir Ambivalenz, Unentschiedenheit oder Konflikte in uns spüren, können wir sagen, daß zwei oder mehr unserer Unterpersönlichkeiten nicht in

Übereinstimmung sind. Wenn wir beispielsweise entscheiden, wie wir einen freien Abend verbringen, könnte es sein, daß ein Teil von uns gern ins Kino ginge, ein anderer Teil möchte die Zeit vielleicht lieber mit einem Freund verbringen, ein anderer Teil möchte womöglich spazierengehen, während andere Teile vielleicht zu Hause bleiben und lesen, fernsehen, ein heißes Bad nehmen oder früh zu Bett gehen möchten.

Wenn es um einfache Zusammenhänge geht, können innere Konflikte meist relativ leicht gelöst werden. Doch wie sieht es mit komplexeren aus? Was passiert, wenn ein Teil von uns erfolgreich sein möchte, während ein anderer, fauler Teil nicht dafür arbeiten möchte? Oder wenn ein Teil von uns wahrhaftig sein möchte, während ein anderer Teil, aus Angst zurückgewiesen zu werden, versucht, es allen Menschen recht zu machen? Oder wenn ein Teil mehr Liebe in unser Leben bringen möchte, während ein anderer, angstvoller Teil versucht, uns daran zu hindern?

In der folgenden Übung externalisieren wir unsere inneren Konflikte, das heißt, wir bringen sie nach außen, ans Licht, wo wir leichter mit ihnen umgehen können. Unser „Ich" nimmt als Beobachter/Lenker eine zentrale Stellung ein. Nehmen Sie die Anleitung zu dieser Übung auf Band auf, damit Sie sich ganz auf die Übung konzentrieren und sie ohne Unterbrechung machen können. Nehmen Sie sich mindestens zwanzig bis dreißig Minuten Zeit für diese Übung.

Verbringen Sie zunächst ein wenig Zeit damit, einen Konflikt zwischen zwei verschiedenen Ansichten in sich zu identifizieren, die mit Ihrem Ziel, mehr Liebe in Ihr Leben zu bringen, zu tun haben. Bezeichnen Sie jede dieser Ansichten als Unterpersönlichkeit und geben Sie ihr einen Namen, der ihre vorherrschende Einstellung, ihre Motivation oder ihr Verhalten benennt, zum Beispiel „mein Erfolgstrieb" und „meine faule Haut", „meine übermütige Waghalsigkeit" und „mein ängstliches Kind" oder „mein Idealist" und „mein Richter". Beschreiben Sie dann den Konflikt und die Schwierigkeiten, die er Ihnen bereitet.

Hinweis: Widerstehen Sie der Versuchung, die Übung mechanisch zu durchlaufen. Erlauben Sie sich, jeden Schritt möglichst lebendig zu erfahren.

Finden Sie eine Stelle im Raum, wo Sie genug Platz haben, um sich frei bewegen zu können, und stehen Sie bequem und gerade ... Schließen Sie die Augen ... Nehmen Sie ein paar tiefe Atemzüge ... Entspannen Sie sich ... Lassen Sie Ihren Körper, Ihre Gefühle und Ihre Gedanken still werden ... Werden Sie wie ein stiller, ruhiger See ...

Nehmen Sie sich einen Moment Zeit, um die Erfahrung, bequem auf Ihren eigenen zwei Füßen zu stehen, zu genießen ... Verlagern Sie Ihr Gewicht dann sanft von einem Fuß auf den anderen, und fühlen Sie, hin und her schaukelnd, wie stabil und im Gleichgewicht Sie in dieser Position sind ... Diese Stelle – auf der Sie jetzt im Raum stehen – stellt Ihr eigenes inneres Zentrum dar, Ihr persönliches Selbst oder „Ich" ... Bestätigen Sie laut: *„Ich bin ich, ein ewiges Zentrum reinen Selbst-Gewahrseins und Willens."* ... Spüren Sie den Frieden, der aus dieser Erklärung entspringt ...

Wenn Sie soweit sind, öffnen Sie die Augen, schauen nach rechts und stellen sich die erste Unterpersönlichkeit dort stehend vor ... Was ist ihre typische Haltung? ... Wie steht sie? ... Wie hält sie den Kopf? ... die Hände? ... die Füße? (Mit anderen Worten: Wie stehen *Sie* selbst, wenn Sie die Ansicht vertreten, die diese Unterpersönlichkeit darstellt?) ... Entschließen Sie sich jetzt, einen großen Schritt nach rechts zu machen, wodurch Sie *in* diese Unterpersönlichkeit eintreten ...

Nehmen Sie auf diesem neuen Platz eine ganz neue Seinsweise an ... Personifizieren Sie diese Unterpersönlichkeit in Ihrer Imagination ... Ziehen Sie sie an wie einen Mantel ... Werden Sie diese Unterpersönlichkeit ... Identifizieren Sie sich mit dieser Unterpersönlichkeit ... Seien Sie diese Unterpersönlichkeit ... Nehmen Sie zuerst ihre Körperhaltung ein ... Bringen Sie Ihren Körper in die Haltung, die Sie grade beobachtet haben ... Übertreiben Sie ... Wie fühlt es sich körperlich an, diese Unterpersönlichkeit zu sein? ... Wie stehen Sie als diese Unterpersönlichkeit? ... Wie bewegen Sie sich? ... Zeigen Sie es ...

Hinweis: Wie bei allen Übungen, die Ihren Körper einbeziehen und bei denen Sie laut sprechen müssen, ist es natürlich, daß Sie sich anfangs ungeschickt und verlegen fühlen. Wenn Sie Ihre Gefühle anerkennen, wird das bald schwinden.

Wie sind die Gefühle und Stimmungen dieser Unterpersönlichkeit? (Wie fühlen *Sie* sich, wenn Sie diese Ansicht vertreten?) ... Erlauben Sie sich, sie zu fühlen und auszudrücken – durch Bewegung, Töne oder Worte oder besser auf alle drei Arten ... Was auch immer Sie tun, übertreiben Sie es ...

Wie sind die Gedanken, Überzeugungen und Einstellungen dieser Unterpersönlichkeit? ... Erlauben Sie sich, sie frei zu erleben ... Was für Ideen haben Sie? ... Wie gebrauchen Sie als diese Unterpersönlichkeit Ihren Verstand? ... (Wie denken *Sie,* wenn sie diese Ansicht vertreten?) ... Finden Sie Ihre eigene Art und Weise, es auszudrücken ... Übertreiben Sie ... Sprechen Sie als diese Unterpersönlichkeit Ihren Namen laut aus, zum Beispiel: „Ich bin das Opfer." ...

Wenn Sie soweit sind, machen Sie einen großen Schritt nach links, in die zentrale Haltung zurück ... Spüren Sie, während Sie das tun, daß Sie die Unterpersönlichkeit ganz hinter sich lassen ...

Stehen Sie wieder bequem und grade auf Ihren eigenen zwei Füßen ... Verlagern Sie Ihr Gewicht sanft von einem Fuß auf den anderen, schaukeln Sie hin und her, und fühlen Sie, wie stabil Sie in dieser Position stehen ... Fühlen Sie sich wieder zentriert ... Spüren Sie den Unterschied zwischen Ihrem Gefühl als Unterpersönlichkeit und wie Sie sich jetzt in Ihrem Zentrum fühlen, in Ihrem „Ich", dem unabhängigen Beobachter/Lenker ...

Wenden Sie sich nach rechts und sagen Sie laut zu dieser ersten Unterpersönlichkeit: *„Ich habe dich, aber ich bin nicht du. Ich bin ich, ein ewiges Zentrum reinen Selbst-Gewahrseins und Willens."* ... Erfahren Sie den Frieden, der durch diese Erklärung kommt ...

Wenn sie soweit sind, schauen Sie nach links und sehen die zweite Unterpersönlichkeit dort stehen ... Wie ist ihre typische Haltung? ... Wie steht sie? ... Wie hält sie ihren Kopf? ... ihre Hände? ... ihre Füße? ...

Entschließen Sie sich jetzt, einen großen Schritt nach links zu machen ... Treten Sie *in* diese Unterpersönlichkeit ein ...

Nehmen Sie auf diesem neuen Platz eine ganz neue Seinsweise an ... Personifizieren Sie diese Unterpersönlichkeit in Ihrer Imagination ... Ziehen Sie sie an wie einen Mantel ... Werden Sie diese Unterpersönlichkeit ... Identifizieren Sie sich mit dieser Unterpersönlichkeit ... Seien Sie diese Unterpersönlichkeit ... Nehmen Sie zuerst ihre Körperhaltung ein ... Bringen Sie Ihren Körper in die Haltung, die Sie grade beobachtet haben ... Übertreiben Sie ... Wie fühlt es sich körperlich an, diese Unterpersönlichkeit zu sein? ... Wie stehen Sie? ... Wie bewegen Sie sich? ... Zeigen Sie es ...

Wie sind die Gefühle und Stimmungen dieser Unterpersönlichkeit? Erlauben Sie sich, sie zu fühlen und auszudrücken – durch Bewegung, Töne oder Worte oder besser auf alle drei Arten ... Was auch immer Sie tun, übertreiben Sie es ...

Wie sind die Gedanken, Überzeugungen und Einstellungen dieser Unterpersönlichkeit? ... Erlauben Sie sich, sie frei zu erleben ... Was für Ideen haben Sie? ... Wie sehen Sie Ihren Verstand? ... Finden Sie Ihre eigene Art, es auszudrücken ... Übertreiben Sie ruhig ein bißchen ... Sprechen Sie als diese Unterpersönlichkeit Ihren Namen laut aus, zum Beispiel: „Ich bin der Richter." ...

Wenn Sie soweit sind, machen Sie einen großen Schritt zurück nach rechts, in die zentrale Position ... Spüren Sie, während Sie das tun, daß Sie die Unterpersönlichkeit ganz hinter sich lassen ...

Stehen Sie wieder bequem und gerade auf Ihren eigenen zwei Füßen ... Verlagern Sie Ihr Gewicht sanft von einem Fuß auf den anderen, schaukeln Sie hin und her, und fühlen Sie, wie stabil Sie in dieser Position stehen ... Fühlen Sie sich wieder zentriert ... Spüren Sie den Unterschied zwischen Ihrem Gefühl als Unterpersönlichkeit und wie Sie sich jetzt in Ihrem Zentrum fühlen, in Ihrem „Ich“, dem unabhängigen Beobachter/Lenker ...

Wenden Sie sich nach links und sagen Sie laut zu der zweiten Unterpersönlichkeit: *„Ich habe dich, aber ich bin nicht du. Ich bin ich, ein ewiges Zentrum reinen Selbst-Gewahrseins und Willens.“* ... Erfahren Sie den Frieden, der durch diese Erklärung kommt ...

Entschließen Sie sich jetzt, einen großen Schritt nach rechts zu machen, und treten Sie in die erste Unterpersönlichkeit zurück ... Nehmen Sie sich einen Moment Zeit, um sich wieder mit ihr zu identifizieren ... Nehmen Sie ihre körperliche, emotionale und intellektuelle Art zu sein wieder an ...

Schauen Sie sich jetzt, als diese Unterpersönlichkeit, Ihre Bedürfnisse an ... Nennen Sie diese dann der anderen Unterpersönlichkeit ... Ziehen Sie in Betracht, daß diese möglicherweise nicht besonders erfreut darüber ist ... Seien Sie authentisch und wahrhaftig ... Vertreten Sie Ihre Sache ...

Wenn Sie soweit sind, machen Sie wieder einen großen Schritt nach links, zurück ins Zentrum ... Spüren Sie, während Sie das tun, daß Sie die Unterpersönlichkeit ganz hinter sich lassen ...

Stehen Sie wieder bequem und gerade auf Ihren eigenen zwei Füßen ... Verlagern Sie Ihr Gewicht sanft von einem Fuß auf den anderen, schaukeln Sie hin und her, und fühlen Sie, wie stabil Sie in dieser Position stehen ... Fühlen Sie sich wieder ganz zentriert ... Spüren Sie den Unterschied zwischen Ihrem Gefühl als Unterpersönlichkeit und wie Sie sich jetzt in Ihrem Zentrum fühlen, in Ihrem „Ich“, dem unabhängigen Beobachter/Lenker ...

Wenden Sie sich nach rechts und sagen Sie laut zu dieser ersten Unterpersönlichkeit: *„Ich habe dich, aber ich bin nicht du. Ich bin ich, ein ewiges Zentrum reinen Selbst-Gewahrseins und Willens.“* ... Erfahren Sie den Frieden, der durch diese Erklärung kommt ...

Entschließen Sie sich jetzt, einen großen Schritt nach links zu machen, und treten Sie in die zweite Unterpersönlichkeit zurück ... Nehmen Sie sich einen Moment Zeit, um sich wieder mit ihr zu identifizieren ... Nehmen Sie ihre körperliche, emotionale und intellektuelle Art und Weise zu sein wieder an ... Wie erfahren Sie die Tatsache, daß Sie die andere Unterpersönlichkeit, mit der Sie im Konflikt sind, anhören müssen, während diese von ihren Bedürfnissen spricht? ... Wie ist Ihre Reaktion? ... Bringen Sie sie jetzt zum Ausdruck ... Sie sind möglicherweise nicht besonders erfreut oder vielleicht doch ... Seien Sie authentisch und wahrhaftig ...

Schauen Sie sich dann Ihre eigenen Bedürfnisse an ... Nennen Sie sie der anderen Unterpersönlichkeit ...

Wenn Sie soweit sind, machen Sie einen großen Schritt nach rechts, zurück in das Zentrum ... Spüren Sie, während Sie das tun, daß Sie die Unterpersönlichkeit ganz hinter sich lassen ...

Stehen Sie wieder bequem und gerade auf Ihren eigenen zwei Füßen ... Verlagern Sie Ihr Gewicht sanft von einem Fuß auf den anderen, schaukeln Sie hin und her, und fühlen Sie, wie stabil Sie in dieser Position stehen ... Fühlen Sie sich wieder ganz zentriert ... Spüren Sie den Unterschied zwischen Ihrem Gefühl als Unterpersönlichkeit und wie Sie sich jetzt in Ihrem Zentrum fühlen, in Ihrem „Ich", dem unabhängigen Beobachter/Lenker ...

Wenden Sie sich nach links und sagen Sie laut zu der zweiten Unterpersönlichkeit: *„Ich habe dich, aber ich bin nicht du. Ich bin ich, ein ewiges Zentrum reinen Selbst-Gewahrseins und Willens."* ... Erfahren Sie den Frieden, der durch diese Erklärung kommt ...

Entschließen Sie sich jetzt, einen großen Schritt nach rechts zu machen, und treten Sie in die erste Unterpersönlichkeit zurück ... Nehmen Sie sich einen Moment Zeit, um sich wieder mit ihr zu identifizieren ... Nehmen Sie ihre körperliche, emotionale und intellektuelle Art und Weise zu sein wieder an ... Wie erfahren Sie die Tatsache, daß Sie die andere Unterpersönlichkeit, mit der Sie im Konflikt sind, anhören müssen, während diese über ihre Bedürfnisse spricht? ... Wie ist Ihre Reaktion? ... Bringen Sie sie jetzt zum Ausdruck ...

Beginnen Sie als diese Unterpersönlichkeit einen Dialog mit der anderen Unterpersönlichkeit über den Konflikt, der zwischen Ihnen beiden existiert ... Was haben Sie sich zu sagen? ... Wie begann es? ... Was sind die zentralen Punkte? ... Können Sie irgendwelche Punkte finden, in denen Sie übereinstimmen? ... Halten Sie nichts zurück ... Erlauben Sie sich, alle Gefühle und Gedanken, angenehme und unangenehme, die mit diesem Konflikt im Zusammenhang stehen, zu erfahren und auszudrücken.

Setzen Sie die Übung nach diesem Muster fort: 1. Disidentifizieren Sie sich von einer Unterpersönlichkeit, indem Sie ins Zentrum treten. 2. Fühlen Sie Ihr Zentriertsein in deutlichem Kontrast zu Ihrem Sein als Unterpersönlichkeit. 3. Sprechen und erfahren Sie die Aussage: *„Ich habe dich, aber ich bin nicht du. Ich bin ich, ein ewiges Zentrum reinen Selbst-Gewahrseins und Willens."* 4. Treten Sie in die andere Unterpersönlichkeit ein, und nehmen Sie sich einen Moment Zeit, um sich wieder mit ihr zu identifizieren. 5. Setzen Sie dann den Dialog als diese Unterpersönlichkeit fort.

Sorgen Sie dafür, daß der Dialog sich zwischen beiden Ansichten hin und her bewegt. Vermeiden Sie lange Monologe oder Reden. Lassen Sie es eher ein Geben und Nehmen oder eine Debatte sein. Nehmen Sie sich die Zeit, die Sie brauchen, um diese beiden Unterpersönlichkeiten interagieren zu lassen und ihren Konflikt zu erforschen. Geben Sie sich mindestens zehn Minuten.

Hinweis: Versuchen Sie während des Dialogs kein Happy End zu erzwingen oder zu ersinnen ... Es mag natürlich kommen; oder es kommt nicht. Dieser Konflikt hat seine Berechtigung und muß respektiert werden. Wenn Sie sich also mit der jeweiligen Unterpersönlichkeit identifizieren, besteht Ihre Aufgabe einfach darin, so ehrlich, offen und wahrhaftig in der Darstellung Ihrer eigenen Position zu sein, wie Sie können. Wenn Sie lange genug in diesem Prozeß ausharren, wird der Konflikt *möglicherweise* gelöst.

Wenn der Dialog zu einem vorläufigen Ende gekommen ist, machen Sie einen letzten großen Schritt zurück ins Zentrum ... Sprechen und fühlen Sie die Erklärung, die sich an beide Unterpersönlichkeiten richtet: *„Ich habe dich, aber ich bin nicht du. Ich bin ich, ein ewiges Zentrum reinen Selbst-Gewahrseins und Willens."* ...

Schreiben Sie jetzt alle Gefühle, Gedanken und Fragen auf, die Sie festhalten möchten. Notieren Sie, wie Sie es erlebt haben, der Beobachter/Lenker und jede einzelne Unterpersönlichkeit zu sein.

Wenn wir uns unseres Ausweichens, unseres Widerstandes, unserer Angst und anderer Blockaden bewußt sind, können wir uns fragen, welcher Teil von uns, welche Unterpersönlichkeit das fühlt und warum. Und wenn wir möchten, können wir uns entschließen, uns *mit ihr zu identifizieren,* hineinzugehen und zu übertreiben, um sie totaler und besonnener zu erfahren, bis wir beginnen, sie zu erkennen und zu akzeptieren. Später können wir uns entschließen, uns wieder *zu disidentifizieren,* einen Schritt zurückzutreten, um eine Perspektive zu erlangen, aus der heraus wir mit ihr umgehen können.

Wir können entscheiden, in unsere Balance, in das zentrierte „Ich" hinein- oder aus ihm herauszutreten. Der *Akt der Entscheidung wird zum Hebel der Macht,* und nicht das Ausweichen, der Widerstand oder die Angst. Diese Entscheidung führt zu mehr innerer Freiheit und Selbstmeisterung. Wir wählen, in was wir uns hineinbegeben, und wir können auch wählen, wieder herauszutreten. Also brauchen wir vor unseren Gefühlen, Gedanken und anderen Teilen unserer selbst keine Angst mehr zu haben oder ihr Opfer sein. *Es liegt immer in unserer Macht, diese Entscheidung zu treffen.*

Das rechte Verhältnis

Oft können wir mit unseren inneren Konflikten wirksam umgehen, indem wir sie auf andere Weise in einen größeren Zusammenhang stellen. Die folgende Visualisationsübung wurde ursprünglich von Piero Ferrucci entwikkelt. Nehmen Sie die Übungsanleitung auf Band auf, damit Sie die Übung ohne Unterbrechung machen können. Geben Sie sich wenigstens zwanzig Minuten für diese Übung.

Nehmen Sie sich zunächst einen Moment Zeit, um einen Konflikt in sich zu identifizieren. Es kann einer sein, mit dem Sie sich schon in der vorhergehenden Übung auseinandergesetzt haben, oder ein völlig anderer.

Finden Sie eine bequeme Haltung im Sitzen mit gerader Wirbelsäule ... Schließen Sie die Augen ... Nehmen Sie ein paar tiefe Atemzüge ... Entspannen Sie sich ... Lassen Sie Ihren Körper, Ihre Gefühle und Ihre Gedanken ruhig werden ... Werden Sie wie ein stiller, ruhiger See ...

Bestätigen Sie sich in der Stille selbst: *„Ich habe einen Körper, aber ich bin mehr als mein Körper ... Ich habe Gefühle, aber ich bin mehr als meine Gefühle ... Ich habe Wünsche, aber ich bin mehr als meine Wünsche ... Ich habe einen Verstand, aber ich bin mehr als mein Verstand ... Ich spiele Rollen, aber ich bin mehr als meine Rollen ... Ich bin ich, ein ewiges Zentrum reinen Selbst-Gewahrseins und Willens ..."*

Wenn Sie soweit sind, visualisieren Sie sich selbst in dem Raum, in dem Sie sich gerade befinden ... Sehen Sie vor Ihrem geistigen Auge alles um sich herum genau so, wie es ist ... Stellen Sie sich jetzt vor, daß Sie sich langsam aufwärts bewegen, bis Sie den ganzen Raum mit einem einzigen Blick von oben erfassen können ... Steigen Sie weiter auf, bis Sie sich draußen über dem Gebäude wiederfinden ... Machen Sie sich ein klares Bild von dem Gebäude, während Sie darauf herabschauen ...

Während Sie höher und höher steigen, sehen Sie das Gebäude immer kleiner werden ... Aus Ihrer jetzigen Perspektive liegt die gesamte Umgebung unter Ihnen – Gebäude, Straßen, Bäume ... Die Menschen in den Straßen sind kaum sichtbar ... Schauen Sie sich einen Moment lang an, wie alle Menschen im Zentrum ihrer eigenen Welt sind, mit ihren eigenen Gefühlen und Gedanken, ihren eigenen Problemen und Projekten, ihren eigenen Hoffnungen und Träumen ... Beobachten Sie, wie sie sich alle bewegen, während sie ihr eigenes Leben leben ...

Sie steigen weiter auf ... Ihr Blickfeld weitet sich. Sie können andere Orte sehen, weite offene Felder, Seen und Berge ... Sie steigen höher und höher und können jetzt das ganze Land sehen ... Sie können andere Länder und weite Ozeane erspähen ... Bald ist der ganze Kontinent in Sicht ... Sie sehen mehr und mehr von der Erde, bis der ganze Planet vor Ihnen liegt, weiß und blau, sich langsam im leeren Raum drehend ...

Aus dieser enomen Höhe, können Sie keine Menschen mehr sehen ... Doch Sie können ihrer gewahr sein: Billionen von Menschen, jeder lebt auf demselben Planeten da draußen vor Ihnen und atmet dieselbe Luft ... Billionen von Herzen, die zu Menschen vieler verschiedener Rassen gehören, schlagen da unten ...

Fragen Sie sich selbst: *Wer* ist es, der jetzt Zeuge dieses Schauspiels ist? ... Wenn Sie einen Körper haben, aber mehr als Ihr Körper sind; wenn Sie Gefühle haben, aber mehr als Ihre Gefühle sind; wenn Sie Wünsche haben, aber mehr als Ihre Wünsche sind; wenn Sie einen Verstand haben, aber mehr als Ihr Verstand sind; wenn Sie Rollen spielen, aber mehr als Ihre Rollen sind, *wer* ist es dann, der jetzt diese Erweiterung der Perspektive erfährt?

Während Sie sich immer weiter von der Erde wegbewegen, sehen Sie sie kleiner und kleiner werden ... Andere Planeten treten in Ihr Blickfeld ein: die leuchtende Venus, der rote Mars, der massive Jupiter ... Das ganze Sonnensystem liegt vor Ihnen ... Werden Sie sich jetzt bewußt, daß die Erde aus Ihrem Blickfeld entschwunden ist ... Sogar die Sonne ist nur noch ein kleiner Lichtpunkt zwischen unzähligen Sternen ... Und Sie verlieren jede Spur von ihr ...

Billionen von Sternen sind um Sie herum: oben, unten, zu allen Seiten ... Es gibt kein „Oben" und „Unten" mehr ... All diese Billionen Sterne bilden nur eine Galaxie des Universums ... Es ist nur eine von unzähligen Galaxien, die sich in jeder Richtung in die Unendlichkeit erstrecken ...

Werden Sie sich allmählich der Unendlichkeit der Zeit bewußt ... Hier gibt es kein Gestern und kein Morgen ... keine Eile ... keinen Druck ... Alles ist Frieden und Wunder ... Fragen Sie sich selbst: *Wer* ist es, der jetzt diese zeitlose Pracht erfährt? ... *Wer* bin ich? ... *Wer* hat einen Konflikt? ... Was haben Sie der Persönlichkeit, die den Konflikt hat, aus dieser Perspektive zu sagen?

(Pausieren Sie hier, solange Sie möchten)

Lassen Sie in Ihrem eigenen Tempo alles wieder schwinden ... Bringen Sie Ihre Aufmerksamkeit in den Raum zurück, in dem Sie sich jetzt befinden ... Öffnen Sie die Augen ... Atmen Sie tief durch ... Und strecken Sie sich sanft ... Bewahren Sie das Gewahrsein von Frieden und Wundern, das Gefühl der Ausdehnung, das Gewahrsein der Disidentifikation von allem, was ist, das Gefühl dafür, wer Sie sind: ein ewiges Zentrum reinen Selbst-Gewahrseins und Willens.

Notieren Sie jetzt alle Gefühle, Gedanken und Fragen, die Sie bewahren möchten.

-
-
-
-

TEIL SECHS – DIE ANWENDUNG

Anwendung der Disidentifikation

Hier sind drei Übungen, in denen mit Disidentifikation gearbeitet wird. Machen Sie jede täglich, wenigstens sieben Tage lang, und berichten Sie dann auf der übernächsten Seite von Ihren Erfahrungen, *bevor Sie mit Kapitel acht beginnen*. Notieren Sie in Ihrem Bericht auch, wann und wie Sie Widerstand gespürt haben mögen, eine Übung oder alle zu machen, und wie Sie damit umgegangen sind.

1. Affirmationen: Wiederholen Sie die komplette Selbst-Identifikation aus dem vierten Teil (Seite 259). Üben Sie die gekürzte Form unten zusätzlich mindestens fünfmal täglich. Fühlen Sie jede Aussage als erfahrene Tatsache.
Ich habe einen Körper, aber ich bin mehr als mein Körper.
Ich habe Gefühle, aber ich bin mehr als meine Gefühle.
Ich habe Wünsche, aber ich bin mehr als meine Wünsche.
Ich habe einen Verstand, aber ich bin mehr als mein Verstand.
Ich spiele Rollen, aber ich bin mehr als meine Rollen.
Ich bin ich, ein ewiges Zentrum reinen Selbst-Gewahrseins und Willens.
2. Der Beobachter: Nehmen Sie sich unmittelbar nach diesen Affirmationen fünf Minuten Zeit, um sich selbst zu beobachten: Ihre körperliche Erschei-

nung, Ihre Verfassung, Ihre Sinneswahrnehmungen; Ihre Gefühle, wie Sie sie erfahren und ausdrücken; Ihre Bedürfnisse und Wünsche und wie Sie sie befriedigen; Ihre Gedanken und Ideen und was sie Ihnen bedeuten; Ihre Unterpersönlichkeiten und Rollen und wie diese Sie beeinflussen.
Sagen Sie immer wieder laut: „*Jetzt bin ich ... gewahr.*" Ergänzen Sie den Satz mit was auch immer Ihnen im Moment an Ihnen selbst bewußt ist. Vermeiden Sie urteilende oder kritische Aussagen. Entwickeln Sie Ihre Fähigkeit, mehr wahrzunehmen, genauer und objektiver mit sich selbst zu sein.
3. Das rechte Verhältnis: Nehmen Sie die Visualisation aus Teil fünf (Seite 276) auf Band auf. Hören Sie sie an, um Streß zu vermindern, zu entspannen, einen Schritt von Ihren physischen Sinneswahrnehmungen, Gefühlen, Wünschen, Gedanken, Identifikationen und Rollen zurückzutreten und innere Konflikte und äußere Probleme in die rechte Perspektive zu rücken.

Erfahrungen mit den Übungen

Literaturempfehlung

Werde, was du bist von Piero Ferrucci ist ein hervorragendes praktisches Handbuch für seelisches und geistiges Wachstum. Es führt klar und einfach in die wichtigsten Techniken der Psychosynthese ein. Es ist das Buch, das wir allen zu lesen empfehlen, die mehr über Psychosynthese und ihre Anwendung zur Lösung persönlicher Probleme erfahren möchten.

Persönliches Ziel

Ziehen Sie mehrere einfache Handlungen in Betracht, die Sie innerhalb der nächsten Tage ausführen und die Sie Ihrem Ziel, mehr Liebe in Ihr Leben zu bringen, einen Schritt näherbringen können. Wählen Sie dann eine aus, die Ihnen wichtig ist und die Sie als persönliches Ziel annehmen können. Treffen Sie eine wohlüberlegte Entscheidung, und schreiben Sie sie auf. Erinnern Sie sich, daß es Ihnen Kraft gibt, Entscheidungen zu treffen und in die Tat umzusetzen.

-
-
-
-

Was habe ich aus diesem Kapitel gelernt?

Blättern Sie zurück und schauen Sie sich noch einmal an, was Sie in diesem Kapitel gelernt haben. Schreiben Sie die drei wichtigsten Lernschritte oder die daraus gewonnenen Erkenntnisse auf.

-
-
-
-
-
-
-
-

Sinn

Im siebten Kapitel werden Sie aufgefordert, Ihr grundlegendes Gefühl für sich selbst (und die Freiheit, die es mit sich bringt) zu identifizieren und zu erfahren. Sie haben Techniken zur Lösung innerer Konflikte kennengelernt, die Sie in die Lage versetzen sollten, mehr Liebe in Ihr Leben zu bringen. In welchem Maße hat das siebte Kapitel seinen allgemeinen Sinn für Sie erfüllt?

-
-
-
-

Herzlichen Glückwunsch! Sie haben das Ende des siebten Kapitels erreicht. Besprechen Sie Ihre Erfahrungen mit der Person Ihres Vertrauens, *bevor Sie mit dem nächsten Kapitel beginnen.*

Kapitel acht
Die Entscheidung, zu handeln

TEIL EINS – VERBINDUNG AUFNEHMEN

Schauen Sie sich Kapitel sieben noch einmal an, um sich mit Ihrem Entwicklungsprozeß zu verbinden. Haben Sie das persönliche Ziel erreicht, das Sie sich gesetzt haben? Wie war es?

Wenn Sie das Autogene Training praktizieren, das wir im sechsten Teil des zweiten Kapitels (Seite 91) vorgestellt haben, schreiben Sie als nächstes über Ihre Erfahrungen mit dieser streßreduzierenden und entspannenden Technik. Haben Sie eine Abnahme von Muskelspannungen und Kopfschmerzen festgestellt? Haben Sie besser geschlafen? Haben sich Ihre Meditationszeiten verlängert? Wenn Sie diese Übung nicht regelmäßig gemacht haben, möchten Sie jetzt vielleicht versuchsweise damit beginnen.

Wenn Sie sich seit Beginn des letzten Kapitels entschlossen haben, zusätzliche Risiken einzugehen, um mehr Liebe in Ihr Leben zu bringen, schreiben Sie über Ihre Erfahrung. Was haben Sie getan? Wie erfolgreich waren Sie, und was haben Sie gelernt?

Schreiben Sie alle Erinnerungen, Gedanken, Gefühle, Einsichten, Träumen, unerledigten Dinge, Begegnungen und Ereignisse auf, die in Ihrer inneren und äußeren Welt aufgetreten sind, seit Sie das siebte Kapitel abgeschlossen haben. Schließen Sie auch die Bücher mit ein, die Sie gelesen haben, die Fragen, die noch nicht beantwortet sind, sämtliche Beobachtungen und alles, was Sie mit dem Kurs in Verbindung bringen.

TEIL ZWEI – BESTANDSAUFNAHME

Das Ziel

Im achten Kapitel werden Sie erfahren, daß Sie die Möglichkeit haben, zu wählen, Entscheidungen zu treffen und in die Tat umzusetzen, und daß diese Fähigkeit entwickelt und gestärkt werden kann.

Wir werden jeden Tag mit Entscheidungen konfrontiert. Manche mögen relativ leicht zu fällen sein, weil sie kurzfristige Wirkungen haben, nur uns selbst betreffen und uns schon vertraut sind. Beispiele für solche Entscheidungen sind, welche Kleidung wir tragen, was wir essen oder wann wir zu Bett gehen. Andere Entscheidungen mögen schwieriger zu fällen sein, weil sie langfristigere Wirkungen haben, sowohl andere Menschen als auch uns selbst betreffen und uns nicht vertraut sind. Sie hängen möglicherweise mit wichtigen Aspekten unseres Lebens zusammen wie der Familie, Freunden und Partnern, Ausbildung, Finanzen, Gesundheit, Wohnung, Arbeit, Prioritäten und Werten.

Dieser Kurs behauptet, daß mehr Liebe in unser Leben zu bringen, eine Handlung ist, die wir ausführen können. Wie alle Handlungen, erfordert sie eine vorherige Entscheidung. Wenn wir also mehr darüber wissen, wie wir Entscheidungen treffen und in die Tat umsetzen, mag uns das helfen, unsere Blockaden anzugehen, um Liebe vollkommener geben und empfangen zu können.

Persönliche Grenzen

Menschen geben viele verschiedene Gründe an, warum sie bestimmte Dinge nicht tun können. Nehmen Sie sich einen Moment Zeit, um jede der folgenden Erklärungen zu betrachten. Markieren Sie diejenigen, die Sie sich selbst oder anderen gegenüber zur einen oder anderen Zeit geäußert haben.

___ **Alter:** Ich bin zu jung / zu alt / nicht im richtigen Alter dafür.
___ **Kultur:** Ich gehöre nicht zur richtigen (Gesellschaftsschicht, Nation, Rasse, Religion).

___ **Erfahrung:** Ich bin erst ein Anfänger. / Ich habe keine / schlechte Erfahrungen gemacht.
___ **Ängste:** Ich habe zuviel Angst. / Ich möchte lieber auf Nummer sicher gehen, anstatt später etwas bereuen zu müssen.
___ **Finanzen:** Ich habe kein Geld. / Das ist zu teuer. / Ich kann es mir nicht leisten.
___ **Gesundheit:** Ich bin körperlich / seelisch nicht gesund genug.
___ **Verpflichtungen:** Ich bin für die Familie / die Kinder / die Tiere / den Besitz verantwortlich.
___ **Qualifikationen:** Ich habe nicht die Kompetenz / die Ausbildung / die Fähigkeit / das Talent / dazu.
___ **Unterstützung:** Ich habe keine Hilfe. / Ich kann nicht alles allein machen.
___ **Zeit:** Ich habe keine Zeit.
___ **Rechte Zeit:** Ich habe das Gefühl, daß es zu früh / zu spät / nicht die richtige Zeit für mich ist.
___ **Werte und Prioritäten:** Ich möchte lieber (glücklich) als (reich) sein.

Nehmen Sie sich einen Moment Zeit, um andere Begrenzungen aufzuschreiben, die Sie davon abgehalten haben, zu sein oder zu tun, was Sie gern wären oder hätten. Vermeiden Sie, sie oder sich selbst zu verurteilen.

-
-
-
-
-

Autorität und Macht

Unsere Einstellung Autoritäten und Macht gegenüber, hat Einfluß darauf, wie wir Entscheidungen treffen. Manche Menschen reagieren mit Kooperation, Gehorsam und Unterstützung auf Autorität und Macht (und auf Individuen und Gruppen, die sie ausüben). Sie folgen den etablierten Regeln und Geflogenheiten bereitwillig. Andere reagieren mit aktivem oder passivem Widerstand, Rebellion oder anderem nicht-konformem Verhalten auf Autorität. Sie reagieren Autoritäten und Macht gegenüber gewohnheitsmäßig mit Trotz und Opposition. Sie fordern etablierte Regeln grundsätzlich heraus, ignorieren oder erschüttern sie.

Wie ist das mit Ihnen? Wie gehen Sie im allgemeinen mit Autorität und Macht um? Nehmen Sie sich einen Moment Zeit, um Ihre Erfahrung zu betrachten, und schreiben Sie dann darüber. Seien Sie ehrlich. Aber vermeiden Sie, über sich selbst zu urteilen. Ihre Erfahrung ist Ihre Erfahrung.

-
-
-
-

Markieren Sie die Skala unten mit einem X, um Ihre allgemeine Einstellung zu Autorität und Macht anzuzeigen.
1 = Ich hege Autoritäten und Macht gegenüber Widerstand und Rebellion. Ich fühle mich regelmäßig gezwungen, Autoritäten und ihre Vorschriften herauszufordern und zu erschüttern.
5 = Ich bin Autoritäten und Macht gegenüber kooperativ und unterstützend. Ich bin gewillt, Autoritäten und ihren Regeln zu folgen und ihnen zu gehorchen.

---

1 2 3 4 5

Markieren Sie, wo Ihre Mutter und Ihr Vater sich selbst plaziert hätten. Ziehen Sie die Möglichkeit in Betracht, daß deren Verhalten Ihr eigenes geprägt hat.

Persönliche Macht

Unsere Einstellung zu Autorität und Macht bei anderen Menschen spiegelt wider, wie wir unsere eigene Autorität und Macht erfahren. Wenn wir diese Qualitäten in uns selbst akzeptieren, nehmen wir sie im allgemeinen auch in anderen an.

Manche Menschen fühlen sich ganz im Besitz ihrer Macht. Sie erfahren ihre eigene, persönliche Autorität, Vertrauen, Unabhängigkeit und die Fähigkeit, Entscheidungen zu treffen und etwas zu tun. Sie sind zuversichtlich, bestimmt und ergreifen die Initiative. Andere fühlen sich völlig machtlos. Sie erfahren keine persönliche Autorität, Vertrauen oder Unabhängigkeit. Sie fühlen sich eher von Umständen gefangen, ohne wahre Entscheidungsmöglichkeit und daher hilflos, machtlos, anderen und dem Leben preisgegeben.

Wie ist das bei Ihnen? Wie machtvoll oder machtlos fühlen Sie sich im allgemeinen? Nehmen Sie sich einen Moment Zeit, um Ihre Erfahrung zu betrachten, und schreiben Sie dann darüber.

-
-
-
-

Markieren Sie die Skala unten mit einem X, um anzuzeigen, wie machtvoll Sie sich im allgemeinen fühlen.
1 = Ich bin machtlos und von Umständen gefangen. Ich habe oft das Gefühl, daß ich keine andere Wahl habe. Daher fühle ich mich meistens hilflos dem Leben und anderen preisgegeben.
5 = Ich bin machtvoll und erfahre meine persönliche Autorität, Vertrauen, Unabhängigkeit und die Macht, angemessene Entscheidungen treffen und etwas tun zu können.

1	2	3	4	5

Markieren Sie, wo Ihre Mutter und Ihr Vater sich selbst plaziert hätten. Ziehen Sie die Möglichkeit in Betracht, daß deren Überzeugungen Ihre eigenen geprägt haben.

Wählen und Entscheidungen treffen

Manche Menschen entscheiden sich recht leicht. Sie haben ihre eigene Methode, die ihnen dient. Andere haben große Schwierigkeiten. Sie sind unsicher und können sich nicht entscheiden. Oder sie sind ambivalent und bevorzugen mal die eine, mal die andere Möglichkeit. Oder sie schieben Entscheidungen einfach so weit wie möglich hinaus, bevor sie sich verpflichten.

Wie ist das bei Ihnen? Wie entscheiden und wählen Sie? Wie leicht oder schwer? Nehmen Sie sich einen Moment Zeit, um Ihre Erfahrung zu betrachten, und schreiben Sie dann darüber.

-
-

•
•
•

Markieren Sie die Skala unten mit einem X, um anzuzeigen, wie entscheidungsfreudig Sie im allgemeinen sind.
1 = Ich habe bei großen und kleinen Entscheidungen Schwierigkeiten. Ich bin ein sehr unentschiedener, ambivalenter Mensch und kann mich nie entscheiden.
5 = Ich treffe große und kleine Entscheidungen recht leicht. Ich habe nie Schwierigkeiten, sie zu fällen. Ich bin ein sehr entschiedener Mensch.

1	2	3	4	5

Markieren Sie, wo Ihre Mutter und Ihr Vater sich selbst plaziert hätten. Ziehen Sie die Möglichkeit in Betracht, daß deren Verhalten Ihr eigenes geprägt hat.

Entscheidungen in die Tat umsetzen

Manche Menschen setzen ihre Entscheidungen recht leicht in die Tat um. Sie bleiben bis zur Verwirklichung der ursprünglichen Idee am Ball. Sie füllen ihre Entscheidungen mit Leben und sind bereit, die Konsequenzen zu tragen. Andere haben immer Schwierigkeiten, ihre Entscheidungen auszuführen. Sie treffen gewohnheitsmäßig auf Hindernisse und Grenzen, die sie von der Ausführung ihrer Pläne abhalten. Sie tun entweder gar nichts, schließen nichts ab, was sie begonnen haben, oder sind nicht bereit, die Verantwortung für die Konsequenzen ihrer Handlungen zu übernehmen.

Wie ist das bei Ihnen? Wie geht es Ihnen mit der Ausführung Ihrer Entscheidungen? Nehmen Sie sich einen Moment Zeit, um sich Ihre Erfahrung anzuschauen, und schreiben Sie dann darüber.

•
•
•
•

Markieren Sie die Skala unten mit einem X, um anzuzeigen, wie Sie Ihre Entscheidungen im allgemeinen in die Tat umsetzen.
1 = Ich habe Schwierigkeiten, große und kleine Entscheidungen in die Tat umzusetzen. Irgend etwas scheint mich immer daran zu hindern, entsprechend zu handeln oder etwas zu Ende zu bringen.
5 = Ich setze große und kleine Entscheidungen recht leicht in die Tat um. Ich habe nie Schwierigkeiten, entsprechend zu handeln und etwas zum Abschluß zu bringen.

---

1 2 3 4 5

Markieren Sie, wo Ihre Mutter und Ihr Vater sich selbst plaziert hätten. Ziehen Sie die Möglichkeit in Betracht, daß deren Verhalten Ihr eigenes geprägt hat.

Opfer-Unterpersönlichkeit

Die meisten Menschen haben eine Opfer-Unterpersönlichkeit, die immer dann zutagetritt, wenn sie sich als Opfer äußerer Umstände, hilflos, machtlos und anderen preisgegeben fühlen oder wenn sie das Gefühl haben, keine Wahl zu haben, keine Möglichkeiten und nichts, was sie tun könnten. Diese Unterpersönlichkeit mag nur gelegentlich von einer bestimmten Person oder Situation hervorgelockt werden, oder sie ist ein mehr allgemeiner, scheinbar ständig gegenwärtiger Zustand.

Wie ist das bei Ihnen? Wann erfahren Sie sich als Opfer? Wann fühlen Sie sich hilflos und machtlos? Kreuzen Sie unten die Menschen und Situationen an, denen gegenüber/in denen Sie sich machtlos und preisgegeben fühlen.

Menschen
___ Meine Mutter
___ Mein Vater
___ Meine Familie/Verwandten
___ Mein(e) Geliebte(r)/Partner(in)
___ Menschen meines Geschlechts
___ Menschen des anderen Geschlechts

Situationen
___ Wenn jemand nein zu mir sagt
___ Wenn mich jemand ignoriert
___ Wenn mich jemand zurückweist
___ Wenn jemand eine Entscheidung fällt, die mich betrifft
___ Wenn jemand mein Nein nicht akzeptiert
___ Wenn ich rigiden Gesetzen und Regeln begegne

___	Autoritätspersonen	___	Wenn ich das Gefühl habe, keine Wahl oder Alternative zu haben
___	Freunde	___	Wenn ich mich ängstlich, unsicher oder bedroht fühle
___	Fremde	___	Mit dem Leben, dem Universum und Gott

Nehmen Sie sich einen Moment Zeit, um andere Menschen und Situationen in Betracht zu ziehen, denen gegenüber/in denen Sie sich hilflos, machtlos, preisgegeben oder ohne Wahl fühlen. Schreiben Sie dann darüber.

-
-
-
-

TEIL DREI – PERSPEKTIVEN ERFORSCHEN

EILEEN

> Man kann nie wissen, was möglich ist, bis man es versucht. Der wichtigste Teil eines jeden Projekts ist die Entscheidung, damit zu beginnen.
>
> *The Living Word*

Wir treffen ein Leben lang Entscheidungen. Manche sind leicht zu fällen, während andere so schwer erscheinen. Die schweren Entscheidungen sind eine Prüfung für mich: Wähle ich das Leichte, Angenehme und Bequeme, folge ich dem Weg des geringsten Widerstands? Oder gebrauche ich meinen Willen, um die Kraft und den Mut aufzubringen, den ich möglicherweise brauche, um durch meine Angst hindurchzugehen und mich direkt mit der Person oder Situation zu konfrontieren. Ich finde es ist, als ob wir an eine Kreuzung kommen und uns entscheiden müssen, welche Straße wir nehmen, in die Straße einbiegen und dann mit dem Ergebnis leben.

Vor ein paar Jahren produzierten David und ich mehrere Kassetten. Eine hieß *Bedingunslos lieben.* Wir genossen unsere Arbeit zusammen und hatten bald die Idee, einen einwöchigen Workshop zu diesem Thema zu geben. Wir planten, ihn als Teil des öffentlichen Bildungsprogramms der Findhorn Foundation zweimal in einem Sommer anzubieten. Doch der erste Workshop war, was uns betraf, eine Katastrophe. Ich verstand Davids Vorgehensweise nicht.

Er schien sich auf die Blockaden, Barrieren und Ängste zu konzentrieren. All diese Negativität kränkte mich. Ich wäre fast rausgegangen, weil mir immer nahegelegt wurde, nur das Beste in allem und jedem zu sehen. Ich verstand den Prozeß nicht. David hatte grundlegende Persönlichkeitsarbeit gemacht, den Boden bereitet, empfänglich gemacht, damit ich die Samen des positiven Denkens, der Meditation und der Liebe hineinlegen konnte.

Am Ende des Workshops lagen David und ich im Streit. Er sagte, er würde nie wieder eine Gruppe mit mir leiten, bevor wir unsere Schwierigkeiten nicht gelöst hätten. Ich war froh, daß ich ihn los war. Doch es war geplant, denselben Workshop ein paar Tage später noch einmal zu geben. Was sollten wir tun?

Wir trafen uns mit dem Focaliser des Bildungsprogramms. Er wollte uns helfen, die Differenzen zu klären. Ich sagte, daß ich das Gefühl hatte, David sei zu negativ. David sagte, daß er das Gefühl hatte, ich sei sehr entzweiend und reizbar. Wir waren offen und ehrlich mit unserem Groll gegeneinander. Doch wir kamen zu keiner Entscheidung. Wir kamen darin überein, uns nach zwei Tagen wieder zu treffen, um zu entscheiden, was wir in bezug auf den zweiten Workshop tun sollten. Es war für uns beide eine sehr schwierige Situation. Keiner von uns hatte es genossen, mit dem anderen zu arbeiten. Es wäre sehr leicht für uns gewesen, die Sache an diesem Punkt scheitern zu lassen. Wir hatten die Wahl. Wir standen an einer Wegkreuzung.

Ich habe in dieser Situation viel Zeit im Gebet und in der Meditation verbracht. Hier waren wir nun, gaben einen Workshop über *bedingungslose Liebe* und konnten uns über nichts einigen, ganz zu schweigen davon, einander zu lieben! Fast erkannten wir nicht, daß wir die wichtigste Lektion, die wir unterrichteten, selbst zu lernen hatten! Schließlich empfing ich die innere Weisung: „Warum versuchst du, David zu ändern? Warum kannst du ihm nicht erlauben, er selbst zu sein?“ Bei dieser Eingebung sträubten sich mir die Haare. Dann erkannte ich, daß ich niemanden ändern kann, außer mir selbst. Ich mußte David erlauben, was er tun mußte, und mir selbst, was ich tun mußte. Wenn wir uns ergänzen könnten, würde die Gruppe aus unseren unterschiedlichen Ansätzen einen Gewinn ziehen. Dann trafen wir drei uns wieder. Ich teilte meine Weisung mit und fragte David, ob er bereit sei, ein Risiko einzugehen und es noch einmal zu versuchen. Zuerst war er sehr skeptisch. Doch nach dem Gespräch kamen wir schließlich überein, den zweiten Workshop zusammen zu leiten.

Weil ich mich entschied, David zu erlauben, er selbst zu sein, und er sich entschied, mir zu erlauben, ich selbst zu sein, haben wir seit diesem ersten Workshop viele Jahre lang harmonisch zusammengearbeitet. Manchmal haben wir noch Schwierigkeiten miteinander. Doch dann nutzen wir unseren Willen, um die besonnene Entscheidung zu treffen, uns durch die Schwierigkeiten hindurchzuarbeiten. In diesem Prozeß wachsen wir beide. Wir haben erfahren, daß wir immer die Wahl haben.

DAVID

Würde wird nur mit einer Entscheidung möglich. Wir haben die Wahl.
Ruth Nanda Anshen

Manchmal lerne ich sehr langsam. Allmählich habe ich gelernt, daß ...

... die meisten, wenn nicht alle meine Begrenzungen, selbst auferlegt sind, das heißt, sie sind durch Entscheidungen entstanden, die ich bewußt oder unbewußt getroffen und durch meine eigenen Verhaltensmuster aus Angst, Widerstand und Vermeidung an ihrem Platz gehalten habe.

Wenn ich sage, ich *kann nicht,* meine ich meistens, ich *will nicht.* Wenn ich also sage, ich kann nicht tanzen, malen oder eine gerade Linie ziehen, sage ich in Wirklichkeit, ich will mich nicht für die Bemühung entscheiden, es zu tun. Doch selbst wenn ich diese Dinge nicht gut kann, könnte ich sie üben oder einen Freund, eine Interessengemeinschaft oder einen Kurs finden, der mir hilft, sie besser zu lernen.

... meine Überzeugungen von meinen Begrenzungen wie alle Überzeugungen nur gefärbte Brillen sind, durch die ich meine Erfahrungen empfange, und ich mich entscheiden kann, sie gegen andere, hilfreichere Brillen auszutauschen. Wenn ich sie nicht auswechsle (obwohl ich weiß, daß ich es könnte), heißt das, daß *ich* es bin, der alle Barrieren meines Lebens baut und erhält.

... ich nur eines tun muß: die Entscheidung treffen, was immer ich für eine Begrenzung halte, zu *erneuern.* „Dazu habe ich keine Zeit" wird zu „*Wie* kann ich die Zeit finden?" „Dafür habe ich kein Geld" wird zu „*Wie* komme ich zu Geld?" „Ich bin zu jung oder zu alt" wird zu „*Wie* ist es in meinem Alter möglich"? Auf diese Weise verschiebe ich meine Aufmerksamkeit vom Problem auf die Lösungssuche.

... ich Entscheidungen, die ich nicht bewußt treffe, unbewußt fälle. Mit anderen Worten: Mein Nicht-Entscheiden ist auch eine Entscheidung. Ich habe viele Dinge in meinem Leben nicht entschieden, um Risiken, Verantwortung und Versagen zu vermeiden.

... wo ein *Wille* ist, auch ein Weg ist. Doch wie weit bin ich gewillt, nach einem anderen Weg zu suchen? Wie weit bin ich gewillt, mich zu verändern, zu wachsen, zu versagen, erfolgreich zu sein? Wie gewillt bin ich, Entscheidungen zu treffen, die mich stärken und mir dienen?

... es manchmal der Ehrlichkeit, Offenheit und des Mutes bedarf, Entscheidungen zu fällen, die mich unterstützen, zum Beispiel nein zu sagen, wenn es leichter wäre, ja zu sagen; einen neuen, unbegangenen Weg zu gehen; nach meinen eigenen Prioritäten und Werten zu leben, egal was andere dazu sagen mögen.

... das Leben Taten belohnt. Es belohnt keine Untätigkeit. Also erreiche ich nichts, wenn ich nur dasitze und darauf warte, daß sich mein Ideal von selbst verwirklicht. Doch ich kann eine Entscheidung treffen und dann auf ein Feedback des Lebens warten. Wenn es eine angemessene Entscheidung ist, kann ich ihre Wohltat genießen. Wenn es eine unangemessene Entscheidung ist, kann ich meine Lektion daraus lernen und eine andere Entscheidung treffen.

... es mir Macht gibt, freie, besonnene Entscheidungen zu treffen, egal wie groß oder klein sie sein mögen. Entscheidungen darüber, wie ich mein Leben lebe, erlauben mir – wie die Indianer sagen – „fest in meinem eigenen Kreis der Macht zu stehen", meine Freiheit und Unabhängigkeit auszudrücken und meine Fähigkeit, etwas zu tun, zu üben.

... eine völlig zentrierte, besonnene und freiwillige Entscheidung ohne Anhaftung ist. Ich kann mich entscheiden, etwas zu tun oder es *nicht* zu tun. Es ist eine freie Wahl, die nicht von Angst, impulsiven Wünschen oder „sollte" geprägt ist. Sie führt zu größerer Freiheit und Unabhängigkeit, anstatt zu Begrenzungen und Abhängigkeit. Es ist eine verantwortliche Entscheidung, die weder mich noch andere verletzt.

Mein Ideal ist jetzt, jede Entscheidung zentriert, besonnen und freiwillig sein zu lassen.

TEIL VIER – ACHTSAMKEIT ERLANGEN

Ermächtigung

Im zweiten Teil haben Sie herausgefunden, wann Sie sich machtlos und ohnmächtig fühlen, wann Sie Ihre Opfer-Unterpersönlichkeit ausdrücken. Jetzt bitten wir Sie, die andere Seite zu erforschen und festzustellen, wann Sie sich mächtig und stark fühlen.

Lassen Sie Szenen in sich aufsteigen, in denen Sie sich offensichtlich machtvoll fühlen, etwa: „Wenn ich Auto fahre, wenn ich alles unter Kontrolle habe, wenn ich Einfluß auf Menschen habe oder eine Autorität für sie bin." Nehmen Sie auch subtilere Gelegenheiten wahr, zum Beispiel: „Wenn ich krank bin, wenn ich in einer Krise bin, wenn ich hilflos bin (weil ich dann die Macht habe, die Sympathie oder das Pflichtgefühl anderer Menschen zu nutzen und viel Aufmerksamkeit bekomme)."

Schließen Sie jetzt die Augen ... Setzen Sie sich mit gerader Wirbelsäule bequem hin ... Atmen Sie ein paarmal tief durch ... Entspannen Sie sich ... Lassen Sie Ihren Körper, Ihre Gefühle und Ihre Gedanken ruhig werden ... Werden Sie ruhig wie ein stiller See ...

Wenn sie soweit sind, sagen Sie zu sich selbst: *„Ich fühle mich machtvoll und stark, wenn ...“* Vervollständigen Sie den Satz mit einer knappen Aussage – was auch immer spontan in Ihnen aufsteigt. *Denken* Sie nicht darüber nach. Schreiben Sie die erste Antwort auf, die Ihnen kommt. Wiederholen Sie den Vorgang. Lassen Sie einen neuen Satz auftauchen. Schreiben Sie die neue Antwort auf. Wenn Ihnen momentan nichts einfällt, fangen Sie in der Gewißheit, daß Ihnen bald etwas einfallen wird, noch einmal von vorn an. Wiederholen Sie diesen Vorgang wenigstens zehn Minuten lang oder bis Sie den Platz unten ausgefüllt haben.

Ich fühle mich machtvoll und stark, wenn ...

Was ist die allgemeine Qualität Ihrer Antworten? Welche Ähnlichkeiten oder Muster erkennen Sie? Was können Sie sonst noch beobachten?

-
-
-
-

Hätten Sie gern mehr Macht? Wie stellen Sie sich Ihr Leben vor, wenn Sie machtvoller wären? Was wäre anders, besonders in Ihren Beziehungen?

-
-
-
-

Der Akt des Willens

In *Ein Kurs in Wundern* heißt es, daß wir alle Barrieren in uns finden müssen, die wir gegen die Liebe aufgebaut haben. Ein Ziel dieses Kurses ist, uns genau dazu zu verhelfen. Doch selbst wenn wir ein paar unserer Barrieren kennen, haben wir womöglich große Schwierigkeiten, etwas gegen sie zu tun. Was hält uns davon ab, ihren Einfluß auf uns zu verringern oder aufzuheben?

Ein Grund mag sein, daß unsere Blockaden stärker sind als unsere Absicht oder der Wille, sie zu überwinden. Wenn ja, müssen wir unseren Willen entwickeln.

Was ist der Wille? Es geht *nicht* um eiserne Willenskraft, Zwang, Kontrolle, Dominanz, Manipulation oder Selbstverleugnung. Es geht nicht darum, mit zusammengebissenen Zähnen zu sagen: „Ich will dies oder das (selbst wenn ich dabei umkomme)" oder „Ich *erlege* dir meinen Willen *auf*, ob du es magst oder nicht." Es ist auch kein Instinkt, Trieb, Drang oder Wunsch.

In *Die Schulung des Willens* sagt Roberto Assagioli: „Die wahre Funktion des Willens ist nicht, gegen die Triebe der Persönlichkeit zu handeln, um die Durchführung von Zielen zu *erzwingen*. Der Wille hat eine *richtungsweisende* und *regulierende* Funktion. Er gleicht aus und nutzt alle Aktivitäten und Energien des Menschen, ohne sie zu unterdrücken."

In seiner einfachsten Form ist der *Akt des Willens, die Fähigkeit, eine freie und besonnene Entscheidung zu treffen und sie dann effektiv in die Tat umzusetzen.* Er ist das Moment des Wollens zur Erleichterung der Tat.

Wille wird gebraucht, um persönliche Reserven zu mobilisieren und um Veränderung herbeizuführen und zu integrieren. Daher brauchen wir Willen, um mehr Liebe in unser Leben zu bringen.

Reine Willensformen und Entstellungen

Wille kann auf vielerlei Weise erfahren und ausgedrückt werden. Manche Formen können als rein betrachtet werden, während andere durch unsere Bedürfnisse, Wünsche und Erfahrungen entstellt sind. Unten sind Beispiele für beide Formen aufgelistet. Ordnen Sie die Nummern der fünf Aussagen den entsprechenden Begriffen zu, um herauszufinden, wie Sie Willen erfahren und zum Ausdruck bringen.

1. Diese Willensform erfahre und drücke ich nie aus.
2. Diese Willensform erfahre und drücke ich selten aus.
3. Diese Willensform erfahre und drücke ich manchmal aus.
4. Diese Willensform erfahre und drücke ich oft aus.
5. Diese Willensform erfahre und drücke ich immer aus.

Reine Formen des Willens	**Entstellte Formen des Willens**
___ Bestimmtheit/Initiative	___ Aggression/Gewalt
___ Konzentration/Schärfe	___ Ambivalenz
___ Mut	___ Wut/Groll
___ Entschiedenheit	___ Dominanz/Täuschung
___ Entschlossenheit	___ Angst vor Verstrickung
___ Disziplin	___ Angst vor Kontrollverlust
___ Ausdauer/Geduld	___ Hilflosigkeit/Machtlosigkeit
___ Energie/dynamische Kraft	___ Manipulation
___ Integration/Synthese	___ Machtstreben
___ Meisterschaft	___ Rebellion
___ Ordnung/ Organisation	___ Widerstand
___ Beharrlichkeit/ Zähigkeit	___ Härte/Sturheit

Schreiben Sie Ihre Gefühle, Gedanken oder Fragen nieder.

Mein Wille

Jetzt wenden wir uns unserer eigenen, inneren Erfahrung mit dem Willen zu.

Finden Sie eine bequeme, gerade Sitzhaltung ... Schließen Sie die Augen ... Nehmen Sie mehrere langsame, lange, tiefe Atemzüge ... Entspannen Sie Ihren Körper völlig ... Lassen Sie alle Spannungen los ... Erlauben Sie allen Gefühlen, die Sie haben mögen, zu schwinden ... Tun Sie dasselbe mit Ihren Gedanken ... Werden Sie wie ein stiller, ruhiger See, der den blauen Himmel oder den sternklaren Himmel der Nacht perfekt spiegelt ... Seien Sie im Frieden und dennoch wach ...

Wenn sie soweit sind, lassen Sie ein Bild oder ein Gefühl in sich aufsteigen, das Ihren Willen darstellt, Ihre Fähigkeit, freie und besonnene Entscheidungen zu fällen und in die Tat umzusetzen ... Nehmen Sie sich Zeit ... Warten Sie geduldig in der Stille, gewiß, daß Ihnen bald etwas einfallen wird ... Seien Sie bereit anzunehmen, was auch immer es ist, ohne es zu beurteilen, zu zensieren oder zurückzuweisen ... Seien Sie einfach bereit, es zu beobachten und zu prüfen, mit dem Ziel, mehr darüber zu erfahren ...

Sobald Sie etwas wahrnehmen, lassen Sie es lebendiger werden ... Achten Sie auf Größe und Form ... Dichte und Muster ... Farbe und Stuktur ... Erforschen Sie es mit möglichst vielen Sinnen ... Finden Sie die übergeordnete Qualität, die es Ihnen nahelegt ...

Öffnen Sie dann die Augen und bringen Sie in einer Zeichnung entweder das Bild selbst oder seine Qualität zum Ausdruck ... Wenn nichts in Ihnen aufgestiegen ist, öffnen Sie die Augen, behalten die Frage im Sinn und beginnen, frei und spontan zu zeichnen. Lassen Sie auf diese Weise etwas auftauchen ...

Mein Wille

Beschreiben Sie die übergeordnete *Qualität* des Symbols, und notieren Sie alle Worte, Gefühle oder Gedanken, die Ihnen während der Übung eingefallen sind oder die Ihnen jetzt bewußt werden. Welche neuen Einsichten vermittelt Ihnen dieses Symbol oder seine Qualität?

•

•

•

•

Der Entscheidungsprozeß

Manche Menschen treffen Entscheidungen *rational:* Sie legen ihre Bedürfnisse fest, sammeln Informationen, bedenken Möglichkeiten, analysieren und wägen sie ab und ziehen dann eine logische Schlußfolgerung, meistens zu ihrem Besten. Andere entscheiden *intuitiv*: Sie spüren „was geschehen möchte“ oder sich im Moment „richtig anfühlt“, und dem folgen sie ohne weitere Überlegung. Diese Menschen suchen dann vielleicht nach rationalen Gründen, um ihre intuitive Entscheidung zu rechtfertigen oder zu unterstützen.

Manche Menschen entscheiden sich schnell und spontan, während andere, Entscheidungen hinausschieben, um sich sämtliche Möglichkeiten so lange wie möglich offen zu halten.

Wie ist das bei Ihnen? Nehmen Sie sich einen Moment Zeit, um sich Ihre Erfahrung anzuschauen. Wie entscheiden Sie *meistens?* Kommt es einer dieser Vorgehensweisen nahe? Oder haben Sie eine ganz andere Art, Entscheidungen zu treffen?

-
-
-
-

Schließen Sie die Augen ... Setzen Sie sich gerade hin ... Atmen Sie ein paarmal tief durch ... Werden Sie wie ein stiller, ruhiger See ... Wenn Sie soweit sind, lassen Sie in sich aufsteigen, wann Sie vor kurzem eine wichtige, freie und besonnene Entscheidung getroffen haben ... Lassen Sie die Einzelheiten wieder auftauchen ... Wenn die Erfahrung klarer geworden ist, achten Sie mehr auf den *Vorgang* der Entscheidungsfindung als auf den *Inhalt* der Entscheidung ... Wie haben Sie entschieden? ... Wie war es? ... Welche Qualitäten hatte der Akt der Entscheidung? ... Wann war der Moment der Entscheidung genau? ... Öffnen Sie allmählich wieder die Augen ... Atmen Sie tief durch ... Strecken Sie sich sanft ... Schreiben Sie dann über Ihren Entscheidungsprozeß.

-
-
-
-

Was hindert Sie daran, Entscheidungen schneller und leichter zu treffen?

-
-

-
-

Was hindert Sie daran, sie schneller und leichter in die Tat umzusetzen?

-
-
-
-

Welche Implikationen hat Ihr eigener Entscheidungsprozeß für das Thema dieses Kurses: daß Sie wählen können, mehr Liebe in Ihr Leben zu bringen?

-
-
-
-

Haben Sie sich überhaupt schon entschieden, mehr Liebe in Ihr Leben zu bringen?

-
-
-
-

Menschen reagieren auf diese Frage entweder mit dem Kopf (Gedanken) oder mit dem Herzen (Sehnen). Wie auch immer, die Barrieren und Blockaden der Liebe liegen meist im Solarplexus oder in der Magengrube, wo häufig Gefühle wie Angst erfahren werden. Bei vielen Menschen sind diese Gefühle so stark, daß sie machtvolle Widerstände schaffen, die ihre eigenen Gedanken oder andere seelische Funktionen schwächen oder wirkungsvoll zurückweisen können. Einfacher: Ängste können Gedanken und Sehnen überwältigen, so wie ein Radiosender den anderen stören kann. Wir können unseren Willen einsetzen, um diese Einmischung auszuschalten.

Persönlicher Widerstand und Vermeidung

Persönlicher Widerstand ist nicht dasselbe wie einfache Meinungsverschiedenheiten. Es ist eher eine bewußte oder unbewußte Abwehr, Opposition oder Rebellion, die oft von Angst genährt wird. Wie bereits erwähnt, ist Widerstand eine entstellte Form des Willens, die wir erfahren, wenn wir etwas vermeiden wollen – eine Person, eine Situation, ein Problem oder uns selbst. Widerstand kann uns helfen, etwas hinauszuzögern, abzubiegen oder zu sabotieren, sogar etwas, von dem wir behaupten, daß wir es wünschen. Solche Muster beginnen mit dem Bedürfnis, sich selbst zu schützen, meist in der Kindheit. Und wir tragen sie unbewußt ins Erwachsenenalter, wenn wir dem ursprünglichen Bedürfnis längst entwachsen sind. Oft werden sie zu einem gewohnheitsmäßigen Verhalten.

Kurzfristig hilft uns unser Widerstand, uns sicherer und in Kontrolle zu fühlen und dadurch angenehmer oder weniger unangenehm. Doch langfristig raubt er uns sowohl unsere Entscheidungsfreiheit als auch ein Gefühl der Erfüllung. Oft bildet sich ein Schmerz um den Widerstand herum. Der treue Soldat, der uns gegen „den Feind“ verteidig, unser Widerstand, kann aus dem Dienst entlassen werden, wenn wir merken, daß der „Krieg“ zu Ende ist.

Widerstand nimmt viele Formen an. Unten ist eine kleine Auswahl aufgelistet. Kreuzen Sie jene an, die Sie als Teil Ihrer eigenen Vermeidungsmuster erfahren.

___ **Langeweile und Ungeduld** – Wir leisten Widerstand, indem wir uns entweder durch Apathie und Monotonie abstumpfen oder ewig rastlos werden.

___ **Verwirrung und Unentschiedenheit** – Wir brauchen nichts zu *tun,* solange wir uns in einem fortwährenden Zustand der Umwälzung, der Krise und des Chaos befinden.

___ **Intellektualisierung** – Wir lesen Bücher, hören Vorträge, belegen Kurse, schreiben Tagebuch, diskutieren, analysieren und wägen ab – belassen aber alles auf der mentalen Ebene, um zu vermeiden, etwas *tun* zu müssen, das unser Leben verändert.

___ **Unsichtbarkeit** – Wir ziehen uns still in den Hintergrund zurück, tragen wenig bei, engagieren uns vielleicht in stiller Sabotage oder passiver Aggression oder lassen unsere Verbindung zu anderen einfach abreißen.

___ **Verurteilung** – Wir finden Gründe, andere Menschen oder Dinge „schlecht“ zu machen, und rechtfertigen so, daß wir sie auf sichere, leichter zu handhabende Distanz halten.

___ **Mangel an Pflichtgefühl** – Indem wir keine Verpflichtung eingehen, versuchen wir, möglichen Risiken, Verantwortung und Erfolg oder Mißerfolg auszuweichen.

___ **Zögern** – Wir schaffen Umstände, um die Konfrontation mit Menschen, Situationen oder Problemen hinausschieben zu können.

___ **Rationalisierung** – Wir finden „gute Gründe" (wie auf Seite 286 aufgelistet), um tun zu können, was wir möchten und alles andere zu vermeiden.

___ **Rebellion** – Wir sind sehr schell dabei, unsere rechtschaffende Empörung auszudrücken, und reagieren auf alles, was wir vermeiden möchten, mit Abwehr: „Niemand hat *mir* etwas zu sagen!"

___ **Selbstgefälligkeit** – Wir leisten Widerstand, indem wir uns von unserem Egoismus, unserer Faulheit oder selbstsüchtigen Wünschen dominieren und kontrollieren lassen.

___ **Opferhaltung** – Solange wir das Gefühl haben, ein Opfer von Umständen zu sein, und jemand anderem die Schuld für unsere Situation geben, können wir der Verantwortung dafür, wer wir sind und wie wir unser Leben führen, ausweichen.

___ **Arbeit und Aktivität** – Wir verpflichten uns zahlreichen Aufgaben, sind davon in Anspruch genommen, geschäftig, abgelenkt und nicht erreichbar.

Wie weichen Sie sonst noch aus? Nehmen Sie sich einen Moment Zeit, um sich Ihre Erfahrung anzuschauen, und schreiben Sie dann darüber. Seien Sie ehrlich, aber vermeiden Sie, sich selbst zu verurteilen.

-
-
-
-

Wie dient Ihnen Ihr Widerstand – welche grundlegenden menschlichen Bedürfnisse erfüllt er? Wie könnten Sie diesen Bedürfnissen auf konstruktivere und wirksamere Weise gerecht werden?

-
-
-
-

Jetzt stellen wir unsere Frage noch einmal und bitten Sie, auf Ihr Gefühl zu achten, bevor Sie antworten: Haben Sie sich wirklich entschieden, mehr Liebe in Ihr Leben zu bringen? Welcher Teil in Ihnen reagiert auf die Frage?

Die Reise des Helden

Wo ist der Wille – die Fähigkeit, eine freie und besonnene Entscheidung zu treffen und in die Tat umzusetzen – in all dem Widerstand? Offensichtlich fehlt er.

Wie hindern Sie sich selbst daran, Ihren Willen zu erfahren und zum Ausdruck zu bringen? Diese Übung hilft Ihnen, Ihre Blockaden aufzuspüren und Willensformen zu ihrer Überwindung zu entdecken. Nehmen sie sich Zeit dafür – wenigstens zwanzig bis dreißig Minuten.

In Ihrer Vorstellung sind Sie auf der Suche nach einem spirituellen Schatz, der in einer Höhle verborgen ist. Bevor Sie den Schatz schließlich finden, begegnen Sie vielen Hindernissen, Ablenkungen und Schwierigkeiten. Achten Sie darauf, was sie sind, wie Sie damit umgehen und welche inneren Reserven Sie zu ihrer Überwindung mobilisieren.

Diese Übung hilft Ihnen, etwas über Ihre Hindernisse zu erfahren, wie Sie damit umgehen, wie Sie Ihren Willen gebrauchen und wie Sie Ihre Schätze suchen.

Machen Sie sich entweder Notizen oder sprechen Sie laut, um Ihre Erfahrungen aus der Visualisation genau festzuhalten, zum Beispiel: „Jetzt befinde ich mich in folgender Situation ... Jetzt sehe ich ... Jetzt tue ich ... Jetzt beginne ich ... Jetzt komme ich ...“ Nehmen Sie die Übung auf Band auf, damit Sie später noch einmal damit arbeiten können.

Finden Sie jetzt eine bequeme Haltung im Sitzen mit aufrechter Wirbelsäule ... Schließen Sie die Augen ... Nehmen Sie mehrere langsame, lange, tiefe Atemzüge ... Entspannen Sie Ihren Körper völlig ... Lassen Sie alle Spannungen los ... Erlauben Sie allen Gefühlen, die Sie haben mögen, zu schwinden ... Tun Sie dasselbe mit Ihren Gedanken ... Werden Sie wie ein stiller, ruhiger See, der den blauen Himmel oder den sternklaren Himmel der Nacht perfekt spiegelt ... Seien Sie im Frieden und dennoch wach ...

Wenn sie soweit sind, lassen Sie das Bild oder Gefühl in sich aufsteigen, daß Sie sich auf der Suche nach einem in einer Höhle verborgenen spirituellen Schatz befinden ... Nehmen Sie sich Zeit ... Warten Sie geduldig in der Stille, gewiß, daß bald eine Anfangsszene auftauchen wird ... Seien Sie bereit anzunehmen, was auch immer es ist, ohne es zu beurteilen, zu zensieren oder zurückzuweisen ... Seien Sie einfach bereit, darin mitzuwirken.

Wenn Sie etwas wahrnehmen, lassen Sie es lebendiger werden ... Erforschen Sie es mit möglichst vielen Sinnen ... Wenn die Szene ganz deutlich geworden ist, sehen Sie sich um ... Wo befinden sie sich? ... Welche Tageszeit ist es? ... Wie ist das Wetter? ... Was tragen Sie? ... Sind Menschen in Ihrer Nähe? ... Was tun Sie? ... Lassen Sie Ihr Abenteuer der Schatzfindung jetzt beginnen ...

Setzen Sie Ihre Forschungsreise fort, bis Sie den Schatz in der Höhle gefunden haben ... Lassen Sie nach zwanzig bis dreißig Minuten – nur wenn Sie den Schatz gefunden haben – langsam alles wieder schwinden ... Bringen Sie Ihre Aufmerksamkeit in diesen Raum zurück ... Öffnen Sie die Augen ... Atmen Sie tief durch ... Und strecken Sie sich sanft ...

Notieren Sie jetzt alle Gefühle, Gedanken und Fragen und ganz besonders die Ablenkungen und Hindernisse, die Ihnen begegnet sind, was sie für Sie darstellten (Verwirrung, Verurteilung, Zögern, Rebellion oder eine Opferhaltung) und wie Sie sie überwunden haben.

Schritte zur Willensschulung

Eine willentliche Tat kann in sechs Schritte eingeteilt werden:

Schritt eins: Ergründung eines Ziels
Schritt zwei: Kontemplation des Ziels
Schritt drei: Eine Entscheidung treffen
Schritt vier: Bestätigung der Absicht
Schritt fünf: Planung der Ausführung
Schritt sechs: Ausführung

Offensichtlich gehen wir bei alltäglichen Entscheidungen nicht besonnen durch all diese Etappen und brauchen es auch nicht. *Doch wir empfehlen, alle Schritte zu tun, wenn es um eine wichtige Sache oder eine Veränderung im Leben geht.*

Dieses schrittweise Vorgehen gibt uns Macht, stärkt unseren Willen und hilft uns, unser Ziel systematisch zu erreichen. Manche dieser Schritte gehen wir wirkungsvoller und leichter als andere. Indem Sie einen Schritt nach dem anderen erforschen und erfahren, entdecken Sie vielleicht Schwächen in Ihrer Entscheidungsfindung und in der Ausführung Ihrer Entscheidung, die Sie dann ausgleichen können.

Hinweis: Bitte lesen Sie den gesamten fünften Teil (bis Seite 313), bevor Sie eine der unten aufgeführten Übungen machen, damit Sie einen Überblick über den ganzen Vorgang bekommen.

Schritt eins – Ergründung eines Ziels

Der erste Schritt zur willentlichen Tat ist, ein bestimmtes Ziel ausfindig zu machen, das Sie erreichen möchten. Finden Sie für diese Übung ein Ziel, das Ihnen hilft, so mit Ihren Blockaden umzugehen, daß Sie mehr Liebe in Ihr Leben bringen, zum Beispiel Ihre Selbstachtung zu erhöhen, mehr Liebe und Vertrauen zu zeigen, neue Freunde zu gewinnen oder mehr Ehrlichkeit und Offenheit zu riskieren. Finden Sie ein Ziel, über das Sie sich freuen können, das wertvoll und wichtig ist, eines, das Sie auf jeden Fall erreichen möchten. Drücken Sie es klar und genau aus, beginnend mit: „Ich setze meinen Willen ein, um …"

-
-
-
-

Was sind Ihre Motive oder Gründe dafür, daß Sie dieses bestimmte Ziel erreichen möchten? Was gibt es Ihnen? Worin liegt sein Gewinn, Wert oder Vorteil für Sie? Den potentiellen Lohn zu kennen, motiviert Sie und hält Ihr Interesse wach.

-
-
-
-

Schritt zwei – Kontemplation des Ziels

Der zweite Schritt zur willentlichen Tat besteht darin, daß Sie sich die verschiedenen Möglichkeiten zur Erreichung Ihres Ziels und ihre voraussichtlichen Konsequenzen und Resultate anschauen, damit Sie besonnen die beste auswählen können.

Ein Methode, die verschiedenen Möglichkeiten zu finden, ist Brainstorming. Dabei ist es wichtig, viele Ideen so schnell wie möglich auftauchen zu lassen. Es ist *nicht* die Zeit da, irgendeine Idee einzuschätzen, zu beurteilen oder zurückzuweisen. Das werden Sie später tun. Schreiben Sie alles auf, was spontan in Ihnen auftaucht. Genießen Sie Ihre Kreativität. Lassen Sie sich inspirieren. Nehmen Sie sich wenigstens zehn Minuten Zeit für diese Übung.

Möglichkeiten, mein Ziel zu erreichen

Prüfen Sie Ihre Antworten. Markieren Sie alle Ideen, die es wert sind, zur Ausführung in Betracht gezogen zu werden. Beschränken Sie sich auf Ziele, die Sie innerhalb der nächsten ein bis zwei Wochen erreichen können und wollen. Untersuchen Sie alle wahrscheinlichen, vorteilhaften wie unvorteilhaften Konsequenzen, und schauen Sie sich Ihre Bereitwilligkeit an, die volle Verantwortung dafür zu übernehmen.

Wenden Sie sich jetzt nach innen, Ihrer eigenen Quelle der Weisheit zu, um Informationen, Führung und Unterstützung für Ihr Ziel und die verschiedenen Möglichkeiten, es zu erreichen, zu bekommen. Benutzen Sie dazu die Einstimmungsübung von Seite 127. Vielleicht möchten Sie zusätzlich noch die rezeptive und reflektive Meditation (Seite 154–157) anwenden.

Finden Sie eine bequeme, gerade Sitzhaltung ... Schließen Sie die Augen ... Atmen Sie ein paarmal tief durch ... Entspannen Sie Ihren Körper ... Lassen Sie jegliche Spannung los ... Lassen sie alle Gefühle und Gedanken schwinden ... Werden Sie wie ein ruhiger, stiller See, der den blauen oder sternklaren Himmel perfekt spiegelt ... Seien Sie im Frieden und dennoch wachsam ...

Entspannen Sie sich diesmal noch tiefer ... Zählen Sie rückwärts von zehn bis eins, und fühlen Sie, wie Sie sich Schritt für Schritt mit jeder folgenden

Zahl weiter auf das Zentrum Ihres Seins zubewegen ... Erfahren Sie sich selbst, wie Sie eine Verbindung zu Ihrer eigenen inneren Quelle der Weisheit herstellen, dem reinen, ewigen Zentrum tief in Ihnen, das die Antwort auf alle Fragen kennt, die Sie über sich selbst stellen könnten.

Wenn Sie soweit sind, bitten Sie Ihre innere Quelle der Weisheit um die Information, Führung und Unterstützung, die Sie für Ihr Ziel und die Möglichkeiten, es zu erreichen, brauchen ... Nehmen Sie sich Zeit ... Warten Sie geduldig in der Stille, gewiß, daß bald etwas in Ihnen auftauchen wird, gewiß, daß die Hilfe, die Sie suchen, schon auf dem Weg ist ...

Lassen Sie allmählich alles wieder schwinden ... Zählen Sie langsam von eins bis zehn, und fühlen Sie, wie Sie mit jeder Zahl mehr in Ihr normales Wachbewußtsein zurückkehren ... Bringen Sie Ihre Aufmerksamkeit in den Raum zurück, in dem Sie sich jetzt befinden ... Öffnen Sie die Augen, atmen Sie tief durch ... Und strecken Sie sich sanft ...

Notieren Sie alle Gefühle, Gedanken und was immer Sie von dieser Übung erinnern möchten, alle inneren Antworten, die Sie in bezug auf das Ziel und die Möglichkeiten, es zu erreichen, erhalten haben mögen.

•

•

•

•

•

•

•

•

Setzen Sie sich als nächstes mit Ihrer Vertrauensperson in Verbindung und drücken Sie Ihr Ziel klar aus. Legen Sie mehrere Möglichkeiten, die wahrscheinlichen Konsequenzen und das Ergebnis Ihrer Einstimmung dar. Ermutigen Sie Ihre Vertrauensperson, Ihnen Fragen zu stellen und Feedback zu geben. Notieren Sie die wichtigsten Punkte.

•

•

•

•

•

•

Wenn Sie einer Gruppe von Gleichgesinnten angehören, etwa einer Meditations-, Gebets- oder Studiengruppe, könnten Sie Ihre Überlegungen auch dort mitteilen. Unserer Erfahrung nach ist es bei allen Schritten zur willentlichen Tat sehr hilfreich, eine Symphatiegruppe einzubeziehen.

Schritt drei – Eine Entscheidung treffen

Früher oder später müssen Ihre Überlegungen zu einem Ende kommen. Daher besteht der dritte Schritt darin, zwischen all den Möglichkeiten eine Entscheidung zu treffen, sich also für eine Möglichkeit zu entscheiden und die anderen außer acht zu lassen.

Entscheiden Sie sich jetzt für eine Möglichkeit, Ihr Ziel zu erreichen, eine, die realistische Aussichten auf Erfolg hat und die Sie innerhalb der nächsten ein bis zwei Wochen durchführen können und wollen. Schreiben Sie sie klar und deutlich auf, beginnen Sie mit: *„Ich gebrauche meinen Willen, um …“* Notieren Sie auch Gefühle oder Gedanken zu Ihrer Wahl und dem Entscheidungsprozeß.

•

•

•

•

Schritt vier – Bestätigung der Absicht

Als vierten Schritt bestätigen Sie Ihre Absicht und Verpflichtung, Ihr Ziel zu erreichen. Sie halten diesen Schritt vielleicht für unnötig. Doch Sie wissen inzwischen, daß Widerstand unsere besten Bemühungen vereiteln kann.

Formulieren Sie eine Affirmation, die Ihre Bereitschaft reflektiert, Ihr Ziel zu erreichen. Schreiben Sie sie auf, beginnen sie mit: „Ich, (Name) …“ Gebrauchen Sie Ihre Affirmation regelmäßig, bis Sie Ihr Ziel erreicht haben. Erinnern Sie sich: Die erfolgreiche Ausführung Ihres Ziels zu visualisieren, während Sie Ihre Affirmation aufschreiben und aussprechen, hilft Ihnen, sie zu manifestieren.

Schritt fünf – Planung der Ausführung

Der fünfte Schritt besteht darin, einen exakten Plan zur Erlangung Ihres Ziels zu entwerfen. Wie der zweite Schritt erfordert auch dieser Kontemplation, jedoch auf besondere Weise, nämlich nur auf ein Ziel gerichtet.

Formulieren Sie nun Ihren Plan, indem Sie Überlegungen wie die folgenden einbeziehen:

Welche Einzelschritte werde ich in welcher Reihenfolge ausführen?
Wann werde ich sie ausführen und wie lange?
Wo werde ich sie ausführen?
Wer ist sonst noch betroffen oder muß berücksichtigt werden?
Was brauche ich: Ausrüstung, Material, Geld, Zeit, Raum?
Woran messe ich meinen Erfolg?

Plan zur Erlangung meines Ziels

Ziehen Sie in Betracht, wie Sie Ihre eigenen Bemühungen, Ihr Ziel zu erreichen, vereiteln oder zunichte machen könnten. Wie könnte Ihr Widerstand sich zeigen? Wie könnten Sie damit umgehen? Wollen Sie ihm erlauben, Sie aufzuhalten? Oder werden Sie eine besonnene Entscheidung treffen, den Wiederstand wahrzunehmen und dennoch weiterzugehen?

Visualisieren Sie die erfolgreiche Ausführung Ihres Ziels regelmäßig in allen Einzelheiten. Stellen Sie sich Ihre ideale Lösung lebhaft vor. Lassen Sie Enthusiasmus, Entschlossenheit und Erwartung in sich wachsen. Erinnern Sie sich immer daran, positiv über Ihr Ziel und seine erfolgreiche Ausführung zu denken und zu fühlen.

Schritt sechs – Ausführung

Schließlich leiten Sie die Ausführung Ihres Plans, wobei Sie achtsam alle Ihre inneren Reserven auf den Plan rufen: sinnliche Empfänglichkeit, Gefühle, Wünsche, Triebe, Intellekt, Vorstellungskraft und Intuition. Vermeiden Sie Manipulation oder den Zwang, irgend etwas passieren zu lassen. Erhalten Sie sich vielmehr eine klare, positive Absicht, bleiben Sie flexibel und versuchen Sie, Ihr Ziel innerhalb der nächsten ein oder zwei Wochen zu erreichen. Berichten Sie anschließend über Ihre Ergebnisse.

Einschätzung des Resultats

Wie weit haben Sie – Ihren eigenen Kriterien zufolge – Ihr Ziel erreicht? Was haben Sie aus Ihrer Aktivität gelernt? Welcher Schritt zur Willensschulung ist Ihnen am leichtesten gefallen, und welcher brachte Widerstand oder andere Probleme mit sich? Welcher Schritt hängt mit Ihren Schwierigkeiten zusammen, Ihre Blockaden aufzuspüren? Notieren Sie auch andere Beobachtungen aus Ihrer Erfahrung mit der besonnenen, freien und willentlichen Tat.

Willenstraining

Roberto Assagioli hat beobachtet, daß jede willentliche Aktivität den Willen trainiert und daß jede Übung weitere willentliche Aktivitäten möglich macht. Piero Ferrucci nennt diese Interaktion einen „Wirkungskreis".

Hier ein paar Vorschläge, wie Sie Ihren Willen trainieren können, Ihre Fähigkeit, freie, besonnene Entscheidungen zu treffen und auszuführen. Nehmen Sie sich für jede Übung mindestens sieben Tage lang täglich fünf Minuten Zeit. Berichten Sie dann auf der folgenden Seite über Ihre Erfahrungen, *bevor Sie mit Kapitel neun beginnen.*

1. Verbale Affirmation: Wählen Sie eine der reinen Willensformen von Seite 297, die Sie in sich erwecken oder stärken möchten. Formulieren Sie eine Affirmation, die bestätigt, daß Sie diese reine Willensform perfekt verkörpern. Gebrauchen Sie die Affirmation auf verschiedene Weise, wie auf Seite 207 skizziert.
2. Tagebuch: Führen Sie Buch über einige Entscheidungen. Notieren Sie wichtige Einzelheiten darüber, wie Sie die Entscheidungen getroffen haben. Wer (welcher Teil von Ihnen, welche Unterpersönlichkeit) hat die Entscheidung getroffen, und wer hat sie ausgeführt? Welche Art von Widerständen haben Sie erfahren? Wie hat die Entscheidung (oder der Entscheidungsprozeß) Sie ermächtigt und Ihnen gedient oder Sie ohnmächtig gemacht und begrenzt?
3. Besonnene Entscheidungen: Treffen Sie eine Reihe besonnener Entscheidungen und führen Sie sie aus. Erklären Sie zum Beispiel laut: „Jetzt entscheide ich, meinen Stift auf den Tisch zu legen. Jetzt entscheide ich, das Buch zu schließen. Jetzt entscheide ich aufzustehen. Jetzt entscheide ich, mir eine Tasse Tee zu machen. Jetzt entscheide ich, in die Küche zu gehen. Jetzt entscheide ich, den Schrank zu öffnen. Jetzt entscheide ich, eine Tasse herauszunehmen." Machen Sie jede Tat zu dem Ergebnis einer freiwilligen, besonnenen, erklärten Entscheidung. Der Wert dieser Übung liegt darin, daß Sie erfahren, wie automatisch, gewohnheitsmäßig und unbewußt Ihre Handlungen im allgemeinen sind.
4. Schöpferische Meditation: Nehmen Sie die Übung von Seite 158 bis 159, gebrauchen Sie Ihre Vorstellungskraft, und visualisieren Sie, wie das Leben wäre, wenn Sie mehr Macht hätten, Ihren Willen auszudrücken. Gehen Sie langsam, Bild für Bild, durch alle täglichen Aktivitäten, vom Erwachen bis zum Schlafengehen. Schließen Sie verschiedene Interaktionen mit anderen

ein, bei der Arbeit, in der Freizeit und zu Hause. Erfahren Sie alle Gefühle und Gedanken, die mit Ihrer Idealvorstellung von sich selbst einhergehen.

5. **Affirmationen der Tat:** Führen Sie die genannten Übungen dann so aus, „als ob" Sie die gewünschte, persönliche Macht, die Autorität, das Vertrauen, die Unabhängigkeit und die Willenskraft schon hätten. Wie sitzen, stehen, gehen, sprechen Sie? Welche anderen körperlichen Gesten, Haltungen und Aktivitäten gehören dazu? Nehmen Sie sich täglich ein paar Minuten Zeit, um alle äußeren Zeichen persönlicher Macht zu finden und auszudrücken. Achten Sie dann, während Sie die äußeren Zeichen beibehalten, auf entsprechende Gefühle. Verwenden Sie die ursprünglichen Anweisungen für diese Technik (Seite 208).

Halten Sie in Ihren Aufzeichnungen auch fest, wann und wie Sie bei einigen oder allen Übungen Widerstand erfahren haben und wie Sie damit umgegangen sind.

Ergebnisse der Übungen

Weitere Techniken zur Auswahl

Wenn Sie genug Zeit und Energie haben, können Sie weitere Möglichkeiten ausprobieren, um Ihren Willen zu entwickeln und zu stärken.

1. Die willentliche Tat: Üben Sie sich regelmäßig darin, alle sechs Schritte von Seite 306 bis 313 anzuwenden. Schenken Sie den Schritten, die eine Herausforderung für Sie sind, besondere Aufmerksamkeit.
2. Erneuerung: Blättern Sie auf Seite 286 zurück und wählen Sie eine Begrenzung aus, die Sie blockiert. Nehmen Sie an, daß es nur eine Brille ist, die Sie gegen eine andere eintauschen werden. Erneuern Sie sie dann, indem Sie das Wort *wie* davor setzen. Zum Beispiel: „Ich habe keine Kompetenz, Erziehung, Ausbildung, kein Talent" wird zu „Wie kann ich Kompetenz, Erziehung, Ausbildung, Talent entwickeln?" Übernehmen Sie dann das „Wie" als Ziel und wenden Sie das Brainstorming auf Möglichkeiten an, es zu erreichen. Wählen Sie eine Ihrer Anworten aus und setzen Sie sie in die Tat um.
3. Unterpersönlichkeit: Wählen Sie eine entstellte Form des Willens von Seite 297 (vielleicht die Ihnen liebste Form des Widerstands), die Sie sehr oft ausdrücken. Behandeln Sie sie wie eine Unterpersönlichkeit. Visualisieren Sie, wie Sie zu dem Haus auf der Wiese gehen und mit diesem Teil Ihrer selbst ins Gespräch kommen, wie Sie es auf Seite 229 bis 231 getan haben. Wie dient er Ihnen? Wie begrenzt er Sie? Was braucht er? Nehmen Sie ihn zu dem weisen, liebenden Führer mit, und bitten Sie um Rat, wie Sie mit ihm umgehen können.
4. Evokation: Wählen Sie eine reine Willensform, die Sie in sich erwecken oder stärken möchten. Wie in der Übung auf Seite 164 beobachten Sie sich im Spiegel und fühlen zunächst die entgegengesetzte Qualität in Ihrem Körper. Später bringen Sie die reine Willensform positiv durch Bewegung, Affirmation und Visualisation zum Ausdruck.
5. Kreatives Schreiben: Schreiben Sie einen erdachten Dialog zwischen Ihrer Persönlichkeit und Ihrem Willen. Wie stehen sie zueinander? Was haben sie einander zu sagen? Entscheiden Sie sich für eine bestimmte Form des Dialogs, vielleicht ein Telefongespräch, ein Zeitungsinterview, ein Radio- oder Fernsehstück. Alternativ könnten Sie auch die Übung mit den beiden Stühlen (siehe Seite 122) machen.

Erinnern Sie sich: Entscheidungen zu treffen, stärkt den Willen, was es wiederum erleichtert, Entscheidungen zu treffen. Also wählen Sie so oft, frei und besonnen wie Sie können!

Literaturempfehlung

Die Schulung des Willens von Roberto Assagioli ist eine Inspiration für das Thema dieses Kapitels. Assagioli untersucht hier Eigenschaften des Willens (stark, gekonnt, gut, transpersonal, universal), die verschiedenen Qualitäten reiner Willensformen und Stadien des Wollens. Er schließt: „Da das Ergebnis der Willensschulung in der Erfüllung von Bedürfnissen mündet, ist sie im wesentlichen freudvoll. Und die Verwirklichung des Selbst oder genauer, *ein Selbst zu sein,* gibt ein Gewahrsein von Freiheit, Macht und Meisterschaft, das höchst erfreulich ist."

Zum Thema dieses Kurses sagt er: „Menschliche Liebe zu kultivieren, die befriedigend, von Dauer und kreativ ist, ist wahrlich eine Kunst. Menschliche Liebe ist nicht einfach eine Sache des Gefühls, affektiver Konditionierung oder Disposition. Recht zu lieben, ruft alles auf den Plan, was für die Ausübung jeglicher Kunst, aller menschlichen Aktivität erforderlich ist, und zwar besonders angemessene Disziplin, Geduld und Ausdauer. All dies sind Qualitäten des Willens."

Die Entscheidung, mehr Liebe in unser Leben zu bringen, ist also im wesentlichen ein Willensakt.

Persönliches Ziel

Ziehen Sie mehrere einfache Handlungen in Betracht, die Sie innerhalb der nächsten Tage ausführen und die Sie Ihrem Ziel, mehr Liebe in Ihr Leben zu bringen, einen Schritt näherbringen können. Wählen Sie dann eine aus, die Ihnen wichtig ist und die Sie als persönliches Ziel annehmen können. Treffen Sie eine besonnene Entscheidung und schreiben Sie sie auf. Erinnern Sie sich, daß es Ihnen Kraft gibt, Entscheidungen zu treffen und in die Tat umzusetzen.

-
-
-
-

Was habe ich aus diesem Kapitel gelernt?

Blättern Sie zurück und schauen Sie sich noch einmal an, was Sie in diesem Kapitel gelernt haben. Schreiben Sie die drei wichtigsten Lernschritte oder die daraus gewonnenen Erkenntnisse auf.

-
-
-
-
-
-
-
-

Sinn

Im achten Kapitel ging es darum zu erfahren, daß Sie große Fähigkeiten haben, Entscheidungen zu treffen und in die Tat umzusetzen, und darum, diese Fähigkeiten zu entwickeln und zu verstärken, um mehr Liebe in Ihr Leben zu bringen. Wie weit ist es Ihnen gelungen, dieses Ziel zu erreichen?

-
-
-
-

Herzlichen Glückwunsch! Sie haben das Ende des achten Kapitels erreicht. Besprechen Sie Ihre Erfahrungen mit Ihrer Vertrauensperson, *bevor Sie mit dem neunten Kapitel beginnen.*

Kapitel neun
Die Entscheidung, zu verändern

TEIL EINS – VERBINDUNG AUFNEHMEN

Schauen Sie sich Kapitel acht noch einmal an, um sich mit Ihrem Entwicklungsprozeß zu verbinden. Haben Sie das persönliche Ziel erreicht, das Sie sich gesetzt haben? Wie war es?

Wenn Sie sich seit Beginn des letzten Kapitels entschlossen haben, zusätzliche Risiken einzugehen, um mehr Liebe in Ihr Leben zu bringen, schreiben Sie über Ihre Erfahrung. Was haben Sie getan? Wie erfolgreich waren Sie, und was haben Sie gelernt?

Schreiben Sie alle Erinnerungen, Gedanken, Gefühle, Einsichten, Träume, unerledigten Dinge, Begegnungen und Ereignisse auf, die in Ihrer inneren und äußeren Welt aufgetreten sind, seit Sie das achte Kapitel abgeschlossen haben. Schließen Sie auch die Bücher mit ein, die Sie gelesen haben, die Fragen, die noch nicht beantwortet sind, sämtliche Beobachtungen und alles, was Sie mit dem Kurs in Verbindung bringen.

TEIL ZWEI – BESTANDSAUFNAHME

Das Ziel

In diesem Kapitel sollen Sie herausfinden, wie Sie zu Erhaltung und Veränderung stehen. Wir werden Ihnen Techniken vorstellen, mit deren Hilfe Sie die Veränderungen ausfindig machen können, die nötig sind, um mehr Liebe in Ihr Leben zu bringen.

Manchmal ist Veränderung – oder ihr Gegenteil Erhaltung – nötig, wenn wir Liebe freier und vollkommener geben und empfangen wollen. Eine Veränderung kann zum Beispiel darin bestehen, daß wir alle Barrieren und Blockaden, die wir gegen die Liebe in uns aufgebaut haben, ausfindig machen und auflösen. Eine andere Veränderung nehmen wir vor, indem wir Ängste und Vorstellungen, die unsere Blockaden aufrecht erhalten, auflösen oder umgestalten. Eine dritte Veränderung besteht darin, mehr Risiken einzugehen. Die Aufgabe ist klar und einfach zu verstehen, aber nicht unbedingt leicht zu bewältigen.

Veränderung

Was ist Veränderung? Unter Veränderung verstehen wir einen Wechsel oder eine Bewegung von einer Sache oder Situation zur anderen. Veränderung kann allmählich vor sich gehen oder plötzlich, sie kann sehr subtil sein oder ausgesprochen intensiv, klein oder groß. Veränderungen bringen Herausforderungen, Unordnung, Instabilität und Ungewißheit mit sich, aber sie ermöglichen auch Erneuerung, Wachstum, Fortschritt und Entwicklung. Wie stehen Sie zur Veränderung? Was bedeutet sie Ihnen?

-
-
-
-

Was ist Ihre größte Schwierigkeit mit Veränderung?

-
-
-
-

Erhaltung

Den meisten Menschen sind Veränderungen eher bewußt als Erhaltung. Und doch kann auch die Erhaltung auf ihre eigene Weise mehr Liebe in unser Leben bringen.

Was ist Erhaltung? Sie ist das Gegenteil von Veränderung. Wir sprechen davon, den Status quo zu erhalten oder etwas zu erhalten, wie es jetzt ist. Erhaltung ist also ein Konservieren, ein Fortsetzen oder ein Bewahren. Sie respektiert das Gegenwärtige, wie es ist, ohne Veränderungen vorzunehmen. Wie stehen Sie zum Erhalten? Was bedeutet Ihnen Erhaltung?

-
-
-
-

Was ist Ihre größte Schwierigkeit mit dem Erhalten?

-
-
-
-

Veränderung – Erhaltung

Veränderung und Erhaltung sind Gegensätze, und wir fühlen uns mit einem davon im allgemeinen wohler als mit dem anderen. Manche Menschen sind recht zufrieden mit Veränderungen und finden sie sogar sehr attraktiv. Sie sind im allgemeinen eher ungeduldig oder rastlos und suchen die Freiheit und die Anregung, die Veränderungen mit sich bringen. Sie gehen gern Risiken ein und finden sie belebend. Sie verändern sich auch um der Veränderung willen und haben ein regelrechtes Bedürfnis nach immer neuen Erfahrungen.

Andere sind recht zufrieden, wenn alles so bleibt, wie es ist. Sie stehen Veränderungen im allgemeinen zweifelnd oder ängstlich gegenüber und sind um Ordnung, Stabilität und Sicherheit bemüht. Es fällt ihnen schwer, Risiken einzugehen, und sie haben das Bedürfnis, alles zu erhalten und fortzusetzen, was sie kennen und was ihnen vertraut ist.

Markieren Sie die Skala unten mit einem X, um anzuzeigen, wie Sie zu diesen Themen stehen.
1 = Ich fühle mich sehr wohl dabei, die Dinge so zu belassen, wie sie sind. Ich finde Veränderungen schwierig und widerstrebe ihnen. Ich ziehe es immer vor, den gegenwärtigen Zustand zu bewahren, das Bekannte und Vertraute zu erhalten.
5 = Ich fühle mich sehr wohl mit Veränderungen. Sie ziehen mich an, und ich strebe danach. Ich ziehe es immer vor, den gegenwärtigen Zustand zu verändern und mich auf etwas Neues und Unbekanntes zuzubewegen.

---

1 2 3 4 5

Markieren Sie, wo Ihre Mutter und Ihr Vater sich plaziert hätten. Ziehen Sie die Möglichkeit in Beracht, daß die Vorstellungen Ihrer Eltern Ihre eigenen geprägt haben.

Die meisten von uns vertreten keines der genannten Extreme, sondern liegen irgendwo dazwischen. Vielleicht streben wir in einem Bereich unseres Lebens nach Veränderung (zum Beispiel im Beruf), während wir in einem anderen Bereich (zum Beispiel in persönlichen Beziehungen) um Erhaltung bemüht sind. Wann streben Sie nach Veränderung? Wann widerstreben Sie dem Erhalten?

-
-
-
-

Wann streben Sie nach Erhaltung? Wann widerstreben Sie der Veränderung?

-
-
-
-

Nehmen Sie sich ein paar Minuten Zeit, um einige der größten Veränderungen in Ihrem Leben zu betrachten. Sind Sie es, der die Veränderung in der Regel herbeiführt? Oder reagieren Sie erst, wenn sich eine Veränderung bereits abzeichnet? Warten Sie, bis Sie von den Umständen gezwungen werden, etwas zu unternehmen? Schauen Sie sich Ihre Erfahrungen genau an, und schreiben Sie dann darüber.

•

•

•

•

Vergebung

Eine Veränderung, die wir meistens vornehmen müssen, bevor wir mehr Liebe in unser Leben bringen können, heißt Vergebung. Wir halten den Schmerz der Vergangenheit fest, verschließen uns, um uns zu schützen, und werden unerreichbar für die Liebe.

Wie stehen Sie zur Vergebung? Was bedeutet sie Ihnen? Wie leicht oder schwer fällt es Ihnen, zu vergeben – sich selbst und anderen?

•

•

•

•

Welchen Schmerz halten Sie noch fest? Wem müssen Sie vergeben?

•

•

•

•

Was müssen Sie sich selbst vergeben? Welchen realen oder erfundenen Schmerz haben Sie sich selbst oder anderen zugefügt?

•

•

•

•

EILEEN

> Es ist erstaunlich, wie schnell wir uns an Veränderungen gewöhnen können, wenn wir den Mut dazu haben und davon überzeugt sind, daß alle Veränderungen zu unserem Besten sind. *Herzenstüren öffnen*

Für mich besteht das ganze Leben aus Veränderung. Ich bin immer dankbar, wenn ich Veränderung um mich herum und in mir sehe, denn das bedeutet Bewegung und Leben. Ich würde mir Sorgen machen, wenn es keine Veränderung gäbe. Das würde den Tod bedeuten.

Es gab Zeiten, in denen es mir leicht fiel, mich zu verändern, in denen ich einfach mit den Veränderungen mitgegangen bin. Doch es gab auch leidvolle Zeiten, in denen ich mich mit Händen und Füßen gegen nötige Veränderungen gesträubt habe.

Im Laufe der Jahre habe ich gelernt, daß es nicht die Veränderung ist, die den Schmerz verursacht, sondern einzig und allein mein Widerstand gegen sie. Ich weiß jetzt, daß Veränderung nur dann ein Problem ist, wenn *ich* es zu einem mache. Ich lerne mehr und mehr, mit den Veränderungen mitzugehen, ohne Angst und ohne Widerstand. Und während ich das tue, wird das Leben so viel einfacher.

Wie gesagt, manchmal muß das Alte sterben, bevor das Neue hervorkommen kann. Die Larve muß zerbrechen, damit der Schmetterling herauskommen kann. Ich weiß, daß ich die alten Vorstellungen, die ich als Kind erlernte, loslassen mußte, damit neue ihren Platz einnehmen konnten. Ich mußte den Eimer leeren, bevor ich ihn mit reinem, klarem Wasser neu füllen konnte.

Das Geheimnis besteht darin, sich niemals vor Veränderung oder Expansion zu fürchten. Schauen Sie sich die Natur an! Es gibt keinen Streß und keine Überanstrengung in der Natur. Die Pflanze durchläuft einen vollen Zyklus – vom Samenkorn zum Samenkorn. Sie braucht nichts zu *tun.* Sie muß nur alles geschehen lassen. Wie natürlich entfaltet sich eine Blume, ohne jeden Widerstand! Ein Tier verbringt sein ganzes Leben damit, sich einer Veränderung nach der anderen anzupassen. Die Natur ist nicht statisch. Sie ist ewig wandelbar. Ich weiß, daß auch ich nicht für immer in demselben Zustand bleiben kann. Ich habe gelernt, daß sich ein vollkommenes Muster durch mein Leben zieht und daß jede Veränderung im Plan meines göttlichen Selbst vorgesehen ist. Ich kann mich viel leichter an Veränderungen gewöhnen, wenn ich sie als ein *Geschenk* Gottes annehme, das mir Einsichten, Lektionen und Wachstum bietet.

Die Herausforderung sehe ich also weniger darin, nach Möglichkeiten zu suchen, um die Schwierigkeiten zu bewältigen, die ich mit der Veränderung assoziiere, sondern eher darin, die *Geschenke* anzunehmen, die die Veränderung mit sich bringt. Die Frage ist, ob ich jede Veränderung in meinem Leben als eine Stufe zu etwas Neuem und Wundervollem annehmen kann und nicht als Stein des Anstoßes. Kann ich jede Veränderung als Segen annehmen?

Wenn ich die Veränderungen betrachte, die in meinem Leben stattgefunden haben und die wertvollen Lektionen daraus, die meinen Blickwinkel erweitert haben, erkenne ich, daß ich aus *allem,* was mir im Leben passiert ist, einen Gewinn gezogen habe, wenn ich ihn auch nicht immer gleich erkennen konnte.

Ich weiß, daß ich mächtige Veränderungen in mein Leben bringen und das Tor des Segens öffnen kann, wenn ich Vergebung übe. Ich segne, lasse andere los und werde wieder gesegnet. Wenn ich Vergebung übe, bin ich mit allen im Frieden, die mich angegriffen haben oder die ich angegriffen habe. Ich bringe meinen Geist in die Obhut der Liebe. Die Liebe heilt meine Gedanken und befreit mich von Recentiments. Ich vergebe mir selbst. Ich vergebe anderen. Ich bringe die Liebe in die Obhut meines Herzens. Die Liebe erfüllt mein Herz mit Frieden und hält meine Gefühle im Gleichgewicht. Die Liebe vergibt und vergißt.

Es gibt keinen Rückschritt im Leben, nur ein Vorwärts. Das macht es so aufregend und lohnend, weil hinter der nächsten Ecke immer etwas Neues wartet. Es gibt immer einen weiteren Schritt. Es wartet immer eine neue Veränderung auf uns.

DAVID

Zu leben heißt zu denken und zu handeln, und zu denken und zu handeln bedeutet Veränderung. *James Allen: As A Man Thinketh*

„Wandel ist das Gesetz des Lebens", sagte ein östlicher Philosoph. Das ist etwas, womit wir ganz sicher rechnen können (so sicher wie mit dem Tod und der Steuerforderung), und daher stimme ich mit allem überein, was Eileen über Veränderung sagt.

Eine zusätzliche Frage, die sich mir stellt, ist, wie ich das Nötige und Wünschenswerte in meinem Leben erhalten und achten kann, *während* ich verändere. Nicht jede Veränderung ist ein Zeichen von Fortschritt. Veränderung nur um der Veränderung willen kann ein Zeichen von Rastlosigkeit oder Ungeduld sein und kann Instabilität, Verwirrung und sogar Chaos mit sich bringen. Für mich ist entscheidend, wie ich mich für Veränderung öffnen, wie ich Veränderung provozieren kann, während ich weiß, was es in meinem Leben zu *erhalten* gilt, und wie ich das mitten in der Veränderung tun kann.

Ich habe das Bedürfnis, mich nicht nur zu verändern, zu wachsen und zu expandieren, sondern auch Möglichkeiten zu finden, wie Veränderung und Erhaltung nebeneinander existieren, sich vermischen und hoffentlich sogar zusammen tanzen können.

Eine andere Herausforderung ist mein Widerstand gegen Veränderung. Alle wichtigen Arbeitsstellen, die ich im Leben hatte, hätte ich meinem Gefühl nach mindestens ein Jahr früher aufgeben sollen, als ich es tat. Dasselbe gilt für die meisten Beziehungen, die ich hatte. Lange Zeit habe ich versäumt, die Zeichen der Zeit recht zu lesen. Ich ignorierte alle Warnsignale, und die entsprechenden Veränderungen brachen mit leidvollen Konsequenzen über mich herein. Jetzt lerne ich, mit dem Unabänderlichen zusammenzuarbeiten, um meinen Widerstand, den Schmerz und das Leid, das er verursacht, zu vermeiden. Das erinnert mich an die Beobachtung des Philosophen Ivan Illich: „Schmerz ist eine Erfahrung. Leiden ist ein Schauspiel." Ich gebe das Bedürfnis auf, mein Leid zur Schau zu stellen.

Ein Grund, warum ich mich gegen Veränderungen gesträubt habe, ist meine Angst vor dem Unbekannten. Ich habe Angst, durch die Veränderung etwas zu verlieren, das mir wichtig ist, beispielsweise Komfort, Selbstachtung oder Sicherheit. Die Veränderung wird zu einem Gegner, den ich zurückzuhalten versuche. Ich muß mich regelmäßig an die Lehre aus *Ein Kurs in Wundern* erinnern: „Es braucht tiefe Einsicht zu verstehen, daß alle Dinge, Ereignisse, Begegnungen und Umstände hilfreich sind."

Meine Einstellung Veränderungen gegenüber hat sich immer dann noch verstärkt, wenn sich ein großes Kapitel in meinem Leben seinem Ende näherte: kurz bevor ich eine Arbeitsstelle aufgab, bevor eine Beziehung in die Brüche ging oder bevor ich den Wohnort wechselte. Diese Veränderungen waren immer sehr beunruhigend und haben mir viel Streß und Sorgen bereitet. Mir graut vor allem, was ich durchmachen muß, bis ich mich der Veränderung angepaßt habe und mich wieder neu einrichten kann.

Dann hilft mir die Vorstellung, daß ich als Reporter einer großen Zeitung in einem riesigen Raum mit Hunderten von Schreibtischen arbeite, wo alle herumwieseln, um rechtzeitig zum Redaktionsschluß fertig zu werden. Ich stelle mir vor, daß ich gerade einen Bericht geschrieben habe und ihn dem Redakteur überreiche. Er liest ihn schnell, erkennt meine Bemühungen an und gibt mir einen anderen Auftrag, der, wie er mir verspricht, noch aufregender und wichtiger ist als der letzte. Ich danke ihm für sein Vertrauen und seine Ermutigung und spritze wieder hinaus, um mit dem neuen Auftrag zu beginnen.

Wenn ich davon ausgehe, daß der Redakteur mein göttliches Selbst ist und daß der Bericht, den ich abgeschlossen habe, und das Unbekannte, das mir noch bevorsteht, wichtige Aufträge meines göttlichen Selbst sind, sehe ich alles in einem größeren Zusammenhang. So kann ich die Veränderung leichter akzeptieren. Dann nimmt meine Angst ab und mein Vertrauen zu.

Wenn ich eine Veränderung als Krise erlebe, versuche ich mich an ein hilfreiches Bild aus der Psychosynthese zu erinnern. Es legt nahe, daß eine persönliche Krise nur mein göttliches Selbst ist, das an die Tür meiner Persönlichkeit klopft, versucht, meine Aufmerksamkeit zu bekommen, und sagt: „Komm, es ist Zeit für dich, einen weiteren Schritt zu tun. Es ist Zeit zu wachsen. Es ist Zeit, mehr der zu sein, der du wirklich bist. Ich bin da. Ich werde dir helfen."

TEIL VIER – ACHTSAMKEIT ERLANGEN

Nichts ist unveränderlich

In *Herzenstüren öffnen* lesen wir über Veränderung:

> Es gibt Zeiten, in denen das Neue sich so allmählich entfaltet, daß du die stattfindenden Veränderungen nicht wahrnimmst, bis du plötzlich erkennst, daß alles geschehen ist, ohne daß du es überhaupt gemerkt hast. Zu anderen Zeiten kannst du die Veränderungen vor deinen Augen ablaufen sehen, wie sie sich Schritt für Schritt entfalten. Dann wieder gibt es Zeiten, in denen die Dinge über Nacht geschehen – ähnlich wie im Winter, wenn du abends zu Bett gehst und die Welt draußen wie immer ist, und wenn du am Morgen aufwachst, ist alles mit Schnee bedeckt. Du brauchtest dich gar nicht darum zu kümmern. Es ist alles auf wunderbarste Weise geschehen. Es gibt viele verschiedene Weisen, wie das Neue offenbar wird. Alles, was du zu tun hast, ist mitgehen und ihm nicht zu widerstehen. Veränderung muß nicht schmerzvoll sein. Sie ist unvermeidlich, weil nichts gleich bleiben kann. Und wenn du dein Herz befragst, würdest auch du nicht wollen, daß es gleich bliebe.

Wie reagieren Sie auf diese Aussage? Was sind Ihre Gefühle und Gedanken dazu?

-
-
-
-

Welche neue Erkenntnis haben Sie durch Ihre Reaktion auf diese Aussage gewonnen, besonders hinsichtlich der Dringlichkeit, etwas in sich zu verändern, um mehr Liebe in Ihr Leben zu bringen?

-
-
-
-

Reine und entstellte Formen von Veränderung und Erhaltung

Wie alle überpersönlichen Qualitäten können auch Veränderung und Erhaltung auf viele Weise erfahren und zum Ausdruck gebracht werden. Manche Ausdrucksformen sind rein, während andere durch unsere Erfahrungen, Bedürfnisse und Wünsche entstellt sind. Unten sind Beispiele für beide Formen aufgeführt. Ordnen Sie die Nummern der folgenden fünf Aussagen den entsprechenden Begriffen zu, um herauszufinden, welche Formen von Veränderung und Erhaltung Ihnen vertraut sind und welche nicht.

1. Diese Form der Veränderung und Erhaltung erfahre ich nie.
2. Diese Form der Veränderung und Erhaltung erfahre ich selten.
3. Diese Form der Veränderung und Erhaltung erfahre ich manchmal.
4. Diese Form der Veränderung und Erhaltung erfahre ich oft.
5. Diese Form der Veränderung und Erhaltung erfahre ich immer.

Reine Formen der Veränderung

___ Kreativität
___ Enthusiasmus
___ Freiheit
___ Wachstum
___ Spontanität
___ Vitalität

Entstellte Formen der Veränderung

___ Verschwendung von Energie
___ Angst vor Vereinnahmung
___ Angst vor Begrenzung
___ Ungeduld/Rastlosigkeit
___ Unbeständigkeit
___ Zerstreutheit

Reine Formen der Erhaltung
- ___ Zufriedenheit
- ___ Pflichtgefühl/Loyalität
- ___ Geerdetsein
- ___ Achtung der Traditionen/Wurzeln
- ___ Ordnung
- ___ Frieden
- ___ Stabilität/Stärke

Entstellte Formen der Erhaltung
- ___ Anhaftung
- ___ Langeweile
- ___ Engstirnigkeit
- ___ Angst, loszulassen
- ___ Angst vor dem Unbekannten
- ___ Trägheit/Faulheit
- ___ Rigidität/Widerstand gegen Veränderung

Unser Verhältnis zu Veränderung und Erhaltung beeinflußt unsere spezifischen Blockaden der Liebe und unsere Bereitschaft, sie zu überwinden.

Veränderung

In den beiden folgenden Übungen erforschen Sie Ihre eigene Erfahrung mit Veränderung und Erhaltung.

Finden Sie eine bequeme Haltung im Sitzen mit aufrechter Wirbelsäule ... Schließen Sie die Augen ... Nehmen Sie mehrere langsame, lange, tiefe Atemzüge ... Entspannen Sie Ihren Körper völlig ... Lassen Sie alle Spannungen los ... Erlauben Sie allen Gefühlen, die Sie haben mögen, zu schwinden ... Tun Sie dasselbe mit Ihren Gedanken ... Werden Sie wie ein stiller, ruhiger See, der den blauen Himmel oder den sternklaren Himmel der Nacht perfekt spiegelt ... Seien Sie im Frieden und dennoch wach ...

Wenn sie soweit sind, lassen Sie ein Bild oder Gefühl in sich aufsteigen, das das Thema Veränderung darstellt ... Nehmen Sie sich Zeit ... Warten Sie geduldig in der Stille, gewiß, daß Ihnen bald etwas einfallen wird ... Seien Sie bereit anzunehmen, was auch immer es ist, ohne es zu beurteilen, zu zensieren oder zurückzuweisen ... Seien Sie einfach bereit, es zu beobachten und zu prüfen, um mehr darüber zu erfahren ...

Sobald Sie etwas wahrnehmen, lassen Sie es lebendiger werden ... Achten Sie auf Größe und Form ... Dichte und Muster ... Farbe und Struktur ... Erforschen Sie es mit möglichst vielen Sinnen ... Finden Sie die übergeordnete Qualität, die es Ihnen nahelegt ...

Öffnen Sie die Augen und bringen Sie in einer Zeichnung entweder das Bild selbst oder seine Qualität zum Ausdruck ... Wenn nichts in Ihnen aufgestiegen ist, öffnen Sie die Augen, behalten die Frage im Sinn und beginnen, frei und spontan zu zeichnen ...

Veränderung

Beschreiben Sie die übergeordnete *Qualität* des Symbols, und notieren Sie alle Worte, Gefühle oder Gedanken, die Ihnen während der Übung eingefallen sind oder die Ihnen jetzt bewußt werden. Welche neuen Einsichten vermittelt Ihnen dieses Symbol oder seine Qualität?

-
-
-
-

Erhaltung

Schließen Sie wieder die Augen ... Sitzen Sie gerade ... Nehmen Sie ein paar tiefe Atemzüge ... Entspannen Sie ... Lassen Sie Ihren Körper, Ihre Gedanken und Ihre Gefühle ruhig werden ... Werden Sie wie ein ruhiger, stiller See ... Wenn sie soweit sind, lassen Sie ein Bild oder Gefühl in sich aufsteigen, das

das Thema Erhaltung darstellt ... Nehmen Sie sich Zeit ... Warten Sie geduldig in der Stille, gewiß, daß Ihnen bald etwas einfallen wird ... Seien Sie bereit anzunehmen, was auch immer es ist, ohne es zu beurteilen, zu zensieren oder zurückzuweisen ... Seien Sie einfach bereit, es zu beobachten und zu prüfen, um mehr darüber zu erfahren ...

Sobald Sie etwas wahrnehmen, lassen Sie es lebendiger werden ... Achten Sie auf Größe und Form ... Dichte und Muster ... Farbe und Stuktur ... Erforschen Sie es mit möglichst vielen Sinnen ... Finden Sie die übergeordnete Qualität, die es Ihnen nahelegt ...

Öffnen Sie dann die Augen und bringen Sie in einer Zeichnung entweder das Bild selbst oder seine Qualität zum Ausdruck ... Wenn nichts in Ihnen aufgestiegen ist, öffnen Sie die Augen, behalten die Frage im Sinn und beginnen, frei und spontan zu zeichnen. Lassen Sie auf diese Weise etwas auftauchen ...

Erhaltung

Beschreiben Sie die übergeordnete *Qualität* des Symbols, und notieren Sie alle Worte, Gefühle oder Gedanken, die Ihnen während der Übung eingefallen sind oder die Ihnen jetzt bewußt werden. Welche neue Einsichten vermittelt Ihnen dieses Symbol oder seine Qualität?

-
-
-
-

Verändern, wo Veränderung nötig ist

Nun wollen wir herausfinden, wo Veränderung nötig ist, damit Sie freier und vollkommener lieben und geliebt werden können. Nennen Sie drei Blockaden oder Barrieren, die Sie in sich selbst gegen die Liebe errichtet haben.

-
-
-
-

Beschreiben Sie dann die persönliche Einstellung oder Überzeugung, die jeder Blockade zugrundeliegt und sie festhält.

-
-
-
-

Wie weit sind Sie bereit, diese begrenzenden Einstellungen oder Überzeugungen zu erneuern oder loszulassen?

-
-
-
-

Welche Veränderungen müssen Sie *in sich* vornehmen, bevor Sie mehr Liebe in Ihr Leben bringen können?

-
-
-
-

Wie weit sind Sie gewillt, diese Veränderungen vorzunehmen?

-
-
-
-

Die folgende Übung soll Ihnen helfen, sich mit Veränderungen wohler zu fühlen und ihre Geschenke bereitwilliger anzunehmen. Sie ermöglicht Ihnen hilfreiche Einsichten und führt Sie Schritt für Schritt durch die Veränderung hindurch. Sie können diese Übung machen, um eine der Veränderungen anzugehen, die Sie im vorangegangenen Abschnitt als notwendig identifiziert haben, eine, die bereits begonnen hat, eine, die sich gerade anzubahnen scheint, oder eine, die Sie sich wünschen.

Wie alle Übungen des Kurses können Sie auch diese gleichbleibend oder abgewandelt immer wieder einsetzen. Nehmen Sie die Übungsanleitung auf Band auf, wobei Sie bei jedem ... zehn bis dreißig Sekunden lang pausieren, damit Sie jeden Schritt ganz nachvollziehen können. Nehmen Sie sich Zeit!

Schließen Sie die Augen ... Sitzen Sie gerade ... Nehmen Sie ein paar tiefe Atemzüge ... Entspannen Sie sich ... Lassen Sie Ihren Körper, Ihre Gedanken und Ihre Gefühle ruhig werden ... Werden Sie wie ein ruhiger, stiller See ... Lassen Sie möglichst viele der Gefühle und Gedanken los, die Sie über Veränderung haben mögen ... Lassen Sie sie los ... Erlauben Sie sich jetzt, Veränderung einfach als normal, natürlich und wichtig anzunehmen ...

Erfahren Sie Veränderung einen Moment lang in der Form, in der sie in den Lebenszyklen der Natur erscheint ... Zuerst im Pflanzenreich ... Stellen Sie sich den Samen einer Pflanze in Ihrer Hand vor ... dann in der Erde ... Sehen Sie jetzt das erste Blättchen aus der Erde kommen ... und wie es langsam zu einer jungen Pflanze wird ... Sehen Sie sie ganz auswachsen ... Beachten Sie, daß die Pflanze keinen Widerstand gegen Wachstum und Veränderung leistet; sie paßt sich an und fließt mit ... Sehen Sie wie sie Blüten und Samen entwickelt ... Sehen Sie sie altern ... sterben ... und zur Quelle aller Schöpfung zurückkehren ... Sehen und fühlen Sie, daß alle diese Veränderungen natürlich, normal und nötig sind, und daß sie unter Gottes Führung geschehen ...

Erfahren Sie als nächstes das Tierreich ... Stellen Sie sich ein kleines, wildes Tier vor ... Es ist erst ein paar Tage alt und völlig abhängig von anderen ... Sehen Sie es essen ... spielen ... und schlafen ... Sehen Sie jetzt, wie es an Größe und Gewicht zunimmt ... Sehen Sie es ganz auswachsen ... Beachten Sie, daß das Tier dem Wachstum und der Veränderung nicht widerstrebt; es paßt sich an und fließt mit ... Sehen Sie, wie es selbst Junge bekommt ... Sehen Sie es altern ... sterben ... und zur Quelle aller Schöpfung zurückkehren ... Sehen und fühlen Sie, daß alle diese Veränderungen natürlich, normal und nötig sind, und daß sie unter Gottes Führung geschehen ...

Erfahren Sie jetzt das Menschenreich ... Stellen Sie sich ein Baby vor ... Es ist erst ein paar Tage alt und völlig von anderen abhängig ... Sehen Sie es als Kleinkind, wie es anfängt zu laufen und zu sprechen ... Sehen Sie es dann zu einem Kind heranwachsen, das mit Freunden spielt ... Beachten Sie, daß das Kind dem Wachstum und der Veränderung keinen Widerstand entgegenbringt; es paßt sich an und fließt mit ... Sehen Sie es als Jugendlichen, der mehr über das Leben lernt ... Sehen Sie den jungen Menschen erwachsen werden und sich in die Welt hinaus bewegen, vielleicht eine Familie gründen oder eine Karriere beginnen ... Sehen Sie ihn altern ... sterben ... und zur Quelle aller Schöpfung zurückkehren ... Sehen und fühlen Sie, daß alle diese Veränderungen natürlich, normal und nötig sind, und daß sie unter Gottes Führung geschehen ...

Lassen Sie die Erinnerung an eine große Veränderung in sich auftauchen und daran, wie Sie sie erfahren haben. Erinnern Sie sich an das Gute, das daraus entstanden ist. Beschreiben Sie die wichtigsten Stationen der Veränderung und Ihre Erfahrung damit.

-
-
-
-

Wählen Sie eine der Veränderungen, die Sie im vorhergehenden Abschnitt als notwendig identifiziert haben, um mehr Liebe in Ihr Leben zu bringen. Konzentrieren Sie sich auf die Details der Veränderung. Was passiert genau? Oder was möchten Sie, daß passiert?

•

•

•

•

Was verlangt Ihnen diese Veränderung ab?

•

•

•

•

Lassen Sie sich zwei oder drei Vorteile einfallen, die diese Veränderung mit sich bringen könnte.

•

•

•

•

Was fühlen und denken Sie über diese Veränderung?

•

•

•

•

Stellen Sie irgendeine Angst, einen Widerstand oder andere negative Gefühle in sich fest, die diese Veränderung betreffen? Wenn ja, was ist ihr Ursprung, woher kommen sie?

•

•

•

•

Erkennen Sie, daß diese Negativität Sie und Ihre Beziehungen begrenzt. Entscheiden Sie sich, *trotz* ihres Einflusses aktiv zu werden. Bestätigen Sie Ihre Bereitschaft, darüber hinaus zu gehen.

-
-
-
-

Bestätigen Sie Ihre Bereitschaft zu dieser Veränderung.

-
-
-
-

Was ist die ideale Lösung für diese Veränderung? Wie soll ihr Ergebnis aussehen?

-
-
-
-

Nehmen Sie sich jetzt etwas Zeit, um zu visualisieren, wie diese ideale Lösung sich Schritt für Schritt entfaltet, und helfen sie ihr dadurch, sich zu verwirklichen ... Stellen Sie sich alle Einzelheiten vor ... Welchen praktischen Schritt können Sie für diese Veränderung tun?

-
-
-
-

Sind Sie bereit, sich zu diesem Schritt zu verpflichten? Wenn ja, visualisieren Sie sich selbst, wie Sie diesen konkreten Schritt erfolgreich vornehmen ...

Stellen Sie sich dann vor, daß Sie bereits durch die Veränderung hindurch gegangen sind. Was hat die Veränderung für Sie bewirkt? Was ist ihr Geschenk für Sie? Wie haben Sie und Ihr Leben sich verändert, insbesondere Ihre Beziehungen?

-
-
-
-

Wenn diese Veränderung ein Schritt zu etwas Größerem in Ihrem Leben wäre, was könnte das sein?

-
-
-
-

Wenden Sie sich zunächst nach innen und stimmen Sie sich auf Ihre eigene innere Stimme der Weisheit ein, um Führung und Unterstützung für diese Veränderung zu bekommen ...

Entspannen Sie sich noch tiefer ... Zählen Sie rückwärts von zehn bis eins, und fühlen Sie, wie Sie sich Schritt für Schritt mit jeder folgenden Zahl weiter auf das Zentrum Ihres Seins zubewegen ... Erfahren Sie sich selbst, wie Sie eine Verbindung zu Ihrer eigenen inneren Quelle der Weisheit herstellen, dem reinen, ewigen Zentrum tief in Ihnen, das die Antwort auf alle Fragen kennt, die Sie über sich selbst stellen könnten.

Wenn Sie soweit sind, bitten Sie Ihre innere Quelle der Weisheit um die Führung und Unterstützung, die Sie für die Veränderung brauchen ... Nehmen Sie sich Zeit ... Warten Sie geduldig in der Stille, gewiß, daß bald etwas in Ihnen auftauchen wird, gewiß, daß die Hilfe, die Sie suchen, schon auf dem Weg ist ...

Lassen Sie allmählich alles wieder schwinden ... Zählen Sie langsam von eins bis zehn, und fühlen Sie, wie Sie mit jeder folgenden Zahl zu Ihrer normalen Ebene der Wachsamkeit zurückkehren ... Bringen Sie Ihre Aufmerksamkeit in den Raum zurück, in dem Sie sich jetzt befinden ... Öffnen Sie die Augen, atmen Sie tief durch ... Und strecken Sie sich sanft ...

Notieren Sie jetzt alles, was Sie von Ihrer Einstimmung in Erinnerung behalten möchten, alle inneren Antworten, die Sie in bezug auf Ihre Veränderung erhalten haben mögen.

•

•

•

•

•

•

•

•

TEIL FÜNF- POTENTIAL ENTWICKELN

Vergebung

Was ist Vergebung? *Ein Kurs in Wundern* sagt: „Vergeben bedeutet, die Vergangenheit loszulassen. Vergeben bedeutet loszulassen, wovon wir denken, daß Menschen, die Welt oder Gott es uns angetan haben, und loszulassen, was wir ihnen angetan zu haben glauben." Vergebung ist also ein Akt des Loslassens. Daher ist eine Veränderung des Herzens und des Geistes der erste Schritt zur Vergebung, sei sie auf uns selbst oder auf andere gerichtet.

Der größte Akt der Heilung ist der Akt der Vergebung. Er ist auch das Schwerste. Vergebung hilft uns, das Alte loszulassen, um Raum für das Neue zu schaffen. Sie befreit uns von altem Ärger, Schuldzuweisungen, Angst, Schuld und Schmerz und schafft Raum für Freiheit, Vitalität, Freude, Liebe und Frieden.

Vergebung ist ein Akt der Selbstliebe, ein Geschenk an uns selbst. Sie heilt vielleicht auch den anderen Menschen, aber *letztendlich vergeben wir um unserer selbst willen, um uns selbst zu heilen, um uns selbst zu befreien.* Vergebung sagt nicht: „Ich vergebe dir, wenn du ...", sondern „Ich vergebe dir, weil ich es tun muß, wenn ich jemals wieder frei und aus vollem Herzen leben möchte."

Alle Vergebung beginnt damit, daß wir uns selbst vergeben. Nur dann können wir anderen vergeben.

Wir müssen die Vergangenheit akzeptieren. Dann müssen wir alles loslassen, damit wir annehmen können, wer und wo wir heute, *jetzt,* sind. Warum am Leiden festhalten? Warum an der Vergangenheit festhalten? Warum an etwas festhalten, das uns an der Liebe hindert? Wir müssen Barmherzigkeit üben, mit uns selbst und mit anderen. Wir müssen uns selbst erlauben, in unser eigenes Herz zurückzukehren, uns selbst zu heilen, wir müssen uns selbst erlauben, frei zu sein, zu lieben und geliebt zu werden.

Doch Vorsicht! Wenn wir glauben, jemandem vergeben zu haben, dieser Person gegenüber jedoch indifferent sind, ist das keine wirkliche Vergebung. Wenn wir glauben, jemandem vergeben zu haben, und dieser Person dann aus dem Weg gehen, war das keine wirkliche Vergebung.

Wirkliche Vergebung bedeutet, unseren Schmerz wahrzunehmen, die Vergangenheit zu sehen und der betreffenden Person gegenüber genauso zu empfinden wie vor der Begebenheit. Wirkliche Vergebung erlaubt anderen, sie selbst zu sein. Mutter Theresa sagt: „Um zu vergeben, brauchen wir Liebe; um zu vergessen, brauchen wir Demut."

Vergessen Sie nicht zu beten. Wir können zu unserem göttlichen Selbst beten und um Hilfe bitten. Hier ein einfaches Gebet, das wir sehr hilfreich finden:

Ich bitte das Göttliche in mir, mir vergeben zu helfen.
Erneuere meinen Geist, damit ich jedem mit Liebe begegnen kann.
Niemanden möchte ich länger verurteilen oder verdammen.
Ich lasse Deine Liebe in mich hinein und durch mich hindurch fließen,
damit ich bereitwillig vergeben kann und alle Angriffe vergesse.
Ich danke Dir für Deine Hilfe. Danke

Vergeben und loslassen

In der folgenden Übung können Sie die heilende Wirkung der Vergebung erfahren. Sie hilft, sich von Altem zu lösen, um Raum für Neues zu schaffen. Die sieben Schritte der Übung sollten alle in einer Sitzung erarbeitet werden. Dazu brauchen Sie für 45 bis 60 Minuten Zeit und einen Raum, in dem Sie völlig ungestört sind.

Schließen Sie die Augen ... Setzen Sie sich grade hin ... Atmen Sie ein paarmal tief durch ... Entspannen Sie. Lassen Sie Ihren Körper, Ihre Gefühle und Ihre Gedanken still werden ... Werden Sie wie ein ruhiger, stiller See ...

Schritt 1: Wenn Sie soweit sind, lassen Sie den Namen eines Menschen in sich auftauchen, der Sie verletzt oder Ihnen Leid und Schmerz zugefügt hat. Es mag ein Elternteil, Verwandter, Geliebter, Partner, Freund, Mitarbeiter oder jemand anderes gewesen sein. Die Begebenheit mag sich kürzlich ereignet haben oder vor vielen Jahren, als Sie noch recht jung waren. Schreiben Sie den Namen der Person auf, was passierte und Ihre damalige Reaktion.

-
-
-
-

Es mag Ihnen selbst jetzt noch sehr weh tun, sich diese Person und Begebenheit ins Gedächtnis zurückzurufen. Lassen Sie alles zu. Fühlen Sie sich tief in die ganze Situation ein.

Erlauben Sie dem Schmerz, der Wut, der Entrüstung, der Eifersucht, die mit dieser Person und Situation verbunden sind, hochzukommen. Erlauben Sie sich, alles zu fühlen. Erkennen Sie, daß die Gefühle noch in Ihnen sind.

Sie sehen sich womöglich mit dieser Übung oder mit der ganzen Situation ringen. Sie mögen Tränen der Trauer, der Wut oder der Empörung aufsteigen fühlen. Wenn ja, erlauben Sie ihnen zu fließen. Gehen Sie tiefer und tiefer. Erlauben Sie sich selbst, ganz an dem befreienden Vorgang der Vergebung und des Loslassens teilzuhaben.

Schritt 2: Wenn Sie ganz im Kontakt sind mit dem Menschen, der Situation, Ihren Gefühlen und Gedanken, sagen Sie laut, als würden Sie direkt zu dieser Person sprechen: *„Ich nehme dir übel ...“* Vervollständigen Sie den Satz mit ein paar Worten, die Ihnen spontan dazu einfallen. *Denken* Sie nicht darüber nach. Schreiben Sie Ihre Reaktion auf. Wiederholen Sie es, diesmal mit anderen Worten. Notieren Sie auch diese Reaktion. Wenn Ihnen momentan nichts einfällt, beginnen Sie einfach von neuem, gewiß, daß bald etwas kommen wird. Wiederholen Sie diesen Vorgang mindestens zehn Minuten lang, auch wenn Sie daß Gefühl haben, daß sich bestimmte Antworten wiederholen oder Sie den Platz auf der nächsten Seite schon gefüllt haben.

Drücken Sie Ihre Verstimmung aus. (Z. B.: „Ich nehme dir übel, was du mir angetan hast. Ich nehme dir übel, daß du mir wehgetan hast. Ich nehme dir übel, daß du so unsensibel bist. Ich nehme dir übel, daß du so egoistisch bist.“) Machen Sie sich keine Gedanken darüber, ob Ihre Empörung gerechtfertigt, dauerhaft oder fair ist. Es kommt darauf an herauszulassen, *was auch immer* Sie fühlen und denken. Wenden Sie sich an Ihre eigene, subjektive

Erfahrung mit dieser Person und Situation (die Sie in sich haben). Erinnern Sie sich, daß dies ein heilender und befreiender Vorgang ist.

Nutzen Sie die Gelegenheit, um dieser Person alles zu sagen, was Sie ihr zu sagen haben. Bringen Sie all Ihre Gefühle und Gedanken zum Ausdruck. Halten Sie nichts zurück. Lassen Sie alles heraus: den Schmerz, das Leid, die Pein und die Qual. Bleiben Sie im Kontakt mit Ihren Gefühlen, und drücken Sie sie frei aus.

Ich nehme dir übel …

Schritt 3: Wenn Sie ganz im Kontakt sind mit der Person, der Situation, Ihren Gefühlen und Gedanken, sagen Sie laut, als würden Sie direkt zu dieser Person sprechen: *„Ich fordere …"* Vervollständigen Sie den Satz mit ein paar Worten. Wiederholen Sie diesen Vorgang mindestens zehn Minuten lang, auch wenn Sie daß Gefühl haben, daß sich bestimmte Antworten wiederholen oder Sie den Platz unten schon gefüllt haben.

Drücken Sie Ihre Forderungen aus. (Z. B.: „Ich fordere, daß du dich bei mir entschuldigst. Ich fordere, daß du mich so nimmst, wie ich bin. Ich fordere, daß du mich wie einen Erwachsenen behandelst. Ich fordere, daß nicht mehr über mich urteilst.“) Machen Sie sich keine Gedanken darüber, ob Ihre Forderungen gerechtfertigt, dauerhaft oder fair sind. Es kommt darauf an herauszulassen, *was immer* Sie fühlen und denken. Erinnern Sie sich, daß dies ein heilender und befreiender Vorgang ist.

Nutzen Sie die Gelegenheit, um dieser Person alles zu sagen, was Sie ihr zu sagen haben. Bringen Sie all Ihre Gefühle und Gedanken zum Ausdruck. Halten Sie nichts zurück. Lassen Sie alles heraus: die Wut, den Zorn, das Toben, die Kraft. Bleiben Sie im Kontakt mit Ihren Gefühlen, und drücken Sie sie frei aus.

Ich fordere …

Schritt 4: Sie werden einem anderen Menschen niemals vergeben können, wenn Sie sich nicht selbst vergeben. Der nächste Schritt besteht also darin, sich selbst zu vergeben, daß Sie die Person oder Situation so empfinden. Sagen Sie zu sich selbst: *„Ich höre auf, mich selbst zu beschuldigen. Ich höre auf, mich selbst zu verdammen. Ich vergebe mir selbst. Mein Festhalten an diesen Gefühlen und Gedanken dient nur dazu, mich zu blockieren, und ich möchte nicht mehr blockiert sein. Ich entscheide mich, frei zu sein. Ich entscheide mich weiterzugehen. Ich entscheide mich, im Frieden zu sein.“* Sprechen Sie ein kleines Gebet, und bitten Sie um Vergebung. Vergewissern Sie sich, daß Sie bereit und offen sind, sich selbst zu vergeben.

Schritt 5: Kaum ein Mensch hat nur negative Eigenschaften, und alle Situationen bergen ein Geschenk oder eine Lektion in sich. Wenn Sie also ganz im Kontakt sind mit der Person, der Situation, Ihren Gefühlen und Gedanken, sagen Sie laut, als würden Sie direkt zu dieser Person sprechen: *„Ich schätze ...“* Vervollständigen Sie den Satz mit ein paar Worten. Finden Sie Dinge, die Sie an diesem Menschen wirklich schätzen. Setzen Sie diese Übung mindestens zehn Minuten lang fort, auch wenn Sie daß Gefühl haben, daß sich bestimmte Antworten wiederholen oder Sie den Platz auf der nächsten Seite schon gefüllt haben.

Bringen Sie Ihre Wertschätzung und Ihr Verständnis zum Ausdruck. Lassen Sie alles positiv sein. Erinnern Sie sich, daß dies ein heilender und befreiender Vorgang ist.

Ich schätze ...

Schritt 6: Der nächste Schritt ist, diesem Menschen und der Situation zu vergeben. Lassen Sie alles los, den Schmerz, den Kummer, das Leid. Lassen Sie es alles hinter sich, damit Sie frei werden können, weiterzugehen, geheilt zu werden, zu lieben und geliebt zu werden.

Hinweis: Wenn sie im Moment nicht bereit sind, diesem Menschen zu vergeben, zwingen Sie sich nicht, es zu tun, und verurteilen Sie sich nicht dafür. Wiederholen Sie die Schritte 1 bis 5 regelmäßig, bis Sie eines Tages bereit sind, diesem Menschen zu vergeben. Wenn Sie das Gefühl haben, daß Sie schon alles getan haben, was Sie können, und doch betrübt oder unzufrieden bleiben, machen sie die Altarübung von Seite 351.

Wenn Sie bereit sind zu vergeben, ganz im Kontakt mit der Person, der Situation, Ihren Gefühlen und Gedanken, sagen Sie laut, als würden Sie direkt zu dieser Person sprechen: „*Ich vergebe ...*“ Vervollständigen Sie den Satz mit ein paar Worten. Setzen Sie diese Übung mindestens zehn Minuten lang fort, auch wenn Sie daß Gefühl haben, daß sich bestimmte Antworten wiederholen oder Sie den Platz unten schon gefüllt haben.

Bringen Sie zum Ausdruck, was immer in Ihrem Herzen ist: das Mitleid, die Barmherzigkeit, die Liebe. Lassen Sie alles herauskommen. Erinnern Sie sich, daß dies ein heilender und befreiender Vorgang ist.

Ich vergebe ...

Schritt 7: Visualisieren Sie einen leuchtenden Sonnenstrahl, der auf Sie und diesen Menschen herabscheint. Sehen Sie, wie das Licht Sie ganz umhüllt und erfüllt. Stellen Sie sich vor, daß es Sie heilt.

Danken Sie für alles, was geschehen ist, auch wenn Sie das Gefühl haben, daß noch keine vollkommene Auflösung erreicht worden ist. Spüren Sie einfach tief in sich die Gewißheit, daß Heilung stattfindet. Visualisieren Sie sie. Fühlen Sie sie. Vertrauen Sie darauf, daß sie geschieht.

Bestätigen Sie diesem Menschen dann: *„Ich sehe das Göttliche in dir, ich segne dich und lasse dich los.“* Wenden Sie diese Affirmation in den folgenden Tagen auch weiterhin an, bis Sie den göttlichen Funken in diesem Menschen sehen und fühlen, daß eine Veränderung in Ihnen stattgefunden hat.

Der Prozeß der Vergebung und des Loslassens braucht Zeit, Geduld, Würde und eine tiefe, innere Gewißheit, doch er wirkt ganz bestimmt. Vergebung öffnet die Tür, durch die mehr Liebe in unser Leben kommt. Wir können uns entscheiden zu vergeben, wann immer wir bereit sind, die Vergangenheit loszulassen und uns frei und erwartungsvoll in eine heilere und erfüllendere Zukunft zu bewegen.

Schauen Sie sich alle Ihre Antworten noch einmal an. Notieren Sie Gefühle, Gedanken und Fragen, die Sie bewahren möchten.

Veränderung, Erhaltung und Vergebung

Hier ein paar Vorschläge für den Umgang mit Veränderung, Erhaltung und Vergebung. Machen Sie etwa sieben Tage lang mindestens drei der ersten fünf Übungen pro Tag. Berichten Sie auf der übernächsten Seite über Ihre Erfahrungen, *bevor Sie mit Kapitel zehn beginnen.*

1. Einstimmung: Nehmen Sie Kontakt mit der Quelle der Weisheit in sich selbst auf, um Führung und Unterstützung zu erhalten, wenn es darum geht, bestimmte Veränderungen zu identifizieren und vorzunehmen, die nötig sind, um mehr Liebe in Ihr Leben zu bringen.

2. Die willentliche Tat: Entscheiden Sie sich ganz bewußt für eine bestimmte Handlung, die etwas in Ihrem Leben *verändert,* zum Beispiel für die Änderung einer Gewohnheit oder eines Verhaltensmusters, wie Sie morgens duschen oder sich anziehen, wie und was Sie essen, welchen Weg Sie zur Arbeit gehen, was Sie in Ihrer Freizeit tun. Achten Sie darauf, wie Sie die Veränderung empfinden.

Entscheiden Sie sich ganz bewußt für eine bestimmt Handlung, die etwas in Ihrem Leben erhält oder so bewahrt, wie es ist, zum Beispiel indem Sie eine bestimmte Handlung ein bißchen länger machen, als Ihnen lieb ist, indem Sie etwas verschieben, was Sie am liebsten sofort erledigen würden, indem Sie eine Tradition besonders achten oder Ihre Pflichten besonders sorgfältig erfüllen. Achten Sie darauf, wie Sie das bewußte Erhalten empfinden.

3. Visualisation: Stellen Sie sich vor, ein Gefäß zu sein. Leeren Sie das Alte, Stagnierende aus, und füllen Sie sich mit Neuem und Frischem. Malen Sie, um das Bild zu verankern, während Sie Ihre Gefühle und Gedanken wahrnehmen.

Stellen Sie sich dann vor, wie es im Alltag wäre, all Ihre Angst, Unsicherheit, Ihr Mißtrauen und Ihren Schmerz loszulassen und sich für ein Leben zu öffnen, das von Sicherheit, Freude, Liebe und Frieden erfüllt ist.

4. Das tägliche Risiko: Fragen Sie sich mindestens einmal pro Stunde (am besten stellen Sie sich einen Wecker): „Welches Risiko muß ich jetzt eingehen?“ Gehen Sie mindestens ein Risiko pro Tag ein.

5. Vergebungsliste: Führen Sie eine Liste, auf der Sie alles und jeden eintragen, das oder der Sie tief verletzt hat. Gehen Sie in Ihrer Erinnerung so weit zurück, wie Sie können, und schreiben Sie jede Verletzung auf, jede Beleidigung, jeden körperlichen, emotionalen und mentalen Schmerz, den Sie erlitten haben. Wenn Sie fertig sind und die folgenden Personen noch nicht auf Ihrer Liste haben, fügen Sie sie hinzu: Ihre Mutter, Ihren Vater, Ihre Kinder, Gott und sich selbst!

Wenn Ihre Liste so vollständig wie möglich ist, beginnen Sie ganz oben und gehen einen Punkt nach dem anderen durch. Rufen Sie sich das Bild des Menschen oder der Situation in Erinnerung, und sagen Sie: „*Ich vergebe dir vollkommen. Ich halte nichts Unvergebenes zurück. Ich vergebe dir, was immer du mir absichtlich oder unabsichtlich zugefügt haben magst. Ich vergebe dir. Meine Vergebung für dich ist vollkommen. Ich bin frei, und du bist frei.*" Lassen Sie zu, daß dieser Mensch oder diese Situation in Kontakt mit Ihnen ist. Gehen Sie für einen Moment über die Vergangenheit hinaus, und lassen Sie Ihre Herzen einander in Mitgefühl und Barmherzigkeit berühren. Wenn Sie fertig sind, verabschieden Sie sich von der Person oder Situation, lassen die Vergangenheit los und gehen zum nächsten Punkt auf der Liste über. Bleiben Sie wach, konzentriert und authentisch.

Wenn Sie erst einmal allem und jedem auf Ihrer Liste vergeben haben, konzentrieren Sie sich weiter auf Vergebung, indem Sie sich angewöhnen, jeden Abend vor dem Schlafengehen ein paar Minuten lang den Menschen zu vergeben, die Ihnen immer noch Probleme bereiten, weil Sie sie nicht losgelassen haben. Und vergeben Sie auch den Menschen, die Sie an diesem Tag verstimmt haben mögen. Gehen Sie nicht mit Unvergebenem im Herzen zu Bett.

Notieren Sie in Ihrem folgenden Bericht auch, wann und wie Sie Widerstand gegen einige oder alle Übungen verspürt haben und wie Sie damit umgegangen sind.

Erfahrungen mit den Übungen

Weitere Techniken zur Auswahl

1. Betrachtung eigener Erfahrungen: Prüfen Sie Ihre eigenen Erfahrungen mit jedem der drei Themen, Ihre Überzeugungen, Gefühle und Gedanken: *Veränderung ist ..., Erhaltung ist ..., Vergebung ist ...*

2. Botschaften und Sollte-Raster: Finden Sie heraus, welche Botschaften Sie als Kind von Ihrer Mutter, Ihrem Vater, nahen Verwandten, Geistlichen, Lehrern oder den Massenmedien über Veränderung aufgenommen haben, und schreiben Sie sie auf. (Orientieren Sie sich an den Anweisungen Seite 76–79.) Notieren Sie, wie Sie jede Botschaft jetzt empfinden. Streichen Sie dann alle Botschaften durch, die jetzt keine Bedeutung mehr für Sie haben. Visualisieren Sie, wie Sie jede unerwünschte Botschaft an die Person zurückgeben, von der Sie sie empfangen haben. Wiederholen Sie den ganzen Vorgang mit Erhaltung und Vergebung.

3. Vorbilder: Suchen Sie unter den Menschen, die Sie kennen, nach Vorbildern, denen Sie nacheifern, weil sie (1) verantwortungsvoll und kreativ mit Erhaltung und Veränderung umgehen, (2) mutig und positiv mit Angst und (3) liebevoll und effektiv mit Vergebung.

4. Brainstorming: Ziehen Sie alle möglichen Veränderungen (groß und klein) in Erwägung, die Sie jetzt vornehmen könnten, um mehr Liebe in Ihr Leben zu bringen, zum Beispiel Blockaden abbauen, begrenzende Vorstellungen von sich und anderen erneuern, mehr Risiken eingehen und so weiter.

5. Die Übung mit den beiden Stühlen: Um Ihren inneren Prozeß offen darzulegen, führen Sie einen Dialog, entweder zwischen dem Teil in Ihnen, der sich verändern möchte, und dem Teil in Ihnen, der den Status quo erhalten möchte, oder dem Teil in Ihnen, der bereit und willig ist zu vergeben, und dem Teil in Ihnen, der resolut an Ungerechtigkeit und Schmerz festhält. Wie begrenzt Sie jeder Teil? Wie dient er Ihnen? Was braucht jeder? Wie können sie harmonischer miteinander leben?

6. Altarübung: Machen Sie diese Übung nur, wenn Sie alles Ihnen sonst Mögliche getan haben, um Ihr Verhältnis zu einer Person oder Situation zu heilen, jedoch ohne Erfolg.

Visualisieren Sie sich selbst, wie Sie diese Person oder Situation vor einen großen Altar führen. Während Sie selbst einen Schritt zurücktreten, sagen Sie: „Gott, ich kann in dieser Situation nichts weiter tun. Ich übergebe Sie Dir und lasse sie los. Bitte, nimm sie an." Sagen Sie es aus vollem Herzen. Öffnen Sie sich gleichzeitig dafür, daß zwischen Ihnen und dem Göttlichen in Ihnen etwas geschieht. Öffnen Sie sich für das Gefühl, daß Ihnen eine große Last abgenommen wird. Dann danken Sie.

Literaturempfehlungen

1. *Ein Kurs in Wundern* sagt, daß es nur zwei Emotionen gibt: Liebe und Angst. Aggression, Entrüstung, Trennung und Schuld sind verschiedene Gestalten der Angst. Freude, Vergebung und Frieden sind Aspekte der Liebe. Die Wunder, von denen der Kurs spricht, sind Veränderungen der Perspektive, durch die wir die Welt mit den Augen der Liebe sehen können, statt mit den Augen der Angst. Der Kurs konzentriert sich auf das zentrale Thema Vergebung und schließt 365 Übungen für jeden Tag ein.

2. *The Human Side of Human Beings* von Harvey Jackins ist eine Einführung in das Re-Evaluation Counselling, eine Technik, die uns von rigiden Verhaltensmustern befreien kann, die durch schmerzliche Erfahrungen entstanden sind.

Persönliches Ziel

Ziehen Sie mehrere einfache Handlungen in Betracht, die Sie innerhalb der nächsten Tage ausführen und die Sie Ihrem Ziel, mehr Liebe in Ihr Leben zu bringen, einen Schritt näherbringen können. Wählen Sie dann eine aus, die Ihnen wichtig ist und die Sie als persönliches Ziel annehmen können. Treffen Sie eine besonnene Entscheidung, und schreiben Sie sie auf. Erinnern Sie sich, daß es Ihnen Kraft gibt, Entscheidungen zu treffen und in die Tat umzusetzen.

-
-
-
-

Was habe ich aus diesem Kapitel gelernt?

Blättern Sie zurück und schauen Sie sich noch einmal an, was Sie in diesem Kapitel gelernt haben. Schreiben Sie die drei wichtigsten Lernschritte oder die daraus gewonnenen Erkenntnisse auf.

-
-
-

•

•

•

•

•

Sinn

Im neunten Kapitel waren Sie aufgefordert herauszufinden, wie Sie zu Verändern und Bewahren stehen. Sie haben Methoden kennengelernt, die Ihnen helfen sollten, nötige Veränderungen zu erkennen und vorzunehmen, damit mehr Liebe in Ihr Leben kommen kann. Wie weit ist es Ihnen gelungen, dieses Ziel zu erreichen?

•

•

•

•

Herzlichen Glückwunsch! Sie haben das Ende des neunten Kapitels erreicht. Besprechen Sie Ihre Erfahrungen mit Ihrer Vertrauensperson, *bevor Sie mit dem nächsten Kapitel beginnen.*

Kapitel zehn
Die Entscheidung, bedingungslos zu lieben

TEIL EINS – VERBINDUNG AUFNEHMEN

Schauen Sie sich Kapitel neun noch einmal an, um sich mit Ihrem Entwicklungsprozeß zu verbinden. Haben Sie das persönliche Ziel erreicht, das Sie sich gesetzt haben? Wie war es?

Wenn Sie sich seit Beginn des letzten Kapitels entschlossen haben, zusätzliche Risiken einzugehen, um mehr Liebe in Ihr Leben zu bringen, schreiben Sie über Ihre Erfahrung. Was haben Sie getan? Wie erfolgreich waren Sie, und was haben Sie gelernt?

Schreiben Sie alle Erinnerungen, Gedanken, Gefühle, Einsichten, Träume, unerledigten Dinge, Begegnungen und Ereignisse auf, die in Ihrer inneren und äußeren Welt aufgetreten sind, seit Sie das neunte Kapitel abgeschlossen haben, die Fragen, die noch nicht beantwortet sind, sämtliche Beobachtungen und alles, was Sie mit dem Kurs in Verbindung bringen.

Das Ziel

Im zehnten Kapitel werden Sie Prinzipien und Techniken kennenlernen, die Ihnen helfen, bedingungsloser zu lieben.

Definitionen

Liebe, die Bedingungen stellt, bezieht sich auf Einschränkungen, die festlegen, wen oder wann wir bereit sind zu lieben. Sie liebt die Menschen nur, wenn sie bestimmte Bedingungen erfüllen, und zieht sich zurück, wenn diese Bedingungen nicht erfüllt werden. Bedingungslose Liebe liebt frei, vollkommen und offen, ohne Erwartungen, Forderungen oder Einschränkungen. Sie akzeptiert und respektiert absolut und kritisiert oder urteilt nicht. Bedingungslose Liebe ist konstant und wird nicht an- oder abgestellt wie die bedingte Liebe. Wie stehen Sie zur bedingungslosen Liebe? Was bedeutet sie Ihnen?

-
-
-
-

Rufen Sie sich einen Moment Ihres Lebens in Erinnerung, in dem Sie entweder bedingungslos geliebt worden sind oder geliebt haben – mit absoluter Akzeptanz und ohne Erwartung. Wie war das? Welche Qualität hatte diese Erfahrung?

-
-
-
-

Vervollständigen Sie diesen Satz spontan: „Was mich davon abhält, bedingungslos zu lieben, ist ...“

•

•

•

•

Erwartungen und Forderungen

Wenn wir lieben – einen Partner, Familienmitglieder, Freunde oder andere – haben wir meist unerfüllte Bedürfnisse, die sich daraus ergeben, daß wir bestimmte Forderungen an andere stellen. Je weniger wir unsere eigenen Bedürfnisse auf eine gesunde, angemessene Weise befriedigen können, desto fordernder sind wir. Vielleicht äußern wir unsere Forderungen klar und direkt, vielleicht behalten wir sie aber auch schweigend für uns. Wir halten unsere Forderungen für wertvoll, vernünftig und notwendig, bevor wir uns für die Liebe öffnen können.

Wie ist das bei Ihnen? Wie lieben Sie? Markieren Sie alle Erwartungen, Bedingungen oder Forderungen, die Sie in bezug auf die Liebe zu sich selbst und anderen haben und hatten. Seien Sie ehrlich, aber vermeiden Sie zu urteilen.

Ich liebe Dich nur, wenn Du ...

___ mich genauso akzeptierst und respektierst, wie ich bin.
___ mich anerkennst, ermutigst und verstehst.
___ mich bewunderst, attraktiv findest, fähig, intelligent, verantwortungsvoll, wundervoll.
___ mit mir übereinstimmst und mir meinen eigenen Weg läßt.
___ mich unterhältst und dafür sorgst, daß ich mich nicht langweile.
___ ehrlich, gut, loyal und wahrhaftig mit mir bist.
___ absolut vollkommen bist und alle meine Erwartungen erfüllst.
___ offen und ehrlich mit mir redest.
___ etwas für mich tust (Auftrag, Gefallen, Hausarbeit).
___ mir gibst, was ich von dir möchte (Aufmerksamkeit, Babys, Geld, Sicherheit, Sexualität, Schmuck).
___ etwas mit mir gemeinsam hast, meine Überzeugungen, Interessen und Werte teilst.
___ mir zuhörst, meinem Rat folgst und tust, was ich dir sage.
___ mich wieder liebst.

___ mir das Gefühl gibst, gut, glücklich, gebraucht, sicher und etwas Besonderes zu sein.
___ mir beweist, daß du meine Liebe und mein Vertrauen verdienst.
___ mir Gesellschaft leistest und mich nicht allein läßt.
___ mich an die erste Stelle in deinem Leben stellst.
___ alle meine Bedürfnisse erfüllst und mich zufriedenstellst.
___ dich um mich kümmerst und mich beschützt.
___ mich wie einen Erwachsenen und Deinesgleichen behandelst.
___ mich nicht störst oder irritierst.
___ mich nicht bittest, Verpflichtungen einzugehen.
___ nicht erwartest, daß ich unliebsame Verantwortung übernehme.
___ mir keine Probleme und keinen Kummer machst.
___ mich nicht verdammst, kritisierst, erniedrigst und verurteilst.
___ mir nicht weh tust oder mir Schmerz bereitest.
___ mich nicht belügst.
___ mich nicht befragst oder herausforderst.
___ mich nicht zurückweist oder verläßt.
___ mich nicht für selbstverständlich hältst.
___ nicht versuchst oder mich bittest, mich zu ändern.
___ mich nicht benutzt oder mißbrauchst.
___ keine Forderungen an *mich* stellst!

Notieren Sie weitere Erwartungen, Bedingungen oder Forderungen, die Sie an Ihre Liebe knüpfen.

-
-
-
-

Bedingte und bedingungslose Liebe

Manche Menschen lieben nur, wenn bestimmte Bedingungen erfüllt sind. Sie ziehen ihre Liebe zurück, wenn diese Bedingungen nicht erfüllt sind oder verletzt werden. Sie wählen sehr sorgfältig aus, wen sie lieben. Ihre Liebe stellt Bedingungen.

Andere lassen ihre Liebe frei fließen, ohne Bedingungen, Erwartungen oder Forderungen. Sie ziehen ihre Liebe nicht zurück, egal wer ihr Gegenüber ist oder was es tut. Sie wählen nicht aus, wen sie lieben, sondern geben ihre Liebe gleichmäßig an alle. Ihre Liebe ist bedingungslos.

Wie geben Sie Ihre Liebe, mit oder ohne Bedingungen? Nehmen Sie sich Zeit, um Ihre Erfahrungen anzuschauen, und schreiben Sie dann darüber. Seien Sie ehrlich, aber vermeiden Sie, sich zu verurteilen.

-
-
-
-

Markieren Sie die Skala unten mit einem X, um anzuzeigen, wie Sie Ihre Liebe an andere weitergeben.

1 = Ich gebe meine Liebe nur unter bestimmten Bedingungen. Ich ziehe meine Liebe zurück, wenn diese Bedingungen nicht erfüllt sind oder verletzt werden. Ich wähle sehr sorgfältig aus, wem ich meine Liebe gebe. Meine Liebe ist absolut bedingt.

5 = Ich gebe meine Liebe frei, vollkommen und offen, ohne Erwartungen, Bedingungen oder Forderungen. Ich gebe gleich viel Liebe an alle anderen Menschen, egal wer sie sind oder was sie tun. Meine Liebe ist vollkommen bedingungslos.

1	2	3	4	5

Markieren Sie, wo Ihre Mutter und Ihr Vater sich plaziert hätten. Ziehen Sie die Möglichkeit in Beracht, daß die Überzeugungen und das Verhalten Ihrer Eltern Ihr eigenes geprägt haben.

Was ist nötig, damit Sie beginnen können, einige Ihrer Forderungen aufzugeben und Ihre Liebe bedingungsloser zu geben? Was müßten Sie sein, tun oder haben?

-
-
-
-

Wenn Sie zunächst bereit wären, eine bestimmte Bedingung oder Forderung aufzugeben, welche würden Sie wählen?

-
-
-
-

Die folgenden Aussagen reflektieren die Essenz der bedingungslosen Liebe. Markieren Sie sie mit den Ziffern 1 bis 5, um anzuzeigen, welche Sie erfahren und welche nicht.

1. Diese Erfahrung mache ich niemals in meinen Beziehungen.
2. Diese Erfahrung mache ich selten in meinen Beziehungen.
3. Diese Erfahrung mache ich manchmal in meinen Beziehungen.
4. Diese Erfahrung mache ich oft in meinen Beziehungen.
5. Diese Erfahrung mache ich immer in meinen Beziehungen.

___ Ich kann ich selbst sein.

___ Ich erlaube anderen, sie selbst zu sein, ohne sie zu kritisieren, zu beurteilen oder zu verdammen.

___ Ich kann lieben und lieben und weiterhin lieben, ohne etwas dafür haben zu wollen.

___ Ich kann jemanden mit derselben Tiefe und in demselben Maße lieben, egal ob wir zusammen sind oder getrennt.

___ Ich kann immer noch lieben, auch wenn ich etwas nicht mag oder billige, was der/die Betreffende gesagt oder getan hat.

___ Ich kann so sehr lieben, daß sogar ich aufhöre, jemandem zu helfen, weil ich weiß, daß ich sein Wachstum und seine Entwicklung damit aufhalte.

___ Ich kann so sehr lieben, daß ich einen Menschen loslasse, damit er wachsen und reifen kann.

___ Ich kann so sehr lieben, daß ich ohne Bitterkeit, Verstimmung oder Eifersucht akzeptiere, eines anderen Menschen wegen verlassen zu werden.

___ Ich kann alle Menschen gleich lieben, indem ich unsere Verbundenheit und Einheit anerkenne.

Wenn Sie eine dieser Aussagen als persönliches Ziel erwählen sollten, welche wäre das?

Wie offen und bereit sind Sie, mehr *bedingungslose* Liebe in Ihr Leben zu bringen? Sie haben die Wahl.

TEIL DREI – PERSPEKTIVEN ERFORSCHEN

EILEEN

> Laß die göttliche Liebe in dir frei fließen. Hab niemals Angst, deine Liebe zu zeigen. Gib bedingungslose Liebe allen, mit denen du in Kontakt kommst.
>
> *The Living Word*

Seit langem habe ich das Gefühl, daß die wichtigste Lektion des Lebens darin besteht, lieben zu lernen. Meiner Erfahrung nach haben wir grundsätzlich nur zwei Möglichkeiten: Wir können bedingt oder bedingungslos lieben.

Vor ein paar Jahren führte ich, während ich im Bus saß, einen inneren Dialog mit mir selbst. Ich hatte das Gefühl, daß ich ihn aufschreiben sollte, fand einen Briefumschlag und einen Bleistift in meiner Handtasche und schrieb:

Kannst du zu mir und ich zu dir sagen „ich liebe dich", ohne daß sich einer von uns unwohl, bedroht oder unter Erwartungsdruck fühlt? Können wir uns unabhängig von Alter, Geschlecht oder Herkunft in reiner, verstehender Liebe begegnen, in bedingungsloser Liebe? Die Welt braucht diese Art von Liebe. Die ganze Menschheit braucht diese Art von Liebe. Können wir so lieben? Ich fühle, daß wir es können. Aber es ist nicht etwas, worüber wir nur zu reden brauchen. Es ist etwas, wonach wir handeln und womit wir experimentieren müssen.

Dieser Dialog war der Beginn meiner Suche nach Ganzheit, und ich lerne immer noch, wie ich diese bedingungslose Liebe in die Praxis umsetzen kann. Ich habe darüber gelesen, und ich habe in der Meditation Eingebungen dazu erhalten. Ich habe gelernt, daß bedingungslose Liebe ein Ausdruck des Göttlichen in jedem von uns ist. Es ist eine alles-umfangende Liebe. Sie gibt allem und jedem Akzeptanz, wenn auch nicht immer Beifall. Sie ist einmalig, universal und uns allen erreichbar. Sie ist belebend. Sie ist nährend. Sie erwartet oder fordert absolut nichts zurück. Sie ist ihr eigener Grund für ihr Sein.

Ich fühle, daß wir alle eine riesige Aufgabe haben. Es ist die stille Aufgabe, mehr und mehr bedingungslose Liebe in die Welt zu bringen. Sie ist wie die Hefe im Brotteig, die ihre Arbeit sehr still und ruhig tut, ohne Aufsehen. Doch ohne sie wäre das Brot ein harter Klumpen. Wenn wir beginnen, bedingungslos zu lieben, wird unser Leben leichter.

Ich habe gelernt, daß wir bewußt oder unbewußt etwas erwarten, wenn wir nur auf der Gefühlsebene lieben. Dann ist unsere Liebe bedingt, besitzergreifend, verwöhnend, bedürftig oder sentimental. Solange wir in erster Linie auf der Gefühlsebene leben, sind wir Sklaven, Marionetten unserer eigenen Emotionen in einem Melodrama unserer Gefühle.

Wenn wir auf der Ebene bedingungsloser Liebe wirken, danken wir dem göttlichen Selbst im Inneren und erkennen es als Quelle dieser himmlischen Liebe. Wir beginnen die Bedeutung der Freiheit zu erfassen und sind emotional nicht länger verknotet.

Wie wenige von uns wirken auf dieser Ebene! Und wenn wir es tun, wie oft werden wir dann von Menschen mißverstanden, die hauptsächlich auf der emotionalen Ebene leben! Wie kompliziert werden Beziehungen, wo sie doch so einfach und direkt sein können! Umso mehr Grund haben wir, unsere Ansicht zu ändern, wenn nötig unsere ganze Art zu denken. Damit können wir den Menschen um uns helfen, ihre Art zu denken zu verändern.

Ich habe gelernt, daß bedingungslose Liebe nicht auf einmal kommt. Sie beginnt klein und wächst dann Schritt für Schritt. Doch ihr Gewinn ist enorm.

Das Leben ist reicher und erfüllender, wenn wir die bedingungslose Liebe zum Haupt- und Leitprinzip erwählen. Es ist eine besonnene Entscheidung, die wir treffen können, eine die uns allen und dem ganzen Planeten dient. Wir verwandeln die Welt und uns selbst mit der Macht bedingungsloser Liebe.

DAVID

Ich weiß nicht, was deine Bestimmung ist, doch eins weiß ich: Die einzigen unter euch, die wirklich glücklich sein werden, sind diejenigen, die herausgefunden haben, wie man dient. *Albert Schweitzer*

Meine erste Erfahrung mit bedingungsloser Liebe machte ich mit einem Haustier. Ich erinnere mich, daß ich als Kind mein Herz oft bei Gillie ausgeschüttet habe, unserem Bull Terrier. Er schien der einzige zu sein, der mich an meinen schlechten Tagen genauso akzeptierte wie an meinen guten.

Als ich etwas älter wurde (aber noch so klein, daß ich die Straße noch nicht ohne die Erlaubnis meiner Mutter überqueren durfte), wuchs auch meine Welt und meine Erfahrung mit bedingungsloser Liebe. Wir lebten in einer Kleinstadt, nahe den Geschäften der Hauptstraße. Ich begann, auf eigene Faust die Geschäftsleute zu besuchen, die bald alle zu meiner erweiteren Familie gehörten. Da war Eva, die Besitzerin des Blumenladens, in deren Hinterzimmer ich oft saß, während sie Hochzeits- und Beerdigungssträuße band ... Jim, ein weißhaariger italienischer Gemüsehändler, der an heißen Sommertagen eine kühle Wassermelone aufschnitt und sie mit mir teilte ... Kuly, ein ungarischer Schuster, der all seine lauten Maschinen abschaltete, wenn ich kam, seine Fiedel herausnahm und Melodien aus seiner alten Heimat spielte ... Tom, der den Popkornwagen vor unserem einzigen Kaufhaus bediente und immer Zeit zum Reden fand.

Ich glaube, daß die Liebe, die mir diese Menschen entgegenbrachten, absolut bedingungslos war, da ich nichts zu geben hatte, außer meiner Unschuld und Neugier. Sie erbaten nie etwas von mir. Sie gaben nur. Ich fühlte mich von allen anerkannt. Ich fühlte mich beachtet, gehört und gesehen. Ich fühlte mich akzeptiert, umarmt, etwas Besonderes. Das Beste daran war, daß ich nichts dafür zu tun brauchte. Ich konnte einfach ich selbst sein.

Als ich älter wurde, entdeckte ich, wie relativ leicht es mir fiel, Kinder und Tiere bedingungslos zu lieben, und wie schwierig es bei Erwachsenen war. Warum? Warum kann ich Erwachsene nicht so frei anerkennen, akzeptieren und respektieren wie Kinder und Tiere, die nichts erbitten.

Die Antwort ist, daß ich es kann. Ich habe gelernt, daß ich mich entscheiden kann, über meine Ängste hinauszugehen und mein Herz zu öffnen. Ich glaube, das Geheimnis der bedingungslosen Liebe besteht darin, aus einer Haltung der Stärke, Unabhängingkeit und Ganzheit zu lieben, alles Eigenschaften, von denen ich weiß, daß ich sie in mir entwickeln und stärken kann.

Als ich begann, mit Eileen zu arbeiten, habe ich gedacht: Warum bedingungslose Liebe, wo die „normale“ Liebe schon Herausforderung genug ist?

Langsam begann ich zu verstehen, daß wir nicht um der Liebe willen lieben. Bedingungslose Liebe ist ein Akt des *Dienens*, eine Art, frei von uns selbst zu geben, eine Möglichkeit, einander, der Menschheit und der Welt zu dienen. Ich habe beobachtet, daß es in unserer persönlichen Entwicklung einen Punkt gibt, an dem wir erkennen, daß wir keine isolierten, unabhängigen Individuen sind, sondern alle voneinander abhängig. Wir erfahren echte Fürsorge und Anteilnahme für andere, werden uns des Großen und Ganzen bewußt und haben den tiefen Wunsch, unseren Reichtum mit anderen zu teilen.

Ich habe das Gefühl, daß wahres Dienen nicht mehr und nicht weniger bedeutet, als immer zu sein, wer wir wirklich sind, und die uns innewohnenden überpersönlichen Qualitäten, einschließlich der bedingungslosen Liebe, so gut wie möglich zum Ausdruck zu bringen. Wir müssen bereit sein, die Bedürfnisse des Entwicklungsprozesses als Ganzes zu sehen und unsere Mittel dafür bereitzustellen.

Der Schlüssel zum Dienen ist, auf mühelose Weise zu tun, was wir tun *möchten*, nicht was wir tun *müssen*. Ein uns bekannter Psychosynthese-Trainer nennt zwei Leitprinzipien für die Entscheidung, was wir in unserem Leben tun möchten: 1. Tragen Sie etwas bei. 2. Tun Sie es aus ganzem Herzen, hundertprozentig.

Manchmal frage ich mich selbst, *wie* ich am besten dienen kann, *wo* die größte Bedürftigkeit ist, *wo* ich hundertprozentig geben kann? Dann erinnert meine Frage mich an einen Spruch, der die Antwort gibt: „Frage nicht danach, was die Welt braucht; frage lieber, was dein Herz singen läßt, und tu das. Denn was die Welt braucht, sind Menschen mit singenden Herzen."

TEIL VIER – ACHTSAMKEIT ERLANGEN

Ein Brief von Ihrem göttlichen Selbst

In Kapitel drei (Seite 118) haben Sie in einem persönlichen Brief alles zum Ausdruck gebracht, was Sie Gott zu sagen haben – Gefühle und Gedanken, Zweifel und Ängste, Freude und Wertschätzung. Jetzt sollen Sie eine Antwort auf Ihren Brief erhalten.

Was glauben Sie hat Ihr göttliches Selbst Ihnen über Ihre Beziehung zur bedingungslosen Liebe zu sagen? Sie haben jetzt Gelegenheit, es herauszufinden. Halten Sie einen Stift für diese Übung bereit.

Finden Sie eine bequeme, gerade Sitzhaltung ... Schließen Sie die Augen ... Nehmen Sie mehrere langsame, lange, tiefe Atemzüge ... Entspannen Sie Ihren Körper völlig ... Lassen Sie alle Spannungen los ... Erlauben Sie allen

Gefühlen, die Sie haben mögen, zu schwinden ... Tun Sie dasselbe mit Ihren Gedanken ... Werden Sie wie ein stiller, ruhiger See, der den blauen Himmel oder den sternklaren Himmel der Nacht perfekt spiegelt ... Seien Sie im Frieden und dennoch wach ...

Wenn sie soweit sind, lassen Sie ein Bild oder Gefühl von sich selbst in dem Raum, in dem Sie sich grade befinden, in sich aufsteigen ... Sehen Sie sich selbst in Ihrer Vorstellung genauso dasitzen, wie Sie es gerade tun ... Beginnen Sie, einen sehr starken, sehr reinen leuchtenden Lichtpunkt in sich wahrzunehmen ... Lassen Sie ihn sehr klar werden, sehr real und dennoch sehr weich ...

Dieses strahlende Licht ist ein Symbol Ihres göttlichen Selbst, der höchsten Ebene Ihres Seins, das Sie wirklich sehr liebt ... Es ist Ihr göttliches Selbst, dieses strahlende Licht in Ihnen, das Ihr Leben formt, indem es alle Ihre Lektionen, Gelegenheiten und Segnungen erschafft ... Es liebt Sie ... Es schützt Sie ... Es unterstützt Sie ... Es führt Sie ... Es möchte in jeder Hinsicht nur das Allerbeste für Sie ...

Erlauben Sie Ihrer Aufmerksamkeit, sich näher und näher auf diesen Lichtpunkt zuzubewegen ... Entscheiden Sie sich jetzt, *in* dieses Licht hineinzugehen ... Entspannen Sie sich völlig darin ... Werden Sie das Licht ... Identifizieren Sie sich mit dem Licht ... Seien Sie das Licht ... Fühlen Sie das Strahlen ... die Reinheit ... die Liebe, die Sie für diesen besonderen Menschen empfinden, der hier sitzt ...

Als göttliches Selbst, als das Heilige in diesem Menschen, haben Sie gesehen, wie er sich auf eine Reise begeben hat, die Sie selbst geplant und ausgearbeitet haben ... Im Laufe der Jahre haben Sie diesen Menschen Schritt für Schritt auf seiner Reise begleitet ... Sie sind Zeuge von Höhen und Tiefen geworden ... von Herausforderungen und Veränderungen ... von Möglichkeiten, Lektionen und Segnungen ... Seit Tausenden von Tagen haben Sie diesem Menschen stetige Liebe, Schutz, Unterstützung und Führung gegeben ... Fühlen Sie jetzt die Tiefe des Mitgefühls und der Hingabe in sich ...

Während dieser ganzen Zeit haben Sie auch gesehen, wie dieser Mensch sich zur Liebe verhält ... Sie haben sein Zögern und sein Ringen gesehen ... Sie haben das Loslassen und Weitergehen beobachtet ... Sie sehen auch, wie der Weg weitergeht, was noch vor ihm liegt ... Was haben Sie diesem Menschen jetzt zu sagen? ... Was wäre hilfreich? ... Was wäre bestätigend? ... Was möchte dieser Mensch heute von Ihnen hören? ... Beginnen Sie damit, was Ihnen zu bedingungsloser Liebe einfällt ...

Wenn Sie soweit sind, schreiben Sie in einem liebevollen Brief an diesen Menschen alles auf ... Halten Sie nichts zurück ... Bringen Sie es jetzt zum Ausdruck ... Lassen Sie es fließen ...

Datum

Liebe …

Bedingungslos lieben

Manche Teilnehmer an unseren Workshops sagen, daß bedingungslose Liebe viel zu idealistisch für sie sei, und daß sie nur Versagen hervorrufen würden, wenn sie jemals versuchten, sie zu erreichen. Sie haben das Gefühl, daß es sich dabei um ein Konzept handelt, daß so weit über sie hinausgeht, daß sie nicht einmal wüßten, wie sie anfangen könnten, es in sich zu entwickeln.

Der Anfang ist hier. Die Zeit zu beginnen ist jetzt. Sie müssen sich lediglich entscheiden, der bedingungslosen Liebe mehr Priorität in Ihrem Leben einzuräumen. Beginnen Sie mit dieser Übung, um Ihre eigene innere Erfahrung damit zu machen.

Nehmen Sie die Übungsanleitung auf Band auf, damit sie größeren Nutzen aus der Übung ziehen können. Machen Sie bei allen ... 10 bis 30 Sekunden Pause, oder solange es Ihnen angenehm oder angemessen erscheint, um jeden Schritt ganz nachvollziehen zu können. Nehmen Sie sich Zeit.

Finden Sie jetzt eine bequeme, gerade Sitzhaltung ... Schließen Sie die Augen ... Nehmen Sie ein paar langsame, tiefe Atemzüge ... Fahren Sie fort, langsam und tief zu atmen ... Beobachten Sie Ihren Körper ... Tun Sie, was nötig ist, um körperlich völlig frei und entspannt zu sein ...

Beobachten Sie Ihre Gefühle ... Welche Gefühle Sie auch immer haben mögen, angenehme oder unangenehme, lassen Sie sie jetzt einfach los ... Ihre Gefühle sind Reaktionen auf das, was in Ihrem Leben geschieht, und Sie brauchen sie für diese Visualisation nicht ... Tun Sie, was nötig ist, um emotional völlig frei und entspannt zu sein ...

Beobachten Sie Ihren Verstand ... Tun Sie dasselbe mit allen Gedanken, die Sie haben mögen ... Lassen Sie sie los ... Sie brauchen Ihren Intellekt und seine analytische, urteilende Natur im Moment nicht ... Tun Sie, was nötig ist, um mental völlig frei und entspannt zu sein ... Lassen Sie los und entspannen Sie ...

Wenn Sie soweit sind, konzentrieren Sie Ihre Aufmerksamkeit auf Ihr Herz ... Legen Sie Ihre Hand einen Moment lang auf die Brust, und fühlen Sie, wie Ihr Herz schlägt ... In Ihrem Herzen ist ein Same göttlicher Liebe, bedingungsloser Liebe ... Erfahren Sie das jetzt selbst, indem Sie sich vorstellen, wie bedingungslose Liebe ist ... Vielleicht ist sie eine Farbe ... ein Gefühl ... ein Leuchten ... eine Schwingung ... Wärme ... eine Welle ...

Erfahren Sie sie zunächst allein, nicht auf irgend jemanden oder irgend etwas gerichtet ... Lassen Sie jetzt reine Liebe in sich sein ... Nehmen Sie sie als Liebe wahr ... Vertrauen Sie ihr als Liebe ... Aktzeptieren Sie sie als Liebe ... Nehmen Sie dies als Ihre eigene innere Erfahrung von Liebe ... Nehmen Sie es als Ihre persönliche Auffassung davon, was bedingungslose Liebe ist ...

Akzeptieren Sie diese Liebe als das, was sie wirklich ist: göttliche Liebe, allumfassende Liebe, universale, vitalisierende, nährende Liebe ... Liebe, die nichts zurückerwartet ... Liebe, die für alles und jeden mitfühlende Akzeptanz und Respekt hat ...

Lassen Sie diese bedingungslose Liebe langsam durch Ihren ganzen Körper fließen ... Fühlen Sie, wie sie Sie füllt ... Sie öffnet ... Fühlen Sie, wie Sie sich selbst bedingungslos lieben ... sich selbst akzeptieren ... sich selbst vertrauen ... sich selbst vergeben ... sich selbst schätzen ... Fühlen Sie, wie diese bedingungslose Liebe Sie heilt ... ins Gleichgewicht bringt ...

Nehmen Sie wahr, wie sich diese bedingungslose Liebe allmählich ausdehnt, bis sie den ganzen Raum erfüllt, in dem Sie sich befinden ... Dehnen Sie damit gleichzeitig Ihr Bewußtsein aus ... Gehen Sie mit ... Wachsen Sie mit ... Fühlen Sie, daß Sie ein Teil davon sind ... Erfahren Sie, wie diese bedingungslose Liebe in das ganze Gebäude und darüber hinaus fließt ...

Liebe wird uns gegeben, damit wir sie mit anderen teilen. Nehmen Sie wahr, wie diese bedingungslose Liebe zu einen Fluß wird, der in Ihre Umgebung strömt ... Nehmen Sie wahr, wie er alle erfüllt und nährt, die Sie lieben: Ihre Familie ... Ihre Freunde ... Nehmen Sie auch wahr, wie er einen Menschen erfüllt, den Sie vielleicht nicht mögen oder mit dem Sie gerade Probleme haben ... Lassen Sie einen Strom bedingungsloser Liebe auch von allen anderen Menschen zu sich fließen ... Fühlen Sie, wie die heilende Macht der bedingungslosen Liebe Sie mit allem und jedem vereint ...

Nehmen Sie all diese Flüsse wahr, die zu einem einzigen Strom der Liebe zusammenfließen ... Erfahren Sie bedingungslose Liebe als einzigartig und universal zugleich ...

Nehmen Sie wahr, wie der Strom der bedingungslosen Liebe anschwillt und über Ihr ganzes Land hinwegfließt ... Fühlen Sie sich gleichzeitig damit verbunden ...

Nehmen Sie wahr, wie die bedingungslose Liebe sich ausdehnt und über den ganzen Planeten hinwegfließt ... Fühlen und akzeptieren Sie gleichzeitig, daß Sie eins sind mit diesem Strom ...

Nehmen Sie wahr, wie die bedingungslose Liebe sich ausdehnt und das ganze Universum erfüllt ... Fühlen und akzeptieren Sie gleichzeitig Ihre eigene Ganzheit ...

Nehmen Sie wahr, wie die bedingungslose Liebe sich ausdehnt und die gesamte Schöpfung erfüllt ... Fühlen und akzeptieren Sie gleichzeitig Ihre eigene Vollkommenheit ...

Nehmen Sie wahr, wie die bedingungslose Liebe sich ausdehnt, um das Herz und den Geist Gottes zu umarmen ... Fühlen und akzeptieren Sie gleichzeitig Ihr eigenes göttliches Wesen ...

Bringen Sie Ihre Aufmerksamkeit langsam wieder zu sich selbst zurück ... Erfahren Sie die bedingungslose Liebe jetzt in Ihrem eigenen Herzen, wo sie in Wirklichkeit immer schon war und wo sie immer sein wird ... Wo immer Sie auch sein mögen und was immer Ihnen auch geschehen mag, diese Liebe wird in Ihrem Herzen bleiben, allzeit bereit, Ihnen den Frieden zu geben, den Sie jetzt fühlen ...

Seien Sie sich bewußt, daß Sie, wann immer Sie wollen, aus ihrer unbegrenzten Fülle schöpfen können, einfach indem Sie sich dafür entscheiden ... Vertrauen Sie darauf, daß Sie diese Erfahrung wiederholen können, so oft Sie möchten ...

Wenn Sie möchten, öffnen Sie die Augen und bringen die bedingungslose Liebe, die Sie jetzt fühlen, mit sich ... Bringen Sie sie nach außen ... Erfahren Sie sie weiterhin voll und ganz ... Akzeptieren Sie sie als Ausdruck dessen, was Sie (und auch alle anderen Menschen) im Kern Ihres Seins sind ...

Während Sie die bedingungslose Liebe in sich fühlen, wissen Sie auch, daß Sie Ihr göttliches Selbst in sich fühlen, denn Gott ist Liebe ...

Schreiben Sie jetzt alle Gefühle, Gedanken und Fragen auf, die Sie festhalten möchten.

TEIL FÜNF – POTENTIAL ENTWICKELN

Bedingungslose Liebe

Als Eltern und Lehrer lernen wir, Kinder von Ihrem Verhalten zu trennen. Wir hören nicht auf, ein Kind zu lieben, nur weil es etwas tut, was wir nicht mögen. Die meisten von uns haben weitaus mehr Schwierigkeiten damit, dieses Prinzip auf Erwachsene anzuwenden.

In *The Power of Unconditional Love* sagt Key Keyes: „Die einzige Möglichkeit, bedingungslos zu lieben, besteht darin, zwischen dem Menschen und der Konditionierung, die sein Verhalten verursacht hat, zu unterscheiden ... Menschen sind in ihrer Essenz, so wie sie sind, völlig in Ordnung. Doch es kann sein, daß in ihrem Kopf Tonbänder ablaufen, was zur Folge hat, daß sie Dinge tun, die nicht akzeptabel sind und für sie selbst und andere leidvoll. *Ich kann, was ein Mensch sagt oder tut, absolut zurückweisen und dem sogar aktiv entgegentreten.* Gleichzeitig kann ich diesen *Menschen weiterhin lieben,* egal wie er sich verhält. Mein Ego muß mir nur erlauben, mich daran zu erinnern, daß der Mensch *nicht* sein mentales Tonband (seine Konditionierung, Denkgewohnheit oder Programmierung) ist."

Wie ist das bei Ihnen? Können Sie zwischen dem Menschen und seinem Verhalten unterscheiden? Können Sie Menschen unabhängig von dem, was sie sagen oder tun, lieben?

Wie würden Sie Ihre Liebe gern zum Ausdruck bringen? Es ist zu Ihrem Vorteil, klar festzulegen, was Sie möchten, und dies als realistisches und erreichbares Bild im Gedächtnis zu bewahren. Wir nennen das ein *ideales Modell.* Solch ein Bild in Ihrem Bewußtsein zu halten, hilft Ihnen zu erreichen, was immer Sie möchten, in diesem Fall bedingungslose Liebe.

In Kapitel eins haben Sie einen symbolischen Einblick in die Zukunft geworfen. Die Übung „Wo ich hingehe" (Seite 52) hat Ihnen vielleicht einen bestimmten nächsten Schritt nahegelegt, oder sie hat Ihnen, auf Ihr zukünftiges Potential weisend, einen allgemeineren Zusammenhang verdeutlicht.

Auf diesem Impuls bauen wir jetzt mit einer Visualisation auf. Nehmen Sie die Übungsanleitung auf Band auf. Pausieren Sie bei allen ... 10 bis 30 Sekunden, oder solange es Ihnen angemessen erscheint, damit Sie jeden Übungsschritt ganz nachvollziehen können. Nehmen Sie sich mindestens zwanzig Minuten Zeit für diese Übung.

Schließen Sie die Augen ... Sitzen Sie gerade ... Nehmen Sie ein paar tiefe Atemzüge ... Entspannen Sie ... Lassen Sie Ihren Körper, Ihre Gedanken und Ihre Gefühle ruhig werden ... Werden Sie wie ein ruhiger, stiller See ...

Wie Sie bereits wissen, tragen Sie verschiedene Unterpersönlichkeiten in sich, verschiedene Bilder davon, wer Sie zu bestimmten Zeiten oder in bestimmten Situationen sind. Das sind nur Teilbilder, Übertreibungen und Verzerrungen, die oft miteinander in Konflikt sind. Es ist hilfreich, sich ihrer bewußt zu werden, denn diese Bewußtheit bringt Freiheit und Entscheidungsfähigkeit.

Es liegt in der menschlichen Natur, daß wir gelegentlich geringschätzig von uns selbst denken, uns als nicht liebevoll oder nicht liebenswert kritisieren oder uns in gewisser Weise als Versager empfinden. Solch ein inneres Bild ist immer viel schlimmer, als wir in Wirklichkeit sind. Es ist eine Übertreibung oder Verzerrung, allerdings eine, die wir zu bestimmten Zeiten als absolut wahr akzeptieren ...

Schauen Sie sich einen Moment lang an, wie geringschätzig Sie in Sachen Liebe manchmal über sich selbst denken und fühlen, und die Art und Weise, wie Sie sich womöglich verurteilen, kritisieren oder *unterschätzen* ...

Wenn Sie soweit sind, lassen Sie ein Bild oder Gefühl in sich aufsteigen, das diese Unterschätzung darstellt ... Nehmen Sie sich Zeit ... Warten Sie geduldig in der Stille, gewiß, daß Ihnen bald etwas einfallen wird ... Seien Sie bereit anzunehmen, was auch immer auftaucht, ohne es zu beurteilen, zu zensieren oder zurückzuweisen ... Seien Sie einfach bereit, es zu beobachten und zu prüfen, um mehr darüber zu erfahren ...

Sobald Sie etwas wahrnehmen, lassen Sie es lebendiger werden ... Achten Sie auf Größe und Form ... Dichte und Muster ... Farbe und Struktur ... Erforschen Sie es mit möglichst vielen Sinnen ... Finden Sie die übergeordnete Qualität, die es Ihnen nahelegt ...

Öffnen Sie die Augen, und bringen Sie in einer Zeichnung entweder das Bild selbst oder seine Qualität zum Ausdruck ... Wenn nichts in Ihnen aufgestiegen ist, öffnen Sie die Augen, behalten die Frage im Sinn und beginnen, frei und spontan zu zeichnen. Lassen Sie auf diese Weise etwas auftauchen ...

Bild meiner Selbstunterschätzung

Beschreiben Sie die übergeordnete Qualität des Symbols, und notieren Sie alle Worte, Gefühle und Gedanken, die Ihnen während der Übung eingefallen sind oder die Ihnen jetzt bewußt werden. Welche neuen Einsichten vermittelt Ihnen dieses Symbol oder seine Qualität?

-
-
-
-

Schließen Sie wieder die Augen ... Atmen Sie ein paarmal tief durch ... Entspannen Sie sich ...

Wir haben auch ein Bild von uns selbst, das *viel besser* ist, als wir tatsächlich sind. Es ist eine entgegengesetze Übertreibung oder Verzerrung, ebenfalls eine, die wir zuweilen als absolut wahr akzeptieren ...

Schauen Sie sich einen Moment lang an, wie Sie sich in bezug auf die Liebe *überschätzen* und auf welche Weise Sie vielleicht übertreiben ...

Wenn Sie soweit sind, lassen Sie ein Bild oder Gefühl in sich aufsteigen, das diese Überschätzung darstellt ... Nehmen Sie sich Zeit ... Warten Sie geduldig in der Stille, gewiß, daß Ihnen bald etwas einfallen wird ... Seien Sie bereit anzunehmen, was auch immer auftaucht, ohne es zu beurteilen, zu zensieren oder zurückzuweisen ... Seien Sie einfach bereit, es zu beobachten und zu prüfen, um mehr darüber zu erfahren ...

Sobald Sie etwas wahrnehmen, lassen Sie es lebendiger werden ... Achten Sie auf Größe und Form ... Dichte und Muster ... Farbe und Struktur ... Erforschen Sie es mit möglichst vielen Sinnen ... Finden Sie die übergeordnete Qualität, die es Ihnen nahelegt ...

Öffnen Sie die Augen, und bringen Sie in einer Zeichnung entweder das Bild selbst oder seine Qualität zum Ausdruck ... Wenn nichts in Ihnen aufgestiegen ist, öffnen Sie die Augen, behalten die Frage im Sinn und beginnen, frei und spontan zu zeichnen. Lassen Sie auf diese Weise etwas auftauchen ...

Bild meiner Selbstüberschätzung

Beschreiben Sie die übergeordnete Qualität des Symbols, und notieren sie alle Worte, Gefühle und Gedanken, die Ihnen während der Übung eingefallen sind oder die Ihnen jetzt bewußt werden. Welche neuen Einsichten vermittelt Ihnen dieses Symbol oder seine Qualität?

-
-
-
-

Schließen Sie wieder die Augen ... Atmen Sie ein paarmal tief durch ... Entspannen Sie sich ...

Wir haben auch ein Bild von uns selbst, das zeigt, *wie wir anderen gegenüber gern erscheinen möchten,* im Gegensatz zu dem, wie wir tatsächlich sind. Auch das ist eine Übertreibung oder Verzerrung, die wir zuweilen als absolut wahr akzeptieren ...

Schauen Sie sich einen Moment lang an, wie Sie anderen gegenüber gern erscheinen möchten, wenn es um Liebe geht ...

Wenn Sie soweit sind, lassen Sie ein Bild oder Gefühl in sich aufsteigen, das diese Verzerrung darstellt ... Nehmen Sie sich Zeit ... Warten Sie geduldig in der Stille, gewiß, daß Ihnen bald etwas einfallen wird ... Seien Sie bereit anzunehmen, was auch immer auftaucht, ohne es zu beurteilen, zu zensieren oder zurückzuweisen ... Seien Sie einfach bereit, es zu beobachten und zu prüfen, um mehr darüber zu erfahren ...

Sobald Sie etwas wahrnehmen, lassen Sie es lebendiger werden ... Achten Sie auf Größe und Form ... Dichte und Muster ... Farbe und Struktur ... Erforschen Sie es mit möglichst vielen Sinnen ... Finden Sie die übergeordnete Qualität, die es Ihnen nahelegt ...

Öffnen Sie die Augen, und bringen Sie in einer Zeichnung entweder das Bild selbst oder seine Qualität zum Ausdruck ... Wenn nichts in Ihnen aufgestiegen ist, öffnen Sie die Augen, behalten die Frage im Sinn und beginnen, frei und spontan zu zeichnen. Lassen Sie auf diese Weise etwas auftauchen ...

Mein Bild davon, wie ich anderen gern erscheinen würde

Beschreiben Sie die übergeordnete Qualität des Symbols, und notieren Sie alle Worte, Gefühle und Gedanken, die Ihnen während der Übung eingefallen sind oder die Ihnen jetzt bewußt werden. Welche neuen Einsichten vermittelt Ihnen dieses Symbol oder seine Qualität?

•

•

•

•

Schließen Sie wieder die Augen ... Atmen Sie ein paarmal tief durch ... Entspannen Sie sich ...

Schließlich haben wir auch ein Bild *davon, was andere* in Sachen Liebe *gern von uns hätten oder von uns erwarten.* Auch das ist eine Übertreibung oder Verzerrung, die wir zuweilen als absolut wahr akzeptieren ...

Schauen Sie sich einen Moment lang die Erwartungen an, von denen Sie glauben, daß andere sie an Sie haben ...

Wenn Sie soweit sind, lassen Sie ein Bild oder Gefühl in sich aufsteigen, das diese Erwartungen darstellt ... Nehmen Sie sich Zeit ... Warten Sie geduldig in der Stille, gewiß, daß Ihnen bald etwas einfallen wird ... Seien Sie bereit anzunehmen, was auch immer auftaucht, ohne es zu beurteilen, zu zensieren oder zurückzuweisen ... Seien Sie einfach bereit, es zu beobachten und zu prüfen, um mehr darüber zu erfahren ...

Sobald Sie etwas wahrnehmen, lassen Sie es lebendiger werden ... Achten Sie auf Größe und Form ... Dichte und Muster ... Farbe und Struktur ... Erforschen Sie es mit möglichst vielen Sinnen ... Finden Sie die übergeordnete Qualität, die es Ihnen nahelegt ...

Öffnen Sie die Augen, und bringen Sie in einer Zeichnung entweder das Bild selbst oder seine Qualität zum Ausdruck ... Wenn nichts in Ihnen aufgestiegen ist, behalten die Frage im Sinn und beginnen, frei und spontan zu zeichnen. Lassen Sie auf diese Weise etwas auftauchen ...

Mein Bild davon, was andere von mir erwarten

Beschreiben Sie die übergeordnete Qualität des Symbols, und notieren Sie alle Worte, Gefühle und Gedanken, die Ihnen während der Übung eingefallen sind oder die Ihnen jetzt bewußt werden. Welche neuen Einsichten vermittelt Ihnen dieses Symbol oder seine Qualität?

-
-
-
-

Betrachten Sie jetzt noch einmal alle vier Zeichnungen und die Gefühle, die Sie dazu haben.

Stehen Sie dann auf ... Schließen Sie die Augen ... Fühlen Sie mit Hilfe Ihrer Vorstellungskraft das Gewicht dieser Bilder auf Ihrem Körper ... Fühlen Sie, wie sie Sie begrenzen ... Fühlen Sie, wie sie Sie zurückhalten ... Fühlen Sie, wie sie Sie einschränken ...

Bewegen Sie Ihren Körper, um diese Bilder abzuschütteln ... Schütteln Sie Ihre Arme und Hände, als wollten Sie Wasser abschütteln ... Schütteln Sie dann auch Ihre Beine ... Schließlich Ihren ganzen Körper ... Schütteln Sie das symbolische Gewicht all dieser Bilder ab ... Lassen Sie all diese übertriebenen und verzerrten Bilder von sich abfließen ... *Entscheiden* Sie sich, sich von ihnen zu befreien ... Schütteln Sie sie ab, bis Sie sich völlig frei davon fühlen ...

Werden Sie dann ruhig und spüren Sie nach, wie Sie sich fühlen ... Welchen Unterschied spüren Sie? ... Öffnen Sie, wann Sie möchten, Ihre Augen und setzen Sie sich wieder hin ... Was haben Sie während dieser Übung gefühlt? Was fühlen und denken Sie jetzt?

•

•

•

•

Schließen Sie jetzt wieder die Augen ... Atmen Sie ein paarmal tief durch ... Entspannen Sie sich ...

Stellen Sie sich nun Ihr Idealbild vor, das Sie in bezug auf *bedingungslose* Liebe gern erfüllen würden ... Wie liebevoll und liebenswürdig wären Sie gern ... Wie vollkommen würden Sie gern lieben ... wie frei ... furchtlos ... bedingungslos ... Vermeiden Sie das Wort „sollte“ ... Lassen Sie, was auch immer Sie sich vorstellen, Ihre freie Entscheidung sein ... kein perfektes Modell ... sondern ein realistisches und erreichbares Ideal ... etwas, das Sie in Ihrem Leben erreichen können ... etwas, das Sie zu sein bereit sind ...

Wenn Sie soweit sind, lassen Sie ein Bild in sich aufsteigen, das dieses Ideal darstellt ... Nehmen Sie sich Zeit ... Warten Sie geduldig in der Stille, gewiß, daß Ihnen bald etwas einfallen wird ... Seien Sie bereit anzunehmen, was auch immer auftaucht, ohne es zu beurteilen, zu zensieren oder zurückzuweisen ... Seien Sie einfach bereit, es zu beobachten und zu prüfen, um mehr darüber zu erfahren ...

Sobald Sie etwas wahrnehmen, lassen Sie es lebendiger werden ... Achten Sie auf Größe und Form ... Dichte und Muster ... Farbe und Struktur ... Erforschen Sie es mit möglichst vielen Sinnen ... Finden Sie die übergeordnete Qualität, die es Ihnen nahelegt ...

Öffnen Sie die Augen, und bringen Sie in einer Zeichnung entweder das Bild selbst oder seine Qualität zum Ausdruck ... Wenn nichts in Ihnen aufgestiegen ist, öffnen Sie die Augen, behalten die Frage im Sinn und beginnen, frei und spontan zu zeichnen. Lassen Sie auf diese Weise etwas auftauchen ...

Mein Idealbild

Beschreiben Sie die übergeordnete Qualität des Symbols, und notieren Sie alle Worte, Gefühle und Gedanken, die Ihnen während der Übung eingefallen sind oder die Ihnen jetzt bewußt werden. Welche neuen Einsichten vermittelt Ihnen dieses Symbol oder seine Qualität?

-
-
-
-

Stellen Sie sich vor, wie es wäre, wenn Sie mehr von dieser Qualität in Ihrem Leben hätten. Was wäre anders? Was bliebe gleich?

-
-
-
-

Wie würden sich Ihre Beziehungen zu den Menschen in Ihrer Umgebung verändern – zu Ihren Eltern, zum Partner, zur Familie, zu Freunden, zu Mitarbeitern und anderen?

-
-
-
-

Es gibt noch einen wichtigen Schritt zu tun: Erstellen Sie ein klares Idealbild von sich selbst und verankern Sie es in allen Einzelheiten in Ihrem Geist. Auf diese Weise wappnen Sie sich mit der Macht des positiven Denkens und der kreativen Visualisation. Erinnern Sie sich: Ein Bild in Ihrer Vorstellung dient als Plan, der sich vielleicht in Ihrem Leben manifestiert.

Schließen Sie ein letztes Mal die Augen ... Atmen Sie ein paarmal tief durch ... Entspannen Sie ...

Visualisieren Sie sich selbst als Ihr Idealbild ... Wie treten Sie körperlich auf? ... Wie erscheint Ihr Gesicht? ... Ihre Augen? ... Ihre Haltung? ... alles andere? ...

Ziehen Sie diese Qualität in Ihrer Vorstellung wie einen Mantel an ... Verschmelzen Sie mit ihr ... Werden Sie sie ... Seien Sie sie ... Fühlen Sie, wie es ist, ganz dieses ideale Modell zu sein ...

Nehmen Sie sich ein paar Minuten Zeit, um sich selbst in verschiedenen alltäglichen Situationen zu visualisieren, in denen Sie die Eigenschaften Ihres Idealmodells besitzen und zu Ihrer Zufriedenheit verkörpern ... Nehmen Sie auch alle Ihre Gefühle mit hinein ...

Schließen Sie Szenen mit ein, in denen Sie in unterschiedlichen privaten und beruflichen Rollen erfolgreich interagieren, vielleicht mit Ihren Eltern ... Ihrem Partner ... Ihrer Familie ... Ihren Freunden ... Mitarbeitern ... anderen Menschen aus Ihrem Leben ... Nehmen Sie sich Zeit für diese Übung ... Lassen Sie alles so real und lebendig wie möglich sein ... Erinnern Sie sich, Sie erschaffen einen Plan zur Entfaltung ...

Lassen Sie, wenn Sie soweit sind, alles wieder schwinden ... Bringen Sie Ihre Aufmerksamkeit in den Raum zurück, in dem Sie sich grade befinden ... Öffnen Sie die Augen ... Atmen Sie tief durch ... Und strecken Sie sich sanft ... Notieren Sie alle Gefühle, Gedanken und Fragen, die Sie für wichtig halten.

-
-

Wiederholen Sie diese kreative Meditation über Ihr Idealbild regelmäßig, um Ihren Plan mit Leben zu füllen. Vielleicht möchten Sie den gesamten Vorgang später mit einem neuen Idealbild wiederholen, um einen anderen Plan zu verwirklichen. Vermeiden Sie in jedem Fall alle „Sollte"-Formulierungen, und lassen Sie Ihr Idealmodell realistisch und erreichbar sein.

Die verwandelnde Macht bedingungsloser Liebe

Es wird mehr und mehr deutlich, daß unser Planet ein miteinander verbundenes Ganzes ist. Der am weitesten von uns entfernte Mensch der Erde ist nur ein Telefonat weit weg, eine Internet-Verbindung weit, eine Sateliten-Fernsehübertragung weit. Die Billionen von Menschen, die heute den Planeten Erde bewohnen, sind durch die moderne Technologie unentwirrbar miteinander verbunden. Auf der anderen Seite sind wir immer durch eine andere, eine „innere" Technologie verbunden gewesen. Der entfernteste Mensch ist auch nur eine Meditation weit weg, ein Gebet weit, eine kreative Visualisation weit.

Wir alle sind Teile dieses Ganzen; wir alle sind Unterpersönlichkeiten, die zusammen die ganze Menschheit ausmachen. Jeder von uns ist hier, um dem Ganzen zu dienen, und wie wir alle Teil des Ganzen sind, wird auch jedem von uns gedient.

In der folgenden Visualisation wenden wir die Macht der bedingungslosen Liebe an, um Situationen in unserem Leben und in der Welt zu transformieren. Nehmen Sie die Anleitung zu dieser Übung auf Band auf, damit Sie sich ganz darauf konzentrieren können. Nehmen Sie sich mindestens zwanzig Minuten Zeit für die Übung. Wiederholen Sie sie, so oft Sie möchten.

Schließen Sie die Augen ... Sitzen Sie gerade ... Nehmen Sie ein paar tiefe Atemzüge ... Entspannen Sie ... Lassen Sie Ihren Körper, Ihre Gedanken und Ihre Gefühle ruhig werden ... Werden Sie wie ein ruhiger, stiller See ...

Wenn Sie soweit sind, lassen Sie die Erinnerung an eine Zeit in sich aufsteigen, in der Ihre Liebe eine Situation verwandelt hat, vielleicht das Leben eines anderen Menschen, wenn auch nur für kurze Zeit ... Nehmen Sie sich Zeit ... Warten Sie geduldig in der Stille, gewiß, daß Ihnen bald etwas einfallen wird ... Seien Sie bereit anzunehmen, was auch immer auftaucht, ohne es zu beurteilen, zu zensieren oder zurückzuweisen ... Seien Sie einfach bereit, es zu beobachten ...

Sobald Sie etwas wahrnehmen, lassen Sie Einzelheiten auftauchen ... Beginnen Sie, die Situation noch einmal zu erschaffen und zu erfahren ... Beobachten und erforschen Sie die Erfahrung mit möglichst vielen Sinnen ... Achten Sie auf Ihr Körpergefühl ... Fragen Sie sich, woher Ihre Liebe kam ... War sie spontan – ist es einfach geschehen? ... Oder war es eine bewußte, besonnene Tat Ihrerseits? ...

Lassen Sie jetzt eine gegenwärtig für Sie problematische Person oder Situation auftauchen ... Nehmen Sie sich Zeit ... Warten Sie geduldig in der Stille, gewiß, daß Ihnen bald etwas einfallen wird ...

Sobald Sie etwas wahrnehmen, lassen Sie Einzelheiten auftauchen ... Fühlen Sie Ihren Körper, Ihre Bedürfnisse, den Konflikt oder die Not ... Lassen Sie alles sehr real sein, aber vermeiden Sie, sich darin zu verlieren ...

Kehren Sie zu dem Ort in Ihrem Innern zurück, wo Sie die Macht der Liebe soeben gespürt haben ... Fühlen Sie diese Kraft noch einmal ... Fühlen Sie die Liebe ... Richten Sie diese Liebe, diese Kraft jetzt auf die Person oder Situation, mit der Sie zur Zeit Probleme haben ...

Stellen Sie sich vor, daß die Liebe diese Person oder Situation verwandelt ... Wie wäre das? ... Wie würde sich das anfühlen? ... Lassen Sie es jetzt wirklich werden ... Fühlen Sie, wie die Macht der Liebe durch Ihr Herz, Ihren Körper, Ihr ganzes Sein fließt ... Fühlen Sie, wie die Atmosphäre leichter wird ... Erfahren Sie die transformierende Macht der bedingungslosen Liebe ...

Visualisieren Sie dann einen Teil dieser Welt, der bedürftig ist, im Konflikt, in Not ... Nehmen Sie sich Zeit ... Nehmen Sie bereitwillig an, was immer kommt, ohne es zu beurteilen, zu zensieren oder zurückzuweisen ... Seien Sie einfach bereit, es zu beobachten ...

Sobald Sie etwas spüren, lassen Sie bestimmte Einzelheiten auftauchen ... Sehen Sie sie vor Ihrem inneren Auge ... Sehen Sie die Menschen ... Sehen Sie die Erde ... Erspüren Sie ihre Gefühle ... Fühlen Sie, was die Erde fühlt ...

Schöpfen Sie jetzt bewußt aus dem Reservoir göttlicher, bedingungsloser Liebe in Ihrem Innern ... Richten Sie Ihre Liebe auf den Teil der Welt, den Sie gewählt haben ... Fühlen Sie, wie Ihr Herz sich öffnet ... Visualisieren Sie einen Strom bedingungsloser Liebe, der aus Ihrem Herz quillt und sich über die Erde breitet ... Sehen Sie, wie er die Menschen öffnet ... wie er die ganze Situation verwandelt ... Fühlen Sie die erhebende Macht der bedingungslosen Liebe, die allem und jedem Freude und Frieden bringt ...

Erlauben Sie Ihrer Vorstellung, die Situation völlig verwandelt noch einmal zu erschaffen ... Stellen Sie sich die Gesichter der Menschen vor ... Stellen Sie sich vor, wie sie fühlen ... Wie erscheint die Erde? ... Wie fühlt sie sich? ...

Bestätigen Sie sich selbst: „*Ich habe die göttliche Liebe in mir, die die Welt verwandeln kann ... Ich sehe sie jetzt verwandelt*“ ...

Lassen Sie, wann immer Sie möchten, alles wieder schwinden ... Bringen Sie Ihre Aufmerksamkeit in den Raum zurück, in dem Sie sich jetzt befinden ... Öffnen Sie die Augen ... Atmen Sie tief durch ... Und strecken Sie sich sanft ... Notieren Sie alle Gefühle, Gedanken und Fragen, die Sie festhalten möchten.

•
•
•
•
•
•
•

Du bist!

Wir beschließen unsere Workshops immer mit dem Gedicht *Du bist!* von William Arthur Ward aus der Unity Publikation *You Are A Remarkable Person.* Lassen Sie sich nicht von den männlichen Fürworten abschrecken; schwingen Sie mit dem, was hinter den Worten liegt.

Wenn Gott ist ... und Er ist!
Wenn Gott Liebe ist ... und das ist Er!
Wenn du nach Seinem Bilde gemacht bist ... und das bist du!
Dann bist du Liebe.
Du bist ein Kind der Liebe.
Du bist ein Ausdruck der Liebe.
Du bist ein Sprachrohr der Liebe.

Wenn Gott ist ... und Er ist!
Wenn Gott Wahrheit ist ... und das ist Er!
Wenn Gott in dir lebt ... und das tut Er!
Dann bist du Wahrheit.
Du bist ein Kind der Wahrheit.
Du bist ein Ausdruck der Wahrheit.
Du bist ein Sprachrohr der Wahrheit.

Wenn Gott ist ... und Er ist!
Wenn Gott Ganzheit ist ... und das ist Er!
Wenn du ganz Gott bist ... und das bist du!
Dann bist du ganz.
Du bist ein Kind der Ganzheit.
Du bist ein Ausdruck der Ganzheit.
Du bist ein Sprachrohr der Ganzheit.

TEIL SECHS – DIE ANWENDUNG

Bedingungslose Liebe zum Ausdruck bringen

Hier ein paar Vorschläge, wie Sie mehr bedingungslose Liebe in Ihr Leben bringen können. Machen Sie jede Übung mindestens sieben Tage lang täglich. Berichten Sie dann über Ihre Erfahrungen, *bevor Sie den Kurs mit dem Abschluß-Kapitel beenden.*

1. **Affirmation:** Wann immer Sie in Versuchung sind, andere zu verurteilen, zu kritisieren, zu verdammen oder auch nur schlecht von ihnen zu denken, sagen zu sich selbst „*Ich sehe das Göttliche in dir. Ich liebe dich bedingungslos, und ich segne dich.*“ Vergessen Sie nicht, über alle äußeren Erscheinungsformen und Verhaltensweisen hinauszusehen. Erkennen und schätzen Sie die Menschen als das, was sie sind – ein ewiges Zentrum reinen Selbstgewahrseins und Willens.
2. **Schöpferische Meditation:** Wiederholen Sie die Idealmodell-Übung von Seite 377. Lassen Sie Ihr Idealmodell wieder ganz lebendig werden, um die Wirkung der Übung zu verstärken. Finden Sie dann Möglichkeiten, es in Ihrem Alltag zu verkörpern.
3. **Engel und Sterbliche:** Jedes Jahr Anfang Dezember spielen Mitglieder der Findhorn Foundation das Spiel „Engel und Sterbliche“. Sie schreiben ihre

Namen auf Zettelchen und legen diese in einen Hut. Dann zieht jeder einen Namen und wird zum „Engel“ für den so gewählten „Sterblichen“. So ist jeder beides, Engel und Sterblicher.

Von da an bis Weihnachten ist es die Aufgabe des Engels, seinen Sterblichen auf möglichst viele verschiedene Weisen anonym zu lieben, zu schätzen und zu segnen. Die Sterblichen wissen bis zum Weihnachtsmorgen nicht, wer ihr Engel ist. Die Engel sind sehr erfinderisch, wenn es darum geht, ihre Sterblichen wissen zu lassen, daß Sie einen behütenden Schutzengel haben.

Welche Formen das auch annehmen mag, es sind alles Taten bedingungsloser Liebe, denn alle Teilnehmer müssen als Sterbliche darauf vertrauen, daß sie die ungeteilte, liebevolle Aufmerksamkeit ihres Engels bekommen, *unabhängig davon,* wieviel sie selbst als Engel für ihre Sterblichen tun. So kann ihre Aufmerksamkeit mehr darauf gerichtet sein, zu geben statt zu nehmen. Wenn in diesem Spiel jeder gibt, bekommt auch jeder etwas.

Wenn Sie bedingungslose Liebe üben wollen, laden wir Sie ein, „Engel“ für jemanden zu werden! Warten Sie nicht bis Weihnachten. Werden Sie es jetzt. Wählen Sie einen „Sterblichen“, vielleicht jemanden aus Ihrer Familie, Kirche, Meditationsgruppe, einen Mitarbeiter, Nachbarn oder Ihren Briefträger. Finden Sie Wege, diesen Menschen anzuerkennen, zu schätzen und einfache, kleine Dinge für ihn zu tun – natürlich alles anonym.

Falls dieser Vorschlag Scheu, Verlegenheit oder Scham in Ihnen hervorruft, erinnern Sie sich daran, daß Sie es für den anderen Menschen, nicht für sich selbst tun. Sie brauchen gar nicht viel Zeit, Geld oder Anstrengung – nur Liebe. Halten Sie sich nicht zurück. Öffnen Sie Ihr Herz und richten Sie es auf die Liebe, die Fürsorge und die Freude des Gebens. Berichten Sie auf der folgenden Seite über Ihre Erfahrungen.

Schätzen und segnen Sie denselben Menschen so lange Sie möchten. Oder adoptieren Sie jede Woche einen neuen Sterblichen! Geben Sie sich niemals zu erkennen. Dann können Sie sicher sein, daß all die wundervollen Dinge, die Sie für Ihren Sterblichen tun, Taten reiner, bedingungsloser Liebe sind.

Vermerken Sie in Ihrem Bericht auch, wann und wie sich Ihr Widerstand gegen eine oder all diese Übungen gezeigt hat und wie Sie damit umgegangen sind.

Erfahrungen mit den Übungen

Literaturempfehlungen

1. *The Power of Unconditional Love: 21 Guidelines for Beginning, Improving, and Changing Your Most Meaningful Relationships* von Ken Keyes schlägt vor, den Menschen vom Problem zu trennen. „Liebe den Menschen; arbeite mit dem Problem."

2. In *Bedingungslose Liebe* von John Powell lesen wir: „Entweder ich knüpfe Bedingungen an meine Liebe zu dir oder nicht. In dem Maße, in dem ich Bedingungen stelle, liebe ich dich nicht wirklich. Ich biete nur einen Austausch an, kein Geschenk. Wahre Liebe ist und wird immer ein Geschenk sein."

Persönliches Ziel

Ziehen Sie mehrere einfache Handlungen in Betracht, die Sie innerhalb der nächsten Tage ausführen und die Sie Ihrem Ziel, mehr Liebe in Ihr Leben zu bringen, einen Schritt näherbringen können. Wählen Sie dann eine aus, die Ihnen wichtig ist und die Sie als persönliches Ziel annehmen können. Treffen Sie eine besonnene Entscheidung, und schreiben Sie sie auf. Erinnern Sie sich, daß es Ihnen Kraft gibt, Entscheidungen zu treffen und in die Tat umzusetzen.

-
-
-
-

Was habe ich aus diesem Kapitel gelernt?

Blättern Sie zurück und schauen Sie sich noch einmal an, was Sie in diesem Kapitel gelernt haben. Schreiben Sie die drei wichtigsten Lernschritte oder die daraus gewonnenen Erkenntnisse auf.

-
-
-
-
-

•

•

•

Sinn

Im zehnten Kapitel haben Sie Prinzipien und Techniken kennengelernt, die Ihnen helfen sollten, bedingungsloser zu lieben. Wie weit hat dieses Kapitel seinen Sinn für Sie erfüllt?

•

•

•

•

Herzlichen Glückwunsch! Sie haben das zehnte Kaitel beendet. Bitte besprechen Sie Ihre Erfahrungen mit Ihrer Vertrauensperson, *bevor Sie mit dem folgenden Abschnitt diesen Kurs abschließen.*

Abschluß

Das Ziel

Dieser Kurs besteht aus drei Schritten. Den ersten haben Sie getan, als etwas in Ihnen zugestimmt hat, den Kurs zu machen. Den zweiten haben Sie getan, indem Sie sämtliche Kapitel durchgearbeitet haben. Den dritten tun Sie, wenn Sie alles Gelernte in Ihren Alltag tragen.

Mit diesem abschließenden Kapitel setzen wir zum dritten Schritt an, indem wir ganz in das Integrationsstadium des Kurses eintreten.

Der nächste Schritt

Wir stehen immer an einer Weggabelung und haben die Wahl, wohin wir gehen, welchen Schritt wir als nächstes in welche Richtung tun. Es ist eine Entscheidung, die immer und immer wieder getroffen werden muß, Tag für Tag, von Moment zu Moment. Unser ganzes Leben lang haben wir eine unendliche Folge von »nächsten Schritten« zu tun – und jedesmal können wir uns entscheiden, mehr Liebe in unser Leben zu bringen.

Welche »nächsten Schritte« werden Sie tun? Bedienen Sie sich des Brainstorming, um möglichst viele Ideen zu bekommen. Lassen Sie diese so schnell wie möglich in sich aufsteigen, und schreiben Sie sie gleich auf, ohne sie zu beurteilen, zu kritisieren oder zurückzuweisen. Schreiben Sie einfach *alles* auf, was Ihnen spontan einfällt.

Finden Sie heraus, wieviele nächste Schritte Sie sich vorstellen können, ohne zu bedenken, wie bequem, teuer, wirksam oder praktisch sie sind. Schließen Sie auch absurde und phantastische Ideen mit ein, denn sie enthalten oft die Samen schöpferischer Möglichkeiten. Zeichnen Sie, um Bilder festzuhalten. Genießen Sie Ihre Kreativität.

Schließen Sie jetzt die Augen ... Setzen Sie sich gerade hin ... Atmen Sie ein paarmal tief durch und entspannen Sie ... Lassen Sie Ihren Körper, Ihre Gefühle und Ihre Gedanken still werden ... Werden Sie wie ein ruhiger, stiller See ...

Wenn Sie soweit sind, sagen Sie zu sich selbst: »Mein nächster Schritt ist ...« Vervollständigen Sie den Satz mit ein paar Worten, die Ihnen spontan einfallen. *Denken* Sie nicht darüber nach. Schreiben Sie die erste Antwort auf, die Ihnen kommt. Wiederholen Sie den Vorgang, lassen Sie neue Worte auftauchen. Schreiben Sie die neue Antwort auf. Wenn Ihnen momentan nichts einfällt, fangen Sie in der Gewißheit, daß bald etwas auftauchen wird, von vorn an. Wiederholen Sie diesen Vorgang mindestens zehn Minuten lang immer wieder.

Mein nächster Schritt ist …

Überprüfen Sie Ihre Antworten. Markieren Sie alle Ideen, die es wert sind, in Betracht gezogen zu werden. Wählen Sie eine als persönliches Ziel und schreiben Sie darüber.

-
-
-
-

Stellen Sie dann einen Plan zu seiner Verwirklichung auf. Schreiben Sie genau, was Sie wann, wo und wie planen und welche Schwierigkeiten auftreten könnten.

-
-
-
-

Führen Sie Ihren Plan aus.

Wenden Sie sich dann wieder Ihrer Brainstorming-Liste zu – oder machen Sie ein neue Liste, um einen weiteren »nächsten Schritt« zu wählen. Seien Sie sich bewußt, daß Ihnen der Vorrat an »nächsten Schritten« nie ausgehen wird. *Egal wie die Erfahrungen der Vergangenheit waren oder in welcher Verfassung Ihr Geist und Ihr Herz grade sind, es gibt immer einen positiven »nächsten Schritt«, durch den Sie mehr Liebe in Ihr Leben bringen können.*

Schreiben Sie einen Brief an sich selbst

Mit der folgenden Übung beenden Sie den Kurs, indem Sie eine Zusammenfassung Ihrer Erfahrungen schreiben, um das Erlernte zu verdauen und zu integrieren. In unseren Workshops hören wir oft, daß diese Übung eine der hilfreichsten ist. Vielleicht stimmen Sie dem zu.

1. Schreiben Sie einen ausführlichen Brief an sich selbst, in dem Sie Ihre Erfahrungen mit diesem Kurs schildern. Sie können das in einer Sitzung oder über mehrere Tage verteilt tun. Es ist wichtig, daß Sie sich so viel Zeit dafür nehmen, wie Sie brauchen, um zum Schluß zufrieden zu sein. Der Inhalt des

Briefes bleibt Ihnen überlassen. Niemand wird ihn lesen. Sie können also absolut offen und ehrlich sein. Hier ein paar Punkte, die Sie berücksichtigen könnten:

* Rufen Sie sich ins Gedächtnis zurück, was Sie zu Beginn des Kurses von den Themen der einzelnen Kapitel gehalten haben. Finden Sie dann heraus, wie Sie jetzt dazu stehen. Schätzen Sie Ihren Fortschritt ein. Greifen Sie eine oder mehrere Einsichten auf, die Sie zu jedem Thema gewonnen haben.

- Wie erfahre ich die Liebe? Was fühle ich darüber? Was bedeutet sie mir?
- Welche Ängste und Blockaden hindern mich daran, mehr Liebe in mein Leben zu bringen?
- Wie stehe ich zu Sicherheit, Vertrauen und Glauben? Welches Verhältnis habe ich zu meinem göttlichen Selbst?
- Wie ehrlich und offen bin ich mir selbst und anderen gegenüber?
- Was ist mit meinen Einstellungen und Überzeugungen mir selbst, anderen Menschen und dem Leben gegenüber?
- Welche Teilbilder habe ich von mir selbst (welche Unterpersönlichkeiten) und wie beeinflussen sie mich?
- Wie sieht es mit meiner Fähigkeit aus, Abstand von mir selbst zu bekommen, um Klarheit und Entscheidungsfähigkeit zu gewinnen?
- Was ist mit meinem Willen, wenn es darum geht, besonnene und wirksame Entscheidungen zu treffen und in die Tat umzusetzen?
- Welche Erfahrung habe ich mit Veränderung, Erhaltung, Widerstand und Vergebung gemacht?
- Wie steht es um meine Bereitschaft, jeden Menschen gleichermaßen zu lieben, ohne Bedingungen zu stellen?
- Bin ich bereit, mein ganzes Leben lang »nächste Schritte« ausfindig zu machen und sie auch zu tun?

* Welche Risiken sind Sie eingegangen, welche persönlichen Ziele haben Sie sich gesetzt, was haben Sie konkret unternommen, um mehr Liebe in Ihr Leben zu bringen? Wie erfolgreich waren Sie, und was haben Sie gelernt?

* Versprechen Sie sich selbst (wenn Sie dazu bereit sind), den gesamten Kurs zu einer bestimmten Zeit – vielleicht nach ein oder zwei Jahren – noch einmal zu machen, um Ihre Achtsamkeit zu erhöhen, um tiefer und weiter zu gehen, um Ihre persönliche Entwicklung einzuschätzen und um das Thema lebendig zu halten.

* Vergessen Sie nicht, sich bei Ihrer Vertrauensperson und all den anderen zu bedanken, die Ihnen Mut machen und Ihnen Inspiration und Liebe geben.

2. Wenn Ihr Brief so vollständig wie möglich ist, schreiben Sie Ihren Namen und Ihre Adresse auf einen Briefumschlag, legen den Brief hinein, verschließen Sie ihn und kleben Sie eine Marke drauf.
3. Geben Sie den Brief der Person Ihres Vertrauens, die ihn drei Monate lang aufbewahren und dann an Sie zurückschicken soll.
4. Wenn Ihr Brief ankommt, lesen Sie ihn sorgsam durch und feiern dann den Fortschritt, den Sie seither gemacht haben. Nutzen Sie ihn als Aufforderung, einen weiteren »nächsten Schritt« zu tun, um mehr Liebe in Ihr Leben zu bringen.

Bring mehr Liebe in dein Leben – du hast die Wahl

Beantworten Sie abschließend folgende Fragen.

Welche Prinzipien oder Ideen des Kurses waren am hilfreichsten für Sie?

-
-
-
-
-
-
-
-

Welche Übungen und Techniken fanden Sie am hilfreichsten?

-
-
-
-
-
-
-
-

Welche Einsichten über sich selbst waren am hilfreichsten?

-
-
-
-

-
-
-
-

Wie schätzen Sie Ihren Fortschritt ein – was waren Ihre Erfolge und Höhepunkte?

-
-
-
-
-
-
-
-

Welche Probleme und Tiefpunkte hatten Sie?

-
-
-
-
-
-
-
-

Auf welche Weise haben Sie Ihre Einstellungen, Überzeugungen und Ihr Verhalten erneuert oder modifiziert?

-
-
-
-

-
-
-
-

Wie weit haben Sie Ihr ursprüngliches Ziel (wie auf Seite 26 formuliert) erreicht?

-
-
-
-
-
-
-
-

Welche »nächsten Schritte« haben Sie vor, um mehr Liebe in Ihr Leben zu bringen?

-
-
-
-
-
-
-
-

Nutzen Sie den freien Platz unten, um alles aufzuschreiben, was Sie über diesen Kurs zu sagen haben. Und wenn Sie dazu bereit sind, fotokopieren Sie die Seiten 393 bis 396 und schicken Sie sie zu Händen der Autoren an den Aurum Verlag, Georg-Westermann-Allee 66, 38104 Braunschweig. Geben Sie, wenn Sie möchten, Ihren Namen an, oder bleiben Sie anonym. Vielen Dank für Ihr Feedback.

Vorschläge zur Anwendung des Kurses in kleinen Gruppen

Dieser Kurs ist so konzipiert, daß Sie alle Übungen ganz allein machen können. Er kann jedoch noch optimiert werden, wenn er in einer kleinen Gruppe gemacht wird, deren Mitglieder sich regelmäßig treffen, um ihre Erfahrungen mit dem Kursmaterial auszutauschen, voneinander zu lernen und sich gegenseitig Mut zu machen und Unterstützung zu geben.

Wir haben den Kurs in Findhorn viele Male als siebentägigen Intensivworkshop angeboten und in London einmal die Woche abends. Teile des Kurses haben wir gemeinsam oder einzeln in anderen europäischen Städten wie Berlin, Brüssel, Kopenhagen, München und Paris als Wochenendworkshops angeboten. Vor dem Hintergrund dieser Erfahrungen machen wir folgende Vorschläge für den Einsatz des Kursmaterials in kleinen Gruppen.

1. Ziel: Werden Sie sich zuerst über das Hauptziel der Gruppe klar. Zum Beispiel: Wünschen Sie eine *Studiengruppe,* die die verschiedenen Themen durchforscht und bespricht, oder eine *unterstützende Gruppe,* die ihre Mitglieder ermutigt, offen und ehrlich über ihre eigenen persönlichen Erfahrungen zu sprechen? Als Organisator können Sie diese Entscheidung vorwegnehmen und dann Teilnehmer anziehen, die mit dem gewählten Ziel übereinstimmen. Oder Sie laden ein paar Freunde ein und lassen die Gruppe selbst entscheiden. Zweck und Richtung der Gruppe müssen jedem Teilnehmer von Anfang an klar sein, um unrealistische oder widersprüchliche Erwartungen zu vermeiden.

2. Zeitplan: Um Kontinuität zu gewährleisten, schlagen wir vor, daß sich die Gruppe regelmäßig zur selben Zeit und an demselben Ort trifft. Falls Sie vorhaben, unserem Muster zu folgen und das gesamte Kursmaterial zu präsentieren, widerstehen Sie der Versuchung, einen Zehn- oder Zwölf-Wochen-Kurs anzubieten. Zeitdruck kann Ihrem ursprünglichen Ziel entgegenwirken und Frustration und Widerstand hervorrufen (zu viel, zu schnell, nicht genügend Zeit zu verdauen). Wir schlagen fortlaufende Treffen vor, die dem Bedürfnis der Gruppe entsprechend oft stattfinden, wobei Sie sich so viel Zeit nehmen, wie Sie brauchen.

3. Tempo und Teilnehmerzahl: Ein Problem, das auftauchen könnte, ist, den Teilnehmern einerseits genug Zeit zur Verfügung zu stellen, um über ihre Erfahrungen zu sprechen, und andererseits eine angenehme Dynamik beizubehalten. Auf jeden Fall wird die Größe der Gruppe das Tempo beeinflussen, in dem Sie vorgehen. Wir schlagen eine Gruppe von minimal drei bis maximal acht Teilnehmern vor, in der sich jeder beteiligt fühlt und an Übungen und Gesprächen teilnehmen kann.

4. Einführung: Das erste Gruppentreffen dient dazu, eine Atmosphäre von Sicherheit und Vertrauen zu schaffen. Alle Teilnehmer sollten Gelegenheit bekommen, sich vorzustellen, zu sagen, warum sie in diese Gruppe gekommen sind, welche Eigenschaften oder Fähigkeiten sie einbringen können, was sie sich von der Gruppe wünschen und welche Probleme sie mit der Liebe haben.

5. Übereinkünfte: Während des ersten Treffens sollte sich die Gruppe unbedingt über einige wichtige Punkte einig werden. Zum Beispiel: die Übungsfolgen pünktlich zu beginnen und zu beenden, Erfahrenes vertraulich zu behandeln (außerhalb der Gruppe nicht zu wiederholen, was innerhalb der Gruppe gesagt oder getan wurde), die Teilnehmer zu ermutigen, ihre Gefühle und Gedanken auszudrücken. Es ist hilfreich, solche Übereinkünfte von Anfang an klar und deutlich festzulegen.

6. Gruppenleiter: Für alle Kurse, die in Findhorn stattfinden, gilt folgendes Prinzip, das wir nur empfehlen können: Der Gruppenleiter ist ein teilnehmendes Mitglied der Gruppe, und die Verantwortung für die Gruppe und ihren Fortschritt liegt bei allen Gruppenmitgliedern. Jeder ist Lernender und Lehrender zugleich, und zwar unabhängig von Alter und Erfahrung. Jeder lernt von jedem! Experimentieren Sie damit, die Führungsrolle unter den Mitgliedern rotieren zu lassen, so daß sich alle aktiv beteiligt und für die Gruppe verantwortlich fühlen.

7. Hausaufgaben: Wir schlagen vor, daß die Teilnehmer das Kursmaterial zu Hause allein durcharbeiten und dann in der Gruppe über ihre Erfahrungen damit berichten, um für ihre gegenwärtigen Herausforderungen Unterstützung zu erhalten und anderen ihre Unterstützung anzubieten.

8. Übungen in der Gruppe: Meditationen, Visualisationen und andere Übungen haben oft eine viel stärkere Wirkung, wenn sie in Gruppen gemacht werden. Daher schlagen wir vor, daß Sie einige Übungen in der Gruppe wiederholen. Nehmen Sie die Übungsanleitungen zuvor auf Band auf, damit alle Gruppenmitglieder ungestört daran teilnehmen können.

9. Gleichgewicht: Mark Twain sagte einmal: »Es ist ein schrecklicher Tod, totgeredet zu werden.« Vergewissern Sie sich also, daß bei jedem Gruppentreffen das rechte Gleichgewicht von Gespräch und Übungen gewahrt bleibt. Übrigens: Bedürfnisse können sich ändern. Bitten Sie die Gruppe daher regelmäßig um ein Feedback zu dieser Balance.

10. Kreis: Wir schlagen vor, daß die Teilnehmer im Kreis sitzen, weil das den Augenkontakt miteinander erleichtert und zu Kommunikation und Beteiligung ermutigt.

11. Persönliche Beobachtungen: Die Gruppenmitglieder können einander helfen, indem sie offen, ehrlich und verantwortlich zum Ausdruck bringen, was sie am anderen beobachten – nicht als verschleierte Kritik oder Beurteilung, sondern als Möglichkeit, die Achtsamkeit zu erhöhen. Erinnern Sie sich, wir sind alle blind für unsere blinden Flecken, und das konstruktive Feedback von Freunden hilft uns, klarer zu sehen.

12. Lebendiges Laboratorium: Eine Gruppe ist wie ein lebendiges Laboratorium, in dem Sie experimentieren können. Es erlaubt Ihnen zum Beispiel, Ihre Reaktionen auf die verschiedenen Guppenmitglieder zu prüfen. Mit welchen Menschen fühlen Sie sich wohler, vielleicht sogar irgendwie von ihnen angezogen? Mit welchen Menschen fühlen Sie sich unwohl, vielleicht mögen Sie sie nicht oder meiden sie? Was genau mögen Sie an jeder Person, und was mögen Sie nicht? Fühlen Sie sich durch ihre positiven und negativen Eigenschaften an Eigenschaften Ihrer Eltern oder an Ihre eigenen Eigenschaften erinnert? Beobachten Sie, wie Sie sich in der Gruppe verhalten, und lernen Sie so viel Sie können. Üben Sie dann, jedes Gruppenmitglied bedingungslos zu lieben, Sie selbst eingeschlossen.

13. Vollendung: Das letzte Gruppentreffen muß allen Mitgliedern die Möglichkeit einräumen, zu sagen oder zu tun, was immer sie möchten, um sich mit dem Kurs und der Gruppe rund zu fühlen. Vielleicht möchten die Mitglieder, um ihren Abschlußprozeß einzuleiten, ihre Antworten auf die Fragen der Seiten 393–396 vorlesen. Auch sollte jeder Teilnehmer die Möglichkeit haben, seine Wertschätzung zum Ausdruck zu bringen und jeder Person konstruktives Feedback zu geben, zum Beispiel, daß er gesehen hat, wie die Person sich im Laufe des Kurses entwickelt hat, welche bewundernswerten Eigenschaften er an ihr entdeckt hat und andere Beobachtungen, die eine positive Verstärkung und liebevolle Unterstützung bedeuten.

14. Freundlicher Hinweis: Dieser Kurs erfüllt einen erzieherischen Auftrag. Er will Selbsterkenntnis, Selbstverständnis und Selbstakzeptanz herbeiführen und fördern, aber er ist *keine Therapie*. Daher übernehmen die Autoren keinerlei Verantwortung für individuelle Reaktionen auf das Kursmaterial.

Literatur

Die folgende Liste enthält die Bücher, die in deutscher Sprache lieferbar waren, als dieses Buch lektoriert wurde, und erhebt daher keinen Anspruch auf Vollständigkeit.

Assagioli, Roberto: *Die Schulung des Willens. Methoden der Psychotherapie und der Selbsttherapie*, Jungfermann, Paderborn 1982

Assagioli, Roberto: *Psychosynthese, Handbuch der Methoden und Techniken*, Rowohlt TB, Reinbek 1993

Caddy, Eileen/Platts, David Earl: *Herzenstüren öffnen*, Greuthof, Gutach 1994

Caddy, Eileen: *Flug in die innere Freiheit*, Greuthof, Gutach 1988

Caddy, Eileen: *Spuren auf dem Weg zum Licht*, Greuthof, Gutach, 5. Aufl. 1991

Ferrucci, Piero: *Unermeßlicher Reichtum. Wege zum spirituellen Erwachen*, Rowohlt TB, Reinbek 1994

Ferrucci, Piero: *Werde was du bist. Selbstverwirklichung durch Psychosynthese*, Rowohlt TB, Reinbek 1986

Foundation for Inner Peace: *Ein Kurs in Wundern*, Greuthof, Gutach 1994

Gendlin, Eugene: *Focusing. Technik der Selbsthilfe bei der Lösung persönlicher Probleme*, Otto Müller, Salzburg 1981

Hawken, Paul: *Der Zauber von Findhorn*, Rowohlt TB, Reinbek 1985

Jampolsky, Gerald: *Lieben heißt, die Angst verlieren*, Goldmann, München, Neuaufl. 1993

Jeffers, Susan: *Selbstvertrauen gewinnen. Die Angst vor der Angst verlieren*, Kösel, München, 3. Aufl. 1994

Leonard, Jim/Laut, Phil: *Neu geboren werden. Rebirthing: der Weg zu Selbstentfaltung und Lebensfreude*, Kösel, München 1988

Parfitt, Will: *Psychosynthese*, Aurum Verlag, Braunschweig 1992

Ray, Sondra: *Auch Lieben will gelernt sein*, Peter Erd, München 1991

Riddell, Carol: *Die Findhorn-Story*, Greuthof, Gutach 1991

Rowan, John/Dryden, Wendy: *Neue Entwicklungen der Psychotherapie*, Transform, Oldenburg 1990